La adivinanza
a través de quinientos años
de cultura hispánica

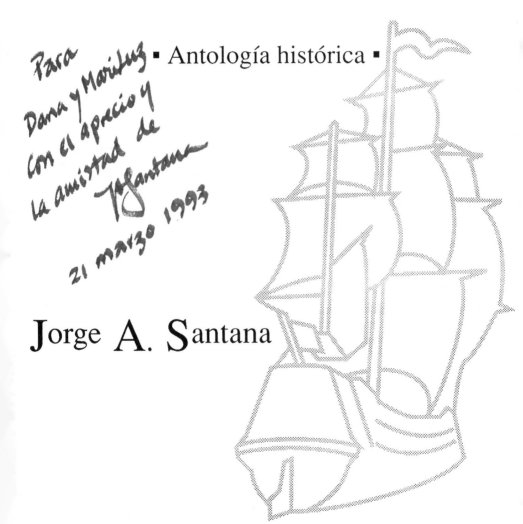

▪ Antología histórica ▪

Para Dana y MariLuz con el aprecio y la amistad de J. Santana 21 marzo 1993

Jorge A. Santana

Spanish Press ▪ Sacramento, California

First Edition

Library of Congress Cataloging in Publication Data

Santana, Jorge A., 1944–
    La adivinanza a través de quinientos años de cultura hispánica.

    l. Spanish folklore.
2. Folklore.   3. Spanish literature—History and criticism.
4. Spanish American literature—History and criticism.
5. Spanish literature.   6. Spanish American literature.
I. Santana, Jorge A.   II. Title
ISBN 1–881781–00–3

Manufactured in the United States of America

Printed by Griffin Printing in Sacramento, California

Text design, composition and illustrations by Marcia Woods

Dedicatoria

A la memoria de mi padre, Manuel Santana Pérez (1909–1990), de quien aprendí las primeras adivinanzas, chistes, cuentos y el sentido de humor de la vida.

Colaboradores

Carlos Brusel Casal, M. Elena Cabral, Armando Chavero, María D. Delgado–Hellín, Anita Enes, Salvador Herrera, Martha Hinojosa, Lorena Morales, Vida Ojeda, Alma Quesnel, Elizabeth Quisquinay, Blanca Rodríguez, Carlos Rubio, Marcia Woods, Beverly Young

Agradecimiento

Este proyecto se inició con la ayuda de una beca del Stanford–Berkeley Joint Center for Latin American Studies y a cuyos directores estoy muy agradecido.

La adivinanza a través de quinientos años de cultura hispánica

i   Introducción

Primera Parte: España

3   **Capítulo 1—Siglo XVI**
A. 1545—Fr. Luís de Escobar • B. 1548—Sebastián de Horozco • C. 1562—Cancionero llamado *Flor de enamorados* • D. 1582—Alexandre Sylvano (Alexandre van den Bussche) • E. 1585—Miguel de Cervantes • F. 1590—Juan de Salinas y Castro

61   **Capítulo 2—Siglo XVII**
1618—Cristóbal Pérez de Herrera

89   **Capítulo 3—Siglo XIX**
A. 1859—Anónimo. *Biblioteca de la risa* • B. 1877—Fernán Caballero (Cecilia Böhl de Faber) • C. 1880—Demófilo (Antonio Machado y Alvárez) • D. 1882—Francisco Rodríguez Marín

115   **Capítulo 4—Siglo XX**
A. 1910—Ignacio del Alcázar • B. 1923—Aurelio Espinosa • C. 1957—César Morán Bardón • D. 1984—Francisco Tarajano Pérez • E. 1984—José Luis Gárfer y Concha Fernández

Segunda Parte: Hispanoamérica

147   **Capítulo 1—Argentina**
A. 1911—Robert Lehmann–Nitsche • B. 1948—Rafael Jijena Sánchez • C. 1955—Ismael Moya • D. 1975—Rogelio Pérez Olivera • E. 1975—Carlos Villafuerte

193   **Capítulo 2—Colombia**
A. 1949—Antonio Panesso Robledo • B. 1949—Luís Alberto Acuña • C. 1961—Gisela Beutler • D. 1973—Octavio Marulanda

205   **Capítulo 3—Cuba**
A. 1925—Salvador Massip • B. 1926—L. Giménez Cabrera • C. 1926—E. Headwaiter • D. 1926—E. Sánchez de Fuentes • E. 1962—Samuel Feijóo

217   **Capítulo 4—Chile**
A. 1911—Eliodoro Flores • B. 1916—Ramón A. Laval

227   **Capítulo 5—Ecuador**
A. 1948—Justino Cornejo • **B.** 1951—Darío Guevara • **C.** 1958—Justino Cornejo • **D.** 1965—Vicente Mena

239   **Capítulo 6—El Salvador**
1946—Francisco Espinosa

243   **Capítulo 7—Guatemala**
1918—Adrián Recinos

245   **Capítulo 8—México**
A. 1545—Bernardino de Sahagún • **B.** 1889—Albert S. Gatschet • **C.** 1912—Franz Boas • **D.** 1918—Eduardo Noguera • **E.** 1929—Rubén M. Campos • **F.** 1960—Armando Jiménez • **G.** 1979—Gisela Beutler •

261   **Capítulo 9—Nicaragua**
A. 1966—María Berrios Mayorga • **B.** 1968—Enrique Peña Hernández

269   **Capítulo 10—Panamá**
1963—Stanley L. Robe

275   **Capítulo 11—Perú**
A. 1944—Sergio Quijada Jara • **B.** 1948—Hermógenes Colán Secas • **C.** 1950—Efraín Morote Best • **D.** 1959—W. M. Robles G. • **E.** 1965—Brígido Varillas Gallardo

285   **Capítulo 12—Puerto Rico**
A. 1916—J. A. Mason • **B.** 1926—R. Ramírez de Arellano

295   **Capítulo 13—República Dominicana**
A. 1927—Ramón E. Jiménez • **B.** 1930—Manuel José Andrade • **C.** 1970—Manuel Rueda

307   **Capítulo 14—Uruguay**
1890—Fco. Acuña de Figueroa

311   **Capítulo 15—USA**
A. 1915—Aurelio M. Espinosa • **B.** 1937—Arthur L. Campa • **C.** 1985—Jorge A. Santana

Tercera Parte: Apéndices

A3   **Adivinanzas escatológicas y eróticas**

A37   **Bibliografía**

INTRODUCCIÓN

La vida se compone de tantos y tantos enigmas, la mayoría de ellos, con el transcurso del tiempo, se logran resolver. La mente del humano se inclina por comprender todo lo que le rodea, aún desde niño hace mil preguntas a sus padres del "por qué de las cosas." Quiere que se le aclare el misterio de las cosas más elementales de su mundo y a medida que crece se interroga por cuestiones más complicadas y abstractas.

Cristóbal Colón fue uno de esos visionarios que se empeñaban en resolver uno de los grandes enigmas de su época, enigma que una vez revelado llegaría a completar el rompecabezas geográfico de nuestra esfera. Sin embargo, si a él debemos la aclaración geográfica, de su propia vida nos ha legado muchas preguntas sin resolver, que una multitud de historiadores a través de quinientos años han discutido apasionadamente hasta nuestro tiempo sin encontrar pruebas fidedignas y contundentes. Poco se sabe con certeza de la biografía personal del Almirante anterior al año 1492 y posiblemente nunca lleguemos a aclarar estos datos.

Además de tener una serie de datos imprecisos y contradictorios, a éstos se les han sumado datos imaginados y legendarios que en algunos casos han engrandecido el misterio de Colón, en otros casos han servido para hacer de Colón un personaje sobrenatural. Tal ocurre con el archiconocido incidente del "Huevo de Colón". Desde mi niñez recuerdo que me contaron este supuesto incidente colombino. Se trata de un evento en la vida de Colón, que reunido en torno a una mesa con amigos, ocurrió. Aparentemente el Almirante increpó a los allí presentes con un desafio, "como hacer que un huevo duro se quedara de punta por sí solo." Uno y otro de los amigos lo intentaron, poniéndolo de una punta y otra punta. Al no lograr que el huevo se mantuviera de punta, los hombres le retaron a Colón que lo hiciera. El Almirante tomó el huevo con la mano y de manera ligera le

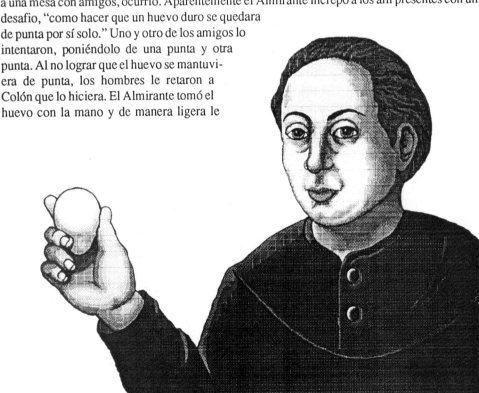

cascó una de las puntas hasta que se pudo sostener solo. Al ver esto, uno de los hombres llegó a exclamar: ¡Ah bueno, eso yo lo puedo hacer! Colón le contestó: "Sí, ahora lo puedes hacer, pero hasta no haberlo visto hacer no se te ocurrió"

El caso del "Huevo de Colón" es nada menos que una alegoría del saber qué ruta tomar para llegar al Nuevo Mundo. Una vez descubierta la ruta, todos saben lo que les espera al final. Este incidente (en cierta manera un cuento-adivinanza), verídico o imaginado, aporta al folklore relacionado a Cristóbal Colón.

El nombre de Colón surge dentro del extenso adivinancero hispano en más de una ocasión. Algunos ejemplos son la adivinanza número 891 de la colección Argentina de Lehmann-Nitsche: "¿Qué llevaba Colón en la mano derecha cuando descubrió la América?" (Los cinco dedos). O también la 893: "¿Qué hizo Colón cuando puso un pie en tierra?" (Se apuró a poner el otro). También en España, en la colección de Gárfer y Fernández, la número 722 que alude de lleno al famoso incidente:

> Soy amarillo por dentro
> y de blanco cascarón
> y en el mundo me hizo célebre
> un tal Cristóbal Colón.
> (El huevo)

Facilmente se pueden encontrar más ejemplos de adivinanzas relacionadas al célebre Navegante y es apropiado repasar estos quinientos años de adivinanzas en honor a un hombre que supo esclarecer el mayor enigma de su tiempo.

La presente *Antología* tiene como meta principal dar un paseo en el tiempo y en el espacio del mundo de la adivinanza hispana. En esta obra se han seleccionado las principales colecciones de enigmas y adivinanzas, tanto cultas como populares, en lengua castellana. La obra se inicia con la primera colección de adivinanzas publicada en 1545 por Fray Luis de Escobar y las de Alexandre Sylvano en 1582; está actualizada con el "adivinacero" de Jose Luis Gárfer y Concha Fernández publicado en 1984. También se ha utilizado una colección, hasta ahora inédita, de adivinanzas recopiladas por Jorge A. Santana en Sacramento, California, población cuyo elemento linguístico dominante es el inglés pero que aún conserva un sector hispanoamericano lo cual es testimonio del vigor y vigencia de la adivinanza en nuestros días.

Anteriormente a 1545 la adivinanza se conocía en España y en el Nuevo Mundo, principalmente en voz del pueblo y en diversos cancioneros y romanceros, pero no es sino hasta la aparición de las setenta y cinco adivinanzas de Escobar que cobra auge, llegando a ser por tanto punto de partida de la presente *Antología*. El castellano de estas dos obras tempranas se ha actualizado en cuanto a la ortografía y puntuación, pero en lo demás se ha respetado el original conservando el estilo antiguo del enigma.

Se ha juzgado conveniente dividir esta obra en dos partes principales: la primera consta de las adivinanzas publicadas en España, y la segunda de las colecciones que se han reunido en Hispanoamérica. Debe indicarse además, que se ha seguido un orden estrictamente cronológico y alfabético, según el país que haya contribuido al acervo hispano de la adivinanza. Este factor resulta de suma importancia a la hora de determinar la propagación y evolución de la adivinanza.

Forman parte de esta *Antología* adivinanzas que pasaron inadvertidas a los grandes eruditos de su tiempo, tales como Demófilo (Antonio Machado y Alvarez), Francisco Rodríguez Marín en España y Robert Lehmann-Nitsche de la Argentina, entre otros. Las colecciones de Escobar y Sylvano se incluyen en su totalidad ya que éstas, obviamente, llegan a formar la base principal del legado de adivinanzas a las generaciones subsiguientes. También se incluyen esas adivinanzas publicadas en revistas de índole folklórico.

En las demás obras, sobre todo en las grandes colecciones, el recopilador de esta *Antología* ha seleccionado de manera arbitraria esas adivinanzas que, a su juicio, han llegado a ser muy conocidas por el pueblo, es decir, las más difundidas por el mundo hispano. En este proceso de selección se ha seguido como pauta el incluir esas adivinanzas que, de alguna manera, logran reflejar características del pueblo autóctono de donde provienen. Aunque en la mayoría de los casos se verá el obvio origen español de las adivinanzas, también se ha tratado de seleccionar ésas que han visto cambios o matices propios del país o región que las ha creado. En muchos casos surgen adivinanzas que son de inventiva americana y que no se encuentran en España. Estas, sin duda, reflejan el aspecto telúrico del pueblo debido, en gran parte, a la abundante flora y fauna del continente americano y la rica herencia indígena del Nuevo Mundo.

Se espera que esta *Antología* sirva como base para emprender un sin fin de estudios serios sobre la evolucíon de algunas adivinanzas que tienen su raíz en España y que se encuentran reflejadas y transmitidas en las poblaciones de Hispanoamérica. Para ello se incluye en esta obra la colección inédita de las adivinanzas recopiladas en Sacramento, California, como testimonio del vigor de la cultura hispana en medio de la cultura anglo-sajona. Resulta sorprendente que aún perduran muestras folklóricas que ni el tiempo ni la distancia han llegado a disminuir. Al contrario, la colección de Santana muestra que la cultura hispana está en un proceso de florecimiento en una geografía que por poco estuvo a punto de desaparecer.

La mayoría de las colecciones incluidas en la *Antología* van precedidas por su ficha bibliográfica y comentarios que dan mayor luz histórica al desarrollo y evolución del "adivin-acero." El órden numérico de las adivinanzas de las colecciones va de acuerdo con la que lleva su respectiva colección; en los casos donde no existía numeración se le ha asignado una numeración según el orden original de las adivinanzas.

PRIMERA PARTE:

España

Capítulo 1
ESPAÑA
SIGLO XVI

A. 1545—Fray Luis de Escobar

Escobar, Fray Luis de. *Respuestas a las cuatrocientas preguntas del Almirante D. Fadrique.* Zaragoza: Casa de Jorge Coci, 1545.

La mayoría de los bibliógrafos citan la edición de 1560, entre ellos Demófilo (seudónimo de Antonio Machado y Alvarez). Lo cierto es que en ninguna de estas ediciones aparece el nombre del autor, Fray Luis de Escobar. A través de la obra el autor consta que no quiere ser nombrado, "más de cuanto era frayle menor" y se empeña en no dejar impreso su nombre.

A saber, ésta es la primera colección de enigmas—pues así los llama—reunidos bajo el mismo libro. En realidad sólo contiene 75 enigmas y dos que ofrece como ejemplos de lo que son enigmas o "cosas y cosas." Originalmente el libro se componía de cinco partes aunque al final hay una sexta que consiste en 500 proverbios. La primera parte comprende las preguntas 1 a la 45 cuya temática es la "sacra escritura"; la segunda—y la más extensa—va de la pregunta 46 a la 218 y tiene que ver sobre "materia teologales"; la tercera parte, desde la pregunta 219 hasta la 268, tiene el título de "dudas naturales"; la cuarta, desde la 269 hasta la 325, versan sobre "doctrinas morales" y la quinta—que es la pertinente a este estudio—continene los 75 enigmas, llegando hasta completar las 400 adivinanzas.

En 1560, a los quince años de haberse publicado la edición de Zaragoza, se reimprime en Envers en casa de Martín Nuncio. En esta segunda edición, que ahora consta de dos tomos, aparece una dedicatoria que no figura en la edición de 1545: "A los ilustrísimos señores, don Luis Enriquez, Almirante de Castilla y doña Ana de Cabrera, duquesa de Medina, condesa de Modica. Francisco de Alfaro, su muy humilde servidor." ¿Es de suponer que el autor es Francisco de Alfaro o es éste simplemente el editor? El nombre, Fray Luis de Escobar, aparece impreso por primera vez en la reimpresión de los 500 proverbios en un librito que se publica en 1806.

Lo cierto es que el Almirante D. Fadrique Enriquez había muerto en Rioseco el 9 de enero de 1538 como lo hace constar el autor en la edición de 1545. Por lo visto el Almirante D. Fadrique Enriquez le enviaba al autor una serie de preguntas que el autor contestaba, práctica que según al parecer era muy frecuente en esa época. Entre las preguntas del almirante también se incluían las preguntas escritas por otras personas cuya calidad estilística no era la del Almirante.

El autor de *Respuestas a las cuatrocientas preguntas del Almirante D. Fadrique* advierte en la edición de 1545 que algunas de sus respuestas ya son plagiadas para esas fechas: "Y sepan los lectores que algunas respuestas de las que en este libro hizo el autor le han sido hurtadas por personas que las apropiaron así, diciendo haberlas ellas hecho, lo cual no fue verdad, como son las respuestas a la pregunta 219, 307, 308, 318 y otras muchas que el autor vio falseadas de otros, habiéndolas él hecho mucho tiempo antes."

Lo curioso del caso, en cuanto concierne a los 75 enigmas, es que el autor manifiesta su desdén a este tipo de pregunta y así se lo manifiesta al Almirante diciéndole:

"mas la enigma es inventada
y a la noche comparada

como quien pone un amparo
delante (de) lo que está claro
porque (para que) no entendamos nada."

En más de una ocasión manifiesta su descontento por tener que contestar los enigmas que considera "cosa de niñerías," y prefiere contestar peguntas de índole religioso.

Cada enigma, además de llevar su correspondiente respuesta, lleva el comentario del autor. En el caso de Escobar en estos comentarios, según Demófilo, la respuesta es "más enrevesada y difícil de entender que la pregunta misma." Escobar reconoce que algunos de los enigmas que componen su colección son muy antiguos. Esta afirmación indica que estos enigmas, más bien adivinanzas, circulaban anteriormente entre el pueblo.

Quinta Parte de Enigmas

En la cual es de saber que Enigma es la pregunta de "¿qué cosa y cosa?" que alguno hace con palabras encubiertas y oscuras para que los otros no la puedan entender sin que él mismo la declare. Como cuando alguno pregunta por las trevedes *diciendo "¿qué cosa y cosa tres pies y una corona?" Por* la vaca preñada *dice "¿qué cosa y cosa va por el río y no se moja?" Y de estas tales preguntas que se llaman enigmas es toda esta quinta parte y algunas veces se llaman metáforas por otro nombre.*

Pregunta 325*
Del Horno de la Cal.

Estas preguntas me dieron
para que os las enviase
y con esto me pidieron
aquellos que las hicieron
que respuesta os demandase
que algunos las han mirado
y no las han entendido
y por esto me han rogado
si fueres de ello agradado
les declaréis el sentido.

No tengáis por impedimiento
darme a mí algo en que entienda
antes os terna contenta
ocupar mi pensamiento
en cosas que yo aprenda
y luego pido la paga
si os doy en esto deleite.
Decidme ¿cuál es la fragua
que se enciende con el agua
y se mata con aceite?

Respuesta
Mas pues soy tan obligado
señor a ser vuestro ciervo

no quiero ser desmandado
pues para vuestro mandado
nadie debe ser protervo
esa fragua me parece
horno de la cal cocida
que con agua se embravesce
y con aceite amortece
su fuerza tan encendida.

Caliente y seca es la cal
fría y húmeda es el agua
y con el contrario tal
su ardor es natural
y a su horno llamáis fragua
mas si aceite fuere echado
él es de tal calidad
que con caliente mezclado
es caliente mas templado
y así no hay contrariedad.

Y aquí nos dice el señor
en una santa doctrina
que crezcamos en calor
que su divino amor
que al cielo nos encamina
y si nos viene a empecer
satanás nuestro contrario
nos debemos encender
y en más caridad arder
resistiendo al adversario.

---

* Preguntas hechas por el Almirante

Y al óleo no resistamos
de nuestra unción eso mismo
pero que así le admitamos
cual le untamos y tomamos
en el sagrado bautismo
y pues que fuimos ungidos
de aquel óleo bautismal
guardemos nuestros sentidos
para no ser expelidos
del consorcio divino.

Pregunta 326*
Del Agua Ardiente.

Cuando estoy desocupado
temo que algún mal me venga
y por no ser derribado
quiero tener ocupado
vuestro saber que me tenga
y así quiero preguntar
si habéis oído que en Roma
hay fuego que sin quemar
le puede un hombre tomar
y matare al que lo toma.

Respuesta del autor

En agua ardiente sacada
se puede verificar
con que la mano mojada
y con candela inflamada
arde y muere sin quemar
así el amor del señor
tiene propiedad extrema
dando al alma un resplandor
con su divino dulzor
que alumbra, esfuerza y no quema.

Pregunta 327*
De las cuerdas de vihuela.

Hay otra cosa que viva
no gozamos tanto de ella
por ser cosa muy esquiva
pero muerta nos aviva
y nos holgamos con ella.
Que cuando el curso lo mata
así es dulce su primor
que muerta mejor nos trata
lo invisible desbarata
consolando a su señor.

Respuesta del autor

Si en lo que decís acierto
sin o voy me de la tela
que eso tengo yo por cierto
cuando del carnero muerto
hacen cuerdas de vihuela
y aún del escaso avariento
esto se puede entender
que hecho su enterramiento
hacemos repartimiento
de lo que él solía tener.

Y de otras bestias señor
esto se puede entender
que por tener buen sabor
muertas se comen mejor
vivas no las quieren ver.
No hay hombre que no pene
con preguntas enojosas
lo que esa pregunta tiene
podeis decir que conviene
mas de a otras treinta cosas.

Pregunta 328*
De la gracia de Dios
engastonada en la ánima.

¿Cuál es la piedra preciosa
por todos tan estimada
que sin ser ella engastonada
no vale el engaste cosa
y el maestro se disculpa
con razón que es bien que baste
pues no viene de la culpa
sino sólo de engaste?

Respuesta del autor

Sin que más tiempo se gaste
ésta es gracia de Dios
al cual plega que de vos
jamás no se desengaste
tienen gran valor por ella
y si acontece perderla
ellas valen poco o nada.

Y esta se desengastona
por el pecado mortal
y la culpa de aquel mal
es de la mala persona
que el soberano maestro
que la crió y nos la dió

en nuestra alma la engastó
mas perdióla el yerro nuestro.

    Y aún el alma puede ser
que en el cuerpo está engastada
y cualquier virtud formada
que al hombre hace valer
porque la virtud es junta
al alma que está con Dios
que a mil cosas podéis vos
aplicar esa pregunta.

Pregunta 329*
De las propiedades del demonio.

    ¿Quién es la sabia persona
de tal saber y tal furia
que a quien la sirve o injuria
nunca jamás le perdona
cree en Dios sin faltar nada
no quiere ser bautizada
y pues tanto escandaliza
en un fuego que ella atiza
habrá de ser abrazada?

Respuesta del autor
    Si siento bien lo que hablo
y lo que vos preguntáis
ese que vos no nombráis
pienso que será el diablo
yo no sé quien no se asombre
de este enemigo del hombre
respondedme señor vos
porque de él nos guarde Dios
si acierto bien en su nombre.

Pregunta 330*
Del mismo demonio.

    Si es tan aborrecible
pensar en él o mentarle
decid señor imitarle
cuanto será más terrible
pues los soberbios le imitan
y los que guerra incitan
los malignos odiosos
los airados envidiosos
y los que de Dios se quitan.

Respuesta del autor
    Ved el demonio cual anda
que no le osamos mentar

sin signar y santiguar
y hacemos lo que él manda
al que nombrar no queremos
con obras le obedecemos
y no queremos nombrarle
y queremos imitarle
en los males que hacemos.

Pregunta 331*
En que envió al autor otras doce
preguntas: a las cuales el autor res-
pondió brevemente y de mala gana:
rogando que no le envíe tales pregun-
tas que parecen niñerías. De qué cosa
y cosa: y son sin provecho. Y las
respuestas le escribió el autor por
cifras: y la primera pregunta: del
agua del bautismo: y no las hizo el
Almirante, si no otro que se las dió a
él y él envió por las respuestas.

    Un autor de la razón
de lo que preguntó en ésta
porque en la declaración
espero vuestra respuesta
entre otras cosas que escribe
dice que vió en un lugar
a una hembra sacar
tan gran agua de un aljibe
que el mundo pudo regar.

Respuesta del autor
    Eso se puede aplicar
al alma que en el bautismo
del divino y hondo abismo
la gracia suele sacar.

Pregunta 332
Del cielo.

    En lo alto muy labrado
dice que vió un edificio
redondo nada cuadrado
de toda parte cerrado
sin ventana ni resquicio
dice que el lugar es sano
y que le contaron de él
que ninguno entra en él
sin ponerle a saco mano.

Respuesta del autor
Si mi sentido no es vano
yo diría sin recelo
que el edificio es el cielo
que le roba el buen cristiano.

Pregunta 333
Del reloj.
Y vió uno con pesar
estar vivo y con concierto
y también le vió quedar
en faltándole el pesar
en un mismo punto muerto.

Respuesta del autor
Eso creo yo de cierto
ser reloj que es cosa alta
y si la pesa le falta
es muerte su desconcierto.

Pregunta 334
De la sombra.
Y vió una hembra enojosa
que continuo le seguía
ni era fea ni hermosa
desgraciada ni graciosa
ni es caliente ni fría
y nunca andaba sin ella
cuando era alegre el día
mas mirad que esta doncella
tal bondad había en ella
que en las noches se escondía.

Respuesta del autor
Lo que vuestra señoría
en esta copla no nombra
no puede ser sino sombra
según es mi fantasía.

Pregunta 335
De las orejas cortadas.
En un lugar no muy honrado
dice que vió a dos hermanas
muy puestas a sus ventanas
vestidas de colorado
y era tanto el desamor
con los que las festejaban
que en llegando el servidor
les daba tal desfavor
que de dolor lamentaban.

Respuesta del autor
Orejas son que lloraban
la sangre que las tenía
y el verdugo las servía
y cortadas las ponía
donde todos las miraban.

Pregunta 336
El gallo.
Cuando el tiempo se nos troca
dice que vió en un lugar
a un animal cantar
sin tener dientes ni boca.

Respuesta del autor
Eso pienso yo que toca
según lo que siento y hallo
a las voces que da el gallo
cuando la noche se apoca.

Pregunta 337
De la luz.
Y vió una hembra importuna
que le enojaba al mirar
y en todas cosas tocar
sin que dejase ninguna
dicen que no era donosa
y que era tan malcriada
que no se le daba nada
de enojar en cada cosa.

Respuesta del autor
A ello daré por glosa
según mi capacidad
que es la muy gran claridad
que a la vista es enojosa.

Pregunta 338
Del rayo.
Dice que vió uno tan fuerte
que al más alto derrocaba
y si blando le tocaba
no podía darle la muerte
a lo fuerte resistía
y hacía contradición
y lo flaco a su pasión
prestamente la vencía.

Respuesta del autor
Será alguna artillería
las sacas no penetrando
o algún rayo que en lo blando
menos impresión hacía.

Pregunta 339
Del arador.
Y yéndose por su vía
topó con un labrador
que aunque hacía gran labor
ningún pan jamás cogía
de cansado fuese a echar
según era su costumbre
saliéronle a saltear
gente que venció con lumbre.

Respuesta del autor
No se halla en la vislumbre
ese tal trabajador
que quien saca el arador
claro sol cumple que alumbre.

Pregunta 340
De la hormiga.
Dice que vió una simiente
dentro de una calabaza
que le pareció mostaza
y después la vió serpiente
y que andándola buscando
para traer a su tierra
está siempre tras la sierra
desapareció volando.

Respuesta del autor
Para cumplir vuestro mando
digo pues mandáis que diga
que es simiente de hormiga
aunque voy medio atentando.

Pregunta 341
De Salazar.
¿Cuál sal hay para salar
que está con azar mezclada?
¿Cuál es la sala pintada
con letras que dicen zar
y el azar para ganar
al triunfo con sal primero?
y ¿cuál es el salinero
que es sal y sala y azar?

Respuesta del autor
Tal modo de preguntar
no le vi tener a hombre
mas responde que es el nombre
que se dice Salazar.

Pregunta 342
Del soplo.
Dice que por donde andaba
vió un hombre con soplar
al muerto resucitar
y al que era vivo mataba.

Respuesta del autor
Es alguno que soplaba
la candela que encendía
y otro tal soplo le daba
cuando matarla quería.

Pregunta 343*
Porque el autor le envió doce
respuestas sobre dichas escritas por
cifras y el Almirante se queja de ello y el
autor también porque le enviaba el
Almirante tales preguntas de niñerías
que no son para hombres de bien
ni las había hecho el Almirante
aunque las enviaba por suyas.

Respuesta del autor
Mas las Enigmas son tales
que fatigan el sentido
y es el tiempo algo perdido
aunque excusan otros males
mas la santa teología
es mejor ocupación
que despierta el corazón
y los pensamientos guía.

Pregunta 344
*Del hombre cojo de un enfermo de
gota que pregunta al autor que estaba
de la misma enfermedad: y habíalo
preguntado otra vez.*
Tenía ciertas cualidades
un animal que yo ví
el cual pasó por aquí
y con estas propiedades
con sólo dos pies pasea

y con los tres pies cojea
y con cuatro va más mal
quien será aquel animal
que aún apenas se rodea.

Respuesta del autor
Es hombre que se despea
o cojo o pierniquebrado
que a su muleta arrimado
no anda como desea
y si el tal defecto es
de ambas piernas y pies
con dos pies y dos muletas
piernas flacas imperfectas
caerá de rostro después.

Pregunta 345
Del mismo de la mala lengua y del oso
y león.
Allende de esto pregunto
sin mirar padre mi mengua
¿cuál es el casi difunto
sin forma de todo punto
que se forma con la lengua?

Respuesta del autor
Es aquel que se deslengua
en hablar desmesurado
que con su decir desmengua
la fama de aquél que amengua
publicando su pecado
que el delito ya olvidado
muerto se puede contar
mas con lengua se ha formado
y casi resucitado quien le torna a publicar.
Y aún del oso y del león
también se puede entender
que nacen tan sin facción
y con tal imperfección
que muertos parecen ser
mas con bramar y lamer
las madres les dan aumento
y suélense mantener
hasta mamar y crecer
con este tal nutrimiento.

Pregunta 346
De un cantor del Almirante músico.
¿Cuál es la trinidad en la música?
Pues en vos según verdad

el saber todo se junta
súplicas por caridad
que pues toco en trinidad
me absolváis esta pregunta
en la música cual es
una cosa que son tres
igualmente y no es más de una
y es distinta cada una y una sola todas tres.

Respuesta del autor
Cuando a cosas diferentes
la pregunta va dispuesta
doquier que vayan las mentes
si han lugar los accidentes
acierta bien la respuesta
Trinidad en perfección
es canto de proporción
tres semibreves se incluyen
que un compás constituyen
y así trino y uno son.

Replica del mismo cantor
A lo que me respondéis
de proporción no ponéis
de mi pregunta el consejo
que yo hable del perfecto
modo si le conocéis.
Son tres compases un punto
o tres puntos un compás
trino y uno es todo junto
si no en ésto yo os pregunto
digáis que se me da mas
si lo queréis apropiar
sólo a vuestro parecer
sabedlo vos preguntar
como se pueda aplicar
a vuestro sólo entender.

Pregunta 347 y replica del cantor
Aunque sea descortés
y prolijo en serlo aquí
de aquel uno que sean tres
ya bien respondido habéis
a la pregunta que os di
mas yo quiero preguntar
otro caso tan propincuo
que me queráis informar
las voces en el cantar
porque tres y tres son cinco.

Respuesta del autor
Serán cinco, tres y tres,
sin contradicción alguna
si inclusive las contéis
que ley de músicos es
contar dos veces la una.

Pregunta 348*
De la hormiga. Es pregunta antigua.
¿Cuál es la casa muy baja
y en sus fuerzas muy valiente
tiene boca de serpiente
y cuerpo de calabaza
ésta vuela y corre y caza
y los pies en la cintura
y es tan sabia criatura
que su prudencia me embaza?

Respuesta del autor
También a mí me embaza
ver pregunta tan oscura
mas según muestra su traza
es hormiga por natura
ved qué instinto y qué cordura
puso en ella Dios eterno
que trabaja para invierno
mientras que el verano dura.

Pregunta 349*
Del reloj. Es antigua.
¿Quién es aquel bien criado
y regido por razón
que está de continuo armado
y tiene siempre cuidado
de nuestra consolación
sigue los altos lugares
por mejor manifestar
lo que quiere
y no vive sin pesares
y en faltándole el pesar
luego muere?

Respuesta del autor
Si el pesarle falleciere
bien decís que morirá
mas quien sanarle quisiere
si dos pesares le diere
la vida le tornará
él no cesará de andar

su lenguaje bien le entienden
por el mundo
no se mueve de un lugar
mas sus pesares descienden
al profundo.
Si le tienen bien criado
nunca duerme ni descansa
mas anda siempre ordenado
y sin armas muy armado
y sin descansar no cansa
él no tiene voluntad
ni agradece el beneficio
ni le siente
servido dice verdad
y en faltándole el servicio
luego miente.

Pregunta 350
Del juego del triunfo.
Acordé de os preguntar
¿cuál fue la guerra nombrada
donde se vio alguna vejada
cuatro reyes pelear
y el menor de aquel lugar
prendió a su propio rey
que los reyes ni su grey
no le pudieron salvar?

Respuesta del autor
No sé de vos qué juzgar
que tal preguntáis a fraile
si lo decís por donaire
o si me queréis tentar
yo sé poco de jugar
para responderos luego
mas barrunto que es un juego
que triunfo suelen llamar.

Pregunta 351
De una ave asada en un palo.
¿Quién es él que fue nacido
dos veces y condenado
inocente sin pecado
y por dineros vendido
despojáronle primero
sus vestidos y colores
y estaba como cordero
levantado en el madero
por nosotros pecadores?

Respuesta del autor
Señor no soy obligado
a saber vuestra intención
mas según tengo pensado
de algún ansarón asado
quisistéis hacer mención
en el huevo fue nacido
y del huevo fue sacado
muerto, pelado, y vendido
después en palo espetado.

Pregunta 352
Del gorgojo y del mosquito.
¿Cuáles son dos animales
que son de un cuerpo y medida
aunque en conservar la vida
parecen muy desiguales?
Uno vive sin comer
continuamente bebiendo
el otro siempre comiendo
sin jamás gota beber.

Respuesta del autor
Puédese bien responder
que el primero es el mosquito
que tiene el cuerpo chiquito
mantenido con beber
a lo demás respondo y digo
y con esto me recojo
que el segundo es el gorgojo
de lentejas o de trigo.

Pregunta 353
De los ajos.
En los yermos enterrado
la mayor parte sumido
blanco es y muy barbado
y en olor muy conocido
tiene dientes y no boca
tiene cabeza y no pies.
¿Decidme qué cosa es?

Respuesta del autor
El crece siempre al revés
echando los pies al cielo
según vos mejor sabés
pues vemos que el ajo es
y su olor os da consuelo.

Pregunta 354
Del peine.
¿Quién es aquel que nos trata
lo mejor de la persona
por donde va destierra y mata
que a ninguno no perdona
tiene dientes y no come
y a muchos quita el comer
decidme quién debe ser?

Respuesta del autor
Del que decís a mi ver
yo vivo seguro y salvo
que pues Dios me hizo calvo
ya no le habré menester
de lo que decís que mata
en vos que tenéis cabello
podrá muy mejor hacerlo
pues que él los desbarata.

Pregunta 355
*De unas visiones que finge un médico haber
visto. Enviólas al Almirante. El Almirante
al autor de las respuestas para que respondiese a ellas.*

[Por ser largas y no propiamente adivinanzas o enigmas se han suprimido de esta
colección. *Nota del editor*]

Pregunta 356
De un letrado. De la nube.
Con otras preguntas.
¿Cuál es la cosa que tiene poder
de engendrar hija con viento sin padre
y luego la hija conviértese en madre
y cuando era hija no pudo correr
la madre no deja jamás proceder
las noches y días si no hay quien la estorbe
a veces de amores la tierra la sorbe
y nadie se puede sin ella valer?

Respuesta del autor
Prudente famoso señor Bachiller
en vuestra pregunta están adelante
así yo no hallo algún semejante
en vuestra pregunta así proceder
a vuestras preguntas yo dudo poder

dar la respuesta según se requiere
por ende suplicos si mal respondiere
os plega enmendar, quitar y poner.

Con viento sin padre podré responder
que engendra la nube del viento movida
y su hija es el agua llovida
según mi juicio lo puede entender
y en madre tornada entiendo yo ser
el agua que cría las plantas y flores
la tierra la sorbe sedienta de amores
y todas las gentes la suelen beber.

Pregunta 357
De la tórtola.

A éste mi metro quered responder
según que confío de vuestra prudencia
quien es la viuda de tal continencia
que vive sin otro jamás conocer
de donde se sigue que nunca placer
requiere ni busca más siempre dolor
y en esto se muestra ser cierto el amor
que el tiempo pasado solía tener.

Respuesta del autor

Es lo primero cualquiera mujer
que el mundo desprecia y en santa se muda
y así se contiene después de viuda
que para su cuerpo no busca placer
y junto con esto se puede entender
la tórtola ave que pierde el marido
y nunca más posa en árbol florido
ni canta, ni cría, ni torna en su ser.
Así digo yo que debe hacer
la alma viuda que a Dios ha perdido
que debe pensar de donde ha caído
y como en salvarse le cumple entender
y debe con lágrimas contrahacer
los llantos y hechos de la tortolilla
porque remedie su triste mancilla
teniendo la vida cual debe tener.

Pregunta 358
Del vino bebido sobre la bendición de la mesa.

Pregunto ¿cuál es el vino apropiado
a la ánima sola de aquel que lo bebe
y como se entiende que el ánima lleve
el fruto del vino que el cuerpo ha gustado?

Respuesta del autor

Es un tal vino que fuere tragado
que gana perdones a los que lo tragan
y muchas de veces les hace que hagan
a Dios el servicio que estaba olvidado.
No es sacramento ni vino sagrado,
ni mas aprovecha mejor que peor
ni blanco que tinto, ni dulce al sabor
ni mucho que poco, ni puro que aguado.
A todos ayuda por un igual grado
al flaco y al sano y al rico y al pobre
en oro y en plata y en vidrio y en cobre
con frutas, potajes y carne y pescado
mas digo un secreto que tengo callado
que todo el valor de aqueste tal vino
consiste en palabras del culto divino
bebiendo después que Dios es loado.
Mas esto se entiende y vos lo juzgad
si lo que los clérigos algunos días
cuando se ayuntan en sus cofradías
dicen y afirman por autoridad
que dicen que es cosa de gran caridad
porque cien días se dan de perdón
beber sobre mesa tras la bendición
y dicen que hay bula. No sé si es verdad.

Pregunta 359
Otra del vino.

¿Quién es aquel que mata muriendo
y da los placeres con sueños mezclados
y vence sin armas a muchos armados
y es tal su motivo que sube cayendo
y por el contrario desciende subiendo
y aunque él no habla mas mueve la lengua
y a sus amigos es causa de mengua
y sus enemigos le vencen huyendo?

Respuesta del autor

Es un potaje que cuece hirviendo
en ollas de palo y en honda cocina
sin llama, ni braza de roble ni encina
mas ello de suyo se hierve bullendo
y cuando decís que sube cayendo
entonces refresca los magros carrillos
y dáles calor si están amarillos
según que probaste el vino bebiendo.

Pregunta 360

Del escarabajo.

¿Quién es aquel sin padre criado
de alas y pies muy bien proveído
que nunca se haya ser solo nacido
y es duro de carnes color de quemado?

Respuesta del autor

Es bestia y es ave que toma cuidado
y luego le deja si es socorrido
sin col, ni pelo, ni voz, ni ladrido
ni cresta, ni uñas, ni pluma formado.
Su mantenimiento es así guisado
que otro lo purga antes que él coma
con el que lo dan con ese lo toma
podrá quien quisiere ser su convidado.
Yo veo que hay muchos así descuidados
que son de la orden del escarabajo
que quieren vestir y comer sin trabajo
si ven a los otros tomar sus cuidados
que tienen mujeres y viven holgados
ganándolo ellas, perdiéndolo ellos
y a éstos sería mejor mantenerlos
con estos manjares que nacen guisados.

Pregunta 361

De la vejez.

¿Quién es la señora que santo merece
que hace a los suyos vivir más honrados
de sanos consejos los hace dotados
y el mal de los vicios en ellos decrece?

Respuesta del autor

Es la edad que al viejo enriquece
de seso y consejos muy bien aprobados
mas dále los días tan apasionados
que la muerte le espanta y la vida le empece
y es una noche que nunca amanece
y un fin que no tiene principio ni medio
y un bien tan penoso que es mal sin remedio
donde el bien dura poco y el mal no fenece.

Pregunta 362

*Del juego del ajedrez enviada al
Almirante con muchas otras.*

En un campo raso vi mucha contienda
de gente vestida de muchas devisas
sin sayos, ni capas, también sin camisas

y ser cada cual señor de su tienda
y todos cercados de mil cortapisas
ni gritan, ni lloran, tampoco dan risas
y pues que lo vi bien puedo contarlo
que a pie se combaten también a caballo
los muertos se saben sin otras pesquisas
dádme respuesta que yo no la hallo.

Respuesta del autor

Según que yo puedo sentirlo y gustarlo
con esa conquista no soy buen juez
quitando señor las de juzgarlo
bien me entendéis por eso lo callo
que habéis leído en ello más de una vez
y aún es una ley en esto muy buena
entre la gente donde hay esa cisma
que cargan y llevan al necio la pena
si no sabe más en la casa ajena
que el cuerdo y sabido en la suya misma.

Pregunta 363

De las aceitunas.

¿Quién son aquellas tan favorecidas
que en cena se tiene con ellas tal ley
que en fin las presentan en mesa de Rey
y de otras personas en mucho tenidas?

Respuesta del autor

Son muchas hermanas de un padre nacidas
que nunca lloraron ni nunca rieron
y juntas se crían y nunca se vieron
y en encerramientos conservan sus vidas
y en tierras ajenas en más son tenidas
y vale su sangre según los doctores
para mitigar los grandes dolores
de las apostemas y graves heridas.

Pregunta 364

De la lengua murmuradora.

¿Cuál es aquél tan fuerte pertrecho
que está siempre armado y tira sin fuego
queriendo su dueño desarmarse luego
y tira doquier certero y derecho
y tiene otra cosa de mucho despecho
que nunca lo siente aquél a quién hiere
hasta después que el mal es ya hecho
y el mismo que tira tirando se muere?

Respuesta del autor

Tira cien leguas y más si más quiere
que es una necia y fuerte ballesta
y es la mala lengua que al blanco que asesta
nunca le hierra donde quiera que estuviere
que quien maliciosa lengua tuviere
y en malas palabras la suelta y desata
matando a los otros él mismo se mata
pues queda en él mismo el mal que dijere.

Por ende quien suelto de su lengua fuere
o suelte las manos o ate la lengua
en otra manera será mucha mengua
si mucho parlare y poco hiciere
y cuando de otro hablar conviniere
o diga los bienes o calle los males
que las afrentas serán desiguales
de aquél que se atreve a decir lo que quiere.

Pregunta 365
De la cruz y de la horca.

¿Cuál es el árbol de sólo tres ramos
sin hojas, ni flores mas lleva tal fruto
que a veces nos vale por salvo conducto
si estamos en villa o si caminamos?

Respuesta del autor

Dos árboles son si bien lo miramos
de cada tres ramos según yo reputo
el uno es la cruz que al mundo corrupto
segura el camino que al cielo llevamos
y si los maderos de aquélla cortamos
el pie no contando serán sólo tres
de palma y oliva y el otro ciprés
según en historias antiguas hallamos.

El otro es la horca que así la nombramos
que de tres maderos es constituída
la cual mientras fuere de todos temida
en villa y en campo seguros estamos
mas no muy seguros si bien lo notamos
que aunque la teman ladrones menores
en poco la tienen los otros mayores
que todos al oro servimos y honramos
y al pobre punimos y al rico excusamos.

Y digo a los tales y todos oigamos
que aunque no teman el árbol segundo
al árbol primero en quien confiamos
no los librará del fuego profundo
que cuando el juez con gesto iracundo

les apareciere viniendo a juzgarlos
injusto sería haber de excusarlos
porque fueron grandes en este mal mundo.

Pregunta 366
Del sombrero.

¿Cuál es aquel tejado sin tejas
que cubre la casa por alrededor
y es guarda del frío, también el calor
y más le acostumbran las casas más viejas?

Respuesta del autor

En un tejado de lana de ovejas
o de carneros o de otro ganado.
Noema primero la lana ha labrado
que antes se usaban cubrir de pellejas
deben traerle a par de las cejas
que si le traen muy alto de tema
llevándole el viento tornarse a postema
mejor es con él cubrir las orejas.

Y si con esto quisieres saber
quién fue Noema que la lana inventó
respondo que fue la primera mujer
que ruecas, telares y paños vio
del primer herrero aquesta nació
y en ello concluyen su mísero fin
las generaciones del triste Caín
que fue la postrera que de él decendió.

Pregunta 367
De las orejas cortadas, cuando las mira el desorejado.

¿Quién son aquellas hermanas de nombre
que pagan el mal que nunca hicieron
y siendo ensalzadas más altas que el hombre
las miran dos ojos que nunca las vieron?

Respuesta del autor

Las que decís que en alto subieron
mejor estuvieron abajo donde estaban
y aún esos dos ojos que así las miraban
no quisieran verlas a donde las vieron
que es tanta la falta que al dueño hicieron
dejándole solo sin más le servir
que por falta de ellas habrá de subir
un poco más alto donde ellas subieron.

Las leyes del reino así dispusieron
que los castigados que no se enmendasen
las penas segundas las agraviasen

pues sus malos usos lo tal merecieron
pues teman aquellos que el mal padecieron
al gran justiciero y eterno señor
porque el tormento que en esto sufrieron
los libre y excuse del otro mayor.

Que dice un poeta que el que es malhechor
al tiempo que hacen de otro justicia
temor de la pena le pone codicia
de allí en adelante vivir ya mejor
pues cuanto más debe ser grande el temor
de aquel que en sí mismo se vio castigado
y en su propio cuerpo quedó lastimado
con tanta deshonra, vergüenza y dolor.

Pregunta 368
De un estudiante sobre un asno suyo
que rebuznaba mucho.

¿Cuál es aquel cantor que cantaba
el cual en su vida no hizo pecado
de rato a rato la tierra besaba
los ojos y rostro después levantaba
bien como músico muy elevado
andaba descalzo y en tierra dormía
sufría los males sin iras ni furias
oía y callaba diciéndole injurias
ni carne gustaba ni vino bebía?

Respuesta del autor
Yo creo que vuestro hermano sería
según lo sonaban las voces que daba
y en todas las cosas así os parecía
que su propio nombre a vos convenía
y en sólo el vestido de vos discrepaba
y cuando decís que la tierra besaba
besaba señor buscando os a vos
y cuando decís que al cielo miraba
a lo que él olía a vos convidaba
dando por ello gracias a Dios.

Pecado no tuvo mas vos le tuviste
y aún si es mortal vos señor lo ved
que de tu taberna el vino bebistes
cebada ni paja a él no le distes
así que rebuzna de hambre y de sed
pues es vuestro hermano por tal le tened
que siempre os fue tan buen compañero
llevadle de allí habréis gran merced
que así se está el triste tras una pared
diciendo "zorro, zorro que me muero".

Pregunta 369
Del pensamiento.

¿Cuál es la ave de tanto volar
que vuela en un punto más alta que el cielo
la tierra y abismos traspasa de un vuelo
y a donde se aposenta no ocupa lugar
si tras buena presa la saben echar
puede a su dueño ser muy provechosa
mas si la dejan dar vuelos ociosa
hace los tiempos en vano gastar?

Respuesta del autor
Vuestra pregunta es tan singular
que es equivalente a un gran tesoro
y debe escribirse con letras de oro
por tantas sentencias en breve palpar
así que respondo sin más dilatar
que esa tal ave es tan invisible
que a Dios poderoso es sólo posible
verla y sentirla y poderla cazar.

No come ni bebe ni puede cantar
ni es prieta, ni blanca, ni pinta, ni verde
ni menos rasguña, ni pica, ni muerde
ni más de a su dueño puede dañar
y digo otra cosa por más declarar
que esa tal ave es el pensamiento
que va por doquier sin detenimiento
por cielos y tierra y abismos y mar.

Pues debe el que quiere vivir sin errar
haber pensamiento muy sano y entero
católico, santo leal, verdadero
palabras y obras con él conformar
que quien a los otros pensar engañar
tema que pueda quedar descubierto
pues lo que él piensa es muy encubierto
podrán eso mismo los otros pensar.

Pregunta 370
De la lima del hierro.

Decid si sabéis ¿quién es la golosa
que come a su padre y de cual fue formada
en fuego y en agua la hacen forzosa
a golpes y a hierro muy acuchillada?

Respuesta del autor
La que decís yo respondería
que debe ser lima a mi parecer
por cuanto en ella se suele hacer
eso que vuestra pregunta decía.

De hierro la hacen y el hierro comía
en fuego encendida y en agua templada
con golpes de hierro después bien picada
limando metales lucir los hacía.

Pregunta 371
De los naipes o ajedréz.

Pregunto, ¿cuál es aquella pelea
que es entre reyes y grandes señores
que sin que ninguno con otro se vea
son unos vencidos y otros vencedores
todos en una posada vivían
mas nunca se vieron ni se conocieron
ni se injuriaron ni mal se quisieron
mas puestos en campo gran guerra hacían?

Respuesta del autor

Lo que decís mejor lo sabrían
los jugadores que más de una vez
habrán a los naipes y al ajedréz
perdido su tiempo y lo que tenían
que en estos dos juegos se contradecían
reyes y otros estados menores
y así son hallados los otros primores
que en vuestra pregunta notados venían.

Por ende yo digo y doy por consejo
que todos se guarden de tal guerrear
el rico y el pobre y el mozo y el viejo
que es más peligroso que guerra por mar
no solamente por el blasfemar
mas porque acontece si a mano viene
pensando quien pierde tornarse a quitar
dar tras el juego y perder cuanto tiene.

Y es al contrario de su pensamiento
que como perdiendo recibe pasión
ciega el juicio la tal turbación
y no puede al juego estar tan atento
pues tenga el discreto tal conocimiento
que sienta el peligro que hay en jugar
o si perdiere se debe de alzar
antes que el juego le saque de tiento.

Pregunta 372*
Del cirujano que cose heridas.

De cinco pregunto y el uno es un sastre
que no cose ropa sino colorada
y nunca la cose si no por desastre
por ser sin tijeras la ropa cortada.

Respuesta del autor

Pues que la ropa es tan desastrada
cortada con hierro si quiere con tijeras
nunca tal sastre ni en burla ni en veras
en mi vestidura me cosa puntada.
Y digo que el corte es la cuchillada
y que el cirujano que hace la cura
dando los puntos que son la costura
es sastre que cose la ropa cortada
la cual con la sangre está colorada.

Pregunta 373
Del médico.

El otro sin armas, ni hierro, ni espada
pelea muy recio y no sabe con quién
si es vencedor a él le va bien
y si es vencido le va poco o nada.

Respuesta del autor

El que pelea sin lanza ni espada
el médico es según la verdad
que cura y no sabe la enfermedad
si la vence gana después de curada.

Pregunta 374
Del boticario.

Una ensalada el tercero hacía
y a solos los tristes por darles placer
los convidaba a comer y a beber
de los manjares que el aborrecía.

Respuesta del autor

Ese que tales manjares cocía
es el boticario a mi parecer
que los brebajes que él no quería
a otros los cuece y hace beber.

Pregunta 375
Del barbero.

El cuarto con agua él se mantenía
y con fuego y aire pelando pellejos
y dando heridas a mozos y a viejos
ni lo confesaba, ni se arrepentía.

Respuesta del autor

El que decís barbero sería
que con hacer barbas, sangrías, ventosas
cumple muy bien todas esas cosas
que vuestra pregunta en sí contenía.

Pregunta 376
De la muerte.

El quinto llegó saetas tirando
y como llegó arremete con ellos
y préndelos todos y pudo más que ellos
y allá van los tristes gimiendo y llorando.

Respuesta del autor
Esa es la muerte que vino callando
tirando saetas de muchas dolencias
que a simples y sabios con todas sus ciencias
por fuerza las toma y las lleva arrastrando.

Pregunta 377
De la boca del viejo desdentado.

Yo padre os pregunto ¿cuál es el molino
que muele sin muelas y sin gota de agua
o si quisieres llamémosle fragua
que no tiene fuego y arde contínuo?

Respuesta del autor
Molino es la boca del viejo mezquino
que no tiene muelas ni puede comer
y para poderlo mejor desmoler
no echa gota de agua en el vino
y lo que decís que arde sin fuego
es que le falta el calor natural
más tanto le sobra el occidental
que bebe con sed más sécase luego:
No sé cuál persona prudente sabida
tan mísera edad y tiempos desea
que es vida peor que andar en galea
por mucho que tenga del bien de esta vida
que cuando la edad ya va de caída
es tan miserable la triste vejez
que yo no lo juzgo mas hago juez
al que arde en la fragua sin fuego encendida.

Pregunta 378
De la cuartana

Decidme, ¿quién es aquella maligna
traidora, cruel y desvergonzada
que da mil enojos y pena contínua
y doquiera que entra y es aposentada
hace en entrando temblar la posada
después la derriba y pónele fuego
y váse de allí y tórnase luego
después que la cara está reparada?

Respuesta del autor
Ella se viene no siendo llamada
invierno y verano consigo trayendo
ni anda, ni vuela, ni viene corriendo
ni sé por donde viene, ni donde está guardada
ni basta esconderse ni irme de aquí
que no me persiga y vaya trás mí
esta perversa cuartana malvada.

Pregunta 379*
Del arador. Es antigua.

Nació un animal por mal de la gente
que es en sus hechos peor que padrastro
que por donde caminar le sacan el rastro
y hasta ser preso él nunca lo siente.
Donde quiera que se acoja mana una fuente
y en ella reposa, trabaja y afana
después que le prenden la fuente no mana
ved que misterio natura consiente.

Respuesta del autor
A mí me parece gran inconveniente
el mucho dormir y más la mañana
porque la sangre que está buena y sana
se hace sarnosa, enferma y caliente
de donde se sigue que por consiguiente
engendra la sangre mediante el calor,
la fuente y el rastro y el arador
y otros mil males que sufre el paciente.

Pregunta 380
Del dinero

Vi un gran señor nacido de tierra
que en tierra se trata y en tierra se torna
y a muchos levanta y a muchos trastorna
a unos da paz y a otros da guerra
quien mucho le quiere tanto más hierra
que a los que le sirven los trata peor
porque ellos le sirven mas él los aterra.
¿Decidme quién es aqueste señor?

Respuesta del autor
Hacéis tal pregunta a fraile menor
que de este señor no entiende ni sabe
ni en su monasterio no entra ni cabe
la cual vos sabéis mil veces mejor
a mí me parece notable doctor
que aquel gran señor se llama dinero

que a los que le sirven trae al retortero
mandad perdonar si os doy sinsabor.

¡Oh! gran pestilencia buscada y querida
que quien de ti enferma rehuye la cura
tan libre prisión tan dulce amargura
que amargar a muerte y sabes a vida
por tí la verdad es aborrecida
por tí son los malos tenidos por buenos
por tí son los justos tenidos en menos
porque tu maldad no es conocida.

Quien sirve señores por este obedece
y quien otros manda con este los manda
quien mucho le quiere con mucho mal anda
con él tiene honra quien no la merece
por tiempos ni años jamás no envejece
tan fresco está hoy como hoy hace mil años
causa mil muertes, traiciones y engaños
más nadie le mata, ni daña ni empesce.

Pregunta 381
De la buena fama
    ¿Cuál es el ave de tanto volar
que muchos tesoros se estiman en menos
que parla con lengua y picos ajenos
loando los hechos del que es su señor?

    Respuesta del autor
    Es tal que no tiene palpable calor
ni pluma, ni uñas, ni pico, ni alas
y vuela por muchos palacios y salas
y todos los buenos le dan su favor
más tiene un defecto de mucho dolor
que muchos le tiran saetas de envidia
y si su dueño por ella no lidia
a presto la matan o hacen peor.

    Por ende consejo al que es cazador
y cace la honra con esta tal ave
y en tales pihuelas la tenga y la trabe
que le haya digno de todo loor
que quien de perderla no tiene temor
después que la pierde jamás no la halla
y puesto que quiera tornar a buscarla
haberla guardado le fuera mejor.

Pregunta 382
Del corazón
    ¿Quién es aquel que con dos doncellas
desde que nace comienza de estar

y nunca se muere él si no ellas
y ellas no cesan contínuo de andar
ellas le tiene contínuo servido
y él dáles la fuerza para se servir
y así le conservan su propio sentido
que nunca se hallan parar ni dormir?

    Respuesta del autor
    Es uno que dicen que suele regir
y manda las carnes donde él es cabeza
es grande en virtud más no de gran pieza
que hace al discreto callar y sufrir
es más una fuente donde mana el decir
que por sus arroyos denuncia en su tierra
la muerte a la vida la paz o la guerra
primero en la vida postrero en morir.

    Por ende el discreto que quiere evadir
las muchas vergüenzas, el daño y la mengua
otros mil males que causa la lengua
en éste las debe cerrar y encubrir
que siempre no piensa que él que es más amigo
podrá muy en breve ser más enemigo
y estar lo bien dicho mejor por decir.

Pregunta 383
Del necio malicioso
    Decidme, ¿Cuál es aquel animal
que come, que bebe, que viste como hombre
y es a los hombres conforme en el nombre
y aún él en sí mismo se tiene por tal
y tiene así mismo un esquivo mal
que es a los otros pestífera cosa
que su condición es muy maliciosa
y algunos la tienen por angelical?

    Respuesta del autor
    Es el hombre necio maligno, bestial
que nunca fue necio sin ser malicioso
y él mismo se estima por sabio leal
por bueno, discreto y más virtuoso
lo cual a discretos es tan peligroso
si con hombre necio conversan y tratan
que por más que sepan cuando no le catan
se hallan mordidos de perros rabiosos.

    A lo que decís que su condición
es maliciosa y pestilencial
y algunos la tienen por angelical
ni sé que me diga ni basta razón.

Mas doy por consejo y por conclusión
que el hombre discreto se guarde de todos
con cantos astutos y prohibidos modos
hasta que sepa donde hay discreción.
Que si los secretos de su corazón
al necio descubre, conozca y entienda
que en lo que dijere le ha dado prenda
salir no le cumple de su sujección
ya no se le escusan al triste discreto
si en boca de necios está su secreto
también lo fue el demando perdón.

Pregunta 384

¿En que se conocerá el necio entre los discretos?
Pues que los necios son tan ofrecidos
a decir y a hacer engaños y males
¿decidnos, señor, algunas señales
por donde ellos puedan ser bien conocidos?

Respuesta del autor

Aquí se ponen treinta señales...*[no se incluyen]*

Pregunta 385

De la hija que nace

¿En cuál pestilencia nació tal nacido
que placer con ella a aquel que la tiene
y muchas sangrías por ella sostiene
sudores sin cuento y afán sin medida
y desque la tiene madura y crecida
se junta con ella un tal escupido
que tiene el cuitado nacida y nacido
y es su voluntad en esto cumplido?

Respuesta del autor

Aquella es la hija del padre querida
que es dicha nacida pues que nació
y muchos trabajos por ella sufrió
por verla casada y en honra tenida.
La sangre del padre es desminuída
de aquellas tres venas que digo que son
la bolsa, el arca y aún el corazón
que el yerno nacido quería la nacida
de sangre de fuegos dotada y vestida.

Pregunta 386

*De uno que motejaba al autor porque era
corto de vista.*

¿Quién son aquellos hermanos amados
que nunca jamás de casa salieron
y ven a las otras y así no se vieron
y son en su pueblo en mucho estimados
y aquestos en vos son tan desdichados
con tantas miserias y tantos defectos
que gozan no pueden de aquellos efectos
para los cuales fueron criados?

Respuesta del autor

Vi vuestros metros a mí enderezados
los cuales recibo por amor de Dios
con toda paciencia los sufro de vos
pues sóis el mayor de los atreguados.
Mis ojos son éstos de vos motejados
diciendo que son my cortos de vista
mas pues os metiste en esta conquista
diré lo que ven por vuestros pecados.

Pregunta 387

De la muerte

Pregunto, ¿cuál es el nombre de aquella
que buenos y malos, y pobres y ricos
simples y sabios, y grandes y chicos,
enfermos y sanos viven con ella,
y ella con tanto dominio los trata
que más los mayores la suelen temer
mas sonle sujetos a más no poder
que no se rescatan por oro ni plata?

Respuesta del autor

Esa es la muerte la cual desbarata
así las tristezas como los solaces
acaba las guerras y a veces las paces
cuando a las grandes acaba y remata.
Continua los libres, los presos desata
iguala los grandes con los pequeños
y puebla sepulcros, infiernos y cielos
de cuerpos u almas de aquellos que mata.
¡Oh! triste y amargo de azul que arrebata
y como le escota los gozos pasados
ni estado le deja, ni oro ni plata
ni honras, amigos, parientes, criados.
Que viéndole aquellos los ojos quebrados
aquel que solían tener por amigo
ni quieren tenerle, ni verle consigo,
ni menos seguirle, ni ser sus criados.

Pregunta 388

Del pujes

¿Cuál es la fruta que suelen venderla
mas nadie la quiere, ni come, ni pace
y en todos los tiempos del año se nace
y a los que la dan se hinchan con ella
sin la comer más sola por verla?

Respuesta del autor

Esa tal fruta no quiero comerla
que no sabe bien ni es fruta de amigo
mas dicenme que es hermana del higo
yo no la como ni quiero tenerla
mas quien me la diese se quede con ella.

Pregunta 389

De las cosquillas

Decidme señor pues tanto primor
tenéis en aquello que más satisface.
¿Cuál es la cosa que os pone dolor
y en vuestras señales mostráis que os place
y tiene esta pena que cuando queréis
defenderos de ellas la fuerza se os mengua
y nunca por quejas que déis con la lengua
mostráis en vos mismo que la padecéis?

Respuesta del autor

Esa pregunta que vos proponéis
respondo que deben ser las cosquillas
porque las carnes que suelen sentirlas
se ríen con pena segun que sabéis.

Pregunta 390

De los azotes

También me decid si hay tales dados
que aquel que los tiene le pesa con ellos
y él quería darlos muy más que tenerlos
mas aunque les pesa los tiene guardados.

Respuesta del autor

Si ellos son dados también son tomados
vos ved si son dados de algun melcochero
que nunca se toman sin darse primero
y donde los dan se quedan pegados.
Primero son negros, después colorados
con manos se dan sin manos se toman
los fuertes y bravos con ellos se doman
cuando les dan los dados bien dados.

Pregunta 391

Del ángel que nos guarda

Pregunto ¿quién tiene tan perfecto ayo
que nunca el tal ayo envejece
ni enferma, ni cansa, ni siente desmayo
ni pena, ni muere, ni más desfallece.
El bien no le falta y el mal no le empiece
y aquel que por ayo le oye y le tiene
a tal perfección oyendo le viene.
¿Cuál es la del ayo a quién obedece?

Respuesta del autor

Es caridad que nunca fallece
la de aquel ayo por quien preguntáis
y las perfecciones que allí relatáis
por gracia de Dios muy bien las merece.
Al cual de continuo mi alma se ofrece
pues por su ayo fue dado de Dios
y el mucho cuidado que tiene de nos
que mientras vivimos jamás nos fallece.

Y doy por consejo segun me parece
que a este tal ayo sirviesemos todos
con cuantos cuidados y formas y modos
a nuestra flaqueza mortal pertenece.

Que nunca jamas a él se le ofrece
alguna ocasión de nuestra salud
que luego no ponga la solicitud
con que nos guarda y nos favorece.

Pregunta 392

De un hombre que le había lastimado
un toro bravo que le tomó.

Estando mirando por ver que vería
vi un mercado de gente muy lleno
y tanto loaban a uno de bueno
cuanto mayores males hacía.
Yo que tan grandes bienes oía
de aquel que tan grandes males obraba
hálleme a sus pies y así me trataba
que arte ni fuerza ya no me valía.

Respuesta del autor

Lo que decis ya yo lo sabía
de un toro muy bravo que le hubo tomado
y aun sé que juraste quedando espantado
de en otro tal juego no entra otro día.
Y más me dijeron que no lo creí
que hasta seis días duró el miedo tanto

que echaba el estómago lleno de espanto
por ambos lugares cuanto tenía.

Y aún digo que el toro loarse debía
de muy sabio médico pues que oscuro
que sin jaroparos también os purgo
y aún agradecerle que no os dió sangría.
Que un par de lancetas allí las traía
para sangraros de muy buena mente
y pues le loaba de bueno la gente
en vos a lo menos razón lo pedía.

Pregunta 393
De la mano del juego
    ¿Quién es el hombre que tiene una mano
sin carne ni hueso, ni dedo, ni uña
y a su compañero con ella razguña
aunque sea amigo, vecino y hermano?

Respuesta del autor
    Aquel que las tiene está muy ufano
pensando por ella tener mayor dicha
aunque a las veces sucede desdicha
y su pensamiento le sale muy vano.
No es miembro ni parte de su cuerpo humano
ni tiene otro efecto ni otro valor
salvo que tiene el que es jugador
por mucha ventaja jugar más temprano.

Pregunta 394
*De la piedra que se cría en los riñones
y hace dolor de ijada.*
    Yo sé cantero que dentro de su casa
tiene abundancia de piedra y arena
que cuanto más sacan la tiene, más llena
sacando continuo sin cuento ni tasa.
Y es cada piedra de tal preeminencia
que nadie la ve a donde se cría
mas por un arroyo se sigue su vía
llevándola el agua con su vehemencia.

Respuesta del autor
    Bien preguntaste con gran elocuencia
orad y velad por no la sentir
que bien se parece en vuestro decir
hablar de las piedras que son mi dolencia.
Es piedra de ijada, vejiga o riñones
que a mí de continuo me da gran dolor.
Mas digo que hay otra que es mucho mayor
y es menos pesada y da más pasiones.

Y tantos la tienen que no la tienen cuento
reyes y duques, señores prelados,
mujeres y hombres de todos estados
que si bien miráis es piedra de viento.
A donde es mayor allí pesa menos
donde ella no está es todo pesado
y nunca vi hombre ser de ella curado
y aún agradeced que os cuento entre buenos.

Pregunta 395
Del freno
    ¿Cuál es el bocado o de lugar
que aquél que le masca de él no se paga
por más que le masque jamás no le traga
y entero le deja y se torna a tomar.

Respuesta del autor
    Este bocado es el paladar
tan seco, tan duro y tan desabrido
que cocho, ni crudo, ni menos manido
no cobra sabor, ni puede ablandar,
ni mata la hambre aqueste manjar,
ni puede la boca tampoco tragarle,
ni dientes ni muelas desmenuzarle,
ni los paladares le pueden echar
y asado y fiambre se suele tomar.

Pregunta 396
De la vihuela.
    Vemos los vivos posar en los muertos
y no tienen miedo de su compañía
antes les hacen así cortesía
que el rey los recibe con los brazos abiertos.
Ni quitan el sueño, ni espantan despiertos
y son tan amigos de hombres humanos
que muertos los osan poner en sus manos
y en ellos tamplando se paran más yertos.

Respuesta del autor
    Si aquí mis juicios no salen inciertos
los muertos son cuerdas de alguna vihuela
que a vivos no espanta más antes consuela
y estos otros primores allí vienen ciertos.

Pregunta 397*
De la peñola.
    ¿Quién es aquella hija del bruto
sin alma, sin vida, sin seso y pasiones
que escribe secretos de los corazones

y nos los publica vestida de luto.
Esta camina si el campo es enjuto
y lleva rocío como aquel vellón
que en medio de la era puso gedeón
aquél que quitó del pueblo el tributo?

Respuesta del autor
La peñola es esa que más no disputo
que es hija de la ala de donde salió
cubierta de tinta con ella escribió
aquel que escribiendo sacó mucho fruto.

Pregunta 398*
De la ciencia escrita en el libro
del Almirante.

Vi que en las manos de un cuerpo sin vida
estaba guardado tan rico tesoro
que es como arena el más fino oro
puesto en su precio por ser sin medida.
Aquel que lo tiene a todos convida
que gasten y gastan y no tienen mengua
con alma la gozan y dánla con lengua
y aquesta riqueza jamás fue perdida.

Respuesta del autor
Esta es la ciencia bien poseída
que aquel que la enseña jamás no la gasta
y a todos convida y a todos abasta
y es un gran tesoro si es bien sabida.

Pregunta 399*
De la aguja, que es nombre de muchas cosas.

Yo vi una hembra que en sóla la vista
tiene tal fuerza que junta distantes
del tiempo en la tierra nos quita conquista
es bien conocida de los mareantes
los grandes la comen. En Roma es bien quista.

Respuesta del autor
Esa es aguja sin otra revista
que en Roma es notable. Relojes y mar
y otra que suelen llamar paladar
y así lo demás de aguja no dista.

Pregunta 400*
Del espejo.

Bien conocemos haber criatura
que pare y concibe sin ser ofendida
ni siente dolores ni pierde la vida
y hace sus hijos de nuestra figura.
Ni duerme, ni vela, ni comer procura.
Su hijo se muere si el padre es ausente.
Quiérenle las damas y toda la gente
puesto que saben que es todo locura.

Respuesta del autor
De luna es espejo, es vuestra escritura
que de la figura decís vos que es madre
y aquel que se mira será dicho padre.
Mujeres le usan por ver su figura.
En otros espejos debemos mirar
Cristo y sus santos espejos perfectos
veremos su gloria y nuestros defectos
y así los podríamos presto sanar.

B. 1548—Sebastián de Horozco

Horozco, Sebastián de. *Cancionero de Sebastián de Horozco, poeta toledano del siglo XVI.* Sevilla: Imprenta de Rafael Tarasco y Lassa, 1874.

El licenciado Sebastián de Horozco nació en Toledo (¿1510–1581?) y se educó en Salamanca. Más tarde vuelve a su ciudad natal en la cual se centra gran parte de su producción literaria y en donde desempeñó el cargo de jurista, asesor de un alcalde de Hemandad y el de abogado del Municipio. El erudito norteamericano Jack Weiner, en su nueva edición de el *Cancionero* comenta ". . . lo que sí puedo decir, casi sin la menor duda es que Horozco era de origen converso." [1]

1. *El cancionero de Sebastián de Horozco.* Edición de Jack Weiner. Bern und Frankfurt, 1975. p. 9.
2. Julio Cejador y Franca. *Historia de la lengua y literatura Castellana.* Tomo II. Madrid: ed. Hernando, 1928.

La producción literaria de Sebastián Horozco versa sobre distintos campos, principalmente como poeta y cronista detallado de hechos y personajes de Toledo. Es dramaturgo, aunque se le ha estudiado más como presunto autor de *El lazarillo de Tormes.*

En el campo de lo folklórico sobresale su *Recopilación de refranes y adagios comunes y vulgares de España.* Esta obra contiene 8.311 refranes, aunque este número sería mayor de no haberse perdido la primera parte. Pero es en el *Cancionero* donde Sebastián Horozco se muestra "poeta enteramente castizo en los asuntos, manera y metro. Son los asuntos de circustancias; la manera epigramática, en cierto modo, esto es, al modo de Marcial, cuando describe y burla tipos y costumbres . . ." [2]

Lo primordial para esta *Antología* son las 28 preguntas que aparecen en el *Cancionero.* Algunas de estas preguntas o adivinanzas aparecen en la sección titulada "Adivinanzas escatológicas y eróticas" ya que su contenido es propio de esta sección.

1

Síguese una pregunta del hermofrodito, que es el que tiene sexo de varón y de hembra.

¿Quién es aquella que siendo preñada
su madre del mismo soñó que paría,
y estando en el parto pareció que oía
dezir a tres dioses aquesta su hada?
Será, dixo Marte, donzella sagrada,
será, dijo Juno, ni uno ni otro,
y después fue todo, verdad muy probada.

Responde ahora el autor a la pregunta conforme a la epigrama, y pregunta lo demás de la muerte que había de haber.

La dura quistión que me es preguntada
me hizo algún rato pensar qué sería,
hasta que supe que ya la tenía
el gran Policiano muy bien declarada.
Así que parió la madre preñada
un hermofrodito común en lo otro,
aquéste es lo uno, y aquéste es lo otro,
y siéndolo todo ninguno es, y nada.

Prosigue el autor después que ha respondido a la pregunta, preguntando lo demás de la epigrama.

Pues quién éste fuese me habéis preguntado,
dezidme la muerte que habié de morir,
porque podamos también referir
lo que los tres dioses le daban por hado.
Será, dijo Juno, con armas matado:
Phebo que en horca habié de ahogar,
y en él fuera todo después acabado.

Responde el autor conforme a la epigrama

Subiendo en un árbol al agua plantado
al tiempo que dél querié descendir,
los tres hados todos se van a cumplir,
cayendo y quedando dél un pie colgado
la su propia espada se le ha desvainado,
y sobre él cayendo se acierta a hincar,
y con la cabeza al agua va a dar:
cumpliose en él todo lo prenosticado.

2

Pregunta del autor a Diego de Argame

¿Quién es el que fue nacido
por servicio de las gentes
y después de haber perdido
la esperanza en que se vido
sufre penas diferentes;
y sin lo haber merecido
viene a ser preso y atado,
apaleado, abatido,
remesado y escupido
y también crucificado?
De este tormento depuesto
en agua ferviente echado,
donde le hazen de presto
mudar su color y gesto
siendo tan atormentado:
su cuerpo despedazado
luego tornado a juntar,
y a la columna amarrado
con la lanza es traspasado
muchas veces sin parar.

Y mientras más le acocen
los que le traen entre manos,
le aporrean y alancean,
mas presto hacen que sean
sus miembros juntos y sanos.
Y cuando de allí se escapa
cúrale la buena gente,
y al emperador y al papa,
y aún al que no tiene capa,
va a servir muy obediente.
Esta pregunta se envía
al señor Diego de Argame,
que es la flor y poesía,
y es justo que así se llame.
Y tiene de responder
por los mismos consonantes,
porque en esto se han de ver
y se dan a conocer
los poetas elegantes.

Respuesta de don Diego de Argame el Mozo.

Vuestra merced me ha pedido
por sus versos excelentes
que le diga quién ha sido
aquél que tanto ha sufrido
por pasados y presentes.
Digo que es tan parecido
en ser tan martirizado
al que nos ha redimido,
que antes de ser conocido
fue de mí muy estimado.
Perdió su verdoso gesto
porque el Phebo le ha tocado,
y en aqueste estado puesto
el que tiene en él su resto
procura que sea arrancado.
Y en cerros muy bien ligado
después de le apalear,
y a las viejas entregado
para hacer buen hilado
por fuerza han de rastrillar.
Y por ver lo que desean
sus dedos hacen livianos;
hilan, aspan, devanean,
y a sus hijas atarean
los inviernos y veranos.
Del tejedor no se escapa

porque dello se sustente,
úrdelo, teje, y atapa
las del pobre y del potente.
Conozco ser demasía,
por más que yo a mí me ame
la loa que a mí me envía,
y en vuestra merced cabía
y no es bien que se derrame.
Y bien lo dan a entender
mis versillos disonantes,
ser de poco merecer,
que no se puede esconder
a todos los circunstantes.

Replica del autor por los mismos consonantes

Vuestra merced ha cumplido
con versos tan eminentes
y a mi duda respondido
tan bien, que tengo entendido
ser sus gracias eminentes.
Háme también parecido
su responder tan rimado
que agora tengo sabido
ser verdad lo que he oído
de su ingenio delicado.
Responder bien y tan presto
por verso tan ordenado
claramente muestra en esto
que, aunque mancebo y dispuesto,
el tiempo no ha malgastado.
Tiempo mejor empleado
se puede aquéste llamar
que no andar enamorado,
jugar a naipe, ni dado,
ni en otros vicios andar.
E aunque muchos bienes sean
los que trae entre las manos,
mayor valor le acarrean
los que al ánimo recrean
que no los otros mundanos.
Que el hombre que se agazapa
y en saber es negligente,
aunque tenga más que el papa,
cierto está que no se escapa
de ser necio e insipiente.
Vuestra merced todavía
sus habilidades ame,

que tienen mayor valía
que cuanto le dejaría
su padre Diego de Argame.
Ni por esto ha de creer
ser palabras adulantes,
que cierto, a mi parecer,
según ha dado a entender
habrá pocos semejantes.

3
**Al autor en prosa se le propuso
una pregunta de esta manera:**

"Dos galantes servían a una dama y un día
en presencia de ambos ella dió una joya que
ella tenía al uno de ellos, y al otro tomó una
joya que él tenía"—Pregúntase a cuál de estos
hizo mayor favor, o a cuál mostró querer más.

Respuesta del autor
La dama al tiempo que dio
su propia joya al galante
los servicios le pagó,
y en esto le despidió
para dende en adelante.
Y en tomando qué tomó
del otro la que él tenía,
por esto se le obligó,
y claramente mostró
que pagárselo quería.

4
**Al autor le fue enviada la pregunta
siguiente para que respondiese a ella.**

¿Qué es un río sin ribera
profundo sin tener suelo,
tal que cada vez que quiera
sin crecer tiene manera
de estar más alto que el cielo?
¿Sin menguar y sin crecer
cómo haremos que cuadre,
que estando siempre en un ser
para menor parecer
el mesmo sale de madre?

Respuesta
Respondo de esta manera:
en lo que me da consuelo,
de él goce yo cuando muera,
porque con fe verdadera

pueda con él ir al cielo.
Este es Dios, siempre en un ser,
fue enviado por el Padre,
para mostrar su poder,
quiso en el mundo nacer
y asesina salió de madre.

*El autor por los mismos
consonantes*
La fuente, de do saliera
este río, está en el cielo,
y corrió de tal manera
que nuestra culpa primera
lavó yendo por el suelo.
El que no pudo caber
en el cielo, do está el Padre,
tuvo bastante poder,
sin menguar y sin crecer,
de entrar y salir de madre.

Otra respuesta del autor
Muy loco será qualquiera
siendo un gusano del suelo,
que absolutamente quiera
comprender como quiera
al fabricador del cielo.
Es más cierto responder,
y respuesta que más cuadre,
con firmemente tener
lo que nos manda creer
la Iglesia que es nuestra madre.

5
**Pregunta que hizo y envió
el autor al Doctor Vázquez**
Es regla sin adversario
que nos enseñó natura,
que tiene por corrolario
decir que qualquier contrario
con su contrario se cura.
El ejemplo está patente
haciendo de ellos un trueco,
curando muy sabiamente
lo frío con lo caliente,
lo húmedo con lo seco.
Pues esto es averiguado
dádme agora la razón
en la cual esté fundado
lo que se ha experimentado

muchas veces del melón.
Que cuando está muy caliente
cortado para comer,
puesto contra el sol ferviente
se enfría muy prestamente
habiendo de más arder.
    Y así mismo del pescado
que no se puede comer
por estar mucho salado,
queda sin sal y estremado
si le echan sal al cocer.
Parece contra natura
y aún ser cosa exorbitante,
que en estos casos se cura
la sal y la calentura
con otro su semejante.
    Y por los mismos tenores
acontece de continuo,
que ponen los segadores
contra el sol y sus ardores
la bota o cuero del vino.
Para que no se caliente
y esté fresco y más templado,
y pues sois varón prudente,
dadme razón suficiente
de todo lo preguntado.

Respuesta del doctor
Pero Vázques, por los
mismos consonantes
    Si no respondo sumario
juzgad que fue por ventura,
porque fuera temerario
un hombre que no es corsario
emprender cosa tan dura.
Y aunque esto dure al presente,
si en dar la respuesta peco
es por seros obediente,
y a vuestra cuenta se asiente
vos ser voz, y ser el eco.
    Así, señor licenciado,
debajo la correción
del que hubiera más mirado
y en el arte profesado,
respondo a vuestra questión.
Aunque la lumbre es caliente
al melón suele ansí ser,
y vése muy claramente

que del aire frío se siente
que torna al primero ser.
    No está tan averiguado
como me dais a entender,
que el pescado muy salado
con la sal se haya tornado
menos sin sal al comer.
Pero a mí se me figura,
antes que pase adelante,
que la sal en la agua pura
al fuego es de tal reziura
que es mucho más penetrante.
    Y así las fuerzas mayores,
dirá cualquier adivino,
facilmente a las menores
son más fuertes y mejores
y así los vemos continuo.
Lo del vino, facilmente
por semejante es probado,
que el aljibe al sol herviente
es más frió, y bien se siente
más cálido cuando ha helado.
    Y la causa dicen que es
que el calor al frío resista,
y sin experiencia quieres,
en un pozo lo verés
hecho por antiparista.
Pues, mi señor licenciado,
por nombre dicho Horozco,
si en esto no he acertado
es por ser examinado
en lo que poco conozco.

6
Pregunta que hizo el autor a
Micael de Silva, canónigo de
Toledo y caballero docto
    Muy sabio y docto varón
y en todo muy eminente,
suplícose me deis razón
de una natural cuestión
que se me ofrece al presente.
¿Qué es la causa suficiente
porque de un mismo sujeto,
sin mudanza del agente,
sale lo frío y caliente
cada cual para su efecto?
    Puédese ejemplificar,

como vemos cada día,
que el hombre con el soplar
a cualquier caldo o manjar
para lo comer lo enfría.
Y lo contrario porfía
calentándose la mano,
porque por la misma vía
la frialdad le desvía
con el anélito humano.

Respuesta de Micael de Silva
Mi juicio se ha turbado
todo cuanto puede ser
en verme tan ensalzado,
y de cuestión preguntado
tan suprema a mi saber.
Tanto que a mi parecer
estoy puesto en confusión,
y casí para perder
cuál será más responder,
al favor, o a la cuestión.
Aunque por más le agradar
respondo a lo que pedía,
que calor y frío a la par
no es mucho una cosa dar
si ella es caliente y fría:
aunque no en una la vía,
que el aire que enfría la mano
el cerebro nos le envía,
y si caliente salía
es del corazón humano.

7
Pregunta y respuesta del autor
Muchas veces he oído
dudar de aquesta cuestión,
de la cual, señor, os pido,
pues sois tan docto y leído
que me deis absolución.
Si el hidalgo y el villano
obran bien por un compás,
estando todo en su mano,
a juizio recto y sano
¿cuál déstos merece más?

Respuesta del autor
Es lo que me ha parecido
cerca de aquesta cuestión

que el hidalgo ha merecido
ser en mucho más tenido
y más premio y galardón.
La razón está en la mano,
porque quedándose atrás,
precederle ya el villano,
y él tendría el nombre en vano
y pecarié mucho más.

8
Pregunta y respuesta del autor
sobre el que aborrece a su prójimo
Es cosa muy natural
fundada sobre razón,
por do qualquier animal
quiere y ama a otro tal
de su género y nación.
Pues si brutos animales
sus símiles apetecen,
¿por qué los hombres mortales
tan sabios y racionales
sus prójimos aborrecen?

Respuesta del autor
Qualquiera bruto animal
que carece de razón
ni ama, ni quiere mal,
más de que su natural
le da tal inclinación.
Mas en hombres racionales
que de razón no carecen,
son sin duda naturales
pasiones acidentales
por do aman o aborrecen.

9
Pregunta y respuesta del autor,
por que llaman al hombre cornudo
Mucho codicio saber
una cosa de que dudo,
¿de dó pudo proceder
por ser mala la mujer
llamar al hombre cornudo?
Porque si habían de nacer
cuernos por aqueste vicio,
de razón había de ser
a la tal mala mujer
que comete el maleficio.

Pues que la ley no condena
sino al propio delinquente,
en tal caso muy mal suena
dar a marido la pena
estando el triste inocente.
Pero ya que se sufriese
esta ley tan rigurosa
cuando tal aconteciese,
¿por qué quiso se dijese
cornudo más que otra cosa?

Respuesta del autor,
por los mismos consonantes
Nadie podrá responder,
aunque presuma de agudo,
si no alcanzase a saber
que debié de acontecer
porque así llamarse pudo.
Y el caso que puede ser
no es tan moderno y novicio,
para poderse entender
que fue la causa en poner
nombre de cuerno a este vicio.
Pero respondo, que en pena
de ser el hombre paciente
y andar manso a la melena,
el nombre le cuadra y suena
como a buey muy obediente.
Y ésta es la causa que fuese
cornudo más que otra cosa,
pero tales los tuviese
con que herir no pudiese
aunque es arma peligrosa.

10
Pregunta vieja de la hormiga,
que no es del autor sino la respuesta
¿Qué cosa es aquélla o cuál
que por su mal
le nace lo que no tiene,
y con esto es hecha igual
al animal
que en los aires se mantiene?
Vive de ajeno sudor,
y sin temor
hurta lo que bien le place,
y nadie, que es lo mejor,
ha dolor
del hurto que ésta le hace.

Respuesta del autor que también
podía ser pregunta de la hormiga
Este es aquel animal
terrenal
que su cueva honda tiene,
y le nacen a éste, tal
por su mal,
alas con que se sostiene.
En prudencia no es menor,
mas mayor
según las obras que hace,
y en verano y su hervor
sin pavor
ensila cuanto le place.

11
Otra pregunta vieja del reloj, que
también se pone aquí por la respuesta
que es del autor
¿Qué es la cosa sin sentido
que concierta nuestras vidas
sin vivir;
muévese sin ser movido,
hace cosas muy sentidas
sin sentir.
Este nunca está dormido
midiendo siempre medidas
sin medir,
tiene el seso tan perdido
que el mismo se da heridas,
sin herir.

Respuesta del autor
La grande contrariedad
que de la copla proviene,
toda junta
parece gran novedad,
aquesta que en sí contiene
la pregunta.
Y aunque parece escabrosa,
si su propiedad notamos
se declara,
ser el reloj esta cosa
por donde nos gobernamos
a la clara.

12
Otra pregunta vieja de la padilla,
que también se pone aquí por la

respuesta que es del autor

¿Decidme, cuál es la cosa
milagrosa
que de bocas tres alcanza,
y es en sí tan tenebrosa
y espantosa
que por todas fuego lanza?
Una boca desta alhaja
come paja,
nunca bebe con ninguna;
otra tiene tal ventaja,
aunque trabaja,
que con pan se desayuna.

Respuesta del autor

Aunque parece ser cosa
espantosa,
y que su ser no se alcanza,
quedará sin ser dudosa
ni escabrosa,
y sin ninguna dudanza.
Tres bocas tiene esta alhaja,
que con paja
se calienta por la una,
y es padilla do se quaja
lo que ataja
a toda hambre importuna.

13
Pregunta del autor sobre un cuero de vino que se vendía del autor

Aquel bravo vencedor
de todo estado de gente
vi vender con deshonor,
atado como traidor
con pregón, públicamente.

Vestido piel de animal,
sin cabeza, pies ni manos,
quitándole cada cual
el espíritu vital
teniendo tres brazos sanos.

Vi ser a muchos vendido
por precio determinado,
y entre todos repartido,
y en lugar muy escondido
ser metido y empozado;
do tenía tanto poder

y estaba tan esforzado
que a todos podía vencer,
derribar y someter,
por no le haber baptizado.

14
Pregunta del autor
Del trigo

¿Quién es aquél sin el cual
ninguno vive contento?
Este hecho terrenal
para el linaje humanal
dirije su nacimiento:
mas después es despojado
de todas sus vestiduras
arrastrado y maltratado,
hasta morir sepultado
por bien de las criaturas.

Y aquéste muerto, quedando
los hijos, que de él suceden,
se van sin padre criando,
creciendo y multiplicando
hasta ya que más no pueden.
Pero siendo ya crecidos,
en presencia de su madre
son a cuchillo metidos,
y muchos de ellos tráidos
a lo mesmo que su padre.

Y otros muchos de ellos son
por fuerza despedazados
sin ninguna compasión,
do sin mucha dilación
quedan en polvo tornados.
Con el húmido elemento
juntados aquestos tales,
después con fuego y tormento
son hechos mantenimiento
de infinitos animales.

15
Pregunta del autor de un gallo que vido llevar a correr a unos muchachos

El que sin vida nació
desechado de su madre
y extraña le prohijó,
y ésta la vida le dio
sin conocer a su padre;
y habiendo sido adoptado,

por propio hijo le tuvo
hasta ser grande y criado,
que le vido ya barbado,
por madre con él se hubo.
   Coronado con diadema,
mensajero de la luz,
predica contino un tema,
con su voz hízose tema
aquel que murió en la cruz.
Aquéste, estando inocente,
le vi llevar condenado
cercado de mucha gente,
y entre la sangre ferviente
a ser muerto y justiciado.
Y es cosa de admiración,
que tiene tal propiedad
que en verle cualquier león
huye de él sin dilación
con su gran ferocidad.
Cualquier hombre y animal
después del coito entristece,
como es cosa natural,
y a la sazón éste tal
queda alegre y se engrandece.

16
Pregunta y respuesta del autor
   Quieros preguntar, señor,
por qué la natura obra
más virtud en lo menor,
y menos en lo mayor
donde la materia sobra.
Contra natura parece
y muy fuera de razón,
que lo chico se engrandece,
y lo grande se envilece
y pierde de su sazón.
   Porque si bien paráis mientes
hallaréis según natura
ser muy sabios y prudentes,
agudos y diligentes
los de pequeña estatura.
   Mas los de cuerpos crecidos,
más largos y más valientes,
ser flojos y desvaídos,
y comúnmente tenidos
por necios e insipientes.

Respuesta del autor,
por los mismos consonantes
   El inmenso criador
a quien todo poder sobra
es el verdadero autor,
y a cada cual da el valor
según requiere su obra.
Cuanto más, que no parece
verdadera conclusión,
pues muchas veces fallece,
y las veces que acontece
no va fuera de razón.
   Porque como los agentes
en la pequeña estatura
estén luego allí aparentes,
no tienen inconvenientes
en el obrar con presura.
Mas siendo muy extendidos
en cuerpos largos, valientes,
no están tan apercibidos
para ser luego sentidos
en los cerebros y mentes.

17
Otra pregunta y respuesta del
autor por los mismos consonantes
   El sol y el calor ardiente
en las cosas y sujetes,
siendo todo un mismo agente,
obra diferentemente
y muy contrarios efectos.
¿Por qué hace liquecer
los liquores y metales,
más al lodo endurecer?
¿Qué es la causa de hacer
dos cosas tan desiguales?

Respuesta del autor
   Aunque sea un mismo agente
en tan diversos sujetos,
la materia es diferente,
y así no es inconveniente
causar diversos efectos.
A lo que halla tener
de tierra los materiales,
házelo más seco ser,
mas al agua enliquecer,
que más reina en los metales.

18

Otra pregunta y respuesta del autor—
¿Por qué los viejos a la vejez querrían más
vivir, y por qué son más avarientos?

Pues que es cosa natural
después de haber trabajado
querer holgar cada cual,
y recibir el jornal
que con trabajo ha ganado.
¿Por qué más a la vejez
codicia el viejo vivir,
y si pudiese otra vez
convertirse a la niñez
lo haríe por revivir?

E aunque viviese muriendo
con cien mil enfermedades,
que el viejo muere viviendo
y mil dolores sufriendo
de las muchas navidades.
Y pues todo desfallece
venida la senectud,
¿por qué entonces más florece
la avaricia, y prevalece
contraria a toda virtud?

Respuesta del autor,
por los mismos consonantes

Si el hombre que es terrenal
estuviese con cuidado
intento en lo celestial,
terníe por grande mal
estar acá desterrado.
Mas como bajo y soez
deseando acá vivir,
más lo hace en la vejez
viendo que pasa su vez
y que presto ha de morir.

No mirando ni entendiendo
que las más largas edades,
puesta delante siendo
de la que están atendiendo,
es un soplo y vanidades.
Y ellos, viendo que decrece
en la vejez su virtud
y el mundo los aborrece,
la codicia en ellos crece
con mayor solicitud.

19

Otra pregunta y respuesta del
autor por los mismos consonantes

Dadme la razón perfeta
que siendo una misma cosa
la tierra blanca y la prieta,
es la negra más aceta,
y más fértil y abundosa.
Y aún las damas, cuando están
de su color sospechosas,
suelen decir por refrán;
las tierras morenas dan
el pan, que no las hermosas.

Respuesta del autor

El calor que está en la prieta
la hace más abundosa,
mas el frío que sujeta
a la blanca e imperfeta
le hace ser más astrosa.
E aunque sientan más afán
las negras que las hermosas,
muy mejor concebirán,
por el más calor que han,
que las blancas desdeñosas.

20

Otra pregunta y respuesta del
autor por los mismos consonantes

Pues que siendo el agua echada
en la lumbre, mata el fuego,
¿por qué con ella regada
la cosa fría y helada
se abrasa y enciende luego?
El exemplo es material
que acontece cada día,
que echando el agua en la cal
luego de su natural
se enciende aunque esté fría.

Respuesta del autor

En la cal aún no amatada
está tal calor y fuego,
que del contrario tocada,
la lumbre que está encerrada
con gran furia brota luego.
Otra razón natural
también dársele podría,

porque el humor entrañal
mojando el superficial
con furia salir porfía.

21
Otra pregunta y respuesta del
autor por los mismos consonantes
La ruda, siendo caliente,
y lujuria en la mujer
en el hombre, aunque potente,
obra diferentemente
pues se la hace perder.
¿Qué es la causa de hacer
una cosa dos extremos?
Y así es cosa de creer
que debe de acontecer,
pues escrito lo tenemos.

VERSUS, RUTA VIRIS COHITUM
MINUIT: MULIERIBUS PANGET.

Respuesta del autor
La ruda, aunque es muy caliente,
también es seca en su ser,
y obrando muy sutilmente
a la genital simiente
consume, y suele empecer.
Y también hace espeler
los espíritus que tenemos,
y vientos que suele haber,
que ayudan mucho a poder
cumplir lo que así queremos.

22
Otra pregunta y respuesta del autor
Dezidme, señor, veamos
qué es la razón que darés;
¿por qué más no acordamos
de lo que en niñez obramos
que no de lo de después?
Pues lo contrario diría
cualquiera discreto y docto,
que mejor percibiría
lo que tiene cercanía
que lo que está muy remoto.

Respuesta del autor por los
mismos consonantes
Como en la niñez estamos
más tiernos que no después,

cualquier cosa en nos sellamos
tanto, que no la olvidamos
y esculta siempre en nos es.
Y en tiempo de niñería,
cuando está el ingenio raso,
queda impreso lo que vía,
como permanecería
el olor en nuevo vaso.

23
La pregunta siguiente envió don
Pedro de Córdova, corregidor de
Toledo, al autor para que respondiese:
la qual primero fue enviada a una
monja sobre unos tiestos de albahaca;
y dicen ellos a la monja:
Señora, somos hermanos
criados en religión,
estando frescos, lozanos
salimos de vuestras manos
dejada la profesión.
Como mozos y livianos
quebrantamos la clausura;
y agora viejos, ancianos,
marchitos, secos y canos
volvemos por sepultura.

Respuesta del autor
Digo que estos dos hermanos
dos albahaqueros son,
que una monja con sus manos
crió verdes y lozanos
dentro de su religión.
Preséntolos muy ufanos
con mucho olor y frescura,
y después secos y vanos
dicen volver a sus manos
para guardar su clausura.

24
Pregunta del hermafrodito,
del mismo autor
A vos, famoso varón
en toda filosophía
suplico me deis razón
de una natural cuestión
que al presente me ocurría.
La natura diligente
en obrar con proporción,

dio natura conveniente
a la hembra concibiente,
y de otra forma al varón.
   Por donde luego en nasciendo
se dan claro a conocer,
y cualquiera luego en viendo
la natura, va diciendo
si es varón o si es mujer.
Mas por causas a mí oscuras
sé que suele acontecer
que en algunas criaturas
se hallan ambas naturas
de varón y de mujer.
   Y en aqueste caso tal,
lo que mi deseo procura
es saber lo sustancial,
si esta cosa es natural
o monstruo contra natura.
Quien de hembra y de varón
tiene, es hermafrodito;
pues sepamos la razón
de aquesta duplicación
pues que debe estar escrito.

Respuesta por los mismos
consonantes, del mismo
   Siete senos diz que son

los que la matriz tenía
para la generación,
donde encamina el varón
la simiente que infundía.
Estos concertadamente
están en aquel bolsón,
tres a un lado, y tres en frente
y el otro sobresaliente
en medio del esquadrón.
   Los tres están contendiendo
para concebir mujer,
los otros contradiciendo,
procurando y entendiendo
en que varón ha de ser.
El de en medio a sus anchuras
de todos quiere atraer,
donde en él las criaturas
toman dentrambas naturas
y todo lo quieren ser.
   Y así miembro genital
y juntamente abertura,
aunque parezca tan mal,
mas es cosa natura
que monstruo contra natura.
Esta será, la ocasión de nacer hermafrodito,
y sobre toda razón, voluntad y operación
del alto Dios infinito.

C. 1562—*El Cancionero llamado Flor de Enamorados* _____

Anónimo. *El Cancionero llamado Flor de enamorados.* Barcelona: Claudi Bornat, 1562.

"*El Cancionero llamado Flor de enamorados . . .* es, no solamente un excepcional y preciosísimo florilegio de la poesía anónima española en castellano y catalán, de fin del siglo XV y comienzo del XVI, sino uno de los libros más raros de la bibliografía hispánica . . ." Con estas palabras Antonio Rodríguez-Moñino inicia la introducción a la nueva impresión de dicha obra en 1934 la cual ha sido publicada numerosas veces; con ésta, suman una docena las reimpresiones que se han hecho de la obra.

Los bibliógrafos señalan como autor de la obra a Juan de Linares, aunque en las antiguas ediciones siempre se indicaba que el *Cancionero* era sacado de diversos autores. Con excepción de la primera edición, el nombre Juan de Linares figura en las demás y Rodríguez-Moñino supone que para la edición de 1573 Juan de Linares añade al final dos poesías suyas y pone su nombre al frente del libro, práctica que por lo visto era usual en esa época.

El Cancionero llamado Flor de Enamorados recopila muestras líricas de su época: motes, chistes y lamentaciones, venturas para que las digan gitanas fingidas, canciones, villancicos, romances, etc. y por supuesto adivinanzas. De ésta hay treinta y cinco adivinanzas que el autor, en esa época, llama "preguntas." Veintiuna adivinanzas aparecen entre los folios 44 al 46 y las catorce restantes se hallan entre los folios numerados 107-108.

Al hacer un cotejo de estas adivinanzas se puede comprobar de inmediato que éstas preguntas están tomadas, en su mayoría, del libro de Fray Luis de Escobar y el recopilador anónimo de este *Cancionero* posiblemente sea el que le "hurta" a Escobar sus preguntas. A continuación examinamos un ejemplo que proviene de las dos obras en cuestión:

Escobar—1545

Decid si sabeís ¿quién es la golosa
que come a su padre y del cual fue formada
en fuego y en agua la hacen forçosa
a golpes y a hierro muy acuchillada?

Flor de enamorados—1562

Dezi si sabeys quien es la golosa
que come a su padre del cual fue formada
y en fuego y en agua se hace forçosa
y es muy más fuerte si está acuchillada.

La respuesta a estas dos preguntas es la misma: La lima de hierro.

Así podemos llegar a la conclusión de que dieciocho de las treinta y cinco adivinanzas encontradas en *El Cancionero llamado Flor de enamorados* son de procedencia de Fray Luis de Escobar, cuya colección se publica quince años antes. Las adivinanzas de Escobar que vuelven a aparecer en *El Cancionero . . .* son la 3 al 12 y la 22 al 29. Dado el interés que estas pueden despertar al investigador, se incluyen todas las adivinanzas. Las de tema escatológico o erótico se encuentran en ese apartado de la *Antología.*

◆ Preguntas muy graciosas y sentidas

1

¿Quién es un viejo ligero
que con tres pies anda y corre
aunque no tiene más de uno:
el primero va postrero
del segundo se socorre
del tercero no ninguno?
  (Es el tiempo)

2

¿Qué cosa muerta nacido
a manera de ataúd
madrastra le dio virtud
por dos después florecido:
en las aguas navegó
de dentro del mar profundo.
Y después una voz dio
que se oyó por todo el mundo?
  (Es el huevo del cual nació un gallo y cantó
  en el arca de Noé)

3

Decí si sabeís ¿quién es la golosa
que come a su padre del cual fue formada
en fuego y en agua se hace forzosa
y es muy más fuerte si está acuchillada?
  (Es la lima de hierro)

4

Pregunto, ¿cuál es aquella pelea
que es entre Reyes y grandes señores
y sin que ninguno con otro se vea
son unos vencidos y otros vencedores?
  (Son los naipes y ajedrez)

5

¿Quién es aquél tan diestro y tal sastre
que no cose ropa sino colorada
y nunca la cose sino por desastre
por ser sin tijeras la capa cortada?
(Es el cirujano)

6

Una ensalada vi uno que hacía
y a solos los tristes por darles placer,
los convidaba a comer y beber
de los manjares que él aborrecía.
　　(Es el boticario)

7

Yo, padre, os pregunto, ¿cuál es el molino
que muele sin muelas, sin gota de agua
o si quisieredes llamémosla fragua
que no tiene fuego y arde continuo?
　　(Es la boca del viejo)

8

Yo vi un gran señor nacido de tierra
que en tierra se trata y tierra se torna
y a muchos levanta y a muchos trastorna
y a unos da paz y a otros da guerra.
　　(Es la moneda)

9

¿Cuál es el ave de tanto valor
que muchos tesoros estiman en menos
y habla con lenguas y picos ajenos
loando los hechos del que es su señor.
　　(Es la fama)

10

¿En cuál pestilencia nació tal nacida
que huelga con ella aquel que la tiene
y muchas sangrías por ella sostiene
sudores sin cuento afán sin medida?
　　(Es la hija que nace)

11

También me decid si hay tales dos
que aquel que los tiene le pesa con ellos
el querría dar los muy más que tenerlos
mas aun que les pesa los tiene guardados.
　　(Son los azotes que alguno
　　recibe por justicia)

12

Estando mirando por ver que vería
vide un mercado de gente muy lleno
y tanto loaban a uno de bueno
cuanto mayores males hacía.
(Es el buey que va por el coso)

13

¿Quién es aquel que la mujer toca
y si no le mudan nunca se muda
y haciendo su oficio de carne muy cruda
tiene y de sangre llena la boca?
(Es el dedal)

19

De París quitando el par
y el nombre del tercer hombre
es el mismo propio nombre
de la que me hace penar.
(Sin respuesta [Isabel])

21

¿Qué es la cosa en esta vida
de todos generalmente
muy encubierta y escondida
y en parte ajena metida
mas querida de la gente:
por ella será salvado
todo el mundo y condenado
y mira que respondeis
que habiendo esto acertado
dos veces me la direis.
(Es la verdad)

22

De pesar vide uno estar
bien lleno y cargado cierto
y en faltandole el pesar
en uno (*sic*) punto queda muerto.
(Es el reloj)

23

Cuando el tiempo se nos toca
vereís si quereís mirar
a un animal cantar
sin tener dientes ni boca.
(Es el gallo)

24

Caminando por mi vía
topé con un labrador

que por donde araba a sabor
el agua siempre sumía.
(Es el arador)

25

En un lugar donde habitaba
vide a un hombre con soplar
al muerto resucitar
y al que era vivo mataba.
(Es la vela que soplando se enciende
y se mata)

26

¿Cuál es el árbol de dos, o tres ramos
sin hojas ni flores, mas lleva tal fruto
que a veces nos vale por salvo conducto
si estamos en villa, o si caminamos?
(Es la horca)

27

¿Cuál es aquel tejado sin tejas
que cubre la casa por enderredor
y es guarda del frío, también del calor
mas le acostumbran las casas muy viejas.
(Es el sombrero)

28

¿Cuál es el ave de tanto volar
que vuela de un punto más alto que el cielo
a la tierra y abismos traspasa en un vuelo.
(Es el pensamiento)

29

¿Quién es el hombre que tiene una mano
sin carne ni hueso, ni dedo, ni uña
y a su compañero con ella rasguña
aunque le sea amigo, o hermano.
(Es la mano del juego)

30

¿Cuál es el bocado puesto en tal lugar
que aquel que le mazca de él no se paga
por más que le mazque jamás no le traga
y entero lo deja y torna a tomar.
(Es el freno)

31

Vemos los vivos estar entre muertos
y tienen miedo de su compañía
antes les hacen tal cortesía
que el Rey los recibe a brazos abiertos.
(Son los dedos y cuerdas de la vihuela)

32
¿Quién es aquella hija del bruto
sin alma, sin vida, sin seso, y pasiones
que escribía secretos de los corazones
y nos los publica vestida de luto.
    (Es la pluma de escribir)

33
Bien conocemos haber criatura
que pare y concibe sin ser ofendida
ni siente dolores, ni pierde la vida
y hace sus hijos de nuestra figura.
    (Es el espejo)

34
¿Quién es el que engendra y no es animal
en cárcel oscura y mata a quien mata
sustenta lo vivo muy gran bien nos trata
después ya de muerto se tornó inmortal.
    (Es el trigo)

35
En, o, partida y entera
y en horca y rueda galán
y cuerda encima larguera
mandaron a hor, car a Io, an.
    (Sin respuesta)

D. 1582—Alexandre Sylvano (Alexandre Van Den Bussche) _____

Sylvano, Alexandre (seudónimo de Alexandre van de Bussche). *Quarenta aenigmas en lengua espannola*. París: Giles Beys, 1582.

La obra de Sylvano es un librito interesante, pues se compone de dos mitades; la primera contiene cincuenta enigmas en francés y la segunda mitad consta de cuarenta en español como lo indica el título. Parece que las dos colecciones se imprimieron por separado pero se encuadernaron en el mismo tomo, pues cada colección tiene su propia portada.

En la dedicatoria que hace a la Reina Isabel de Austria, viuda del Rey de Francia, Carlos IX, el autor indica que "algunos españoles sabiendo que yo trovaba, y componía enigmas me propusieron algunos que ellos sabían para ver si yo podría acertar en la declaración de ellas." Según él mismo declara, algunas de las adivinanzas le resultaron difíciles de acertar.

De los cuarenta enigmas que presenta en castellano, nueve son de su propio invento o adquisición y los otros treinta y uno son los que "algunos señores españoles" le dieron a él. El autor aclara que los considera suyos, puesto que "de buena gana me son dadas: porque no hay mejor adquisición que lo que viene dado de buena mano." (t. ii) De ser así, Sylvano posiblemente es uno de los primeros folkloristas en el sentido estricto de la palabra, pues recopila esas adivinanzas de boca de los informantes, técnica que, hoy día, es de común uso entre los folkloristas. Cada adivinanza de la coleción de Sylvano está seguida por su "exposition," es decir, un comentario sobre la misma.

Poco antes de 1611 un individuo, que para la historia ha quedado en el anonimato, se deleitaba en oir las adivinanzas españolas que por París circulaban en ese entonces: "Hallándome los días pasados en una junta de personas de ánimos curiosos, que en el tal ejercicio se regalaban, y leyendo libros apropiados a sus humores; después de los haber oído, vi que los más y demás claro ingenio se aficionaban a uno más que a otros, el cual se intitula *Enigmas españolas* ." Al ver que éstos tenían algunas erratas de impresión decidió por su cuenta volver a imprimir la colección de Sylvano. Este individuo, que en el prólogo firma "El curioso" da el debido crédito a Sylvano como autor de los enigmas y aprovecha la pequeña extensión de la colección para añadir al final algunos enigmas que aparecen en *La Diana enamorada*, obra de Jorge Montemayor, publicada en el año 1558.

Enigma 1 de Sylvano

Hermanos hay dos docenas,
feas no, aunque morenas,
que hacen en pocos movimientos
mil amantes muy contentos.
Mas que blanca es su madre
Muy blanco es también su padre
Pero no puede engendrar
sino se quiere bajar.
Sólo la mujer es la que hace
Después de lo que le place.
Poco a poco estas doncellas
sufren cuando se goza de ellas.
Pero no juntas se dan
Antes apartadas van
dos a dos, y tres a tres
Seis, y siete alguna vez.
También hacen golpear
Al que no las quiere amar.
Sin trabajo no se alcanza
gozo de ellas ni holganza.
A la vez mil trabajos
vienen de ellas con enojos,
Sin que ellas sean culpadas
Sino las gentes malvadas,
que las emplean en mal.
También ellas por igual
Cuentan nuevas maravillosas
Verdaderas, y dudosas,
Porque van por todo el mundo
Y por mar sin ver el fondo,
Sin mudar de cualidad.
Dicen mentiras y verdad,
que no hay vergüenza en ellas,
Pues quiénes son estas doncellas?

Solución 1 (El alfabeto)

La enigma pasada significa las letras a.b.c. y otras sin las cuales no se puede escribir. La madre de ellas es la pluma, y su padre el papel que se pone debajo. Los amantes, son los estudiosos, y los niños son golpeados por ellos cuando no quieren aprender. Los trabajos que vienen de ellas son las falsedades y procesos. Las noticias que cuentan son las cartas que se escriben por todo el mundo. Lo demás se entiende facilmente.

Enigma 2 de Sylvano

Cuatro pies tengo, y muerto sin sentido
camino asaz que nunca me canso,
después de flaco alcanzo a ser muy gordo
soy enojoso haciendo gran ruido.
No puedo ser siempre bien detenido
a muchos llevo, y me dejo muy manso
también llevar: y luego pues me lanzo,
a caminar, no sin ser bien sentido.
Dañado soy de lluvia, y de viento,
de dar placer yo nunca me arrepiento,
a quién después me deja con descuido.
Lo que no hace él a quien doy enojos,
mi galardón después de mil trabajos
es que de alguno al fin quedo comido.

Solucion 2 (El carro)

La precedente enigma no significa otra cosa, que el coccio (coche?) o carro, el cual se hace gordo ungiéndole (cargándole?) y también cuando se hincha de gente y de ropas. Lleva, y también es llevado, de la tierra y algunas veces pasando el agua en barca y es cierto que los que tienen el placer de ser llevados en él no tienen del tanto cuidado como el auriga, o carretero a quien da trabajo, y enojos y finalmente el carro queda comido del fuego, o del tiempo.

Enigma 3 de Sylvano

Sin una cosa al mundo soy venido,
la cual después por otros me fue dada,
queda conmigo y la tengo guardada
aunque de ella quedo menos servido,
que otros son, que el menos atrevido
se sirve de ella y así de él es llevada,
por donde quiere, y más de una jornada
con otros va, aunque estoy detenido.
En otra parte, y todavía conmigo,
Queda también, aunque parezca ausente,
y cuando quiero, a servirme es presta.
Lo mismo hace a mi gran enemigo,
como a cualquier, lejos, como presente,
dígame pues algún ¿Qué cosa es ésta?

Solución 3 (El nombre)

La enigma precedente, es el nombre, sin el cual los hombres nacen y vienen al mundo, después los viene dado al bautismo de los padrinos, y queda con el hombre que lo tiene guardado aunque el mismo, no usa tanto de él que los otros que a cada paso le llaman, hablan, y escriben de él, así los enemigos como los amigos.

Enigma 4 de Sylvano

Viviendo doy a muchos de comer,
muerto que estoy me dan mucho a beber.
Llevando gente en parte muy extraña,
a quien bien hago aquel mismo de daña
vuelo muy presto y muchas alas tengo.
Por recibir y por darme detengo
torno después como antes a volar
ave no soy ni le puedo igualar
de los que llevo unos tienen pesar
otros por mí se sienten bien gozar
mi volar es (y) doblado y sencillo
el que sabrá quien soy puede decirlo.

Solución 4 (El roble)

Es el roble o cualquier otro árbol que lleva fruta que se come y después hacen de muchos de ellos una galera, la cual echada en el mar tiene harto que beber, y lleva gente que la dañan. Las alas con que las son los remos y las velas por donde su volar es doblado y sencillo, los esclavos forzados son los que tienen pesar, y los pasajeros tienen gozo. Lo demás es muy fácil.

Enigma 5 de Sylvano

Soy aborrecida de los que me tienen.
Los que no me tienen de gana a mí me vienen.
Siendo yo de algunos muy bien acatada,
de los otros más soy menos preciada.
Aunque estoy llena de experiencia,
y que por ella así tengo gran ciencia,
y que de Dios soy galardón al hombre
podrá el que sabe bien decir mi nombre.

Solución 5 (La vejez)

Es la vejez que es aborrecida de los que la tienen. Y los mozos desean llegar a ella, de los sabios es bien acatada, y de los necios y mujeres lujuriosas menos preciada. Así es galardón de Dios a los que honran a sus padres y madres.

Enigma 6 de Sylvano

¿Quién es aquel que no anda vestido
y todavía en mucho es tenido
de toda la gente y es tan estimado,
que aún del rey es querido y amado?
Dama no hay, ni hermosa ni fea,
vieja, ni moza, o por grande que sea,
que no le muestre (aún las castas perfectas)
alguna vez sus partes más secretas.
Si dan a esto un vestido o le tome
para quedar desnudo se lo come
y no querer su vestido guardar,
es causa en fin que se siente acabar.

Solución 6 (El fuego)

Este es el fuego que anda desnudo y es tenido en mucho, aún de los reyes y demás que calentándose le muestran sus partes secretas y quema, o como los vestidos que le dan, que es el madero, palos, leña y paja, los cuales acabando se acaba también.

Enigma 7 de Sylvano

Del ave volando
y más voceando
la fuerza quitada
y después cortada
Hace bien y mal
el falso y leal
se prevale de ella
y pega tal pella
que no hay igual.

Solución 7 (El ganso)

El ave es el ganso que vocea mucho, sus fuerzas son las plumas de sus alas, las cuales cortadas se escribe de ellas bien y mal, y a veces se hace con ella peor pella (pelota o defraude) que la que de lodo se echa en la cara.

Enigma 8 de Sylvano

Ave no soy aunque seis alas tengo
y vuelo bien, pues cuando al cabo vengo
muchos son los que me dan bienvenida
y luego pues me ven como parida
mis niños van y vuelven conmigo
hinchan mi vientre de vino, pan, y trigo.
En él se tornan, y las puedo sufrir
hasta que vengo otra vez a parirlas

lo que acontece hartas veces cada año
sin tener yo penas ni daños
soy compañera y amada del hombre
el que sabrá puede decir mi nombre.

Solución 8 (La nave)
Esta es la nave que va volando por el mar
las velas son sus alas y está parida cuando de
ella se sacan barquillas que van a tierra y
vuelven a ella cargadas de pan, vino y trigo y
otras mercaderías que tornan en su vientre
hasta que otra vez llega al puerto, y claro está
que para los pasajeros la nave es la compañera
y su amada. Lo demás es muy fácil y claro.

Enigma 9 de Sylvano
Pregunto ¿quién con cuatro pies camina,
y (des)pués con dos va a ver a su vecina,
y (des)pués con tres (anda y) es amigo del
    fuego?
Dígame, pues, ¿quién tal puede ser, luego?

Solución 9 (El hombre)
Es el hombre que, siendo niño, camina con
pies y manos, (y) después, siendo mancebo y
varón, camina con dos pies, y (luego), siendo
viejo, añade el palo por pie tercero y es amigo
del fuego para calentarse.

◆ Enigmas de varios autores

Enigma 1
¿Cuál será aquella hermosa mujer,
Que nunca en tierra vivió ni es persona?
Ella no es reina y tiene corona,
Es inhumana, amorosa y cruel,
Canta suave más triste de aquel
Que oye este canto tan temeroso,
A esta la temen el gato y el oso,
Leones, y perros, los hombres también?

Solución 1 (La sirena)
Es la sirena del mar, que pintan con corona
como reina, es inhumana porque no tiene figura humana verdadera, es amorosa, porque se
enamora de los hombres, a los cuales mata
con su canto, aquellos animales que la temen
son marines porque el mar tiene también sus
gatos, leones y perros como la tierra.

Enigma 2
Nombre tengo de mujer,
Y un hermano anda conmigo
Es tan mortal enemigo
Que jamás estoy con él,
Este no puede cenar,
Ni tampoco yo comer,
Ni juntos nos podrán ver
Aunque nos ven pelear.

Solución 2 (La noche y el día)
La noche y el día, son hermana, y hermano
siguiéndose el uno al otro, y huyéndose como
enemigos, y dícese que la noche no come pues
que no se muestra de día, y el día no cena pues
que no aparece de noche, las horas que son
entre el día y la noche es la pelea de ellos, sin
que puedan juntarse.

Enigma 3
Pasa por medio de un florido prado,
una dama soberbia, cruel, y hermosa.
Es muda, y es ciega, valiente, y medrosa,
y aquel que la mira se queda espantado.
Viste un vestido sin seda labrado
y jamás se cosía ni tuvo costura,
pues paga la culpa que dio al no engendrado.

Solución 3 (La culebra)
Es la culebra que es hembra, cruel según su
naturaleza, y hermosa según se figura, muda
porque no pueda hablar, ciega cuando está la
mayor parte del año debajo de la tierra, valiente
porque es temida, medrosa porque teme, su
vestido labrado por naturaleza, sin seda y
costura, si no ha recibido alguna cuchillada,
por donde paga el engaño que hizo al no
engendrado que fue Adán.

Enigma 4
Dadme Señor si vos sois contento,
Lo que no tenía, ni habéis de tener,
Si cierto pensáis de lo poseer,
Vivís engañado y fuera de tiento.

Solución 4 (La hija pidiendo un marido)
Esta es una hija que ruega a su padre que le
dé un marido, pues claro está que el padre no
tiene, ni puede tener marido.

Enigma 5

Dos galanes vi andar
Navegando por el viento
El uno desnudo en carnes
El otro rico y contento
Una dama les prendió
Y con solo darles un nudo
Al vestido arremetió
Para darsela al desnudo.

Solución 5 (El huso)

Es la mujer que devana el hilo quitándole del huso, que es vestido del hilo y poniéndole en el carrete que estaba desnudo.

Enigma 6

¿Cuáles son aquellas hermanas de nombre
que pagan el mal que nunca hicieron,
y siendo exalzadas más altas que el hombre,
les miran dos ojos que nunca las vieron?

Solución 6 (Las orejas cortadas)

Estas dos hermanas son las dos orejas que le cortaron al lacrón, las cuales después enclavadas, en lugar alto, los ojos del mismo ladrón las ven, sin haberles visto antes, sino fuera en algún espejo, también pagan las orejas el hurto que hicieron las manos.

Enigma 7

Por un anchuroso y soberbio prado
Sembrado, de flores yerbas extrañas
Vi caminar tres ninfas hermanas,
Que nunca paraban a paso tirado:
La una hilaba de un lino preciado,
La otra lo aspaba que así convenía,
La otra cortaba por donde quería.
De aquello que estaba torcido y aspado.

Solución 7 (Las parcas)

Estas tres ninfas hermanas, son las tres parcas de nuestra vida, la primera es Clotho que hila nuestra vida, la otra es la Chesis que coge, y aspa lo hilado, y significa el tiempo que vivimos, la tercera es Atropos, que corta lo que está hilado y significa la muerte que corta el hilo de nuestra vida, el florido prado, es el mundo, harto ancho y soberbio.

Enigma 8

En una cárcel me echaron
Mis amigos más que hermanos,
Y ellos con sus propias manos,
De la prisión me sacaron:
Y por confirmar la paz,
Me encierran en sus entrañas.
Yo sin tener pies ni manos
Me vengo por ser sagaz.

Solución 8 (El vino)

Es el vino que los que le quieren bien echa en la cárcel de las pipas, tinajas, cuevas, botijas, jarros, y calabazas, y después ellos mismos le sacan para bebérselo, en sus entrañas, adonde siendo en cantidad, se venga de ellos, dando, sus cuerpos y sentidos y sube a la cabeza aunque no tenga pies ni manos.

Enigma 9 de Sylvano

Un padre amoroso querido en el mundo
Nació de su madre, y un año vivió,
Después de enterrado en lo más profundo,
Debajo la tierra un hijo engendró.
La madre holgando de un caso tamaño
Crió juntamente otros muchos hijos
Molidos a coces en yermos cortijos,
Les hacen morir y vivir otro año.

Solución 9 (El trigo)

Es el trigo, el cual nació de su madre, que es la tierra y vive un año, porque luego le siembran, y le entierran, después torna a nacer un hijo de aquel, y la tierra, como madre natural, estando viciosa, con el buen tiempo, cría muchos hijos semejantes los cuales son coceados y molidos, en las eras, y cortijos, por las mulas que pasan sobre las espigas para que salga el trigo, del cual parte se torna a morir en la tierra, pues renace otro año.

Enigma 10

No se sufre, ni es razón,
Que entre buenos casados,
Tenga menos el varón,
que la hembra cuatro estados:
Ella lleva los arados,
porque labra sabiamente,
Y le lleva la simiente
En unos trapos mojados.

Solución 10 (La escribanía y el tintero)

Es la escribanía y el tintero: los cuales como buenos casados andan siempre juntos, y el varón que es el tintero va siempre colgando más bajo, que la escribanía, en la cual se encierran las plumas cortadas, a semejanza de arados, y labran en el papel, y el varón lleva la simienta en unos trapos mojados que es el algodón mojado en la tinta.

Enigma 11

Doma un monarca dos leones fieros
Y sobre los lomos les tiene la silla,
sirven de estribos (o gran maravilla)
Tres Cardenales, tres otros varones,
Teólogos santos de esencia sencilla,
La mano siniestra de este Monarca
tiene un manjar sabroso a los justos,
Y en la derecha una parca aguda
Que el cielo, y la tierra, el infierno la abarca,
Y quita la vida, a malvados injustos.

Solución 11 (La justicia)

Es la justicia divina, la cual gobierna y rige el cielo, la tierra, y el infierno: los leones, son los soberbios, y mal obedientes, y los estribos por donde sube la justicia son las otras tres virtudes cardinales que son: Prudencia, Fortaleza y Templanza, las virtudes Teologales por donde también sube son Fe, Esperanza, y Caridad, lo que tiene en sus manos, son el peso, agradable a los buenos y la espada, espanto de los malvados.

Enigma 12

Decid caballeros, y damas hermosas
¿Quién es aquel maligno traidor,
Que a todos enoja y causa dolor,
Y vive entre reyes, y damas graciosas
Está entre animales, está en muchas cosas
Viste de azul que así le conviene
Consume la vida, de aquel que lo tiene,
Y mezcla disgusto en cosas gustosas?

Solución 12 (El celo)

Es el celo que no perdona a ninguno por grande que sea, ni aún a los brutos animales, y según la significación de los colores, el azul significa celo. Lo demás es fácil.

Enigma 13

De tierra y agua formado
Y también de fuego y viento
No le falta elemento
De cuantos Adán fue criado,
Tiene boca y no come
Y si bebe no le empece
No es ave ni es pez
Ni es animal que tome.

Solución 13 (El cántaro)

Es el cántaro, que como la olla se hace de tierra y se emplean también para hacerlo, los otros tres Elementos que son el Aire, el Agua, y el Fuego, de los cuales, también fue creado Adán. Lo demás se entiende por discreción.

Enigma 14

Decidme si sabéis por aventura
¿Cuál es aquel varón tan desdichado
Que en nombre de mujer le han transformado
Perdiendo el primer ser y su figura
Y no contentos de esta desventura
Le dan otro martirio con el fuego
Mudándole aquel nombre en otro, luego
Dispone de él al punto la criatura?

Solución 14 (El trigo)

Es el trigo que pierde el nombre de varón haciéndose harina y después haciéndosele pan, está cocido en el horno por el fuego, y cambiando el nombre de harina es comido como pan por las criaturas.

Enigma 15

Debajo de dos cárceles encerrada
Nací, después de mí un malvado hijo
nació por suerte mía desdichada,
Tan grande como es un grano de mijo,
Del cual del todo fui despedazada
Y sin dolor alguno me deshizo,
O triste suerte mía muy (acerba)
Pues no quedé de madre aún para sierva.

Solución 15 (La haba)

Es el haba que naciendo debajo de dos cáscaras, algunas veces nace en ella un gusanillo pequeño que se la come de manera que de madre aún no queda sierva.

Enigma 16

¿Cuál es aquella cruel homicida,
Amparo de todos los que la poseen,
Quiere traerse siempre vestido,
Y los que la desnudan pierden la vida
O la quitan a otro, según proceden?

Solución 16 (La espada)

Es la espada, que es amparo de los que la
llevan en la vaína que es su vestido, y los que
la sacan de ella están en peligro de (quitar)
perder o quitar la vida a alguien.

Enigma 17

¿Quién es aquél perverso villano
que vive en la tierra, al revés de la gente
Vestido de verde y el cabello cano,
vive en Levante, también en Poniente
Es perezoso, también diligente
No tiene amistad con hombres de plaza,
sino es de bordón y de calabaza,
Y luego le escupe si alguno lo siente?

Solución 17 (El ajo)

Este villano es el ajo, que nace en la tierra
al revés de la gente porque trae la cabeza
debajo de la tierra, sus vestidos verdes son las
hojas, y tiene la cabeza blanca, y cana, estando debajo la tierra es perezoso, también los
que comen mucho de ellos viene gana de
dormir, es deligente cuando fortifica a unos y
otros enojo con su olor fuerte, de manera que
los de cualidad, escupen cuando sienten algún,
bordonero o romero que ha comido ajos.

Enigma 18

¿Cuál es aquel galán fanfarrón
sin cuerpo, sin alma, que trata con gentes
tan alto, tan bajo, de gran presunción
que sube a los cielos por sus accidentes,
es rico, y es pobre, es Rey impotente,
baja al infierno, y se queda en la tierra
el ama la paz, el quiere la guerra
y está entre nosotros ahora presente?

Solución 18 (La fantasía)

Este galán no es sino la fantasía, o imaginación humana que va donde se le antoja, y
siempre está entre nosotros.

Enigma 19

Decidme Señoras, ¿cómo puede ser
Que engendra una madre a su hija, sin padre,
Y engendra la hija también a su madre
Perdiendo la vida que tuvo al nacer?

Solución 19 (El agua fría)

Este significa el agua fría, de la cual se
engendra la fría nieve, y después se torna a ser
agua, perdiendo su forma blanca y su vida
primera, que tomó naciendo.

Enigma 20

Está entre nosotros hermosas doncellas
La cosa más alta que el padre crió
Ver y sentir, y palpar concedió
Oler y gustar, a este sujeto
Sentidos no tiene, y tiene intelecto
Anda escondido donde nunca se vió
No tiene manos, cabeza, ni pies
Está sentado y siempre camina,
Muy sabia será, la que adivina
Decidme galanes, ¿Qué es ésto?

Solución 20 (El ánima)

Es el ánima del hombre, por la cual el
hombre mortal goza de los cinco sentidos
corporales, y está escondida en él todavía
camina adonde el cuidado le guía, así es la
cosa más alta que nunca Dios crió pues es
inmortal.

Enigma 21

Decidme lector
¿Cuál es aquél si sabeís
Que tiene el cuerpo ambulado,
Y tiene redondos los pies
Lleva, y es llevado
Las cosas de su señor,
Canta y es cantor
Mas canta desentonado?

Solución 21 (El carro)

Es el carro, que lleva a los hombres, y a sus
ropas y también es llevado de la tierra y a
veces por agua, las ruedas son sus pies, y el
ruido que hace es su canto, que va más desentonado cuando no está bien ungido de sebo.

Enigma 22

Un vivo y dos muertos trabaron batalla,
Cobrando la vida un muerto después
Otro también vivió y así es,
Que muerto esperaba vivir y se halla
Que ambos los vivos batieron la malla,
Quedando con vida el uno después,
El primero vivo al segundo miraba,
Por ver si podía hablar con un muerto
Y viéndole firme y en la vida cierto
Habló con el muerto que deseaba.

Solución 22 (El hombre, fusil y la piedra)

El vivo es el hombre, los dos muertos son
el fusil y la piedra, el muerto que cobra la vida
es la esca (mecha?), que muere después que la
vela encendida tiene vida, la cual el hombre
mira y después va con ella (a) hablar con
algún libro.

Enigma 23

Críome alguno pulida y hermosa
Mas blanca que nieve caída en el prado,
La madre me muele, la hija me moja,
Su cuerpo les cubro a mal mio grado.
Mis carnes me cortan con hierros agudos
Por darles contento a todas naciones,
Y luego procuran con sus invenciones
Que muestre a hablar los sordos, y mudos.

Solución 23 (La tela blanca)

Es la tela blanca, que las mujeres ponen en
el agua y después de enjuagada, cortan camisas
para cubrir sus carnes, y después haciéndose
con el tiempo pedazos, de ellas se hace el
papel, de los cuales se hacen los libros, los
cuales, siendo sordos, y mudos, hablan a sus
lectores.

Enigma 24

De fuego se hace un cuerpo y de viento
Que viste de hierba, su cuerpo redondo
Es largo, y es ancho, es bajo, y es hondo
Su ánima sirve en lugar de elemento.

Solución 24 (La garrafa)

Es la garrafa, o botija de vidrio envuelta en
hierba para que no se quiebre, su alma es

alguna agua olorosa, de la cual las damas se
sirven en lugar de agua natural.

Enigma 25

Pregunto, ¿quién es aquel caballero,
Rey esforzado que siempre venció,
Es entre damas soldado guerrero,
Segundo en su casa jamás consistió
De música, y celos, de amor se mantiene
De cuerpo es gentil también generoso
Vence a la ónza, al trigre, y al oso
También el león gran miedo lo tiene?

Solución 25 (El gallo)

Es el Gallo, que tiene corona como Rey, y
no quiere que otro gallo llegue a sus gallinas,
es enamorado y muy celoso, y canta mucho,
también dicen los autores Plinio, Diosco-
rides, y otros, que es temido de aquellos
animales contenidos en la enigma.

Enigma 26

Nació entre animales un ave tan vil,
Que a sus propios hijos consume la vida
Con odio los mata: con ira los mira
De envidia que tiene aqueste civil
De verlos tan gordos los muele a picados
Las carnes y plumas, las saca a bocados
Y luego los hijos desesperados
Le comen al padre las duras entrañas.

Solución 26 (El milano)

El ave es el milano, el cual viendo sus hijos
más gordos, y lindos que él, por envidia les da
picadas (picotazos), los cuales estando
enojados le matan y comen sus entrañas.

Enigma 27

Un Rey generoso, pulido y galano
Vestido de verde, azul, y amarillo
Le vi caminar por un llano
Llorando ¿por qué? Yo no sé dicirlo
Afirman algunos, y cierto así es,
Que llora de verse tan sucio, y tan feo,
Canta también, y cierto lo creo,
Por verse tan lindo decirme ¿quién es?

Solución 27 (El pavo real)

Es el pavón, ave de Juno, que tiene plumas de muchos colores diferentes, y tiene corona como de Rey, y canta por verse hermoso poniendo su cola en rueda, después mirando a sus pies, viendo la suciedad de ellos, deja caer sus plumas y parece que llora.

Enigma 28

Decidme juicios de fino cristal,
Pues nada es obscuro a vuestro intelecto,
¿Cuál es la música más sustancial
Que el mundo consuela en su mismo sujeto
el cielo, la tierra, el infierno está quieto
al son de esta música tan celestial
quien de ella no gusta aún no es animal,
ni tiene lugar en este respecto?

Solución 28 (La armonía)

Esta música es la concordia armonial que hay en el mundo por providencia Divina que hace que los unos son letrados, los otros guerreros, otros labradores, y otros oficiales de muchos artes, y que cada uno de estos, y todos juntos, reconocen y obedecen a sus Príncipes, y creen en alguna Divinidad.

Enigma 29

En una sepultura tenebrosa
De tres contrarios rodeado,
Estaba una doncella sepultada
Excelente, inmortal, y muy hermosa.
También vimos la joya más preciosa,
Merecer con verse atormentada
Sin la cual se merece poco o nada
En esta vida triste y dolorosa.
Y vimos la que pudo dar la vida,
Perder su propio nombre y no perderlo
Venciendo al vencedor, con ser vencida.
Pues tú sabio lector echando el sello
Declara nuestra duda no entendida
Pues te sobra saber para entenderla.

Solución 29 (El cuerpo)

El cuerpo es la prisión y sepultura
Del ánima hermosa, santa, y bella:
Mundo, carne, y demonio van tras ella

Por hacerle perder su hermosura.
Y la joya más alta casta y pura
Que nuestra salvación afirma y sella
No se puede gozar de eterna altura.
La vencida es la muerte, por la mano
De aquél que la venció, quedando vivo,
Pues no pudo morir lo soberano.
Y así debe entender cualquier cristiano
Que el precio divino superlativo
Al justo se dará que no al tirano.

Enigma 30

Por bosques, y breñas, por montes y llanos
Anda un traidor, con la cruz a cuestas
Las rodillas en tierra, y las manos puestas
Deshace lo hecho de más de diez años
Con cuatro elementos que trae en unos paños
Y puestos en cárcel muy honda y obscura,
Acaba la vida de la criatura
Con voz temerosa, y gritos extraños.

Solución 30 (El cazador)

Es el cazador, que trae la ballesta que parece una cruz, y también se pone de rodillas algunas veces por tirar con arcabuz, los cuatro son en la pólvora y el fuego, la prisión es el cañón, y el ruido de la arcabuzada es la voz extraña.

Enigma 31

Soy más negra que el pez
Soy más blanca que la nieve,
Soy más limpia que el nuez
De la rosa cuando llueve:
Pido lo que menester
Hablo y no sé lo que digo,
Trátame bien mi enemigo
Para que cante, y dé placer.

Solución 31 (La urraca)

Es la urraca que tiene las plumas blancas y negras, y es muy limpia también puesta en jaula pide lo que tiene menester por uso sin entender lo que pide, y su enemigo que la tiene cautiva la trata muy bien para que cante.

E. 1585—Miguel de Cervantes y Saavedra _____

Cervantes, Miguel de. *La Galatea*. 2 tomos. Madrid: Espasa-Calpe, 1961

Dentro del género de la adivinanza existen varias vertientes, principalmente la popular y la erudita o culta. Aunque a través de la historia se han mezclado estas dos definiciones llamando *adivinanza* a lo que, en algunos casos, es *enigma* y en otros *preguntas* o *¿Qué cosa y cosa?*. Estos términos, con el tiempo, han ido evolucionando y hoy día se hace una marcada diferenciación entre uno y otro. En pocas palabras se puede definir la adivinanza por su procedencia, que en este caso es del pueblo, a menudo con léxico y giros o errores fonéticos propios de un pueblo con poca instrucción formal.

El enigma, en cambio (que hasta el siglo XVIII llevaba el artículo femenino, *la* o *una*) ahora es más pulido, tanto en su forma como en su contenido, aunque perdiendo, eso sí, lo espontáneo e ingenioso de la adivinanza, más rústica y menos pulida.

Nos sorprende advertir que, en algunos casos, los poetas renacentistas, toman del pueblo sus adivinanzas y las pulen para convertirlas en enigmas como hemos visto en Escobar, quien por el estado en que le llegaron algunas preguntas se vio forzado a pulirlas.

Así no nos sorprende que Cervantes también se sume a la moda de incluir enigmas dentro de su producción literaria. Escogiendo para ello *La Galatea* (1585) sigue la tradición establecida por otros autores: "... el certamen pastoril de adivinanzas proviene en última instancia, de Virgilio, égloga III, y fue profusamente imitado en la novelística pastoral (Sannazaro, Montemayor, Gil Polo, Gálvez de Montalvo, etc.)". (p. 241)

Demófilo incluye los enigmas de Cervantes en su *Colección de enigmas y adivinanzas en forma de diccionario* (1880) señalando que, sin darse cuenta, Fernán Caballero pocos años antes había incluido en su colección, algunos de Cervantes como propios del pueblo.

A continuación se presenta todo el texto de los enigmas cervantinos dentro de su marco pastoril, tomados ellos del Libro Sexto de *La Galatea*:

> Al alma del lastimado Marsilo llegaron los libres versos de la pastora, por la poca esperanza que sus palabras prometían de ser mejoradas sus obras; pero como era tan firme la fe con que la amaba, no pudieron las notorias muestras de libertad que había oído, hacer que él no quedase tan sin ella como hasta entonces estaba. Acabóse en esto el camino de llegar al arroyo de las Palmas, y aunque no llevaran intención de pasar allí la siesta, en llegando a él, y en viendo la comodidad del hermoso sitio, él mismo a no pasar adelante les forzara. Llegados, pues, a él, luego el venerable Aurelio ordenó que todos se sentasen junto al claro y espejado arroyo, que por entre la menuda yerba corría, cuyo nacimiento era al pie de una altísima y antigua palma, que por no haber en todas las riberas de Tajo sino aquélla, y otra que junto a ella estaba, aquel lugar y arroyo el de las Palmas era llamado. Y después de sentados, con más voluntad y llaneza que de costosos manjares, de los pastores de Aurelio fueron servidos, satisfaciendo la sed con las claras y frescas aguas que el limpio arroyo les ofrecía; y en acabando la breve y sabrosa comida, algunos de los pastores se dividieron y apartaron a buscar algún apartado y sombrío lugar donde restaurar pudiesen las no dormidas horas de la pasada noche; y sólo se quedaron solos los de la compañía y aldea de Aurelio, con Timbrio, Silerio, Nísida y Blanca, Tirsi y Damón, a quien les pareció ser mejor gustar de la buena conversación que allí se esperaba, que de cualquier otro gusto que el sueño ofrecerles podía. Adivinada, pues, y casi conocida esta su intención de Aurelio, les dijo:

—Bien será, señores, que los que aquí estamos, ya que entregarnos al dulce sueño no habemos querido, que este tiempo que le hurtamos no dejemos de aprovecharle en cosa que más de nuestro gusto sea; y la que a mí me parece que no podrá dejar de dárnosle, es que cada cual, como mejor supiere, muestre aquí la agudeza de su ingenio, proponiéndo alguna pregunta o enigma, a quien esté obligado a responder el compañero que a su lado estuviere; pues con este ejercicio se granjearán dos cosas: la una, pasar con menos enfado las horas que aquí estuviéremos; la otra, no cansar tanto nuestros oídos con oir siempre lamentaciones de amor y endechas enamoradas.

Conformáronse todos luego con la voluntad de Aurelio, y sin mudarse del lugar do estaban, el primero que comenzó a preguntar fue el mesmo Aurelio, diciendo desta manera:

¿Cuál es aquel poderoso
que desde oriente a occidente
es conocido y famoso?
A veces, fuerte y valiente;
otras, flaco y temeroso;
quita y pone la salud,
muestra y cubre la virtud
en muchos más de una vez,
es más fuerte en la vejez
que en la alegre joventud.

Múdase en quien no se muda
por estraña preeminencia,
hace tamblar al que suda,
y a la más rara elocuencia
suele tornar torpe y muda;

con diferentes medidas,
anchas, cortas y estendidas,
mide su ser y su nombre,
y suele tomar renombre
de mil tierras conocidas.

Sin armas vence al armado,
y es forzoso que le venza,
y aquel que más le ha tratado,
mostrando tener vergüenza,
es el más desvergonzado.

Y es cosa de maravilla
que en el campo y en la villa,
a capitán de tal prueba
cualquier hombre se le atreva,
aunque pierda en la rencilla.

Tocó la respuesta desta pregunta al anciano Arsindo, que junto a Aurelio estaba; y habiendo un poco considerado lo que significar podía, al fin le dijo:

—Paréceme, Aurelio, que la edad nuestra nos fuerza a andar más enamorados de lo que significa tu pregunta que no de la más gallarda pastora que se nos pueda ofrecer, porque si no me engaño, el poderoso y conocido que dices es el vino, y en él cuadran todos los atributos que le has dado.

—Verdad dices, Arsindo—respondió Aurelio,— y estoy para decir que me pesa de haber propuesto pregunta que con tanta facilidad haya sido declarada; mas di tú la tuya, que al lado tienes quien te la sabrá desatar, por más añudada que venga.

—Que me place—dijo Arsindo.

Luego propuso la siguiente:

ARSINDO

¿Quién es quien pierde el color
donde se suele avivar,
y luego torna a cobrar
otro más vivo y mejor?
Es pardo en su nacimiento,
y después negro atezado,
y al cabo tan colorado,
que su vista da contento.

No guarda fueros ni leyes,
tiene amistad con las llamas,
visita a tiempo las camas
de señores y de reyes.
Muerto, se llama varón,
y vivo, hembra se nombra;
tiene el aspecto de sombra;
de fuego, la condición.

Era Damón el que al lado de Arsindo estaba, el cual, apenas había acabado Arsindo su pregunta, cuando le dijo:

—Paréceme, Arsindo, que no es tan escura tu demanda como lo que significa, porque si mal no estoy en ella, el carbón es por quien dices que muerto se llama varón, y encendido y vivo brasa, que es nombre de hembra, y todas las demás partes le convienen en todo como ésta; y si quedas con la mesma pena que Aurelio, por la facilidad con que tu pregunta ha sido entendida, yo os quiero tener compañía en ella, pues Tirsi, a quien toca responderme, nos hará iguales.

Y luego dijo la suya:

DAMON

    ¿Cuál es la dama polida,
aseada y bien compuesta,
temerosa y atrevida,
vergonzosa y deshonesta,
y gustosa y desabrida?

Si son muchas—Porque asombre—,
mudan de mujer el nombre
en varón; y es cierta ley
que va con ellas el rey
y las lleva cualquier hombre.

—Bien es, amigo Damón —dijo luego Tirsi—, que salga verdadera tu porfía, y que quedes con la pena de Aurelio y Arsindo, si alguna tienen, porque te hago saber que sé que lo que encubre tu pregunta es la carta y el pliego de cartas.

Concedió Damón lo que Tirsi dijo, y luego Tirsi propuso desta manera:

TIRSI

    ¿Quién es la que es toda ojos
de la cabeza a los pies,
y a veces, sin su interés,
causa amorosos enojos?
    También suele aplacar riñas,
y no le va ni le viene,

y aunque tantos ojos tiene,
se descubren pocas niñas.
    Tiene nombre de un dolor
que se tiene por mortal,
hace bien y hace mal,
enciende y templa el amor.

En confusión puso a Elicio la pregunta de Tirsi, porque a él tocaba responder a ella, y casi estuvo por darse, como dicen, por vencido; pero a cabo de poco, vino a decir que era la celosía, y concediéndolo Tirsi, luego Elicio preguntó lo siguiente:

ELICIO

    Es muy escura y es clara;
tiene mil contrariedades;
encúbrenos las verdades,
y al cabo nos las declara.
    Nace a veces de donaire,
otras, de altas fantasías,
y suele engendrar porfías
aunque trate cosas de aire.
    Sabe su nombre cualquiera,
hasta los niños pequeños;
son muchas, y tiene dueños
de diferente manera.

    No hay vieja que no se abrace
con una destas señoras;
son de gusto algunas horas:
cuál cansa, cuál satisface.
    Sabios hay que se desvelan
por sacarles los sentidos,
y algunos quedan corridos
cuanto más sobre ello velan.
    Cuál es necia, cuál curiosa,
cuál fácil, cuál intricada,
pero sea o no sea nada,
decidme qué es cosa y cosa.

No podía Timbrio atinar con lo que significaba la pregunta de Elicio, y casi comenzó a correrse de ver que más que otro alguno se tardaba en la respuesta; mas ni aun por eso venía en el sentido della; y tanto se detuvo, que Galatea, que estaba después de Nísida, dijo:

—Si vale a romper la orden que está dada, y puede responder el que primero supiere, yo por mí digo que sé lo que significa la propuesta enigma, y estoy por declararla, si el señor Timbrio me da licencia.

—Por cierto, hermosa Galatea—respondió Timbrio—, que conozco yo que, así como a mí me falta, os sobra a vos ingenio para aclarar mayores dificultades; pero, con todo eso, quiero que tengáis paciencia hasta que Elicio la torne a decir, y si desta vez no la acertare, confirmarse ha con más veras la opinión que de mi ingenio y del vuestro tengo.

Tornó Elicio a decir su pregunta, y luego Timbrio declaró lo que era, diciendo:

—Con lo mesmo que yo pensé que tu demanda, Elicio, se escurecía, con eso mesmo me parece que se declara, pues el último verso dice que te digan qué es cosa y cosa, y así yo te respondo a lo que me dices, y digo que tu pregunta es el "qué es cosa y cosa", y no te maravilles haberme tardado en la respuesta, porque más me maravillara yo de mi ingenio si más presto respondiera, el cual mostrará quién es en el poco artificio de mi pregunta, que es ésta:

TIMBRIO

¿Quién es el que, a su pesar,	El sacarlos es de gusto,
mete sus pies por los ojos,	aunque, a veces, quien los saca,
y sin causarles enojos,	no sólo su mal no aplaca,
les hace luego cantar?	mas cobra mayor disgusto.

A Nísida tocaba responder a la pregunta de Timbrio, mas no fue posible que la devinasen ella ni Galatea, que se le seguían. Y viendo Orompo que las pastoras se fatigaban en pensar lo que significaba, les dijo:

—No os canséis, señoras, ni fatiguéis vuestros entendimientos en la declaración desta enigma, porque prodía ser que ninguna de vosotras en toda su vida hubiese visto la figura que la pregunta encubre, y así no es mucho que no deis en ella; que si de otra suerte fuera, bien seguros estábamos de vuestros entendimientos, que en menos espacio, otras más dificultosas hubiérades declarado. Y por esto, con vuestra licencia, quiero yo responder a Timbrio y decirle que su demanda significa un hombre con grillos, pues cuando saca los pies de aquellos ojos que él dice, o es para ser libre, o para llevarle al suplicio: porque veáis, pastoras, si tenía yo razón de imaginar que quizá ninguna de vosotras había visto en toda su vida cárceles ni prisiones.

—Yo por mí sé decir—dijo Galatea—que jamás he visto aprisionado alguno.

Lo mesmo dijeron Nísida y Blanca, y luego Nísida propuso su pregunta en esta forma:

NISIDA

Muerde el fuego, y el bocado	mas si es profunda la herida,
es daño y bien del mordido;	y de mano que no acierte,
no pierde sangre el herido,	causa al herido la muerte,
aunque se ve acuchillado;	y en tal muerte está su vida.

Poco se tardó Galatea en responder a Nísida, porque luego dijo:

—Bien sé que no me engaño, hermosa Nísida, si digo que a ninguna cosa se puede mejor atribuir tu enigma que a las tijeras de despabilar, y a la vela o cirio que despabilan. Y si esto es verdad, como lo es, y quedas satisfecha de mi respuesta, escucha ahora la mía, que no con menos facilidad espero que será declarada de tu hermana, que yo he hecho la tuya.

Y luego la dijo que fue ésta:

GALATEA

Tres hijos que de una madres
nacieron con ser perfecto,
y de un hermano era nieto
el uno, y el otro padre;

y estos tres tan sin clemencia
a su madre maltrataban,
que mil puñadas la daban,
mostrando en ello su ciencia.*

Considerando estaba Blanca lo que podía significar la enigma de Galatea, cuando vieron atravesar corriendo por junto al lugar donde estaban, dos gallardos pastores, mostrando en la furia con que corrían que alguna cosa de importancia les forzaba a mover los pasos con tanta ligereza, y luego, en el mismo instante, oyeron unas dolorosas voces, como de personas que socorro pedían. Y con este sobresalto se levantaron todos, y siguieron el tino donde las voces sonaban, y a pocos pasos salieron de aquel deleitoso sitio y dieron sobre la ribera del fresco Tajo —que por allí cerca mansamente corría—, y apenas vieron el río, cuando se les ofreció a la vista la más estraña cosa que imaginar pudieran, porque vieron dos pastoras, al parecer de gentil donaire, que tenían a un pastor asido de las faldas del pellico con toda la fuerza a ellas posible porque el triste no se ahogase, porque tenía ya el medio cuerpo en el río y la cabeza debajo del agua, forcejando con los pies por desasirse de las pastoras, que su desesperado intento estorbaban, las cuales ya casi querían soltarle, no pudiendo vencer al tesón de su porfía con las débiles fuerzas suyas. Mas en esto llegaron los dos pastores que corriendo habían venido, y asiendo al desesperado, le sacaron del agua a tiempo que ya todos los demás llegaban, espantándose del estraño espectáculo, y más lo fueron cuando conocieron que el pastor que quería ahogarse era Galercio, el hermano de Artidoro, y las pastoras eran Maurisa, su hermana, y la hermosa Teolinda, las cuales, como vieron a Galatea y a Florisa, con lágrimas en los ojos corrió Teolinda a abrazar a Galatea diciendo:

—¡Ay, Galatea, dulce amiga y señora mía, cómo ha cumplido esta desdichada la palabra que te dio de volver a verte y a decirte las nuevas de su contento!

Nota de la edición de Espasa-Calpe, 1961.

    *Este enigma que queda sin respuesta (como antes quedó en el aire el soneto de Timbrio) apunta más allá de su marco natural, y establece así esa dinámica especial que caracterizará firmemente el novelar cervantino a partir del *Quijote*. (p. 248)

F. 1590—Juan de Salinas y Castro _____

Salinas y Castro, Juan de. *Poesías.* Sevilla: Imprenta Geofrin, 1869.

Juan de Salinas y Castro (1559-1642) nació en Sevilla. A una edad muy temprana quedó huérfano de madre, y con su padre se trasladó a Logroño donde éste tenía sus posesiones. Se graduó en cánones y leyes y recibió del Papa Clemente VIII una canonjía en Segovia. Fue en esta ciudad donde escribió la mayor parte de sus versos.

Al recibir una buena herencia a la muerte de su padre, renunció a la canonjía y se trasladó a Sevilla para dedicarse de lleno a las letras. En esta ciudad desempeñó el cargo de visitador del Arzobispado y administrador del Hospital de San Cosme y San Damián (la solución de uno de sus enigmas tiene que ver con estos santos). Muchos de sus escritos se encuentran en la Biblioteca Nacional en el salón de manuscritos. Murió a los ochenta y tres años, el 5 de enero de 1643.

De los enigmas que aportó Salinas y Castro, posiblemente el más difundido es el número nueve del segundo tomo—el de la jeringa—ya que en Hispanoamérica se encuentran unas variantes parecidas a ésta. (Ver las adivinanzas argentinas de Lehmann-Nitsche, número 75 y 76: la cubana de Massip número 107, o la 15 de Espinoza de USA).

El enigma en cuestión es el siguiente:

9

¿Cuál es la sierpe cruel
Que se encoge y que se alarga,
Y escupe saliva amarga
Aunque coma dulce miel?

Con tal destreza que espanta
A muchos abate y hiere;
Nadie de la herida muere,
Antes luego se levanta.

Por miedo ni por antojo
No le volvais las espaldas
Que se entrará por las faldas
Y sin duda os dará enojo.
    (La jeringa)

Este enigma se volvió un tanto picaresco al difundirse por el Nuevo Mundo y es difícil saber si, realmente, esa fue la intención original de Salinas y Castro.

◆ Enigmas

1

Yo soy un fuerte soldado,
Que donde hay mayor aprieto,
Me señalo, y acometo
A lo que está más cerrado:
Y con tener por molestas
Las armas cuantos las traen,
No vereis que se me caen
Jamás las armas de acuestas.
    (El sello)

2

Yo soy hombre, con person,
Si acaso el serlo es afrenta,
Mi apellido es más de cuenta
Que el de Guzmán y Girón
Sé volar en la maroma,
Sin miedo, desde pequeña,
Y aunque me veis aguileña,
Harto más tengo de Roma;
A ratos me bamboleo,

A ratos estoy en calma,
Y suelo sacar el alma
A quien más bien acarreo:
   Tengo gracias infinitas,
Y esto digo en confesión:
Más aunque infinitas son,
Presto pueden ser escritas.
   (La cuenta de perdones)

3

   Nací sin pies y sin manos,
Y en casa de una hermana estoy,
Por ser chiquito, que soy
El menor de mis hermanos:
   En cárcel me tienen preso,
Y cuando escapo de allí,
Para servirse de mí,
Me suelen tener en peso;
   Con mi muda gerigonza
Mil verdades he afirmado,
Y soy, con ser bien pesado,
Más lijero que una onza.
   (El adarme)
[Peso antiguo de 179 centígramos]

4

   Yo, si no me acuerdo mal,
Nací en el medio silencio,
En que no me diferencio
De Dios niño en el portal,
   Y aunque no he peinado canas,
El Cura en San Salvador
Verá que soy la mayor
Entre muchas mis hermanas;
   Y porque un lento veneno
Debilitándome vá,
Y gran milagro será
Salir viva del seteno;
   Viéndome con mil errores
Entre mis tinieblas ciega,
Si la luz de Dios no llega
Con sus claros resplandores.
   Quiero confesarme aquí,
Y para más confusión,
Diré la falsa opinión
Y voz que corre de mí;
   Que ora por mis estaciones,
Devotas al parecer,

Ora por verme tener
Tan a raya mis pasiones;
   O por otras obras dignas
De admitirse por descuentos,
Frecuencia de sacramentos,
Ayunos y disciplinas;
   Ora porque en mí se encierra,
Según la fe que nos guía,
La inmensa sabiduría
Del criador de cielo y tierra:
   O porque con brazo fuerte
Y músicas soberanas
Se repican las campanas
En la hora de mi muerte.
   Ora porque en esto vea.
Que mi obligación es tanta,
El mundo me llama Santa,
Plegue a Dios que yo lo sea.
   Que ya era tiempo de entrar
En vida de más concierto,
Quien tantas veces ha muerto
Y vuelto a resucitar.
   Digo, pues la culpa mia,
No pienso que lo rehuso,
Y de libertad me acuso
Con capa de hipocresía;
   Y de que a mi devoción
Más de cuatro buenos talles,
Andan azotando calles,
Que es lástima y compasión.
   Y más de cuatro capillas,
Dolor de quien se lo fía,
Me bastecen a porfía
De galas y de vajillas.
   Y aun bonetes muy beatos,
Dios sabe en cuya virtud,
Siguen con gran prontitud
Mis órdenes y mandatos.
   Hago, al fin como mujer,
Con mis cosas tal ruido,
Que de muy lejos convido
A que me vengan a ver.
   Y aunque jamás consentí
En obra mala, en efecto,
Si me pierden el respeto
Es por lo que ven en mí.
   Mas para alivio al dolor
De escesos tales y tantos,

Siete hijos tengo santos,
Por la bondad del Señor.
    Santos que a su Dios bendicen;
Y aunque la pública fama
Al mayor no se la llama,
Sus insignias se lo dicen.
    Madre soy en realidad
De siete santos dichosa,
Mas no Santa Sinforosa,
Ni Santa Felicidad.*
    (La Semana Santa)
[*Cada una de estas dos Santas
tuvo siete hijos.]

5
    Tiéneme con mil heridas
Pasada de banda a banda,
Un fugitivo que anda
Quitando capas y vidas.
    Y ha sido de tanto daño,
En poblado y en desiertos,
Que tiene más hombres muertos
Que días hay en el año.
    No hay tan poderosa vara,
Ni ministro tan de prueba,
Que de mil lenguas se atreva
Solo a mirarle la cara.
    Pues ya cuando se acompaña
De una perra y un león,
Algun sin alma ladrón,
Que le espere en la campaña.
    No ha mucho de que tropel
Salieron dos compañías,
Por cojerle algunos días,
Y al fin volvieron con él.
    Mas sirvió poco, á la fe,
Pues cuando más descuidados,
Trepando por los tejados,
De entre manos se les fue.
    Y así ninguno se nombra
Hoy tan bravo en nuestra edad,
Que se precie con verdad
De que le puso a la sombra.
    Dios debe quererlo así,
Que ande suelto el homicida,
Y yo, sin culpa y herida,
Esté en prisiones aquí.
    Quizás padezco estos males

Por ser clara y sin doblez,
Que no es la primera vez
Que han padecido los tales.
    Y quien me ve en la ventana
Con tanto aliño y primor,
Y en la apariencia exterior
Tan lucida, alegre y sana,
    Tendrá por algaravía
De este sueño la soltura,
Por lo que tiene de oscura,
Y es el sol del miedo día.
    (La vidriera)

6
En Diálogo
1º—Pues de diversos artes
Sabrás tan bien de la oración las partes,
Escolar, de la cuarta o del dozavo,
Agudo por el cabo.
    ¿En qué oración, me digas, si te place,
La persona que hace,
Quien padece y el verbo,
Según que ha muchos tiempos, que lo ob-
    servo,
Son un mesmo suspuesto?
Echa ingenioso el resto,
    Y cual Joseph en la prisión oscura,
Declara de mi sueño la soltura.
2º—En aprieto me pones
Con tan breve trasiego de razones,
Que aun el Antonio dudo
Pudiera desatar tan ciego nudo.
    Yo no descubro en qué se verifica
Cosa que tanto implica,
Perdón humilde pido
De mi rudeza, y dóime por vencido.
1º—Si un poco más cavaras,
Quizá la vena de corrientes claras
Del Cedrón afamado
Hubieras encontrado,
    Y cuando ningun arte
Sirve de encaminarte,
Él te guiara con mejor acierto,
En lengua muda á LA ORACIÓN DEL HUERTO.

7
Nuevas De Barcelona
    Dos hombres arribaron
En una nave a la playa,

Que de tierras estranjeras
Vienen a dar vista a España.

De ilustre ingenioso aspecto,
De clarísima prosapia,
Que por blasón de nobleza
Traen dos lunas en las armas.

De esta espléndida familia
Son los que asisten y guardan
Al gran Señor en su trono
De alevosas asechanzas.*

Con exámen riguroso
Les dio sus grados Italia,
Y en todas las Facultades
Lo más oscuro declaran.

¡Oh tú, gran Reina Sabea,
Si nuestra edad alcanzaras,
Qué pruebas hicieras de ellos,
Y en qué materias tan várias!

Con gran acompañamiento
De una muy lúcida escuadra,
Que eran para ver, hicieron
En Barcelona su entrada.

Han sido bien recibidos
De Príncipes y Monarcas,
Y el Pueblo por medio de ellos
Mil imposibles alcanza.

(Los antojos)
[*Los viriles donde se guarda el
Santísimo Sacramento.]

◆ **Tomo Segundo Enigmas**

*(En el códice de la Biblioteca Colombiana
están algunos enigmas sin la solución
correspondiente, y del mismo modo los
dejamos, para que el lector pueda adivinarlos
por sí.)*

1

Yo soy quien será y quien fue
Que el orbe y su redondez
Sustento firme, y tal vez
Por alzarle me abajé.

Soy el durable y el bueno,
El grande y bello también,
Que estoy, hombre, por tu bien
De misericordias lleno.

Tengo mi asiento en la cumbre
Donde es la región más pura,

Dó no hay temer noche oscura
Y la destierra mi lumbre.

Tú, temerario adivino,
Si de entenderme presumes
En vano el tiempo consumes,
Sabe que soy *uno y trino*.

2

Hay un bello enjerto, tal
Por arte y naturaleza
Que aunque es haya en la corteza,
Es en fruto moral.

No hay casi oficio ninguno
A que no le dé materia,
Y hállase en cualquier féria
El fruto, sin precio alguno.

A las hojas ningun daño
El aire ni el sol les dan,
Y así en el árbol están
Todos los meses del año.

Y tal virtud se contenta
De imprimirlas el de arriba,
que al que la planta cultiva
Se las entregan por cuenta.

¡Oh, milagrosa virtud!
Pues sin hechizos ni ensalmos
Crece quien las usa, a palmos,
Por horas en su salud.

Puso al pie una tabla junta
Hombre de saber divino,
Que a quien inquiere el camino
Satisface a su pregunta.

(Las horas del rezo)

3

Yo soy hembra de placer,
Negra como mi ventura,
Pero airosa, y de figura
Cuan perfecta pueda ser.

Desnudo a los más severos,
De su pompa y gravedad,
Y a la misma Majestad
Hago admitir compañeros.

Fácil soy y entrometida,
Al fin mujer de partido,
Y a más de uno trae perdido
Mi liviandad conocida.

En esto todos concuerdan
Y el más santo me condena,

Que el no ser yo a veces buena
Causa es que tantos se pierdan.

Dánme con burlas pesadas
Asalto a medio del día,
Y sufro por granjería
Bofetadas y puñadas.

Sácanme en cueros desnuda,
Y va tanta gente a verme,
Que después, para volverme,
Es menester Dios y ayuda.

Y de ellos los más amigos
Por las calles a voz alta
Van pregonando mi falta
Ante jueces y testigos.

Sobre todo, el otro día
Por mano de un bellacón,
Me echaron sin discreción
Un clístero de agua fría.

La burla fue deshonesta
Y que pasó de donaire,
Pero al fin es cosa de aire,
Que su dinero le cuesta.

Y al cabo de estos temores,
Trabajo, mala ventura,
Me libra de noche oscura
Que es capa de pecadores.

4

Cierta peregrina soy,
Que sin pecado ni nota
Por compañera devoto
Con un religioso voy.

Y aunque a dichos elegantes
Mi profesión contradice,
Que le soy, el padre dice,
Alivio de caminantes.

Y que cuando más mohino
Parte, porque a ratos reza,
Y parte por mi agudeza,
Se le hace breve el camino.

Uno lleva en su servicio
A pie, que en su modo y traje
Parece más en salvaje
Que una persona de juicio.

Él come y bebe por dos,
Y rendirle no aprovecha,
Antes si le aprietan, echa
Por esos trigos de Dios.

Y llevándome tras sí
Sus apetitos bestiales,
Ha dado al mundo señales
Que anda picado por mí.

Y aunque no tiene maldita
La culpa, por que se prueba,
Que quien consigo me lleva,
Conmigo le solicita.

Al fin, por quien hace extremos
Yo soy, más otro le mata,
Que bien de cerca le trata,
Paciencia, no mormuremos.

Que no es bien toque en su honor,
Aunque ella fuera liviana,
Quien estuvo esta mañana
A los pies del confesor.

5

En una solemne fiesta
Vi en hábito de romero,
Un montañés bravo y fiero
Que era una bizarra testa:

Y hubo muy pocos valientes
En el convite apacible
A quien el mónstruo terrible
No le enseñara los dientes.

Yo discurriendo, entendí,
Por su color tapetado,
Que es este que os he contado
Hijo de *Java* y de *Alí.*

6

De grande fuerza dotado
Y de mediana agudeza,
Dios me puso en la cabeza
Grandes cosas, mal pecado.

Con un bruto mal sufrido,
Que sobre ojo me tenía,
Porque enfrente de él vivía,
Anduve un tiempo torcido.

Hasta que por buena suerte
Justa a su destino fiero,
En la plaza en caballero
Le dió por horro la muerte.

Yo, que pobré de consejo,
Allí presente me hallé,
No poca ventura fue
Escapar con el pellejo.

(El cuerno)

7

Desde aquel infausto día
Que por interese vano
Me apartó violenta mano
De mi dulce compañía;
    Mudada forma y estilo,
y de lo que fui trocada,
Tan macilenta y delgada
Que está mi vida en un hilo:
    Aunque de mil pretendida,
Dando a las damas ejemplo,
Estoy dedicada al templo,
Del mundo ya despedida.
    Del orígen no presumo
Que traigo de mis mayores ,
Pues al cabo todo es flores
Que van a parar en humo.
    Aquí no envidiando al cielo,
Con claridad encendida
Asisto a gran comida
Que enriquece y harta al cielo.
    A Dios bendigo y alabo
Y lo haré de esta manera.
Mientras mi vida sincera
No hubiere llegado al cabo.
    (La vela de cera)

8

¿Cuál es el tronco que lleva
Aquella dura manzana,
Que a par de ella fue liviana
La de nuestra madre Eva?
    Su hoja, de color blanca,
Como veneno mortal
Es causa de mucho mal
Al que sin razón la arranca.
    Dos aves, si mal no cuento,
Que son por calidad
Símbolo de libertad,
Le hacen guarda y ornamento.

10

En una infelice era
Muchos hermanos nacieron,
Tan conformes, que salieron
Cortados a una tijera.
    Cual los gigantes que en Flegra
Contra el cielo conjuraron,
Como a su torre me alzaron,

Que fue para muchos negra.
    Fundáronme en una falda
Donde hay invierno rosas,
El oro y piedras preciosas,
Al diamante y la esmeralda.
    Y para otra vez que llueva
Como en tiempo de Noé
Alta esta máquina fue
Y hecha contra el agua nueva.
    Mi sombra sólo asegura
De las injurias del cielo,
A los que son en el suelo
Cabezas de esta conjura.
    Quiera Dios que en su servicio
Se descubran algun día,
Y caigan de su manía
Este soberbio edificio.
    (El sombrero)

11

Dos hermanos naturales
De los estados de Flandes,
Lúcidos, de fuerzas grandes,
En garbo y edad iguales.
    Aunque de culpa inocentes
Encartados a la seta
De aquel maldito Profeta,
Engaño de tantas gentes;
    Rendida al amigo ruego
La verdad y al interés,
Hoy con hierros a los pies
Ví condenarlos al fuego.
    Y todas las cosas puestas
En el lugar del suplicio,
Como Isaac, la leña acuestas.
    Vi arder el fiero elemento
A quien el viento provoca,
Y ellos, sin abrir la boca,
Más firme que roca al viento.
    Vílos en la llama sueltos
Y no ponerse en huida,
Y al cabo quedar sin vida
Y en las cenizas envueltos.
    (Los morillos de la chimenea)

12

Aunque por justo destino
Soy hembra a más no poder,
Juntamente suelo ser

Del género masculino.
Causo tinieblas y luz,
Provoco a risas y llantos,
Y con ser cruz para tantos
A mí no me falta cruz.

Para guarda de doncellas
Es propia mi vocación,
Y más de una maldición
Me habrá alcanzado por ellas.

Que ni fieros, ni presentes,
Ni ruegos de Rey ni Papa
Me ablandan, y más de chapa
Le muestro mejor los dientes.

Si salgo, a nadie lo digo,
Y guardas dejo en la puerta,
Y después a mi hora cierta
Vuelvo y cierro mi postigo.
(La llave)

13

Aunque algún mi antecesor
Fue poco de Dios amigo,
Lo ha hecho Dios tan bien conmigo
Que soy Prelado Y Pastor.

Bien que mi capacidad
Aquesto y más mereció
Pues quien sepa como yo
Hay pocos en la ciudad.

Pero como el vulgo ciego
Tiene errores infinitos
Y ve que a sus apetitos
Hago guerra a sangre y fuego.

Es imposible creer
La rabia con que me asalta,
Que hay hombre que no falta
Si no quererme comer.

Y he quedado de manera,
Desde una vez que me hirieron,
Que aunque más puntos me dieron
Traigo las tripas de fuera.

Por esto vivo suspenso
Puesta mi vida en un hilo,
Sin poder como es estlo
Ofrecer a Dios incienso.

Con todo tengo mis humos
De a mayor grado subir,
Pues de este palo salir
Tienen los pastores summos.

Y bien podía yo esperar,
Si mueren un Papa o dos . . .
De menos nos hizo Dios,
¿Qué se pierde en aguardar?

14

Fui, mientras Dios fue servido,
De la cámara real,
Y estuve en oficio tal
Muy hinchado y cuelli-erguido.

Cubrí ante el Rey mi cabeza,
Favor a muchos negado,
No como quiera, fundado
En razón de mi limpieza.

Si el Rey su lucha dejaba
Y con la Reina dormía,
De sóla mi compañía
Y su espada se fiaba.

Un día que me encontró
En un lugar apartado,
De vergüenza recatado
Conmigo se descubrió,

Y por medio harto indecente
En Príncipe tan compueto,
Me dio indicio manifiesto
De un secreto fuego ardiente.

A nadie lo dije yo,
Más soy tan negro de claro,
Que en viéndome, sin reparo,
Un hombre me lo entendió.

Díjolo a la Reina, y luego
Ella como una leona,
En tal caso no perdona
A hierro, veneno y fuego.

Yo a escusarme no me atrevo,
Que en semejante ocasión
Me dio otra vez un jabón
Que me puso como nuevo.

Sólo en este mar insano
Me queda un grande consuelo,
Quien me tiene de su mano.
(El orinal que tienen en la mano
S. Cosme y S. Damian.)

15

El que de nuevo se alegra
Oiga mi origen atento,
Que fue del ayuntamiento
De un blanco con una negra.

Serví a mi dueño con harta
Limpieza y fidelidad
Tanto que de libertad
Merecí me hiciera carta.
    Sus secretos me fiaba
De alegría y de congoja,
Mas volvió presto la hoja
Y trátome como esclava.
    Sobre mi rostro escribió
Letras de quien era y cuya,
Y por miedo no me huya
Con su hierro me marcó.
    Cerróme, porque no fuese
Diciendo lo que sabía,
Mas por la desdicha mía
Hallé un hombre que me abriese.
    A su casa me llevó,
Y usó el traidor de vileza,
Porque rompió mi entereza
Y de mí se aprovechó.
    Cansóle presto mi amor,
Y háme puesto, a mi despecho,
Con otras a quien ha hecho
La misma burla el traidor
    (La carta)

16

Ya que hueco y engreído
Por las calles en mi asiento,
Fui con todo acatamiento
Sobre los hombros traido:
    Y que tan bien campeaba
Por lo galán y asentado,
Y con el más estirado
Largo y tendido triunfaba:
    Amarrado el día de hoy,
Y al cuello puesto un cordel,
Con tormento tan cruel
A vista del fuego estoy.
    No me quejo, ni pregunto
La causa de este tormento;
Estoy sin pulso ni aliento
Y el color como difunto.
    Pero ¿quién no estará muerto,
Viendo en las brasas arder
Los hierros con que he de ser
Por tantas partes abierto?
    (El cuello de olán, que se usaba)

17

Aquella planta, que vido
El capitán tartamudo
La vez que se vió cornudo,
Aunque ya era otro lo había sido;
    Si la quitáis del renombre
De una planta muy notable,
Al mar de amor saludable
Al punto sabreis mi nombre.
    De un pecado capital
Soy instrumento oportuno,
Mas con todo subió alguno
Por mí a la gloria inmortal.
    Y por señal de victoria
Triunfante, alegre y úfano,
Honra conmigo su mano,
Aunque está lleno de gloria.

18

Yo soy claro, y no hay negar,
Señores, que estoy corrido,
Que aunque de palacio he sido
No lo sé disimular.
    Y es la causa que yo velo,
Sin dormir punto ni hora,
Por celar una Señora,
Que es, por Dios, cosa del cielo.
    Pero es mi afán escusado,
Porque ella quiere ser vista,
Y a mí, porque no resista,
Me tiene aquí arrinconado.
    Y así quedo, sin ventura,
Con la misma suspensión
Con que el hermoso Absalón
Quedó de la encina dura.
    Él en sus floridos días
De las quedejas colgado
De su cabello preciado,
Y yo también de las mias.
    (El velo de la imágen)

19

Señores, esta señora,
Que aquí veis arrebozada,
Fue un tiempo muy rebozada,
Y ya es vieja encubridora.
    Tanto vino a dejar verse
De todos, la buena pieza
Que, rendida su entereza,

Fue por el mundo romperse.
   Era bonísima ropa
Aun a dicho de las damas,
Y ha parado en tener camas
Y a los prójimos arropa.
   El tiempo lo acaba todo,
Que está la triste arropada,
Comida y acuchillada,
Pelada y puesta de lodo.
   (Sin respuesta)

20
   Más tramas y más nobleces
Tiene que un mozo de coro,
Y así en los cuernos de toro

Se ha visto más de dos veces.
   No hay poder de Rey ni Papa,
Que le estorbe su servicio
Con género de suplicio
Porque de todos es mapa.

21
   Con pico largo vivo en compañía
De algún triste pelón desorejado,
Susténtome de lienzo, y entre día
Estoy a veces sin comer bocado:
De que otro llore, nace mi alegría,
Y duélome de ser alanceado,
Y estando melacólico y hambriento
Rodando una escalera cobro aliento.

Capítulo 2

ESPAÑA
SIGLO XVII

1618—Cristóbal Pérez de Herrera

Pérez de Herrera, Cristóbal. *Proverbios morales y consejos cristianos muy provechosos para concierto y espejo de la vida, adornados de lugares y textos de las divinas y humanas letras; y enigmas filosóficas, naturales y morales con sus comentos.*

A Cristóbal Pérez de Herrera (1558-1620) se le ha llamado el "príncipe de los acertijeros y enigmatistas", y posiblemente éste sea un título acertado. *Proverbios morales* es, sin duda, la obra más difundida entre las colecciones de enigmas que existen y, hasta esta fecha, la más numerosa. Además de esta obra, escribió otras cuarenta obras, la mayoría de las cuales tratan de temas médicos.

Cristóbal Pérez de Herrera nació en Salamanca en 1558, de una familia de abolengo montañés. Se dedicó al estudio de la medicina, fue discípulo del famoso Vallés y al terminar su carrera en Alcalá marchó a Salamanca, hizo oposiciones a cátedras y después fue llamado por el doctor Diego de Olivares, protomédico de S. M., como examinador de médicos y cirujanos. Más tarde se le nombró protomédico de las galeras de España, en las que se distinguió por su valor, y por fin, médico de cámara del Rey. Asistió con gran acierto a enfermos pobres en diversas epidemias que se desarrollaron por entonces y murió de edad muy avanzada, sin que sus servicios eminentes recibieran de Felipe III la recompensa merecida en su ancianidad.

Proverbios morales . . . y enigmas se publicó en varias ocasiones y llegó a difundirse por toda España. No se sabe con certeza la fecha exacta en la cual se publicó la primera edición de la obra. En la publicación de 1733 que hemos examinado, se encuentra la aprobación oficial del doctor Gutiérrez de Cetina, Vicario General de la Corte. Dicha aprobación lleva la fecha del 19 de diciembre de 1612 y es de suponer que la primera edición data de esta fecha o, principios de 1613.

De las varias ediciones que se han hecho de esta obra, una de las últimas es la de Ediciones Atlas, publicada en 1943. Esta edición, de la colección de Cisneros, sólo se limita a publicar los enigmas de Pérez de Herrera, desatendiendo por completo los proverbios y consejos que también figuran en la obra original. En la nota preliminar de esta edición se indica que se siguió "la edición hecha en Madrid por Luis Sánchez en el año de 1618." Esta edición es la misma que consulta Francisco Rodríguez Marín en su obra monumental, *Cantos populares españoles*. Antonio Machado y Alvarez, al que tanto le entusiasmaban las adivinanzas, comenta con detalle la obra de Pérez de Herrera y menciona dos ediciones existentes; la obra de 1618 (que él nunca vio personalmente) y la de 1733.

Para nuestra *Antología* lo que más interesa son los 313 enigmas que comprenden esta parte de su libro. Machado y Alvarez considera que los enigmas de Pérez de Herrera son cultos y no se deben de confundir con adivinanzas del pueblo. Para este gran folklorista moderno, los enigmas estaban "hechos evidentemente por los eruditos, más con un fin didáctico que con un fin recreativo". El mismo Pérez de Herrera señala al lector: "Te presento este volumen, este libro, en quien de Atenas verás la culta doctrina, la cultísima Academia. En esta libro su autor tanto agradarte desea . . . con agudeza extremada, . . . y dulcemente aconseja . . . con sutiles Enigmas te entretiene . . . que no son de Esfinge, no, las intrincadas Emblemas . . ."

Obviamente, se puede llegar a la conclusión de que el propósito era el de entretener y al mismo tiempo enseñar.

Uno de los aspectos más sobresalientes de esta colección es el "comento" o comentario, de cada enigma escrito por Pérez de Herrera. Cada enigma que el autor provee contiene, no solo la solución, sino también un extenso comentario y explicación del mismo. Esta técnica ya la había empleado Alexandre van den Bussche. En muchos casos estas explicaciones son verdaderas joyas que detallan las costumbres, usanzas y tradiciones de la época. Interesante ejemplo es el siguiente:

> Enigma 296
> Con palabras de lo alto
> me abajan por cortesía;
> no es de honor la hechura mía,
> antes de gran sobresalto,
> afligiendo noche y día.

El "comento" que nos presenta a este enigma es:

> 296—El bonete
> Cuando uno se quita el bonete por cortesía dice:
> Beso las manos de vuestra merced, y lo baja de lo alto
> de la cabeza hasta la mitad del cuerpo o más abajo.
> Afirma que no es hechura honrada, por tener cuatro
> esquinas, que el vulgo llama cuernos, los cuales dan
> el sobresalto que se puede colegir de semejante
> desventura y principalmente a algunos, que siendo
> demasiadamente celosos, sueñan con ellos. Es
> segunda del bonete.

Así con sus comentarios Pérez de Herrera continua un precedente que en los futuros coleccionistas se ve en muy pocos casos. La mayoría de los coleccionistas de adivinanzas se dedicaron sólo a recopilar del pueblo esos acertijos que ya se conocían, pero sin explicar su significado, en muchos casos por ser éste evidente.

La colección de Herrera llegó a difundirse por todo el país y tuvo gran popularidad ya que los enigmas se reproducían en "almanaques y periódicos y en obras festivas tanto nacionales como extranjeras:" creando confusión en el origen de los mismos.

Algunos enigmas de Pérez de Herrera se han encontrado en colecciones posteriores como acertijos del pueblo. Rafael Bóira en su *Libro de los cuentos* incluye cien enigmas de Pérez de Herrera. En 1853 Hilaire le Gay (pseudónimo de M.G. Du Plessis) publica su obra *Un millón d'enigmas, charades et logogryphes* e incluye treinta en español, trece de éstos de Pérez de Herrera.

En 1877 Fernán Caballero (pseudónimo de Cecilia Böhl de Faber) saca a luz su colección *Cuentos, oraciones, adivinas y refranes populares é infantiles* y sin darse cuenta incluye algunos de los enigmas originales de Pérez de Herrera.

Al señalar Machado y Alvarez este impacto de Pérez de Herrera en las colecciones posteriores, aprovecha para advertir a los investigadores de las adivinanzas que se familiaricen con los enigmas de Pérez de Herrera antes de concluir que los acertijos examinados son del pueblo y no cultos. Con esta advertencia se puede deducir el gran influjo que los enigmas de Pérez de Herrera han tenido no sólo a este género sino al pueblo mismo.

Otro de los eruditos de las adivinanzas es el contemporáneo de Machado y Alvarez, Francisco Rodríguez Marín. En su célebre y detallado *Cantos populares españoles* hace un recuento de las casi mil adivinanzas que él logra reunir y llega a identificar muchas de ellas como de origen de Cristóbal Pérez de Herrera.

Para esta *Antología* hemos seleccionado algunos de los más conocidos de la colección; ciento treinta y dos de los trescientos trece que contiene la obra. También se incluyen los comentarios de éstos. Para mantener un "aire" de antigüedad, se conserva a propósito la forma arcaica del artículo "la" del enigma y sus correspondientes adjetivos, etc.

Enigma 1

Estoy de discreción rica,
ningún necio me entendió,
y si el ingenio se aplica
gustará quien me leyó.
Mi principio significa
a cualquiera quién soy yo.

La misma enigma

Llámase la enigma, escura alegoría que con dificultad se entiende si no se declara o comenta. Algunas tiene la Sagrada Escritura. Y antiguamente los reyes, y principalmente los egipcios, hablaban por enigmas. Dice, pues, la primera nuestra, que está rica de discreción, porque quien la desatare y explicare ha de ser discreto, que el necio para nada es bueno. No hay persona curiosa, de ingenio claro e inclinado a buenas letras, que no se aplique y guste de leer enigmas, con deseo de entenderlas. Y ésta primera se entenderá muy fácilmente advirtiendo las primeras letras de los seis renglones, que dicen ENIGMA.

Enigma 6

No ha mucho que tuve vida,
y aunque ahora muerta estoy,
vivo y sirvo en tu comida
y cual hombre resumida
me vuelvo cuando me voy.

La leña

Todos los árboles tienen vida vegetativa, con que se aumentan y crecen, y por eso dice la enigma que ha poco que la tuvo la leña, aunque después, hecha brasa, torna a vivir y no vegetable sino accidentalmente. Sirve el fuego de ella para aderezar de comer. Conviértese en ceniza cuando se acaba, como acontece al hombre, y así se lo trae a la memoria la Santa Iglesia el Miércoles de Ceniza.

Enigma 7

¿Cuál es una bestia fiera
criada en un elemento
que da gusto su excremento,
pues que por cierta manera
favorece nuestro aliento?

La ballena

Es la ballena el mayor pescado y animal que hay en lo criado, y justamente se dice bestia fiera por su figura y grandeza. Y así la llamó el santo Job Leviatan, que lo significa, y en ella el demonio, por su terribilidad. Críase y vive en el elemento del agua marítima, que aunque no es el puro, así le llamamos comúnmente. Es el ámbar su excremento feminal, y de tan agradable olor, como se sabe, con que favorecen nuestros espíritu y aliento, si bien hay quien diga que el ámbar es betún y escoria de la mar.

Enigma 8

En horca para mi suerte
nazco debajo del suelo,
mi fábrica imita al cielo.
Lágrimas causo al más fuerte,
no teniendo desconsuelo.

La cebolla

Nace y críase la cebolla debajo de la tierra, como se ve; y para venderse juntas las tejen los hortelanos por la hojas, poniéndolas en la forma que el vulgo llama horcas, y por eso dice que viene a parar en ella. Está compuesta de cascos que la próbida naturaleza crió con tal orden que con razón dice que imita al cielo en estar unos superiores a otros. Hace llorar algunas veces a quien la come con demasía, y por eso dice que sin tener ocasión para llorar causa lágrimas al más fuerte.

Enigma 11
¿Qué cosa tiene la gente
que no sabe conocella
hasta que se ve sin ella,
y entonces el que es prudente
procura de sí expelella?

La necedad
El que con ignorancia está engañando en algo, no cae en la cuenta hasta que ve que es al contrario de lo que él pensaba, y si es cuerdo y prudente, en conociendo su error le deja y no prosigue más en ello; antes busca otro camino para acertar, por ser el porfiar cosa muy reprobada y contra las leyes de la prudencia, que es sal de las demás virtudes.

Enigma 12
¿Quién te causa ser viviente,
siendo origen de tu ser,
y te da brío y poder,
hacerte flaco o valiente,
estar triste o con placer?

El corazón
Es el corazón, según afirman muchos autores, la primera parte principal que en el animal tiene vida y la última que se muere, por residir en él la facultad vital, y los hombres que le tienen dilatado éstos son los más valientes y animosos, y al contrario; si bien no falta quien diga que los más valientes y fuertes tienen los corazones más pequeños. Por algunos vapores del humor melancólico y otros accidentes suele afligir al sujeto muchas veces, manifestándolo con suspiros, y otras le hace estar alegre, por tener descanso, salud y buenos sucesos de sus negocios.

Enigma 14
Buena será tu cabeza
si aciertas qué cosa es
la que tiene en sí estas tres:
pensamiento, sutileza,
y el acordarse después.

La cabeza humana
Las tres potencias internas y sensitivas del alma residen en el cerebro, como parte más dispuesta para mayor perfección del ejercicio de ellas: la imaginativa, en la parte anterior; la cogitativa o estimativa, a quien llama la enigma sutileza, en medio de él; y la memoria, que es en dos maneras, aprehensiva y retentiva o reminiscencia (común a racionales y brutos), en la posterior parte. Y dice la enigma que tendrá muy buena cabeza, ésto es, entendimiento muy agudo, el que la acertare; porque estando estas tres en su perfección, suministrará buenas especies al entendimiento posible y agente, que no es potencia orgánica.

Enigma 15
No soy ave, cosa es llana,
aunque estar en alto suelo,
porque ni corro ni vuelo;
soy una simple serrana,
hija de un hijo del suelo.

La avellana
El nombre de avellana contiene en sí estas dos dicciones: ave y llana. Dice que no es ave, pues no vuela ni corre; es hija de un árbol que con razón se puede llamar hijo del suelo, pues le produjo. Llámase serrana por criarse más comúnmente en partes ásperas y sierras frías.

Enigma 18
Siempre dices que soy tuya,
y estoy desto tan hinchada
que de mi dueño ayudada
mi voz publico y la suya
por muchas bocas formada.

La chirimía
Quien dice chirimía parece que en las últimas letras la llama suya, y dice que está tan

hinchada de que todos la quieran y tengan por tal (o mejor dijera del soplo y aliento del que la toca) que da voces y canta, formando el sonido por mil bocas, que son los quiebros que las chirimías tienen de ordinario.

Enigma 19

¿Quién es un viejo ligero
que es de cuatro movimientos
puestos en doce cimientos
que a cualquiera pasajero
da más penas que contentos?

El año

Por la velocidad con que corre el tiempo y ser tan antiguo, llama al año la enigma viejo ligero. Tiene cuatro tiempos, que corresponden a los cuatro humores y a los cuatro elementos, y aún a las cuatro voces de la música, y por ésto son tan diferentes en su temperamento, pues la primavera es caliente y húmeda; el estío, caliente y seco; el otoño, frío y seco; el invierno frío y húmedo. Y llama a los doce meses cimientos, por estar el año compuesto de ellos.

Enigma 20

A todos digo que vuelvo
sin que alguna parte vaya,
con un brazo me revuelvo,
siempre me enredo y envuelvo
para darte capa o saya.

El torno

Sin ir a parte alguna el torno, dice siempre que torna o vuelve con su nombre, anda alrededor con un bracillo que tiene de hierro a un lado y se está siempre enredando y envolviendo en la seda, lana o cáñamo que devana, con que nos da para el uso de la vida vestidos, que tanto se traen y hacen de ella en estos tiempos. Por ésto dice la enigma que da capa o saya, entendiéndose debajo de ésto los demás vestidos con que los hombres se adornan, honran y abrigan.

Enigma 21

¿Quién es aquél que su ser

consiste en que él no se vea?
Y aunque mucho lo desea,
si se ve, deja de ser
una cosa escura y fea.

El ciego

Si el ciego se viese no lo sería, porque también vería las demás cosas. Y así dice la enigma que su ser consiste en dejarse de ver, porque si se viese dejaría de ser ciego, cosa tan triste y fea, siendo los ojos los que nos alegran o entristecen y los que hermosean o afean un rostro más que todas las afecciones de él, y es el sentido que más falta hace al hombre de todos cinco, y por ésto de mayor estima.

Enigma 23

¿Quién es el hijo de un viejo
que tiene otros once hermanos,
sin cabezas, pies ni manos,
que nos causan aparejo
de estar y de no estar sanos?

El mes

Por tener el año doce meses le llama la enigma hijo de un viejo al mes, y le señala otros once hermanos, que como no son corpóreos no tienen cabeza, pies ni manos, y por ser cada uno algo diferente (que la luna, que le acompaña con sus moviemientos

Enigma 24

Un juego de caballeros
doy con mi nombre a entender,
que muestran valor y aceros;
de metales es mi ser,
doy honra y valgo dineros.

La sortija

El juego de sortija es un entretenimiento y ejercicio muy conocido de caballeros y personas nobles e ilustres. También se llaman sortijas los anillos que se traen en los dedos, que son de oro casi siempre y con piedras de valor, y a veces insignia de dignidad y honor, como lo vemos en los de los patriarcas, arzobispos, obispos y prelados, con que se diferencian de los que no tienen semejantes dignidades.

Enigma 25
¿Quién es una hembra triste
muy secreta y reposada,
de cuerpo y alma privada,
que de negro traje viste
y de malos es amada?

La noche
Por el gran silencio que hay en las tinieblas
y oscuridad de la noche, la llama la enigma
hembra triste, reposada y secreta, porque en
estando una mujer o cualquier persona triste,
calla mucho, tiene más reposo y guarda más
secreto; y porque aborrece la luz el que vive
mal, dice también la enigma que es amada de
malos. El ser sin cuerpo y desalmada es cosa
sin duda, pues carece de ambas cosas.

Enigma 27
¿Qué monstruo, Naturaleza
ha criado que es su ser
de gran virtud y belleza?
Parécese a su cabeza,
en lo demás a mujer.

La mujer
Dice Aristóteles, que la naturaleza en la
generación siempre pretende engendrar lo
más perfecto, que es al hombre; y porque por
defecto de la materia, y por la prolongación
del género humano se engendra hembra, la
llama monstruo de naturaleza. Y, a mi parecer, lo es una mujer muy virtuosa, discreta y
hermosa, por ser cosa admirable ver tantas
cosas juntas en un animal tan bello; y el
parecerse a su cabeza, es al hombre, porque,
como dice el Apóstol: *Vir caput est mulieris*,
el varón es cabeza de la mujer.

Enigma 30
Fuí un tiempo pequeña yerba,
más después de gran servicio
doy dolor y muerte acerba
y sustento un artificio
que la salud os conserva.

El cordel
Cuando se sembró el cáñamo nació una
pequeña yerbecita. Después de hilado y tor-

cido, se hacen de él cordeles y lazos que
atormentan y matan, porque con ellos se da
tormentos a los delincuentes y ahorcan los
que lo merecen. Dice que sustenta un artificio,
que nos conserva la salud, y se entiende por
las camas que llaman de cordeles, cuyos col-
chones son sustentados en ella.

Enigma 31
No mantengo al cuerpo humano,
ni tengo sabor ni olor,
y en tiempo que hace calor,
si me arriman bien la mano
soy agradable licor.

El agua
Para ser el agua perfecta y buena, dicen los
médicos y filósofos, ha de ser sin color, sabor
ni olor; no sirve en nuestro cuerpo para man-
tenerle, sino de guiar el alimento y la masa
sanguinaria por las venas a mantener las partes. Es el agua, principalmente en verano, de
gran frescura, regalo y provecho para sanos y
enfermos si se enfría bien, que es arrimarle la
mano con la cantimplora.

Enigma 32
Yo fuí un serrano grosero,
que enterrado sin razón,
pasé afán en fuego fiero,
salí negro y sin facción,
consérvolo y en él muero.

El carbón
Llamamos al carbón serrano grosero,
porque nació en las sierras y montañas la leña
de que se hace, la cual dentro del fuego pasa
mil trabajos y la queman y apuran hasta que
sale hecha carbón tan negro como sabemos, el
cual, en reconocimiento, fácilmente admite al
fuego y le conserva hasta que él le acaba.

Enigma 33
¿Qué es la cosa que desplace
juntamente y da contento,
quita la fuerza y aliento,
y estos dos efectos hace:
dar placer y sentimiento?

Las cosquillas

Hay personas que tocándoles ligeramente a las carnes tienen cosquillas, y aun algunas haciéndoles de lejos demostración de tocarles, sienten y padecen igualmente placer y pesar a un mismo tiempo; y algunas no lo pueden sufrir, por tener muy liviana la sangre (como dicen) y agudísimo el sentido en los nervios, que son las partes a donde está el movimiento y sentido de nuestros cuerpos.

Enigma 36

¿Cuál es una torre fuerte
que guarnece gente armada,
de un mismo color y suerte,
que rendida y asaltada,
en llamas le dan la muerte?

La piña

Por la mucha resistencia y fortaleza de la piña, a quien con tanta industria la naturaleza apiñó y pertrechó con su corteza, que con mucha dificultad se quiebra y parte, la llamamos torre fuerte, cuyos piñones, armados de su cáscara y cubierta, son los soldados que la guarnecen, la cual, hendida o rendida, suele parar en un hogar o chimenea, que en muchas partes las queman, muy de ordinario en Castilla la Vieja.

Enigma 38

A cierto animal sustento
y encima de otro soy puesta,
bien hecha estoy y compuesta,
y si alguna vez me asiento
(como suelo) soy molesta.

La silla del caballo

Dice que sustentada por un animal, caballo, yegua, mula o cuartago, sustenta y lleva sobre sí al hombre, siendo su hechura y forma de buena proporción y talle; y que si alguna vez se asienta (que así llaman al herir y matar la bestia) le es molesta y mala de sufrir y llevar; y suele, si se descuidan los dueños, ser causa de la muerte del caballo, mula u otra bestia que le suceda esta desgracia.

Enigma 39

Es bien que mi nombre notes,
que es de reloj, de papel,
de juego, almirez y azotes,
y conmigo dan rebotes
y es mi cubierta de piel.

La mano

Porque hay muchas diferencias de manos, fuera de la del hombre y otros animales, como son de reloj, de azotes, de papel, de almirez y de juego, pone la enigma curiosamente tantos equívocos de la mano; y sirve, fuera de otras muchas cosas, de dar rebotes cuando se juega a la pelota, ya que está cubierta de piel, que llaman los médicos cutis vera, o membrana carnosa, de que viste a todas la naturaleza.

Enigma 40

Es mi vida aborrecida
de aquel que teme mi muerte,
a quien tengo por comida;
mátame el contrario fuerte
del calor, que me da vida.

La chinche

Por el mal olor que causa la chinche dice que es aborrecida su vida, y con todo eso temen su muerte: la vida, por lo que inquieta y molesta picando, y la muerte, por el mal olor que da de sí. Dice que la mata y el fuerte contrario del calor (por quien vive), que es el frío, pues en tiempo que le hace perece esta enfadosa y sucia sabandija, y es su manjar el mismo hombre, que aborrece su vida y teme su muerte.

Enigma 43

Cosas muy pesadas llamo,
soy piedra y no lo parezco,
mil alabanzas merezco,
que aunque a los ajos desamo,
a las hembras favorezco.

La piedra imán

Muy sabida cosa es atraer la piedra imán a sí el hierro y acero, y en su aspecto no parece piedra. Dicen los naturales que con el zumo del ajo pierde su fuerza y virtud natural. Y así se cuenta que está el zancarrón del pérfido Mahoma en la casa de Meca en un arca de acero, que siendo las paredes del aposento de piedra imán muy fina, la sustentan igualmente en el aire, y que un cristiano cautivo, sabiendo este secreto, las roció con zumo de ajos y dió con arca y zancarrón en el suelo. Es muy útil la piedra imán para el mal de madre que padecen las mujeres.

Enigma 48

Vivo, y no puedo expirar
muerto con cuchillo o lanza,
suélenme despedazar;
mas mis miembros sin tardanza,
como antes vuelvo a juntar.

El azogue

Más vivo que el azogue, solemos decir a las personas muy vivas y agudas, y lo es tanto el azogue que no lo pueden matar aunque lo hieran con una lanza o cuchillo, y de tal calidad, que apretándole y dividiéndole vuelve al momento a juntarse y queda entero como antes; y por eso dice la enigma que vuelve con presteza a juntar sus miembros y quedar tan entero como estaba.

Engima 49

Dí placer, gusto y contento
con mi fruta encapillada,
y ahora estoy de vuelta en nada,
temiendo cualquier viento
con que soy desbaratada.

La ceniza

Es comúnmente la ceniza causada de leña o carbón de encina, alcornoque o roble, que tienen por fruto las bellotas, las cuales llama la enigma fruta encapillada; y por ceniza tan fácil de llevársela el viento, dice que teme ser desbaratada con cualquier que corra por poco que sea.

Enigma 50

Soy un soberbio pagano
que a todos llevo la palma,
y en gusto y valor la gano;

nací de un gigante enano,
blando el cuerpo, dura el alma.

El dátil

Porque está en la cumbre de la palma y suele criarse principalmente en Berbería, le llamamos soberbio pagano. Lleva la palma a todos, porque ningún fruto la tiene por madre sino él, y llévase asimismo el valor, pues no hay otro que más se estime. Dice que nació enano, aunque de un gigante, porque respecto a la grandeza y altura de la palma parece que es el fruto muy pequeño. Tiene blando el cuerpo, que es lo exterior que se come del dátil, y dura el alma, que es su hueso, tan fuerte como se sabe.

Enigma 53

¿Quién es aquella que espera
y en nuestra sangre volverse,
y pueda reconocerse,
en que es verde por de fuera,
y también suele venderse?

La pera

La misma enigma dice que espera convertirse en alimento del cuerpo, como hacen todos los mantenimientos, y que se vende y conoce por su color verde. Tiene particular curiosidad, porque se dice en la misma enigma el nombre de lo que ella significa, como se hace en otras.

Enigma 55

Fuí yerba, perdí mi ser,
porque serví de ordinario,
y tuve suceso vario;
volviéronme a deshacer,
y sirvo de secretario.

El papel

El papel se hace de trapos de lino o cáñamo, el cual en sus principios fué yerba, y por haber andado por diversas partes hecho lienzo, dice la enigma que tuvo suceso vario y lo hicieron de trapos gachas, y de ellas papel, y después sirve de secretario, pues los secretos y pensamientos de los hombres con las cartas se declaran y comunican.

Enigma 56

Que se alegra da a entender
el que pronuncia mi nombre:
suélenle dar de comer
mis hijos mudos al hombre,
y yo dóile de beber.

El río

El que pronuncia río da a entender que se ríe. Dice de sí que sus hijos mudos, que son los peces que cría, dan al hombre que comer, pues los comen a ellos mismos, y que el río le da que beba, que son sus aguas, que tan delgadas y sabrosas las da el Tormes a Salamanca, el Tajo a Toledo, Henares a Alcalá, Pisuerga a Valladolid, y otros, etc. y Manzanares (aunque menos grande que había de ser) a los curiosos de Madrid, que cogen el agua a sus tiempos y la guardan, por ser muy delgada y excelente.

Enigma 57

Parezco casi animal
en el moverme y beber,
suelo a mi madre comer
con un ímpetu bestial,
aunque fué quien me dió el ser.

La esponja

Por ser la esponja tan liviana y porosa, y porque hace movimientos que parece animal y chupa el agua con gran ímpetu, a la cual llama madre, por haberse criado y alimentado de ella y en ella, así dice la enigma, que con haberla dado el ser la come, pues se ve por experiencia que entrando una esponja en el agua la mengua visiblemente y ella se hincha, y de pequeña se vuelve grande.

Enigma 58

Soy tan noble escribano
que a todas horas enseño,
teniendo sola una mano,
dame pesares mi dueño,
con que tiemblo, si estoy sano.

El reloj

Parece que el reloj escribe cuando señala, lo cual hace a todas horas, porque nos las muestra su mano. Dice que le da su dueño pesares, porque le ponen pesas, para que ande, pues es el temblar que la enigma ha dicho, y esto cuando está sano, que es estar concertado y sin descomponerse las ruedas; y es una de las cosas más admirables y de invención muy ingeniosa. Hay otra del reloj.

Enigma 59

¿Cuál es una fortaleza
que está llena de soldados
y vestidos colorados,
con huesos y sin cabeza
de Real insignia adornados?

La granada

Llama a la granada fortaleza, por estar sus granos con tanto orden puestos, a los cuales da nombre de soldados vestidos de colorado, porque parecen guardar orden de ejército, y aunque tienen huesos, les faltan cabezas, y aun sin ellas se puede decir que están coronados, pues la granada tiene corona como reina que es de las frutas.

Enigma 61

Mi nombre es de peregrino,
y tengo virtud notable,
jamás se supo que hable,
ni que anduviese camino,
y mi olor es agradable.

El romero

Romero y peregrino todo es uno en nuestra lengua, el cual ni anda ni habla, por ser yerba, y tiene mucha virtud y buen olor, siendo saludable para muchos males, tanto que hay libro particular que escribe doctamente y muestra sus muchas excelencias, de forma que parece que él sólo puede curar y sanar tantas enfermedades, que bastaría a suplir una gran parte de los otros medicamentos.

Enigma 62

Soy un león homicida,
que a todos la vida quito

en la mitad de su vida,
mato sin golpe ni herida,
sin cuerpo, verdad no admito.

El sueño

Llamó al sueño el poeta, con mucha
propiedad, imagen de la muerte, diciendo,
*Stulte quid est somnus gelidae nisi mortis
imago?*, porque nos priva de la mitad de la
vida, pues las noches son la mitad de los días.
Y al estar despierto, o durmiendo, dijeron
muy bien era vivir y no vivir. Es dulce el
asalto del sueño y sin tener cuerpo, mata. No
admite verdad, por ser todos los sueños
fantásticos y vanos.

Enigma 65

Que topo me dicen todos,
mas por cualquier parte paso,
soy en ver y andar escaso,
manténgome en tales modos,,
que es con materia de vaso.

El topo

Dice el topo que todos le advierten, cuando
le nombran, que topa, y que va por todas
partes debajo de tierra poco a poco como
ciego, y su mantenimiento es la misma tierra
y barro, a quien llama la enigma materia de
vaso, como lo es, pues de ella se hacen los de
barro, si bien se usan de excelentes hechuras,
y materiales de tan buen olor, que las damas
los muerden, mascan y comen con mucho
detrimento de su salud.

Enigma 66

Soy de mil remiendos hecho,
estoy sin remiendo sano
de mi fían dicho y hecho,
tengo sin brazo una mano
en la mitad de mi pecho.

El papel

Con propiedad dice que es hecho de mil
remiendos, pues todo él se hizo de trapillos
viejos y que está sano, por ser tan liso, blanco
y de una pieza; y que fían de él cuanto se dice
y se hace, está claro pues en papel se escriben

los secretos y se dice lo que queremos. Tiene
una mano sin brazo en medio de sí estampada,
por la cual se llama papel de la mano; y ésta es
otra del papel.

Enigma 67

Custodia soy de tesoro,
de ropa, dinero y trigo,
a mi amo siempre sigo,
puedo ser de plata y oro,
y algunos se honran conmigo.

La llave

Es la llave guarda de todos los tesoros y
bienes muebles. Sigue siempre a su amo,
porque la trae consigo, y puede ser de plata,
oro o de otros metales, y es de algunos muy
deseada y pretendida la de la cámara de los
reyes o príncipes, para honrarse con ella;
que aunque es de hierro, la doran y adornan
de forma que parece muy bien.

Enigma 71

¿Cuál es la cosa que habla,
y de sentido carece,
con fuego o agua perece,
su forma es pequeña tabla,
y sin vergüenza parece?

La carta

La carta habla sin tener boca ni lengua, y su
forma es de una tablica lisa y blanca, y como
dice Cicerón, *Epistola non erubescit,* la carta
dice las cosas sin empacho ni vergüenza, sino
con mucha resolución propone lo que el dueño
quiere que diga; y así es buen consejo, corte-
sano y sabio, cuando quieren pedir alguna
cosa prestada o dificultosa de alcanzar, hacerlo por carta o billete, si bien se aventuran a
que se niegue.

Enigma 72

Carne en mi boca sostengo
mientras estoy trabajando,
con ojos me está picando
mi dueño, a quien yo mantengo,
cuando está perseverando.

El dedal
Por tener el dedo entrado en el dedal el que cose, dice la enigma que sustenta carne en su boca cuando trabaja. Y como se afirma y hace fuerza la aguja por el lado que tiene el ojo en el dedal, dice que su dueño le pica con ojos, y que con este ejercicio, ganando de comer con él, le mantiene, y mucho mejor se persevera en el trabajo. Traslado a sastres, calceteros, bordadores y otros oficiales.

Enigma 76
¿Quién son los pozos con vida,
que la nuestra está en tenellos,
y la soga corta en ellos
alcanza, y si está extendida,
no puede llegar a ellos?

Las bocas
Llama la enigma a las bocas humanas pozos con vida, los cuales la sustentan por entrar por ellas el mantenimiento al cuerpo; y si el brazo se encoge, a quien llama soga, allega a la boca, y si se alarga y extiende, no alcanza, que es al revés de lo que acontece en las sogas de los pozos, con que se saca el agua de ellos.

Enigma 78
Que he llegado dicen todos,
y en andar me quedo corto,
mi virtud es de mil modos,
unos derribo en los lodos,
otros alegro y conforto.

El vino
Vino o ha venido, es lo mismo que decir ha llegado; esto dice el vino, y que es corto de andar, porque no lo sabe hacer, y que tiene virtudes y efectos diferentes, pues bebido en moderada cantidad, conforta el corazón y estómago, como lo dijo el apóstol a Timoteo: *Utere modico vino propter stomachum,* "usa de un poco de vino por causa del estómago," y en demasía y puro emborracha y derriba los hombres, de lo cual hay raros ejemplos en historias divinas y profanas, para que se evite semejante vicio.

Enigma 79
Con cinco letras primeras
me dicen que casta soy,
y es cierto que engendro y doy
otras hijas venideras
adonde enterrada estoy.

La castaña
Las primeras cinco letra de este nombre la llaman casta, puesto que la castaña, como dice la enigma, no lo es, pues engendra y produce otras; y enterrada ella, saca un árbol, que cría muchas de su especie, y así más propiamente se puede llamar castiza que casta, porque es contraria la generación de tantas a la castidad.

Enigma 82
De telas y otras camisas,
y de castidad me visto,
comunicación resisto,
a nadie provoco risas,
porque a lágrimas insisto.

La cebolla
Tiene la cebolla muchos cascos, a quien llama telas y camisas, por aquellas telillas que están pegadas a ellos, y como son blancas, las llama de castidad. Resiste la comunicación, porque si uno la ha comido, tiene un olor tan villano y malo, que no hay quien a él se llegue; y es tan caliente y fuerte, que no causa risa, antes hace llorar, y aunque es verdad que ya se ha puesto otra enigma de la cebolla, no es obstáculo duplicarla, antes arguye variedad de invención en el ingenio.

Enigma 83
Con colorado vestido
vi juntos muchos hermanos,
sin cabezas, pies ni manos,
que a su dueño han afligido,
porque no los dejó sanos.

Los pimientos
Por ser los pimientos de las Indias colorados por de fuera y muy parecidos y semejantes unos a otros, y porque en las matas donde se crían nacen muchos de una misma forma,

como de un padre y madre, que es la tierra, y el árbol o mata de que se cogen, dice la enigma que son hermanos vestidos de colorado, sin cabezas, pies ni manos, pues no las tienen; y como queman mucho, dice que han abrasado a su amo porque los mordió.

Enigma 85

¿Cuál es el bruto lozano,
de corta y flaca memoria,
nombrado en divina historia,
cantor arrogante y vano,
con que gana la victoria?

El gallo

Es el gallo muy lozano, y de muy deleznable y frágil memoria, y por eso a los de poca se les dice que tienen memoria de gallo. Cantó cuando el bendito San Pedro, legítimo sucesor de Cristo Nuestro Señor, le negó la noche de su pasión, para que se acordase de su pecado y le llorase. Es arrogante, vano u amigo de pelear, y siempre sale con victoria, y así lo dice la enigma.

Enigma 88

¿Quién son dos doncellas bellas
que se mueven en naciendo,
y aunque ellas no se están viendo,
nos miran y juzgan ellas,
sentido a todos poniendo?

Las niñas de los ojos

Por llamarse las pupilas de los ojos niñas, las nombra la enigma doncellas y bellas, por ser tan hermosas y estimadas, las cuales en naciendo el animal se mueven, y aunque ven ellas a todos, a sí mismas no pueden y son causa del excelente sentido de la vista, tan necesario a todos los animales.

Enigma 89

Una que salió de un huevo
mi negra sangre me saca,
y con ser de cuerpo flaca
no toma para sí el cebo
que lo vierta la bellaca.

El tintero que se queja de la pluma

La pluma, como es cosa cierta y sabida, es de las alas de gansos o de otras aves, las cuales se producen y nacen de los huevos de ellas; así en esta razón se queja el tintero que le saca su sangre negra, y con ser delgada y flaca (tanto como se ve), no la come, ni procura engordar con ella, sino de ordinario está vertiéndola en el papel cuando escribe.

Enigma 92

¿Quién es la hembra golosa
que come a quien la formó?
Fuego y agua la engendró,
fué su voz siempre enfadosa
a cualquiera que la oyó.

La lima de acero

La lima de acero gasta y lima al hierro y acero y a los demás metales; y por eso dice que come a quién la formó. Con fuego y agua se hizo, y tiene su sonido, a quien llama voz, muy enfadoso, pues lo es tanto, que tocando en los nervios del oído, por la comunicación que tienen con los dientes, causan dentera en ellos, con gran enfado y desabrimiento.

Enigma 94

¿Cuál es la cosa peor
que en el mundo puede haber,
que esa misma es la mejor,
pues mala, da el merecer,
y buena, vida y honor?

La lengua humana

Es lo mejor del mundo, si es buena, y dice bien de todos; y tan mala, cuando es de intención depravada el dueño, que es la cosa peor y más perjudicial. Así lo dió a entender Esopo, mandándole su amo sirviese el plato mejor del mundo, y sirvió lengua; después le pidió el peor, y también las trajo a la mesa, dando a entender lo que la enigma dice.

Enigma 96

¿Quién es un grande señor
que ha nacido de la tierra,
tiene armas en paz y en guerra,
a unos da gran valor,
a otros su ausencia entierra?

El dinero

Llama la engima al dinero gran señor, porque como a tal todo le obedece, *Pecuniae ovediunt omnia*, y porque su abundancia hace grandes señores, no habiendo ya en el mundo más que dos linajes: de pobres y ricos. Es hijo de la tierra por ser de oro, plata o cobre, minerales más preciados de todos los que se crían en ella. Tiene un gran valor el que alcanza mucho, y a otros entierra la falta de él, *Auri sacra fames quid non mortalia pectora cogis?* Llamóla el poeta hambre execranada y detestable, porque mejor es no tener que tener, según lo que dijo San Agustín, *Melius est enim minus egere, quam plus habere*.

Enigma 97

Soy veloz de tal manera,
que mis fuerzas van creciendo
al paso que yo corriendo,
y con ocasión ligera
por muchas partes me extiendo.

La fama

Es la fama tan ligera como el viento, según lo dijo el poeta que volaba, *Fama volat*; va creciendo más cada hora, y aunque caiga sobre cosa falsa y sin fundamento, suele hacer gran ruido, que es dar estallido horrendo, como la enigma dice. Y por eso es justo vivir bien, con buen celo e intentos del servicio de Dios, *Quia melius est nomen bonum, qua divitiae multae,* "Mejor es la buena fama y nombre, que las muchas riquezas."

Enigma 100

De colores muy galano,
soy bruto y no lo parezco,
perpetua prisión padezco,
uso de lenguaje humano,
si bien de razón carezco.

El papagayo

Es el papagayo de varias plumas y colores, y muy galano pájaro; está siempre preso en jaula, habla como persona y no tiene uso de razón. Al principio que se descubrieron en las Indias y se trajeron a España causó grande admiración verlos hablar, que después cesó con el mucho número de ellos.

◆ Centuria Segunda

Enigma 101

Doncella soy, y también
tengo hermosura sin tasa,
y con no haber hombre a quien
no le parezca muy bien,
nadie me quiere en su casa.

La justicia

Doncella hermosísima pintan los filósofos y autores de la jurisprudencia a la Justicia, con un peso y balanzas muy iguales y justas en la una mano y una espada en la otra; y con mucha razón, pues virtud que da a cada uno lo que es suyo desapacionadamente, bien merece el don de la hermosura, rectitud y valor. Todos la desean, si bien muchos no la querrían ver por su casa, como lo dice el refrán antiguo español, que siempre se ajusta con la verdad.

Enigma 102

Nació barbado temprano,
natural de Andalucía,
y otras veces valenciano;
es minutivo de mano.
¿Quién será, por vida mía?

El palmito

En la Andalucía y otras tierras calientes comarcanas y en el reino de Murcia y Valencia, se crían muchos palmitos y estímanlos por ser de buen gusto y sus hojas secas provechosas para diferentes ministerios. Cuando le sacan de la tierra (que llama la enigma nacer) está lleno de raíces, tan delgadas y espesas que parecen barbas. Y porque la mano humana tiene palmo, dice la enigma que es diminutivo de ella, llamándole palmito.

Enigma 103

¿Qué espejo aquél puede ser,
que aunque le des mil porrazos,
no le harás jamás pedazos,
imposible de prender
aunque le armes muchos lazos?

El agua de mar o río

Llama la enigma al agua espejo, porque se

ven las cosas en ella, y aunque le den golpes, no se quiebra. Ha de ser clara y en buena cantidad sondable la que sirviere de espejo, que turbia no hará este oficio. Esta enigma es segunda del agua, si bien las otras dos son a diferente propósito del gusto de ella.

Enigma 104

De enana madre nacidas
somos, con agrio sabor,
refrescamos el calor,
mas después de bien crecidas
damos caliente licor.

Las uvas

Críanse las uvas por la mayor parte en viñas, que sus cepas son pequeñas y enanas, tienen agrio el sabor, luego que nacen, por ser agraz entonces, cuya virtud es refrescar, templar y excitar el apetito con la salsa que de él se hace; y después de maduras dan caliente y abundante licor, como lo es el vino, pues en segundo grado de calor predomina.

Enigma 105

Tengo esférica figura,
y a las veces prolongada,
mi amargor la industria cura,
y cualquier persona honrada
me compra, busca y procura.

La aceituna

Tiene la aceituna redonda su figura, que llaman esférica, y no todas veces, porque otras hay aovadas y largas, como las cornicabras. Es amarga en sus principios y con agua, sal y adobo el tiempo y la industria las cura y sazona; es regalada comida para señores, y así las buscan, compran y procuran, y dícese comunmente que no es manjar de necios. Excitan el apetito con su astringente calidad.

Enigma 106

De más de noventa y nueve
soy por mi nombre llamado,
mi morada es en labrado,
y el que de mi renta debe,
me entrega siendo terciado.

El centeno

Por llamarse centeno una semilla, dice la enigma que pasa de noventa y nueve. Críase en parte arada y labrada, y quien debe renta de pan, lo paga terciado en trigo, cebada y centeno, que así es la costumbre ordinaria con que contribuyen los renteros a los señores de las tierras su renta, que llaman de pan.

Enigma 107

¿Cuál es la madre engendrada
de la hija que parió,
que sin padre se formó,
y en otro ser transformada
al antiguo se volvió?

La nieve

Engéndrase la nieve del agua, y después se convierte en ella; y así dice la enigma que es madre engendrada sin padre de su hija, y después se torna a su antiguo ser y naturaleza, porque la nieve es una meteorológica impresión hecha en medio de la región del aire, donde por su mucha frialdad los vapores más gruesos que se levantan de la tierra adquieren aquella mistión imperfecta que se llama nieve.

Enigma 108

Soy pescado, y casi ciega,
y de animales soy parte,
y a pilotos y su arte
útil para el que navega,
y así mi nombre se parte.

La aguja

Hay cuatro maneras de agujas: la de coser, la de marear, las de carnero o vaca y la paladar, que es un peze; por ello la enigma señala tantas especies para hacerse algo más dificultosa con los cuatro equívocos. La de coser la llama ciega, por tener un ojo sólo tan pequeño; y así nombra las demás referidas a diferencia de ella.

Enigma 109

Nombre tengo que socorro,
porque doy consejo cierto;
por mí contigo habla el muerto,

las mares y tierras corro;
para saber, tenme abierto.

El libro

Quien dice libro, dice que libra o socorre de algún peligro o trabajo; da buenos consejos, pues no hay ninguno de que no se pueda sacar provecho. De los más libros los autores son muertos y aun hasta entonces no se estiman como merecen. Llévanse por mar y tierra a diferentes reinos y provincias, y es necesario para saber no tenerlos cerrados y puestos en los estantes para sólo hermosear la pieza, que llamamos librería o estudio, sino abiertos para leerlos diversas veces.

Enigma 115

¿Cuál es la cosa formada
de vestidos de animales?
Cinco hermanos desiguales
hacen dentro su morada
para librarse de males.

El zapato

El cordobán, baqueta o badana y las suelas de que los zapatos se hacen, son pieles de carnero, ovejas o bueyes, con que se visten estos animales. Los cinco dedos del pie, que son desiguales, aunque hermanos, se libran de injurias y golpes, con estar recogidos en el zapato, y se usan de tres y cuatro suelas, en invierno particularmente, para que su defensa se consiga mejor, librándose de fríos y humedades.

Enigma 118

Mi principio fué de yerbas,
pintáronme de colores,
y suelo dar sinsabores;
muertes he causado acerbas,
y aun pobreza a los señores.

Los naipes

Por ser los naipes hechos de papel, cuyo principio y materia fué de lino, que es yerba, se dice que de ella tuvieron su origen. Están pintados de diversos colores, y son causa de los daños y desastres que se saben, empobreciendo a muchos ricos y señores, por usarse tanto la ociosidad y juego, cosa bien lamentable, pues nace dél tan grande pobreza. Hay otra enigma de los naipes.

Enigma 119

Bien valgo un maravedí
aunque soy un excremento,
fué en huevo mi nacimiento,
crecido después me ví,
doy desconsuelo y contento.

La pluma

Con ser de tan poco precio y valor la pluma, es de mucha utilidad, y llámase excremento, por serlo el cañón de las alas del ave, la cual se produce y engendra de un huevo, dando después de sí mucho fruto de plumas crecidas. Da desconsuelo cuando escribe malas nuevas, y contento cuando buenas. Es cosa muy necesaria, por lo mucho que se usa la comunicación y correspondencia, después que hay ordinarios y correos, y más en esta Corte, donde le hay mayor.

Enigma 120

De pergaminos o sedas,
o papel hechos estamos,
en verano gusto damos,
las manos no han de estar quedas
si es que nuestro oficio usamos.

El abanillo

Son los abanillos de pergamino, papel, tafetán o de otras telas diferentes. Sírvense de ellos las damas en verano, y cuando refrescan el rostro, se menean las manos para que la agitación mueva el aire y se consiga este efecto. Hácense muy curiosos, de varillas de enano, marfil, barba de ballena, y aún de plata y oro los usan las excelentes señoras o personas reales.

Enigma 121

Soy fuerte, soy sorda y muda,
calor y frialdad defiendo,
sin ojos dicen que viendo
estoy, y es cosa sin duda
que a veces oigo y entiendo.

La pared

Dice el refrán vulgar que algunas veces las paredes tienen oídos, ven y entienden; y por ésto es justo hablar bien y con recato, porque no se sabe quién puede escuchar lo que se dice. Libran de calor, frío y otras inclemencias del cielo, y son fuertes, por serlo tanto los materiales de que se componen; y así en las casas reales, alcázares, fortalezas y castillos fuertes se hacen muy anchas las paredes de sillería y otras piedras fortísimas.

Enigma 126

Con mi nombre que se tarda,
casi dicen los villanos,
no me verán en sus manos,
porque suelo estar gallarda
en poder de cortesanos.

La gorra

Por decir que se tarda alguna cosa que se espera, suelen los villanos decir comúnmente, en-gorra; el uso de la cual no es concedido, sino a la policía de la nobleza cortesana, que las suele usar ricas y costosas, con diamantes, rubíes y otras piedras y martinetes en ellas. Aderézanse para bodas, saraos y otras fiestas de gente ilustre, con particular cuidado y primor.

Enigma 127

Soy limpia de condición,
háceme que no lo sea
quien en oficio me emplea
de visitar el rincón,
que curioso ver desea.

La escoba

Con razón damos a la escoba título de limpia, pues ella asea y adorna los rincones, salas y aposentos, que con su falta tuvieran gran sobra de desaliño, en el cual ministerio limpiando lo que está con basura y polvo se ensucia a sí misma, y así haciendo que las cosas no estén desaseadas, ella lo está mucho.

Enigma 129

Soy hijo de la ocasión,
y un mal muy apetecido,

que si fuera aborrecido,
sacara de su pasión
al más peligroso herido.

El amor

Es el amor causado siempre por ocasión de haber visto o tratado, y hablado con alguna dama hermosa o discreta; o al contrario, cualquiera en que el amante pone su afición. Defínenle los filósofos llamándole mal amable, de forma que le dan nombre de mal, y cierto es una grave enfermedad y miseria, cuando no es casto y virtuoso, porque desasosiega mucho.

Enigma 130

Delante de mi señor
ocupo un honrado asiento,
doy sazón al alimento,
rubio o blanco es mi color
y mi ser de un elemento.

La sal

Pónese la sal en el salero en medio de la mesa y por ello dice que ocupa delante de su señor un asiento honrado, y que es falta principal entre todas y da el sabor que sin ellas pocas cosas le tienen, la cual se hace y compone algunas veces de agua de la mar, que llama la enigma elemento, si bien es material; y otras de tierras salubres, que también lo es. Su color es a veces rojo, y otras blanco, que lo cabía el agua, y disposición de la tierra donde están las Salinas.

Enigma 131

Soy de Francia natural,
tengo oficio de alguacil,
es mi precio y cuerpo vil,
y lo pasarás muy mal
sin mí, con ser tan civil.

El alfiler

Los alfileres por la mayor parte se hacen en Francia, y puédese decir que tienen oficio de alguaciles, por la similitud y conveniencia de prender; y es cierto que aunque en el valor y precio es un alfiler de poca consideración y estima, es cuanto al uso de mucha y necesarísimo para tantas cosas, que sin él se adornaran y compusieran con trabajo.

Enigma 132

Aunque de negro vestido
muy resplandente estoy,
y aunque sordo y mudo soy,
al que a mirarme ha venido
todas sus señas le doy.

El espejo

Aunque el espejo tenga la guarnición y cerco de ébano, no deja de resplandecer el cristal, como suele. Dice que tiene tal ingenio, que al que le mira, le representa todas sus señas, talle y facciones. Y es consejo de sabios mirarse cada día al espejo para no andar descompuestos (si bien las damas no le han menester) y ver cada uno lo que va descaeciendo y caminando para la muerte.

Enigma 133

No soy aguda de nombre,
aunque de grande servicio,
de dos cosas tengo oficio,
que son de provecho al hombre
si usare de mí sin vicio.

La bota

Bota se suele llamar la cosa poco aguda, y hay dos maneras de ellas: las unas, que nos calzamos, hábito muy útil para los lodos del invierno y caminos, y las otras, las de vino, que también son de grande servicio y provecho para caminantes, y aun para guardarle en ellas en todo tiempo, usando de él como está dicho, en debida moderación, de la cual todo lo que excediere dará en extremo de vicio.

Enigma 136

Estoy sin huesos ni pies,
aunque los tuve algún día,
mas fué la desdicha mía
tal, que puesto del revés
me estrujan la sangre fría.

El cuero

Hablando de cuando fué cabra o carnero, dice que tuvo algún día pies y huesos, aunque ya está sin ellos, y que vuelto del revés (que así le ponen para rasparlo y aderezarlo,) le chupan y secan el vino, que es la sangre fría que dentro de sí tiene y guarda. Ha perdido el nombre de cuero entre la gente que los maneja, llamándole pellejo, y es más propio este nombre, porque lo son de machos y cabras, etc.

Enigma 138

Soy honesta y recatada
y dicen que tengo celo
de la doncella o casada;
éstas con cien ojos velo,
de mí no se me da nada.

La celosía

Fué muy loable y honesto el uso de las celosías, porque las señoras y doncellas recatadas pueden gozar y desenfadarse con ver la calle, sin ser vistas. Dice la enigma que tiene celo, porque su nombre comienza con él y porque parece que fué invención de varones recelosos y recatados; y aunque guarda de ser vistas y juzgadas con sus muchos y menudos ojos y quiebras a las damas que se ponen detrás de ellas a mirar, no se guarda a sí misma, porque está muy manifiesta a los de todos, como la experiencia muestra.

Enigma 142

¿Quién es un negro tiznado,
antes blanco en el color,
que hace oficio de tejado,
que el que ha destos más quitado
queda más rico de honor?

El sombrero

Es hecho el sombrero de lana, que fué primero blanca y después se le dió tinta negra, y por esto se llama tiznado, cuyo oficio es cubrir la cabeza, así como el tejado la casa, y el que más veces lo quita queda más honrado, porque el mayor comedimiento es señal de mayor nobleza. Ejemplo que deben imitar los hombres principales, y yo conozco uno que, por quitarse de dudas, se quita el suyo con particular prevención y cuidado y dice que quiere gastar dos aforros más al año de tafetán en ellos.

Enigma 145

Muelo en un oscuro abismo
sin ser piedra de ordinario,
y en casa de un mi contrario
otra de mi nombre mismo
ejerce oficio voltario.

La muela de la boca

La muela de la boca dice que en ella (a
quien llama abismo oscuro) muele sin ser
piedra, y que en casa de su contrario y enemigo, que es el barbero, que las suele sacar,
está otra de su propio nombre, que es la muela
de amolar, que ejercita un oficio voltario,
pues anda y se vuelve y revuelve alrededor,
para amolar las navajas y cuchillos.

Enigma 149

Que yerro me dicen todos,
mas es falsedad muy clara
(y alguno me ve en su cara,)
pues me acierto por mil modos
su hacienda y su casa ampara.

El hierro

Dice el hierro que todos se lo llaman, por
ser una misma cosa cuanto al nombre. Hácense
de este metal mil géneros de fuerza y guardas,
con que amparamos nuestras casas y hacien-
das, como son rejas, cerraduras, candados,
llaves, aldabas y otras cosas; y suelen estar en
la cara los hierros porque así se llaman la S y
clavo, con que se señalan las de los esclavos
y cautivos.

Enigma 152

Armas de rey o señor
suelo tener, y soy noble,
pues ellas me dan valor,
y excusando el trato doble,
guardo el secreto mayor.

El sello

Tiene el sello armas, como si fuera señor,
porque están fijas en él las del suyo. Usase
entre príncipes y reyes, porque ninguno le
deja de tener. Suele valer un sello de armas
reales mucho, pues con él se hacen mercedes

de oficios y dignidades muy ilustres. Es guarda
de los secretos y excusa el descubrirse, cer-
rando los pliegos y cartas, con que se evitan
grandes falsedades e inconvenientes.

Enigma 154

Sin tener dedos ni uñas,
carne o nervios, eres mano,
no te ahorras con tu hermano,
porque a todos los rasguñas
y al que ofendes dejas sano.

Ganar de mano

En los juegos, el que lleva la mano gana,
aunque haya iguales puntos. Llámase así, si
bien no tiene carne, uñas ni nervios. Nunca la
mano, sabiendo el punto que tienen, quiere
ahorrarse con otro. Rasguña a todos, porque
tira su dinero, y el ofendido queda sano de su
cuerpo, aunque no de la bolsa, pues se
enflaquece pagando.

Enigma 155

Vi en una plaza espaciosa,
que estaba de gente llena,
una horrible y feroz cosa,
que cuanto es más perniciosa
tanto la tienen por buena.

Los toros

Córrense en las plazas tan llenas de gente
como vemos. Es ferocísimo animal el toro, y
cuanto más bravo, tanto dicen que es mejor, y
la fiesta más aventajada; de manera que si no
matan y hieren, afirman que no valen nada, y
si lo hacen, son por extremo alabados, aunque
no es muy loable ni piadoso el uso de ellos.

Enigma 159

Llámannos de mercaderes,
los zapatos adornamos,
rostros de hombres y mujeres,
a ladroncillos faltamos,
damos prestados placeres.

Las orejas

Hacer orejas de mercader, decimos vulgarmente, cuando no hacemos caso de lo que

nos dicen. Las orejas adornan los zapatos, que ya muy pocos se usan redondos. Adornan las orejas los rostros de todos, pues mal pareceríamos sin ellas, como los ladroncillos, que por serlos, se las quita la justicia. Son agradables prestadas, esto es, cuando se presta atención a lo que estamos diciendo.

Enigma 162
Lo preciado de los hombres
suele siempre estar cab'ellos,
si procuras conocellos,
advierte bien sus nombres,
pues nadie casi hay sin ellos.

Los cabellos
Lo más honrado y estimado del hombre es el cerebro, porque en la cabeza están las tres potencias del alma; y así dice la enigma que lo más precioso del hombre suele estar cabe ellos, que equivocando el vocablo, son los cabellos. Y así en la enigma se descubre su nombre y dice que nadie hay casi sin ellos, porque por más calvo que un hombre sea no deja de tener algunos en las circunstancias de la cabeza.

Enigma 164
¿Cuál es la cosa sin vida
que vive con pesadumbre,
y a la nuestra da medida,
que acortarnos la partida
es su ordinaria costumbre?

El reloj
Siendo como es el reloj cosa sin vida, parece que la tiene, y esto causan los muelles o pesas; y por ello dice el enigma que vive con pesadumbre, y con sus horas tan concertadas acorta nuestra vida, y la mide, y cada vez que da podemos exclamar y decir: ya tengo una hora menos de vida.

Enigma 166
Ruego te acuerdes qué es
lo que tienen racionales,
que aumenta o alivia males,
que si haces memoria, es
lo que he dicho en versos tales.

La memoria
La misma enigma nombra a la memoria en dos partes, y con la que de reminiscencia tiene alivia o aumenta los males a los hombres, acordándose de ellos. Púsola naturaleza en la posterior parte de la cabeza, para que la imaginativa y la estimativa o cogitiva, que están antes de ella, la entreguen sus operaciones; y los remedios tópicos para acrecentarla, cuando hay falta de memoria, se aplican en aquella parte del cerebro posterior.

Enigma 167
¿Cuál es la ordinaria cosa
que ninguna está sin ella?
Nadie puede jamás vella,
nunca anda ni reposa,
ni puedes tocar a ella.

El nombre
El nombre tiene todas las propiedades que la enigma dice, pues nadie está sin él, ni hay cosa que no le tenga. No anda, ni reposa, porque no es visible ni corporal; y así no se puede tocar con las manos.

Enigma 175
Un escuadrón de soldados
muy fuertes y vizcaínos,
vi hermanados y vecinos
estar con desconsolados,
afligidos y mezquinos.

La cadena de hierro
Justamente se llaman escuadrón de soldados los eslabones de la cadena de hierro, en que están los presos de las cárceles y galeras, pues cada uno de ellos se suelda para eslabonarse con el otro y acompañan a afligidos y mezquinos, que son los aprisionados, y ellos son vizcaínos, porque el hierro se trae de Vizcaya.

Engima 176
Suelo tener sed, y el cielo
me deja tan bien mojado,
que del agua que me ha dado,
y el polvo que tengo, suelo
dejarte muy bien manchado.

El suelo

La misma enigma, en el primero y cuarto verso, dice lo que significa. Cuando ha mucho que no llueve, tiene sed la tierra y suele caer agua en tanta copia que hace lodos, de manera que quedando en el suelo y su polvo muy mojado, mancha y enloda a los que andan por él, de forma que si no se tuviese muy particular cuidado en limpiarse, andarían muy deslucidos y principalmente la gente de a pié.

Enigma 178

Soy de plata, de ventana,
de imagen, y soy pagado
del que comete un pecado;
y con ser cosa profana,
también santo soy llamado.

El marco

Llámase marco el de la ventana; la plata se pesa por marcos, las imágenes los tienen dorados, plateados y de colores diferentes. Paga el marco el amancebado en pena de su delito; y con ser esto cosa profana, es llamado un santo evangelista Marco, y otros tienen el mismo nombre. Dan gusto los equívocos por la diversidad de ellos, y así en muchas de estas enigmas los hallará el lector.

Enigma 179

Di: ¿quién son los diez hermanos
que no tienen igualdad?
Danles sustento las manos;
largos, liberalidad
denotan; cortos, villanos.

Los dedos de las manos

Son diez y desiguales en el tamaño, aunque iguales en el nombre, forma, sustancia y sitio. Si los dedos son largos, dicen que son de hombre liberal; si cortos, de miserable. Y yo tengo por muy inciertas estas señales exteriores y me atengo más, fuera de los astros (que no se les puede negar su influencia en los hombre,) a la educación en la niñez, que se queda muy sellada para la juventud y demás edades.

Enigma 181

Juntas vi presas estar
dos hermanas vizcaínas,
que de agudas y ladinas
se acostumbran maltratar
como suelen las vecinas.

Las tijeras de cortar

Porque las tijeras están juntas con aquel ejecillo de en medio, se dice estar presas. Son vizcaínas, porque la materia de que se hacen es hierro y acero, metales que se crían en los minerales de Vizcaya; y por tener filos sutiles para que corten, las llama la enigma agudas ladinas que se maltratan, por las mellas que se hacen, cuando con ellas se cortan cosas duras. Y pone la comparación de las vecinas que se maltratan, costumbre muy usada entre mujeres ordinarias.

Enigma 182

Negra soy, bien estimada,
y no esclava, sino exenta,
y aunque suelo ser comprada,
ayudo a cualquiera cuenta,
porque sin mí será errada.

La tinta

Ser negra la tinta ordinaria no hay quien lo dude, si bien hay algunas de diferentes colores. Dice la engima jocosamente, que aunque negra, no es esclava, sino libre, aunque la compran y venden. También dice que entre otras muchas cosas de que es de provecho, ayuda para escribir y rematar cuentas, y que sin ella serán erradas, porque las que se hacen de cabeza son dudosas las más veces.

Enigma 183

Soy de tierra y de jabón,
también vengo de Alicante,
y en brasas me dan facción;
soy duro de condición,
y en fronteras muy constante.

El ladrillo

Por tener forma de ladrillo la torta de jabón, se lo llamamos, y al que se hace de barro, que es tierra en rigor. También el turrón suele venir de Alicante o Jijona hecho ladrillos, y decimos un ladrillo de turrón. Que el ladrillo sea duro de condición es cosa clara, pues bien cocido es tan fuerte como piedra, y en las paredes de las fronteras o delanteras donde se pone, tan firme y constante, que con picos apenas se puede deshacer.

Enigma 184
Es mi nombre perro dado,
y mi oficio de guardar,
como si fuera candado;
estoy de un brazo colgado,
poco tienes que dudar.

El candado
Porque al can llamamos perro, la enigma le pone su propio nombre, y dado, para que venga con el pan. Como el perro tiene el oficio de guardar la casa, así el candado está colgado de las armellas de su propio brazo, y como en el tercer verso se nombra, dice que está muy fácil de acertarse la enigma, y que así tiene poco que dudar, pues sólo se muda este nombre de perro en can, que así lo nombran muchos y particularmente los portugueses y gallegos.

Enigma 185
Estaréis a perros dados
porque no podéis jugar
el juego de los soldados,
siendo a muerte condenados;
ésto es fácil de acertar.

Los dados
Estoy dado a perros, se dice vulgarmente, y así en el primer verso está la solución de la enigma, pues nombra dados y más si se considera lo que luego dice, que es juego de soldados, cuando están en cuerpo de guardia. La demás gente no los juega, ni puede, porque hay pena de muerte por ello, y por eso dice la enigma que están condenados a muerte.

Enigma 186
¿Cuál es la varia cuadrilla,
blanca y negra de pecheros,

de unos caballos sin silla,
reyes, damas, caballeros
sin reino, ciudad ni villa?

El ajedrez
Varia cuadrilla se llama el ajedrez, por ser tan diferentes nombres los de las piezas de él y tener sus distinciones de blancos y negros. Hay reyes, damas, caballos y éstos sin silla, caballeros los roques y alfiles; pecheros, que son los peones. Pero ni éstos tienen villa en qué estar, ni los reyes, damas, ni caballeros, pues todo es sólo de nombre. Fué su invención ingeniosa, si bien ya no se usa, por haberse introducido el juego que llaman de las damas, que tiene menos dificultad.

Enigma 188
De árbol, cuello y ballesta
soy de los hombres nombrada;
suelo estar encarcelada,
de piernas estoy compuesta,
muero siempre quebrantada.

La nuez
Nuez se llama la fruta del nogal, árbol bien conocido; nuez también de la garganta, que es el tragadero. Nuez se dice la con que se dispara la ballesta. A todas alude la enigma, principalmente a la del árbol, que si no se puede sacar bien de la cáscara, la llamamos encarcelada. Tiene cuatro piernas y para comerla es menester quebrantarla.

Enigma 190
Armado de acero fino,
no hallo quien me reporte;
soy agudo y muy ladino
y traigo a la corte corte,
aunque corto vizcaíno.

El cuchillo
Ya se sabe que en su composición entra acero mezclado con el hierro, y que quien cortare con él, ha menester reportarle, no haga algún mal recado, según suele estar agudo. Juega del vocablo de corte, porque le trae consigo a ella, aunque él viene de Vizcaya,

donde se forjó y se le da la forma y proporción que tiene; y al vizcaíno le llaman comúnmente corto de razones, que no es lo peor que tiene un hombre, si bien todo lo moderado es lo decente, que ni peque de muy hablador, ni encogido.

Enigma 193

Al formar fuí maltratada,
mi dueño me tiene amor,
y aunque soy mujer honrada
me suele tener atada
y con guardas mi señor.

La llave

Ya se sabe el hierro lo que padece en la fragua hasta que le dan la forma de lo que ha de tener. Pues dice la llave que cuando nació, de las manos de quien la hizo fué maltratada, forjándola y después limándola y puliéndola. Es muy amada de su dueño, a quien guarda el dinero del arca o escritorio. Llámase mujer honrada por la fidelidad. Tráela su señor atada con cordón o cinta y dice que con guardas, porque ella las tiene. Hay otra de la llave.

Enigma 194

Con ser ninguno mi ser,
muchas varas en un día
suelo menguar y crecer,
y no me puedo mover
si no tengo compañía.

La sombra

De ningún ser es la sombra y crece y mengua en un día muchas veces, pues un cuerpo pequeño la hace corta, cuando tiene al sol encima perpendicularmente, y cuando se va a poner, muy larga. Faltándole cuerpo que la cause, a quien llama su compañía, no se puede mover, pero habiéndole, ya es corta, ya larga, como la enigma dice.

Enigma 195

El sol fué quien me dió vida
y el sol me suele acabar;
hago a la gente asombrar,
y aunque del agua nacida
al aire vuelo a parar.

La nube

El sol es el que con su calor saca del agua y de la tierra humedad y engendra las nubes, y con el mismo las consume y acaba. Hace la nube sombra a los hombres cuando el sol la produce y engendra del agua. Sube luego con grande ligereza al aire, donde está, hasta que se resuelve.

Enigma 200

Un lazo en mi vientre ves,
voces doy muy entonadas,
mas de animales prestadas,
tengo una puente a mis piés,
cejas negra y estiradas.

La guitarra

Para que tenga apacible sonido, ha menester el agujero de enmedio, que se llama lazo, por los que en él hay labrados. Cuando está bien templada, sus voces son entonadas, sonoras y suaves; bien es verdad que como las dan las cuerdas y éstas son de tripas de animales, dice que las tiene prestadas. Atanse a los agujeros de la puente, que está fija al cabo de ella, y son las cejas de ordinario negras de ébano y estiradas, porque estén firmes.

◆ Centuria Tercera

Enigma 201

Yo soy un joven gallardo,
de claros rayos vestido
y algunas veces de pardo,
por tiempos me enfrío y ardo
y el mundo y sus cosas mido.

El día

Por la hermosura y claridad del día lo llamamos gallardo mancebo, porque el sol (causa principal de él) le viste y adorna con sus dorados rayos y resplandor. También suele, por interponerse algunas nubes, ser el día turbio o pardo, como en el invierno vemos muchas veces, en el cual son fríos y helados los días, y en el verano y sus caniculares muy calientes. Es el día medida de los años, de las edades y de todas las cosas.

Enigma 204
¿Qué es la cosa que desmaya
estando muy viva al hombre,
poniendo su vida a raya?
Si la mata, pierde el nombre
o hace que luego se vaya.

La hambre
Cuando la hambre es viva, como la enigma
dice, desmaya al hombre y aún le hace desfa-
llecer, y así se dice comúnmente que con ella
se cae un hombre de su estado, y es tan fuerte
enemigo, que ha dado fin de muchas gentes.
También decimos matar la hambre comiendo,
y así se aparta, hasta que vuelve a resucitar.

Enigma 206
Traigo armas, a nadie hieren,
y aunque me aprietan gimiendo
con ellas no me defiendo,
dándome golpes si quieren
su nobleza estoy diciendo.

El sello
Aunque otra vez hemos hecho mención
del sello con su enigma, por ser ésta buena, se
duplica, como se hace en otras. Dice, pues que
trae armas, entiéndese abiertas en el bronce,
plata u oro, y a nadie hieren; y aprietan con él
gimiendo y con fuerza para sellar y no se
defiende. También se suele sellar golpeando
con un mazo, y él publica la nobleza.

Enigma 207
Yo quito y doy confianza,
suelo hermoso parecer,
niño, viejo, feo, y mujer;
y con ser tal mi mudanza
siempre me quedo en un ser.

El espejo
El espejo da y quita confianza a la que en
él se mira: la hermosa allí ve su hermosura, y
la que no lo es (aunque la desengaña,) piensa
que sí. Si acaso no se venden algunos, que
adulando finjan especies diferentes, pues,
como dice Tertuliano, finge lo imposible este
vicio pestilente y dañoso, *Impossibile fingit*

turpisima et perniciosa adulatio; y todo, en
fin, lo representa propiamente el que es fino,
y con hacer tan diversas mudanzas de los que
se le ponen delante, él siempre se queda
espejo.

Enigma 209
Agudos dientes me han hecho,
y al más alto emperador
sirvo, y quito en su provecho
el ganado a mi señor,
muero quebrado y deshecho.

El peine
Otra enigma hay del peine, y por no ser
mala ésta se pone. Sus dientes ya se ve que son
agudos, y el más alto emperador y monarca
del mundo no se dedigna de peinarse la barba
y cabeza. Llama el ganado a los piojos que se
crían en ella y a su señor se los quita, haciéndole provecho, y al cabo viene a fenecer
quebrados los dientes y echado a mal.

Enigma 213
Desciendo de alto linaje,
en tu rostro propio estoy,
el esparto me hace ultraje;
si quieres que más me abaje
un diminutivo soy.

El carrillo
Bien conocido es en España el ilustre linaje de los Carrillos, y que el carrillo está en
el rostro del hombre. También en el pozo hay
polea o carrillo, y la soga allí la maltrata, gasta
y aprieta. Asimismo es carrillo diminutivo de
carro, esto es, carro pequeño. Son enigmas
curiosas las de los equívocos y ésta tiene
cuatro.

Engima 218
¿Qué animal hay en la tierra
que en algo al hombre parece,
que el que a imitalle se ofrece
la virtud de sí destierra
e infame nombre merece?

La mona

Parécese mucho la mona o simia al hombre en el rostro, pies, manos, meneos y afectos, y por ser muy amiga de vino, con que se emborracha luego, llaman al borracho mona, vicio tan infame y detestable como se ve, y se ha dicho también de la zorra en su enigma.

Enigma 219

Soy una hembra preñada
que cuento más de mil faltas,
faltando nueve, ando hinchada,
tráenme baja, y levantada
me ves por las partes altas.

La pelota

Con ser cierto que la mujer preñada ordinariamente no cuenta más de nueve faltas para parir a luz (si bien la ley décimomense manda que las aguarden diez meses cuando se les murió el marido y se espera un póstumo que herede, y aún Hipócrates se alarga a más tiempo,) la pelota cuenta más de mil que hace en los juegos. Hínchanla de viento y anda arrastrando, ya por los suelos, ya por lo más alto donde se juega.

Enigma 220

Corona está en mi cabeza,
calzo espuela pavonada,
tengo barba colorada,
mi sueño muy presto empiezo
y madrugo a la alborada.

El gallo

Tiene corona el gallo en la cabeza, que es la cresta, si bien de diferente forma. Sus espolones parecen pavonados; la barba es aquella carne colorada que le cuelga del pico. Recógese y acuéstase con sus gallinas muy presto, y al alborada se levanta, dando a todos los buenos días; y aunque es verdad que hay otras de él, no merece ésta ser desechada, como más de ciento que lo han sido, que le sobraron y quitó el autor, por haber hecho hasta en número de cuatrocientas.

Enigma 222

Yo soy aquel desdichado
que es tan grande mi bajeza,
que después que me has comprado
y tu esclavo me has llamado,
me quebrantas la cabeza.

El clavo de hierro

La misma enigma dice que el que se propone es clavo. Llámase desdichado y bajo, pues lo es tanto que, siendo vendido y comprado, después su dueño, para haberle de clavar en cualquiera parte con el martillo, le da tantos golpes que algunas veces le quebranta la cabeza.

Enigma 224

Armas y letras enseño,
tengo la edad de Mahoma,
doile en que beba a mi dueño,
oro también con que coma
y para arrimarse un leño.

La baraja de naipes

Compónese de cuatro diferencias: espadas, que nombra la enigma con propiedad armas; copas, oros y bastos, que llama leño por el basto, tomando la parte por el todo. Tiene letras, particularmente en el dos de espadas y en el as de oros. Enseña por el número de las cartas la edad de Mahoma, que se dice fueron cuarenta y ocho años, que no vivió más este pestilencial y maldito monstruo que tanta gente ha llevado y lleva tras sí al infierno, y porque no se descubriesen con razones sus errores mandó que su secta no se disputase, sino que se defendiese con las armas.

Enigma 227

En Francia suelo nacer
y en España estoy vendido,
y sirvo al hombre y mujer,
mi propio oficio es prender,
y si suelto, soy perdido.

El alfiler

Es segunda del alfiler para más abundancia, que aunque se hacen algunos en estos reinos suelen traerlos de Francia y venderlos en España los buhoneros en gran número. Cualquiera se sirve de él. Declara su oficio, que es prender las tocas, pasquiñas u otros vestidos, y si suelta, se pierde, porque se cae en el suelo y por su pequeñez no parece las más veces.

Enigma 231

Con traza y orden nací,
muchachos me han menester,
siempre religiosa fuí,
y pueden pasar sin mí
mal el canto y la mujer.

La regla

Los tracistas no pueden estar sin regla, pues las órdenes cosa es llana que la tienen, y así dice la enigma que la regla es religiosa. No hay cosa más necesaria para que los muchachos escriban. La mujer, el tiempo que le falta el menstruo, tiene poca salud, si no es que esté preñada o sea vieja. El canto llano y del órgano mal se podría entender sin las reglas. Todas las contiene la enigma.

Enigma 232

Sin pecar soy castigado,
somos de una condición
la mujer y yo cuitado:
en mí el andar es loado
y en ella está en opinión.

El trompo

El muchacho azota y castiga el trompo con sus correas para que ande. Dice que él y la mujer son andariegos, pero si él anda mucho es loado por ello, y en la mujer está tan puesto en opinión, si es bueno o malo, que más valdría condenarlo absolutamente, aunque las estaciones, misas y sermones mal se les pueden quitar, ni es justo. Tierras hay que son los reinos de la China, adonde dice que se usa apretarles y fajarles los pies desde su niñez porque anden poco, quedándoles muy pequeños. Bárbara costumbre.

Enigma 234

Cuando de metal forjado
valgo bien poco dinero,
más de casa y de carnero,
menos de villano llamado,
nada de bolsa de cuero.

El cuarto

Ya se ve que cuatro maravedises es muy poca cantidad, que es lo que contiene un cuarto de cobre; pero si este cuarto es de casa, vale mucho; de carnero, poco; pero mucho menos el tener un hombre cuarto de villano, y nada casi uno de bolsa de cuero, que suele ser hecha de cuatro, cosa tan baladí como se ve.

Enigma 235

Con el que me las apuesta,
aunque suelo ser bien llana,
no dejo de andar de cuesta,
muda estoy tarde y mañana,
y que calle es mi respuesta.

La calle

Algunas veces tiene la calle cuestas; otras, es llana. Dice, pues, la enigma que con quien se las apuesta, esto es, quiere subir por ella, está de cuesta y como enojada. Es muda, y quien anda por ella, cuando se ofrece, la nombra calle de tal cosa o parte, porque así se llama; y hay nombres de calles muy extraordinarios en muchas ciudades: del Rabanal, y aun de Raspagatos se llaman dos en Salamanca.

Enigma 241

En piedras hago señal,
de ricos azote he sido,
y tiéneme por su mal
mi dueño, que está corrido
cuando yo le trato mal.

La gota

Dice un verso latino: *Gutta cavat lapidem, non viri, sed saepe cadendo,* "una gota de agua hace mella en una piedra, no por la fuerza que tiene, sino por la continuidad de caer muchas veces." La enigma, pues, hace alusión a esta gota y a la enfermedad que se llama así, que dicen que lo es de ricos, y más cierto es ser para ricos, por lo mucho que se gasta en la cura de ella, si bien por su mal la tiene el que la padece y está corrido, porque es humor que corre.

Enigma 242
Recién muerta sé de un hombre
mi persona defender;
a dos doy en qué entender,
de tímida tengo nombre
y apocan todos mi ser.

La gallina
Defiéndese una gallina recién muerta de quien la quiere comer porque está dura, y más si está asada y para dos compañeros es bastante. Al cobarde y tímido le llamamos gallina, como cosa apocada y abatida, y aunque va en este libro otra de la gallina, por diferenciarse se permitió.

Enigma 248
Mío soy, mas mi señor
dice que me trae de Zape,
doy a ratos gran dolor,
maravilla es que se escape
alguno de mi furor.

El gato
Por el miar, le llama la enigma mí; su señor siempre le anda diciendo… zape aquí, y más si es goloso. Aquél, a ratos no se ha de entender a tiempos, sino a ratones, que así los llama la lengua portuguesa y gallega. Es tan ligero el gato que dice que es maravilla que el ratón se le escape por pies cuando va en su alcance.

Enigma 258
Niña soy, no de los ojos,
con que lo visible miro,
no hablo, lloro y suspiro,
causo contentos y enojos,
con alferecía y expiro.

La niñez
Llama la enigma a la niñez niña, y no de los ojos. Los de esta edad tan tierna no hablan;

todo se les va en llorar. Causa grandes alegrías un niño a sus padres, porque las niñeces son muy agradables; también descontentos, que no le hay mayor que oír llorar a los niños, y muchos de ellos suelen morir de alferecía, enfermedad propia de esta edad.

Engima 265
Aunque me llamas cansada,
y te parezco prolija,
soy por mi persona honrada,
y de todos respetada,
por ser de prudentes hija.

La vejez
Cansada se llama la vejez; ora porque a todos cansa ya un hombre muy viejo, ora porque él mismo está ya cansado de vivir. Son algunos viejos prolijos, si bien no se le puede negar a la vejez que por sí es honradísima y consejo santo el reverenciarla como tal, porque es hija de la prudencia, y donde está asiste con eminencia mucho más que en los mozos. En esta edad naturalmente muere el hombre, cuando había de comenzar a vivir, por tener tanta prudencia y experiencia de las cosas.

Engima 269
Muelo sin ser molinero,
soy cual un piñón mondado,
hago muy buen compañero;
ajo alguno me ha llamado,
mas ese nombre no quiero.

El diente
Aunque a las muelas se les atribuye este oficio de moler, también se puede decir con propiedad del diente, el cual por la hechura y blancura llamamos piñón. Hace buena compañía a los otros, porque juntos muelen y porque faltando uno, el otro está muy a pique de caerse. Suelen decir también diente de ajo, mas el de la boca no admite ese nombre, aunque a su semejanza se llamó así el de la cabeza de ellos.

Enigma 271
No soy hembra que a uno quiere
y mañana está olvidada;

mas soy siempre tan honrada;
que si mi marido muere
jamás me verás casada.

La tórtola

No faltan maldiciente que digan (aunque
sin fundamento ni parecer) que el amor de la
mujer es muy vario: ya quiere, ya no quiere;
ya ama, ya aborrece. No dice la tórtola que es
así, sino que si por su desgracia pierde el
marido primero, le tiene tanto amor, que jamás
se vuelve a casar, como vemos lo hacen cada
día algunas mujeres, y lo mismo los hombres
sin nota.

Enigma 275

Dime quién será un soldado,
tan poco animoso y fuerte,
que viene con lanza armado,
y si al contrario ha pasado
él mismo se da la muerte.

La abeja

Es el soldado, que dice la enigma con
razón ser poco fuerte y trae su aguijón, a quien
llama lanza. Como animalejo pequeño, no es
animoso, mas tiene tal propiedad, que si pica
y mete la lanceta o aguijón, por el mismo caso,
aunque deja herido al contrario, ella queda
muerta. Es la abeja símbolo del buen gobierno, por el mucho y gran concierto que tiene en
la fábrica y compostura de la colmena; que
ella y la hormiga nos dan ejemplo de prudencia y orden de vivir.

Enigma 282

De un cubo, rayos, y hierros,
y madera soy forjada,
dánme vueltas arrastrada,
golpes por valles y cerros,
de brutos acompañada.

La rueda de carro o coche

Dice que está formada de un cubo y de
rayos, que son los que tiene junto a él, y de
hierro, y que le dan vueltas unos brutos, que
son los caballos o mulas, arrastrándola por
llanos, cerros y cuestas. Y parece que se queja

de semejante compañía, porque es gran desdicha tratar con bestias, y para llamar a una
persona necia, le dan este nombre, y así dijo
Séneca que era notable desventura no poder
excusar su comunicación.

Enigma 286

Llevo a cuestas una casa,
mirad si esforzado soy,
va conmigo a donde voy,
sácame della la brasa,
aunque más asido estoy.

El caracol

Lleva consigo su casa el caracol, que es su
concha. Dice que parece ir forzado con ella,
pues va con él a donde quiera que se mueve.
Cociéndole o asándole se despega luego de la
cáscara, y por eso dice que le desase y aparta
la brasa. Comúnmente, para dar a entender
que no es muy pobre, suelen decir que lleva
toda su hacienda a cuestas, como el caracol,
pues se reduce al vestido con que se cubre.

Enigma 287

Críome en Andalucía
y véndenme a los cristianos
mis hijos de Berbería;
si buscas mi nombradía
asida estoy a tus manos.

La palma de los dátiles

Críanse algunas palmas en España y esas
nacen en Andalucía; y la parte a donde hay
mucha abundancia es en Berbería, una provincia de Africa. Dice la palma que venden sus
hijos los dátiles de Berbería a los cristianos de
España, y que si se quiere saber su nombre,
está pegada a las manos, pues tienen palmas
las humanas. Es símbolo de la victoria, porque
ni pierde las hojas ni se rinde al peso y fuerza
contraria, como dice Ravisio Textor, *folia
non amittit et adversus pondus resurgit.*

Enigma 304

Aunque no tengo enemigos
ando de continuo armado
para defender amigos;

conmigo hay gusto y cuidado,
por mí, premios y castigos.

El dinero

Dice la enigma que el dinero anda siempre armado, por tener armas reales, y que defiende con su valor a los amigos, porque sacan de muchos peligros a quien los tiene y es el mejor de todos el dinero. Con él se dan los premios a los virtuosos y por su causa son castigados los codiciosos que se cohechan o hurtan lo ajeno, y finalmente *pecuniae obediunt omnia*, "todas las cosas obedecen al dinero." Y así dijo un insigne poeta de estos tiempos: *Poderoso caballero es don dinero.*

Enigma 308

¿Qué oficina puede ser
la que tiene puertas dos,
que en todos la puso Dios,
porque ayuda a disponer
lo que os da la vida a vos?

El estómago

El estómago es, como se dijo en la enigma del hígado en su comento, la oficina adonde se cuecen, preparan y disponen los mantenimientos, convirtiéndose en una sustancia que se llama chilo. Tiene dos bocas, que nombra la enigma puertas: la una por donde entra el mantenimiento, y la otra por donde bajan los excrementos a las tripas.

CAPÍTULO 3
ESPAÑA
SIGLO XIX

A. 1859—*Biblioteca de la risa*

Anónimo. *Biblioteca de la risa*. Tomo II Madrid: J. Antonio Ortigosa, 1859.

A mediados del siglo XIX se imprimen unos libros cuyos fines son entretener y divertir a los lectores y con frecuencia, muchos de ellos, son usados como juegos de salón. Algunos claramente indican que son para el "recreo de las tertulias en las largas noches de invierno." Así lo declara la obra de Antonio Puix y Lucá, *Mil charadas castellanas* (Barcelona: Grau, 1946). Otro libro con fines de entretenimiento, la obra anónima *Nueva colección de emblemas, engimas, charadas y epigramas* (Cádiz: Imprenta de Feros, 1834), considera que la ocupación mental agita "los resortes del entendimiento, facilitando el curso de las ideas." Los enigmas y charadas que estas dos obras aportan se aproximan a las adivinanzas que nuestra *Antología* recopila pero existen diferencias que no permiten que estos dos tipos de enigmas cultos entren en nuestra colección. Ejemplo de este tipo de charada es el que sigue, tomada de *Mil charadas castellanas:*

1

De casta del Cerbero, es mi primera
Un plural divertido, mi segunda,
y más si la acompaña orquesta entera.
A mí todo, el Atlántico circunda,
y se suele encontrar en pajarera.

(Canarias)

En Hispanoamérica también se cultiva este tipo de enigma culto, siendo el máximo exponente de la charada y epígramas Francisco Acuña de Figueroa.

Sin embargo, en *Biblioteca de la risa* encontramos varias adivinanzas que reunen las características propias de la adivinanza culta. En nuestra investigación sólo hemos podido examinar el tomo segundo, ya que no se ha podido determinar si le siguieron otros tomos. La obra contiene una colección completa de "cuentos, chistes, anécdotas, hechos sorprendentes y maravillosos, pensamientos profundos, dichos agudos, réplicas ingeniosas, epígramas, poesías festivas, retruécanos, equívocos, adivinanzas, símiles, bolas, embustes, sandeces y exageraciones." Los editores indican en la portada que la obra es una recapitulación de "todas las florestas, de todos los libros de cuentos españoles y de gran parte de los extranjeros" llegando a ser una antología del humor.

De páginas de la *Biblioteca de la risa* se han extraído treinta y cinco adivinanzas. La primera y décima adivinanza (El Sol y La Luna) proceden de la colección de Pérez Herrera y corresponden a la número dos y tres respectivamente. Excluyendo estos dos enigmas, la mayoría de las adivinanzas restantes son lo que, años más tarde, el coleccionista mexicano, Armando Jiménez, llamaría "parecidos" en su obra *Picardía mexicana*. Este coleccionista mexicano considera que el auge de los "parecidos" o "diferencias" en México tomó lugar en el año 1953, pero a juzgar por los "parecidos" reunidos ya en la *Biblioteca de la risa* concluimos que ya existían en España casi cien años antes.

1

¿Quién es el engendrador
Que en esto acompaña al hombre,
Que fue adorado su nombre,
Y que en tiempo de calor
Gusta el hombre que se asombre?
   (El sol)

2

¿En qué se parecen las peras de don Guindo a
los puentes del río?
   (En que se pasan)

3

¿Qué se necesita para salir de la cárcel de
Saladero, aunque toda la guarnición esté de
centinela?
   (Haber entrado)

4

¿En qué se parece una bota vacía a un canasto
de peces?
   (En que está pez con pez)

5

¿Qué fue lo último que consiguió Isabel la
Católica?
   (Morirse)

6

¿En qué se parecía Napoleón a un alcornoque?
   (En que tenía corazón)

7

¿Qué diferencia hay entre las mujeres y los
montes?
   (Ninguna, pues tienen faldas)

8

¿En qué se parecen algunos suizos a los cajis-
tas?
   (En que hacen pasteles)

9

¿En qué se parecen las camisas de hilo a las
iglesias?
   (En que tienen mangas)

10

¿Quién es la mudable madre
que su ser le da y le dió,
otro que es de todos padre,

y por medio de Otra madre,
a tiempo se le escondió?
   (La luna)

11

Decid: ese caballero,
que gasta tanto dinero
debe ser hombre muy rico.
—No, Perico.
—Por fuerza tiene caudal.
—No hay tal.
—Entonces será un magnate.
—¡Disparate!
—Tendrá empleo . . . algunas minas . . .
—Desatinas.
—¿Le da el rey, para esos trenes
y esos gastos?
—Razón tienes:
El de oros, copas y bastos.

12

¿En qué se parece el sol a un delincuente?
   (En que se esconde)

13

¿Y los dondiegos de día a las puertas de una
ciudad?
   (En que se cierran de noche)

14

¿En qué son iguales los ciegos a los que tienen
vista?
   (En que ven a Dios)

15

¿Y los castaños a la Biblia?
   (En que tienen hojas)

16

Un escritor de esta edad,
que es un pedazo de atún,
decía con gravedad:
—Yo escribo para el común . . .
Y decía la verdad.

17

¿En qué se parecen ciertos hechos a ciertos
pescados?
   (En que son meros)

18

¿En qué se parece un banquete a una baraja?
   (En que tienen copas)

19
¿Y los micos a los lagartos?
(En que tienen rabo)

20
¿En qué se parece el Domingo de Ramos a un baile de gitanos?
(En que se tocan las palmas)

21
¿Y el Viernes Santo a un pantalón viejo?
(En los pasos)

22
¿En qué se parece un monumento a una tienda de comestibles?
(En que tiene velas)

23
¿En qué se parece un cazador a un juego de billar?
(En que tiene tacos)

24
¿Y una bujía a una vara de fresno?
(En que con ella se alumbra)

25
¿En qué se parece San Isidro del Campo a Gibraltar?
(En que en él se cojen monas)

26
¿Y un mozo de cuerda a un grande de España?
(En que tiene su escudo)

27
¿En qué se parece una misa de requiem a un condenado?
(En que no tienen gloria)

28
¿En qué palabra del Padre Nuestro siembran los labradores el trigo?
(En la tierra)

29
¿Cuál es la cosa que nombramos tres veces rezando el Credo?
(Los muertos)

30
¿Qué es lo que hacen las mujeres bonitas en apagando la luz?
(Quedarse a oscuras)

31
¿En qué se parece una locomotora corriendo, a una carreta andando?
(En que sus ruedas dan vuelta)

32
¿Y el Sargento Lirón a los serenos?
(En que se duermen)

33
¿En qué se parece una mujer en cueros a un lobo?
(En que no tienen ropa)

34
¿Y las castañas a los huevos?
(En que tienen cáscara)

35
¿Y las manos de las viejas a las confiterías?
(En que tienen yemas)

B. 1877—Fernán Caballero

Caballero, Fernán. *Cuentos, oraciones, adivinas y refranes populares é infantiles.* Madrid: Fortanet, 1877.

Fernán Caballero, seudónimo de Cecilia Böhl de Faber (1796-1877), es una de las propagadoras de la novela realista y costumbrista de mediados del siglo XVIII. Pasó sus años formativos entre Cadíz y Hamburgo adquiriendo por lo tanto una formación andaluza y alemana.

En ella se despertó un acuciante interés por coleccionar frases, cuentos, cantares y dichos del pueblo. En una ocasión oyó a un campesino relatar un curioso suceso que con el tiempo llegó a ser el argumento de su obra *La familia Alvareda*. En Sevilla despierta su interés por escribir y de allí salen sus obras costumbristas llenas de rico colorido local.

Fernán Caballero es la primera escritora que cultiva la novela regional andaluza, y es también, la primera de los tres grandes propagadores de la adivinanza en España. Le siguen casi simultáneamente Antonio Machado y Alvarez y Francisco Rodríguez Marín, los dos también de hondas raíces andaluzas.

En 1877 publicó su último libro, y el que para este estudio interesa, recopilando en él un total de 338 adivinanzas. Machado y Alvarez, al estudiar la colección de Caballero, encuentra que algunas de ellas, que la autora considera ser del pueblo, son en realidad de Pérez de Herrera y del mismo Cervantes. Machado comenta esta falta: "Vése, pues, que Fernán Caballero, o confundió lastimosamente formas eruditas con formas populares . . . o bien . . . careció de la sinceridad suficiente para confesar su ignorancia, . . ." [1] Lo cierto es que Fernán Caballero a pesar de esta crítica se adelantó a sus dos paisanos y con ello dejó un importante legado folklórico al mundo hispano.

1

Un platito de avellanas,
que de día se recoge
y de noche se derrama.
(Las estrellas)

2

Siete pájaros en una azotea,
matando tres, ¿cuántos quedan?
(Los tres muertos)

5

Muchas damas en un corral,
todas lloran a la par.
(Las tejas)

7

Tamaño como una nuez,
sube al monte y no tiene pies.
(El caracol)

10

Campo blanco, flores negras,
un arado y cinco yeguas.
(Lo escrito)

11

Fui al monte, pude cortar
y no pude rajar.
(Los cabellos)

12

Un cuartito lleno de cepas
ni están verdes, ni están secas.
(La boca y los dientes)

15

¿Qué cosa es cosa
que entra en el río y no se moja?
(Los rayos del sol)

17

¿Tamaño como un pilar,
come carne y no come pan?
(La caja de muerto)

18

Adivina, adivinanza,
¿Cuál es el ave que no tiene panza?
(El Ave–María)

20

Cae de un tajo y no mata,
cae en el río y se desbarata.
(El papel)

23

Un barquichuelo mal formado,
siempre que sale trae pescado.
(El féretro)

24

¿Qué cosa es
que mientras más grande, menos se ve.
(La oscuridad)

25

Dos hermanos son,
uno va a misa y el otro no.
(Vino y vinagre)

26

Dos compañeras van a compás,
con los pies delante y los ojos detrás.
(Las tijeras)

27

Un barrilito de pon pon,
que no tiene agujero ni tapón.
(El huevo)

---

1. *Machado y Alvarez. Bibliotecas de las tradiciones. . . p. 229.*

28

Antes que nazca la madre,
anda el hijo por la calle.

(El humo)

32

Más alto que un pino,
y pesa menos que un comino.

(El humo)

34

Taleguita remendada,
y sin ninguna puntada.

(La piña)

35

Una arquita blanca como la cal,
que todos saben abrir y nadie cerrar.

(El huevo)

36

Tamaño como un pepino,
y tiene barbas como un capuchino.

(La mazorca)

37

Pecoso de viruelas es el zagal,
y trepa en lo más alto para ayudar.

(El dedal)

38

¿Qué es, dí,
que nace en el suelo y tiene nariz?

(El garbanzo)

39

Tengo lo que Dios no tiene,
veo lo que Dios no ve;
¿Qué es?

(Hermanos)

40

Alto vive y alto mora,
en él se cree, más no se adora.

(El reloj de la torre)

41

Dos madres y tres hijas,
van con tres mantos a misa.

(La madre, la hija y la nieta)

46

Si la tienes, la buscas; si no la tienes,
ni la buscas ni la quieres.

(La pulga)

48

Tamaño como una cazuela,
tiene alas y no vuela.

(El sombrero)

49

Blanco como el papel,
colorado y no es clavel,
pica y pimienta no es.

(El rábano)

50

Tamaño como una artista,
y hace al Rey que se vista.

(La aguja)

52

En alto vive, en alto mora,
en alto teje, la tejedora.

(La araña)

55

¿Qué es lo que se dice,
una vez en un minuto y dos en un momento?

(La M)

56

Pozo hondo, soga larga,
y como no se doble no alcanza.

(La boca y el brazo)

57

Mientras más cerca, más lejos;
mientras más lejos, más cerca.

(La cerca)

60

Verde en el campo, blanco en la plaza,
y reculea en casa.

(La escoba)

61

Muchas damas en un castillo,
todas visten de amarillo.

(Las naranjas)

62

Dos hermanas, mentira no es,
la una es mi tía, la otra no lo es.

(Es su madre)

65

En el cielo soy de agua,
en la tierra soy de polvo,
en las iglesias de humo,
y una telita en los ojos.
(La nube)

66

Verde me crié,
rubio me cortaron,
prieto me molieron,
blanco me amasaron.
(El trigo)

67

Soy rey que impero en toda nación,
tengo doce hijos de mi corazón,
de cada uno treinta nietos,
que son mitad blancos y son mitad prietos.
(El año)

68

Dos ciris ciris,
dos miras miras,
dos vayas vayas,
cuatro andaderas
y una zurriaga.
(El buey)

69

Redonda soy, como el mundo;
sin mí no puede haber Dios,
Papa y Cardenales, sí;
pero Pontífices, no.
(La letra O)

74

Estaba dos pies comiéndose un pie,
vino cuatro pies y se llevó el pie;
dos pies le tiró tres pies,
y cuatro pies soltó el pie.
(Un hombre que comía un pie de puerco y
el perro)

75

Salí al campo por ver si me divertía,
ví una casa muy bien construída,
arriméme a ella a ver quién había,
ví un alcalde muy serio y pausado,
que primero muere que dejar su estado.
(El caracol)

76

Uno larguito,
dos más bajitos,
otro chico y flaco,
y otro gordonazo.
(Los dedos)

77

Soy la redondez del mundo,
de esperanza estoy vestida,
y no hay noche para mí
porque conmigo está el día.
(Sandía)

78

Cuatro andantes,
cuatro mamantes,
un quita moscas
y dos apuntantes.
(La vaca)

81

Alto altero, gran caballero,
gorro de grana,
capa dorada
y espuela de acero.
(El gallo)

82

Una vieja jorobada
tuvo un hijo enredador,
unas hijas muy hermosas
y un nieto predicador.
(La parra, el sarmiento y la uva)

85

Grande, muy grande,
mayor que la Tierra,
arde y no se quema,
quema y no es candela.
(El sol)

86

Dos torres altas,
dos miradores,
un quita moscas
y cuatro andadores.
(El toro)

87
Me pongo la capa para bailar,
me quito la capa para bailar;
yo no puedo bailar sin la capa,
y con capa no puedo bailar.
(El trompo)

90
Con mi cara encarnada
y mi ojo negro,
y mi vestido verde,
al campo alegro.
(La amapola)

94
Señores, de Francia vengo,
que mi padre es cantador,
traigo los hábitos blancos
y amarillo el corazón.
(El huevo)

98
Es tan grande mi fortuna,
que estreno todos los años
un vestido sin costura
de colores salpicado.
(La culebra)

99
Verde en el campo,
negro en la plaza
y colorado en casa.
(El carbón)

101
"Ave" tengo yo por nombre,
y es "llana" mi condición;
el que no me lo acertase,
le digo que es un simplón.
(La avellana)

102
Alto altanero,
gran caballero,
gorro de grana,
capa dorada.
(El gallo)

106
Arca chiquita, de buen parecer,
ningún carpintero la ha podido hacer,

sino Dios con su poder.
(La nuez)

107
El boticario y su hija,
el médico y su mujer,
se comieron nueve huevos,
les tocaron a tres.
(La hija del boticario era mujer del médico)

109
Un convento muy cerrado,
sin campanas y sin torres,
con muchas monjitas dentro
haciendo dulce de flores.
(La colmena)

117
Grande cuando niña,
grande cuando vieja
y chica en la edad media.
(La sombra)

122
Más de cien damas hermosas
vi en un instante nacer,
encendidas como rosas,
y enseguida fenecer.
(Las chispas)

123
En un huerto no muy llano
hay dos cristalinas fuentes;
no está a gusto el hortelano
cuando crecen las corrientes.
(Los ojos y el llanto)

124
¿Quién fué el que nunca pecó,
ni jamás pudo pecar,
y que se vino a encontrar
en la Pasión de Señor,
y no se pudo salvar?
(El gallo)

127
Unas regaderas
más grandes que el Sol,
con que riega el campo
Dios nuestro Señor.
(Las nubes)

129
Blanca como la paloma,
negra como la pez,
habla y no tiene lengua,
anda y no tiene pies.
(La carta)

142
Entre pared y pared
hay una santa mujer,
que con el diente
llama a la gente.
(La campana)

151
En Granada hay un convento,
y más de mil monjas dentro,
con hábito colorado;
cien me como de un bocado.
(La granada)

156
Millares de hermanos,
rubios, como yo,
le damos la vida
al que nos tiró.
(El trigo)

162
Guardada en estrecha cárcel
por soldados de marfil,
está una roja culebra,
que es la madre del mentir.
(La lengua)

167
Madre me labró una casa
sin puertas y sin ventanas,

y cuando quiero salir
rompo antes la muralla.
(El pollo)

172
De día, morcilla;
de noche, tripilla.
(La media)

175
Tamaño como un pepino,
y va dando voces por el camino.
(El cencerro)

176
Dos arquitas de cristal,
que abren y cierran sin rechinar.
(Los ojos)

179
¿Me adivinas, por fortuna,
cuál es el ave que no tiene pluma?
(El Ave-María)

183
Cuando calor tengo, "frío",
y no "frío" sin calor.
(La sartén)

196
Tiene hojas, y no es nogal,
tiene pellejo, y no es animal.
(El libro)

200
El mismo camino andamos,
ni nos vemos, ni nos encontramos.
(Los zarcillos)

C. 1880—Antonio Machado y Alvarez

Demófilo. *Colección de enigmas y adivinanzas en forma de diccionario.* Sevilla: Imprenta de R. Baldaraque, 1880

Antonio Machado y Alvarez (1846-1893) usó el seudónimo de Demófilo en muchos de sus escritos, nombre que significa "amigo del pueblo y de sus libertades". Mejor seudónimo no pudo escoger, ya que el hecho de que los estudios folklóricos no hayan decaído en España se debe en gran parte al impulso que éste les dio hacia finales del siglo XVIII.

Gran parte de su producción se centró en los estudios del folklore, y fue intrumental en que otros se interesaran en esta materia que, hasta entonces, no era un estudio bien visto. El impulso de Machado y Alvarez contribuyó a que se formaran centros con fines de rescatar los vestigios del folklore regional. Machado Alvarez dirigió *El Folk–lore Andaluz* (1882) con la estrecha colaboración de Francisco Rodríguez Marín y otros que compartían el mismo entusiasmo. Una de sus mejores recopilaciones es la *Biblioteca de las tradiciones populares españolas* (1882-1886), que consta de once tomos con la aportación de varios autores. En esta *Biblioteca* aparecen unos de los primeros estudios críticos y comparados que tratan la adivinanza.

Para esta *Antología* se ha usado la *Colección de enigmas y adivinanzas en forma de diccionario*, el cual reúne un total de 1061 adivinanzas de diversos autores y coleccionistas de España. Machado y Alvarez ordena y clasifica las adivinanzas por orden alfabético de la solución pero del *Diccionario* sólo se han sacado las adivinanzas que llevan la firma de Demófilo.

4

A orillas del agua me arriman
En medio del mar me ponen,
En la agonía me hallo
Llorando mi desconsuelo,
En ver que no puedo entrar,
En el Reino de los cielos.
   (La letra A)

5

En el altar me adoran,
En el agua me bendicen,
Porque los sabios dicen
Soy la primera entre todas.
   (La letra A)

9

Cinco maromas
Son las que atraviesan
El cielo y la tierra,
Y llegan a Dios
Con sus veinte compañeras.
   (Abecedario)

16

Las campanas clamorean
Por un hombre que murió,
Que nació antes que su madre
Y su madre no nació,
Y su abuela quedó virgen
Hasta que el nieto murió.
   (Abel)

20

Verdes fueron mis principios
Y de luto me vestí
Y ahora que estoy de negro
Hacen justicia de mí.
   (Aceituna)

21

Cien damas en un convento,
Y todas visten de negro.
   (Aceituna)

25

Qué hombre se concibió
Por obra de Padre Eterno,
Siendo como yo terreno,
Sin ser obra de varón,
Y no es Jesus Nazareno?
   (Adán)

26

Un difunto está en la tierra,
Que su madre no nació,
Y en el vientre de su abuela
Dicen que se sepultó,
Siendo su abuela doncella
Cuando el difunto murió.
   (Adán)

42

Soy cuerpo que nadie vio
Y existo entre los mortales,
Soy causa de muchos males,
Siendo criado por Dios;
Pero si faltara yo
Mueren hombres y animales.
   (Aire)

47

Tiene dientes y no come
Tiene cabeza y no es hombre.
   (Ajo)

48

Un caballerito
Peinadito a la bombé,
Tiene cabeza y no pie,
Tiene dientes y no tiene boca,

Qué es lo que es?
   (Ajo)

65
Ana tengo yo por nombre,
Y por apellido Fe,
El galán que lo acertare
Por discreto lo tendré.
   (Anafe)

75
Cuál fue aquél que no nació,
Y vivió tiempo infinito,
Y luego por finiquito
Su madre se lo comió.
   (Arado)

87
Arte me llaman por nombre,
Voy a misa, que es razón;
El galán que no acertare
Tiene poca discreción.
   (Artemisa)

103
Voy vestida de remiendos
Siendo una mujer de honor,
Miles hombres por mi amor
Su salú y vida perdieron
A muchos impongo miedo,
El jabón nunca lo ví;
Si me llaman lavandera
Es por burlarse de mí.
   (Bandera)

107
Blanco fue mi nacimiento
Pintáronme de colores,
He causado muchas muertes
Y empobrecido a señores.
   (Baraja)

110
Las trévedes son de agua
Y la olla de madera
Y la carne que está dentro
Está viva y se menea.
   (Barco)

111
Uso aguja sin coser,

Corto sin tijera, ando sin pie.
   (Barco)

112
Hago una raya
Vuelvo la cara y no se halla.
   (Barco)

118
En el campo verdeguea,
Y en la ciudad señorea.
   (Bastón de alcalde)

121
Quién ha visto tal grandeza
En un hombre sobrehumano,
Moros veo venir
Y no puedo huir.
   (Bautista)

131
Fui al campo,
Hice una mesa,
Y un canastito
Para las cerezas.
   (Bellota)

132
Cien damas en un tablado
Todas visten de encarnado.
   (Berengena)

133
Patio chiquito, patio regado,
Sale un negrito culiempinado.
   (Berengena)

136
Al revolver una esquina
Me encontré con un convento,
Las monjas vestidas de blanco,
Y el sacristán en el medio.
   (Boca)

139
En mi casa hay un pozo
Con una soga,
Que tendida no alcanza
Y doblada sobra.
   (Boca y brazo)

149
De forma igual de un cochino
Y le llora un ojo.
(Bota)

152
Un regimiento formado
De soldados diferentes,
Estos no van a la guerra
Porque son faltos de aliento,
Dan penas, congojas y fatigas
Y hablan por la barriga.
(Botes de botica)

155
Soy grande en todos los reinos,
Y en diversas partes linda,
Y mi cuerpo se mantiene
De flores y sabandijas;
Mira como puede ser
Que ni como ni estoy viva;
Y no obstante los mortales
Temblando todos me miran
En ver que puedo ser causa
De la muerte o de la vida.
(Botica)

160
Este era un loro,
Y tenía patas de loro,
Y no era loro.
(Brabuquejo)

166
Redondino, redondino
Como la piedra del molino.
(Brocal de pozo)

173
-En cuánto lo vendiste?
-En cien.
-Y el quita y pon?
-En un doblón.
-Y el dale que le dé.
-Lo regalé.
(Caballo)

176
Un animal muy hermoso,
Discreto en el entender,

Tiene treinta y dos cabezas
Y la suya treinta y tres.
(Caballo)

182
¿Cuál es aquella que cuando va para
el monte mira para casa, y cuando va
para casa mira para el monte?
(Cabra)

190
En el campo fui criada,
En el campo fui nacida,
Donde quiera que yo entro
Todos lloran y suspiran.
(Caja de muerto)

215
Alta, delgada,
Gallarda sin ventura,
Con muchos aposentos
Y puerta ninguna.
(Caña)

230
¿Quién será aquel labrador
Que con tierras y agua trata,
Semejándose a la plata
Cuando pasa su labor?
Ni es de carne ni pescado,
De ello come algún señor;
Tú que eres tan gran letrado
Adivina este primor.
(Caracol)

231
¿Qué cosa es
Tres oreilles y un pie?
Carámbano yé,
El que no lo acertare
Un burro yé.
(Caracol)

243
En alto estoy
Y no predicando,
La gente me pide
Y yo le voy dando.
(Carnicero)

253

Una palomita
Blanca y negra,
Vuela y no tiene alas,
Habla y no tiene lengua.
   (Carta)

266

Escarpín sobre escarpín
Escarpin de blanco paño
Digo que no has de acertar
Aunque te tardes un año.
   (Cebolla)

270

Tamaño como un pepino,
Y pega voces por los caminos.
   (Cencerro)

286

Una sábana muy remendada,
Y sin siquiera una puntada.
   (Cielo)

289

Grandes patazas,
Chicas manitas,
Lindos colores
Me he criado al sol y al agua,
Asomado a un corredor.
   (Cigarrón)

302

Un aguila picante
No tiene alas, patas, ni pies,
Su hijo el alicantico, teniendo un mes,
Tiene alas, patas, pico y pies.
   (Coco de haba)

304

Un bulto veo venir,
Sus pasos no hay quien los cuente,
Y cuando se acerca a mí
Meto mi cuerpo en su vientre.
   (Coche)

317

Un matrimonio muy igualito,
De día están juntos y de noche repartidos.
   (Corchete)

319

De día culebra,
Y de noche escalera.
   (Corchete)

321

Todos meten por mi boca
Mil secretos y noticias,
Y los vuelvo a vomitar,
Sin quedarme ná en la tripas.
   (Correo)

326

Una cosa es que jugando
Da placer y da tormento
A un tiempo, pero es señal
Que manifiesta contento.
   (Cosquillas)

335

No soy de carne, ni hueso,
Y casi siempre escondido
Por lo general estoy
En la cárcel o en presidio.
   (Crímen)

351

Una dama, en un verde prado
Que tiene un vestido de seda bordado.
   (Culebra)

358

Una quisicosa
Con más de mil mellas
Que tienen las damas,
También las doncellas;
Si se usa, bien;
Si se muere, mal;
Y esta quisicosa
A nadie hizo mal.
   (Dedos)

380

Díme, si eres entendido
Esto como puede ser,
Que ni tres son más que dos
Ni dos menos que tres.
   (Dos)

384
Aquí yacen dos cadáveres, a saber:
Padre, madre, hijo, marido y mujer.
(Eco)

393
En el monte está un buey negro,
Que no es del amo ni del boyero.
(Escarabajo)

400
Tan largo como un pino
Y tienes barbas de capuchino.
(Escobón)

404
No soy cruz y ando en los brazos,
No soy Dios y ando en el pecho,
No soy Espíritu Santo

Y tengo lengua de fuego.
(Escopeta)

410
Una taza es mi divisa,
Una cruz me perfecciona,
Es de acero mi camisa,
Y el hombre me confecciona.
(Espada)

415
Cuál es la nombrada hembra
Muy ligera en sus partidas,
Aunque mocho haya vivido
Es hembra toda su vida.
(Esparraguera)

420
Estoy dentro y no puedo entrar.
(Espejo)

D. 1882–1883—Francisco Rodríguez Marín

Rodríguez Marín, Francisco. *Cantos populares españoles, ordenados é lustrados*. 5 tomos. Sevilla: Alvarez, 882–83.

Contemporáneo de Demófilo, Francisco Rodríguez Marín (1855-1944), colaboró con aquél en rescatar del olvido las tradiciones populares del pueblo andaluz. Sus primeros escritos aparecen en *El Folk-Lore Andaluz*.

Ejerció la profesión de la abogacía durante algunos años hasta que a consecuencia de una operación perdió su voz. Por esta razón abandonó su profesión y se dedicó por completo al estudio literario que desde años ya latía en él.

Fue discípulo de Menéndez y Pelayo y en 1907 obtuvo un sillón numerario en la Real Academia de la Lengua. Con el fallecimiento de Menéndez y Pelayo en 1912, asumió el puesto de director de la Biblioteca Nacional en Madrid, cargo que desempeñó hasta jubilarse en 1930.

Su producción literaria se centró en tres temáticas principales: sevillanista, cervantista y folklórica. De la primera es autor de importantes estudios críticos sobre Pedro Espinoza, Barahona de Soto y Mateo Alemán. Como cervantista hizo una *Edición crítica del Quijote* que aporta una mejor visión a esta obra maestra. De la tercera, la folklorista, es la que nos interesa para nuestro estudio. El tomo primero contiene nanas o coplas de cuna, rimas infantiles, pegas, oraciones, ensalmos y conjuros, entre otras interesantes recopilaciones e incluye un total de 700 adivinanzas. La bibliografía de Rodríguez Marín sobre refranes, tradiciones, cuentos populares y otros artículos de índole folklórico, especialmente el de Andalucía, es muy extensa.

Dado el gran número de adivinanzas en su colección, se han seleccionado aquellas que mejor retratan al pueblo andaluz, ya que muchas de ellas son espejos del habla popular y la mayoría tiene la gracia y el salero típico de la región.

247
¿Qué cosa es
Que cuanto más se mira
Menos se ve?
(El sol)

249
Con vida estoy medio año;
Sin vida la otra mitad;
Ando siempre por el mundo
Y no me canso jamás.
(El sol)

253
Largas varetas,
Ni verdes ni secas,
Ni en agua regadas,
Ni en tierra sembradas.
(Los rayos del sol)

257
Por las barandas del cielo
Se pasea una doncella
Vestida de azul y blanco
Y reluce como estrella.
(La luna)

259
Una dama que anda siempre
Por tejados y azoteas;
Doce galanes la rondan,
A uno toma y a otro deja.
(La luna y los meses)

262
Un árbol con doce ramas,
Cada una tiene su nido,
Cada nido siete pájaros,
Y cada cual su apellido.
(El año, los meses y los
días de la semana)

263
Yo soy un gigante de grande valor;
Tengo doce hijos de mi corazón;
De estos doce hijos tengo treinta nietos;
La mitad son blancos, la mitad son prietos.
(El año, los meses, los días y las noches)

265
Muchas lamparitas
Muy bien colgaditas
Siempre encandiladas,
Nadie las atiza.
(Las estrellas)

268
En el cielo soy de agua,
En la tierra soy de polvo,
En la iglesia soy de humo
Y una telita en los ojos.
(La nube)

271
En la ventana soy dama,
En el balcón soy señora,
En la mesa cortesana
Y en el campo labradora.
(El agua)

273
Joza com' un cochino
Cochino no es;
Relumbra como plata,
Plata no es.
(El río)

275
Ayer vinieron,
Y hoy han venido;
Vendrán mañana
Con mucho ruido.
(Las olas)

276
De la tierra subí al cielo;
del cielo subí a la tierra;
No soy Dios, y sin ser Dios,
Como al mismo Dios me esperan.
(La lluvia)

279
Dios me mandó que volara
y le obedecí veloz;
y donde quiera que paso
Canta su gloria mi voz.
(El viento)

282

Tú qu'eres tan entendío,
y tan amigo e sabé,
Una piedra 'ncima 'el agua,
¿Cómo se pué sostené?
(El carámbano)

292

Chingüí, chinguao.
Antes que la madre saiga
Yastá'l hijo 'n er tejao.
(La llama y el humo)

293

Tan arto com'un pino
y pesa menos qu'un comino.
(El humo)

298

Dos arquitas de cristal,
Que abren y cierran sin rechinar.
(Los ojos)

299

Dos fuentes muy cristalinas
Están enmedio de un llano;
y cuando las fuentes manan
No está muy contento el amo.
(Los ojos)

310

En aquella cueva
Hay una espada
Desenvainada;
Que llueva, que no llueva,
Siempre está mojada.
(La boca y la lengua)

314

Guardada en estrecha cárcel
Por soldados de marfil,
Está una roja culebra
Que es la madre del mentir.
(La lengua)

315

Una serpiente feroz y ligera,
Que nunca se aparta de su madriguera
Y que, movida en su prisión,
A muchos les causa su perdición.
(La lengua)

326

Uno larguito,
Dos más bajitos,
Uno chico y flaco
Y otro gordonazo.
(Los dedos de la mano)

327

Panza atrás y alante espinazo.
Aciértamelo, cacho e ganso.
(La pantorrilla)

339

Por aquel camino va
Caminando quien no es gente;
Adivínelo el prudente,
Que el nombre se queda atrás.
(La vaca)

340

Tiene cuernos de buey y no es buey,
Ojos de buey y no es buey,
Patas de buey y no es buey;
Si yo no lo digo,
No lo acertareis,
(La vaca)

341

La boca es de carne,
La carne es de hierro;
También echa espuma,
Sin ponerla al fuego.
(El caballo)

353

No soy fraile ni soy monje,
Ni soy de ningún convento;
Mi traje es de franciscano
Y vegeto en el desierto.
(El conejo)

358

¿Cuál es la nombrada hembra
Muy ligera en su partida,
Que aunque macho haya nacido,
Es hembra toda su vida?
(La liebre)

359

Tiene ojos de gato, y no es gato;
Orejas de gato, y no es gato;
Patas de gato, y no es gato;
Rabo de gato, y no es gato.
(La gata)

360

Foliquiyo estaba buscando;
Rabo largo estaba mirando;
Si no fuera por el bujeriyo,
Qué hubiera sido del pobre de Foliquiyo?
(El ratón y el gato)

371

María Guiñapo
Parió un machacho,
Ni muerto ni vivo,
Ni hembra ni macho.
(La gallina y el huevo)

373

Un arquita muy chiquita,
Blanquita como la cal;
Todos la saben abrir,
Nadie la sabe cerrar.
(El huevo)

378

Sábana blanca,
Búburu es;
Quien no me l'acertere
Borrico es.
(El huevo)

379

Camison sin costura, bobilisca,
Aciértamelo, tontilisca.
(El huevo)

381

Madre me labró una casa
Sin puertas y sin ventanas,
Y cuando quiero salir,
Antes rompo la muralla.
(El pollo)

382

Crece y mengua y no es la mar;
Tiene corona y no es rey;

Tiene barbas y no es capuchino;
Tiene cascabeles y no es perro chino.
(El pavo)

385

Una pata con dos piés,
¿Es cosa que puede ser?
(La hembra del pato)

395

¿Cuál es un bicho
Que si te pica
No encuentras remedio
Ni en la botica?
(La víbora)

396

Dí la muerte al concebir
Al que me vino a buscar;
Cuya muerte he de pagar
Al tiempo de yo morir.
(La víbora)

400

Tan largo, tan largo,
Y con el rabito hace pindangos.
(El pez)

401

Estando quieto en mi casa,
Me vinieron a prender;
Yo quedé preso y mi casa
Por las ventanas se fue.
(El pez cogido en la red)

406

Por el aire va volando,
Sin plumas ni corazón;
Al vivo le da sustento
Y al muerto consolación.
(La abeja)

416

¿Quién es ese cabayero,
Er de las patas pelás,
Que toca er chiribití
y le dan de gofetás?
(El mosquito)

418
Un pájaro bolantín
Que canta en latín;
Ni lo entiende 'r sapatero,
Ni er sastre, ni er rey Rodrigo
Y toito 'r mundo lo tiene
Por su mayor enemigo.
(El mosquito)

424
Negro, negrete,
Y tiene cuatro piés como un banquete.
(El escarabajo)

429
En un cuartito
Barrido y fregado
Está Periquillo
Apatarracado.
(El escarabajo)

430
Tiene cabeza de vaca,
Tiene la cara de oso,
Tiene dientes en las patas
Y nace en un calabozo.
(El grillo)

440
Si la tiene, la buscas;
Y si no la tienes,
Ni la buscas ni la quieres.
(La pulga)

447
En el agua se cría,
En la calle se vende
Y en el campo se prende.
(La sanguijuela)

450
En el campo fue nacida
Y es el fuego mi alimento;
Donde quiera que me llevan
Es para darme tormento.
(La leña)

451
Berde 'n er campo,
Negro 'n la plaza

Coloraito 'n casa.
(El carbón)

460
De bronce el tallo,
Las hojas de esmeralda,
De oro el fruto,
Las flores de plata.
(El naranjo, las naranjas y el azahar)

464
Altos padres,
Chicas madres,
Hijos prietos,
Blancos nietos.
(Los pinos, las ramas, las piñas y los piñones)

469
Soy redonda como el mundo;
Al morir me despedazan,
Me reducen a pellejo
Y todo el jugo me sacan.
(La uva)

473
Vino cierto anciano un día
Y, ufano con su valía,
Me aseguró que en su nombre
Un gran misterio hallaría.
–En confusión me habéis puesto
Diga, anciano, la verdad.
–Diré que en primer verso
La veréis con claridad.
(El vino)

474
Oro parece,
Plata no es;
El que no lo acertere
Bien bobo es.
(El plátano)

475
¿Cuál es quella planta
Que seca agarra?
(La zarza)

479
Mi primera es madre
Y nunca ha parido;
Mi segunda es selva
Y a nadie dio abrigo;
Nace mi todo y no sabe andar
Pero por donde quiera se pone a trepar.
(La madreselva)

480
Soy yerba titiritera
Que me subo a las parés;
Echo las casas abajo.
¿Qué cosa cosita es?
(La hiedra)

482
Altos padres derriban los vientos;
Cámaras más de un ciento,
Sin ventanas ni postigos;
Ni lo aciertas ni lo digo.
(Las cañas)

492
En la Habana fui nacido
Y en el mundo consumido.
(El tabaco)

493
¿Cuál es la nombrada hembra,
Muy ligera en sus partidas,
Que, aunque macho haya vivido,
Es hembra toda su vida?
(La esparraguera)

498
Yo tengo er nombre d' artá;
Boy a misa, qu'es razón;
Er galan que lo supiere,
Lo tenga por discreción.
(La artemisa)

500
En er campo me crié,
Chiquita y abergonzada,
Y me arzaron los jarapos,
Por ber si estaba preñada.
(La lechuga)

502
Tiene dientes y no come;
Tiene barbas y no es hombre
(El ajo)

504
Una señora peinada,
Peinada a la virué;
Tiene dientes y no boca;
Tiene cabeza y no pies.
(El ajo)

505
Por las montañas de Jaca
Se pasea un montañés;
Tiene barbas y no brazos;
Tiene cabeza y no pies.
(El ajo)

506
Tamaño como una taza
Y tiene pelos en la panza.
(La cebolla)

507
Entre sábanas de holan
Y cortinas carmesí,
Parió la reina un infante
Más verde que el toronjil.
(La cebolla)

509
En el campo me crié,
Metida entre verdes lazos;
Aquel que llora por mí,
Ese me hace pedazos.
(La cebolla)

512
Tela sobre tela,
Paño sobre paño;
Como no lo aciertes,
No te lo digo en un año.
(La cebolla)

515
Fui al campo;
M' encontré un hombre sin brazo
Por sacarle el corazón
Le hice 'l cuerpo pedazos.
(El palmito)

517

Una cosa colorada'
Tiene pelos y no es lana;
Pica y la come el señor.
Usté qu' es tan resabido,
Adivine este primor.
    (El rábano)

519

Patio chiquito,
Patio regado;
Sale un negrito
Culi-empinado.
    (La berengena)

522

Colorín colirán
Pasó por la mar.
Si no te lo digo,
No lo acertarás.
    (El azafran)

523

Verde fue mi nacimiento
Y yo blanca me volví;
Las cinco llagas de Cristo
Se representan en mí.
    (La azucena, ó la flor jara)

524

Siete puñalitos tengo,
Sin ser la madre de Dios;
Tengo corona de espinas
Y no soy Nuestro Señor.
    (La rosa de pasión)

525

Yo se d' una campaniya
Que tan dequeito toca,
Que no la pueden oir
Na más que las mariposas.
    (La flor campanilla)

529

El alto Señor del cielo,
Por mostrar su maravilla,
Crió una planta en el suelo
Que por dentro tiene pelos
y por fuera las costillas.
    (La alcachofa)

532

Verde fue mi nacimiento,
Colorado me volví,
Y a la voz de pregonero
En la plaza me vendí.
    (El tomate)

534

Es verde y no es alcacer,
Es blanca y no es papel,
Es negra y no es carbón.
Aquel que me lo acertare
Será un buen acertador.
    (La sandía)

541

Dulce, blanca y amarilla,
A todito el mundo agrado.
¿Deseas saber quién soy?
Espera, ¿estás enterado?
    (La pera)

542

¿Qué es una cosa que espera
En nuestra sangre volverse?
Está verde por de fuera
Y también suele venderse.
    (La pera)

544

Una iglesita
Llena de gente,
No tiene puerta
Por donde entren.
    (La granada)

551

De casta de reyes vengo,
La nobleza me acompaña
Y del mismo nombre tengo
Una ciudad en España.
    (La granada)

554

En alto me veo,
Corona tengo;
Moros veo venir
Y no puedo huir.
    (La granada, o la bellota)

558

Blanco fue mi nacimiento
Y verde fue mi niñez,
Mi mocedad encarnada
Y negra fue mi vejez.
(La mora)

563

Yo me crio en Berbería
Y me compran los cristianos;
Si quieres saber mi nombre,
Es cosa que está en tu mano.
(La palma de dátiles)

565

En un cuarto muy oscuro
Cuatro piernas vi yo estar;
No son de persona humana,
Ni tampoco de animal.
(La nuez)

567

Ave tengo yo por nombre
Y es llana mi condición.
El que no me lo acertare,
Le digo que es un simplón.
(La avellana)

568

Tamaño como un pepino,
Y tiene barbas como un capuchino.
(La mazorca del maíz)

577

No soy Dios ni pienso serlo,
Ni la Virgen fue mi madre;
Quitándome el ser que tengo.
Soy tan Dios como Dios Padre.
(El trigo)

579

En mi trabajan
Mujeres y hombres;
ellos me muelen,
Ellas me escogen.
Allí donde entro
Gran contento doy
Y hay gran descontento
En donde no estoy.
(El trigo)

580

Soy pálido, seco, enjuto,
Y a todo el mundo doy gusto.
(El pan)

584

Iba yo por mi camino,
Sin querer me la jayé;
Me puse a buscarla,
No la encontré;
Como no la encontré,
Me la yebé.
(La espina)

587

El nombre tengo de perro
Y me llaman: "Sal aquí"
Y en las mesas de los grandes
Nada se hace sin mí.
(La sal)

589

El sabor de los sabores
Todo se ha encerrado en mí
Y me tratan como a perro
Y me dicen: "Sal aquí".
(La sal)

590

Soy preciso cual ninguno,
Porque a todas partes voy,
y siempre quieto me estoy,
En un silencio profundo.
Quien me pierde, se sofoca
Y nunca calla la boca
Hasta hallarme en este mundo.
(El camino)

591

Incapaz soy de llorar;
Doy amparo al peregrino;
Por mis ojos de continuo
Lágrimas corren al mar.
(El puente)

603

Un campo muy bien labrado,
Que no gasta reja ni arado.
(El tejado)

612

Una vieja remolona
Tiene un diente en la corona,
Y con aquel diente
Llama a la gente.
(La campana)

613

Entre paré y paré
Hay una santa mujé
Que con er diente
Yama a la gente,
Y con las muelas
A las mozuelas,
Con los cormiyos
A los chiquiyos.
(La campana)

624

La mitad del nombre mío
Doy con mi nombre a entender
Y la otra mitad se forma
Del nombre de una mujer.
(La ventana)

629

Tamaño como una cazuela,
Tiene alas y no vuela.
(El sombrero)

633

Peluz por de fuera,
Peluz por de dentro,
Alza la pata
Y métela dentro.
(El pantalón)

638

El mismo camino andamos
Y ni nos vemos ni nos encontramos.
(Los zapatos)

639

De día llenos de carne
Y por la noche con la boca al aire.
(Los zapatos)

641

En un cuartito oscurito
Duermen cinco pobrecitos.
(El zapato y los dedos del pie)

644

Dos hermanitos
Muy igualitos,
Que en llegando a viejecitos
Abren los ojitos.
(Los zapatos)

650

Prende más qu'un arguasí
Y es un galan muy sutí.
(El alfiler)

654

Delgada, gruesa o mediana
Y con los ojos de un tuerto,
Con las mujeres estoy
En la ciudad y en el huerto.
(La aguja)

662

Sin ser mulo de molino,
Cuando boy a trabajar
Voy con los ojos tapados
Y las patas a compás.
(Las tijeras)

702

De tós los cuatro elementos
Soy formado como Adan;
En donde quiera que hay gente
Tengo puesta mi posá.
(El cántaro)

708

Soy redonda como el mundo;
Clara, que eso no se diga;
Y me hacen de por fuerza
Que mi propio nombre escriba.
(La criba)

716

Tres sílabas tiene mi nombe,
Profundas y largas;
La primera asusta,
La segunda salva,
La tercera es yerba
De virtud muy rara.
(El bufete)

736

De ciento me hice preñada,
Y uno me hizo malparir;
Al tiempo de echar las pares
Un grande berrido dí;
Y tengo por diversión
Ver a los vivos morir.
(La escopeta)

737

Sale de su sepultura
Con la santa cruz a cuestas;
unas veces salva al hombre
Y otras la vida le cuesta.
(La espada)

738

En el monte ladra
Y en casa calla.
(El hacha)

739

De cabra y de leña soy
Y me obedecen temblando;
Que a muchos cuesta la vida
El no hacer lo que yo mando.
(El tambor)

742

Una salita entrelarga,
Y enmedio una celosía;
Cinco muertos la acompañan
Y un vivo les da la vida.
(La guitarra)

753

Hago papas y monarcas,
Príncipes y emperadores
Y hago, sin ser Jesucristo,
Peces, mujeres y hombres.
(El pincel)

755

Me hizo un hombre de arte;
Por mí el caudal más crecido
A veces se desmorona;
Yo de reyes no he nacido
Y tengo cuatro coronas.
(Los naipes)

757

Atar para andar,
Para andar desatar,
Para andar me pongo la capa
Y con ella no puedo andar.
(El trompo)

761

De forma igual que un cochino
Y le llora un ojo vino.
(La bota de vino)

764

Un galan enamorado,
De las damas muy querido,
Que nunca habló la verdad,
Ni en mentira lo han cogido.
(El espejo)

768

¿Cuál es aquel pobrecito
Que se está anda que te anda
Y no sale de su sitio?
(El reloj)

774

Juntos dos en un borrico,
Los dos andan a la par;
Uno anda doce leguas
Y el otro una no más.
(El reloj [el minutero y el horario])

778

No tengo ni un solo pelo;
Soy pálido, seco, enjuto;
Valgo poco y, sin embargo,
Mucho valgo y mucho gusto.
(El dinero)

779

Soy para el hombre preciso
Como el pan de cada día;
Soy su bien y su alegría
Y le sirvo de perjuicio;
Soy el origen del vicio
Y la noche la hago día.
(El dinero)

788

Cae de una torre y no se mata;
cae en el agua y se desbarata.
(El papel)

795
Blanca como la leche,
negra como la pez;
Habla y no tiene boca,
Anda y no tiene pies.
(La carta)

796
Una palomita
Blanca y negra;
Vuela sin alas
Y habla sin lengua.
(La carta)

797
Todos meten por mi boca
Mil secretos y noticias
Y los vuelvo a vomitar,
Sin quedarme ná en las tripas.
(El correo)

799
Una dama hermosa
Corre su fortuna;
Corta sin tijeras,
Cose sin aguja.
(La lancha)

803
Las trévedes son de agua
Y la olla de madera
Y la carne que está dentro
Está viva y se menea.
(El barco)

804
¿Quién es quien va caminando,
Que no es dueño de sus pies,
Que lleva el cuerpo al revés
Y el espinazo arrastrando;
Que los pasos que va dando
No hay nadie que se los cuente;
Cuando quiere descansar,
Mete los pies en su vientre?
(La barca)

806
Al campo fuí,
Corté una tabla
Y en cada casa
Qu' entré lloraban.
(El ataud)

808
El que la hace, la hace cantando
El que la busca, la busca llorando
El que la disfruta no la ve.
¿Qué cosa es?
(La caja de muerto)

809
Entre tabla y tabla
Hay un hombre que no habla.
(El muerto en la caja)

810
Diendo yo por un camino,
Una casa bí jacé;
Quien la jace no la goza;
Quien la goza no la be.
(La sepultura)

818
Ya me llevan, ya me traen,
Y es darme mayor tormento;
Porque el fuego en que abraso
Crece con el movimiento.
(El incensario)

822
No es de marfí ni de güeso
Y echa manteca por er pescueso
(La vela)

823
No es soldado
Y llega a cabo.
(La vela)

838
Enmedio del mar estoy,
No soy astro ni estrella,
Ni tampoco cosa bella.
Adivina lo que soy.
(La letra A)

845
Por más que en el cielo estoy
Y sin mí no hubiera fé,
Ando también por la tierra
Y en el infierno también.
(La letra E)

847
Soy la redondez del mundo;
Sin mí no puede haber Dios,
Papas, cardenales sí,
Pero pontífices no.
    (La letra O)

851
El burro la lleva a cuestas
Y ella es la mitad del bú;
En jamás la tuve yo
Y siempre la tienes tú.
    (La letra U)

852
En el cielo Dios me tiene,
Por más que en su nombre no;
En la iglesia estoy perene
Y en San Blas y en San León.
    (La letra L)

854
Principio del mundo soy
Y además el uno y trino;
Ni soy Dios, ni lo imagino,
Ni dejo de ser quien soy.
    (La letra M)

858
En alto se sube
Y no a predicar;
Toditos le piden
Y a todos les da.
    (El carnicero)

861
Agua bebo
Porque agua no tengo;
Que si agua tuviera,
Vino bebiera.
    (El molinero)

862
¿Quién es aquel caballero
que me causa maravilla,
Que mientras alzan la hostia
Está sentado en su silla?
    (El organista)

866
Con una B y una A
Y el crujir de una limeta
Tiene mi niña su nombre,
Sin que le falte una letra.
    (Beatriz)

867
Añade a la letra B
El romper de una limeta
Y sabras cómo se llama
La que a mí me desatienta.
    (Beatriz)

870
Con la cos d'una escopeta
Y la bos d'una campana,
En poniéndole dos letras,
Es el nombre de mi dama.
    (Costanza)

871
Detrás d'una esquina
Hay una tina
Yena de flores.
Si eres discreto,
Acierta mi nombre.
    (Florentina)

872
Con la cama d'un nabío
Y la casa ' un centinela
Se hace el nombre de mi dama
Sin que le falte una letra.
    (Margarita)

874
"Sí, mona mia, te quiero,"
Un galán aseguraba
Y a su dama así le daba
Astuto su nombre entero.
    (Simona)

875
Vi sentada en el balcón
Una bella ilustre dama;
Lee bien el primer renglón
Y verás cómo se llama.
    (Vicenta)

876
De Lúcas se quita el cas
Y de Isabel lo postrero
Y es el nombre de la dama
Con quien tuve amor primero.
    (Luisa)

884
Príncipe fui sin ser noble,
De un estado muy pequeño;
Me concedieron poder
De predicar sin ser clérigo;
Mi nombre lleva una silla
Donde me senté el primero.
    (San Pedro)

889
Cincuenta damas
Y cinco galanes;
Ellos piden pan y ellas piden aves.
    (El rosario)

893
Un rey le pidió a un criado
Lo que en el mundo no había
Y el criado se lo dío
Y él tampoco lo tenía.
    (El bautismo [Jesucristo y
        San Juan Bautista])

985
Hombre y mujer lo ejecutan;
Dos hombres pueden hacerlo,
Pero dos mujeres no.
Dímelo si eres discreto.
    (La confesión)

899
¿Qué cosa es cosa
Que entra en el agua y no se moja?
No es sol ni luna,
Ni cosa ninguna.
    (La sombra)

901
Yo soy hombre y soy mujer,
Yo soy mico y yo soy mica,

Soy árbol y soy cirprés;
Yo soy todo, porque todo,
Todito lo sé yo hacer.
    (La sombra)

903
Adivina, adivinanaza,
¿Cuál es el bicho que te pica en la panza?
    (El hambre)

905
¿Cuál es la que andando desmaya,
No gasta manto ni saya,
A todos nos pone en afrenta
Y en matándola queda contenta?
    (El hambre)

908
Larga y extendida soy;
A mí Dios no me crió;
El discreto más discreto
Que adivine quién soy yo.
    (La mentira)

909
¿Cuál es la cosa
Que encima de todo se posa?
    (El pensamiento)

910
¿Qué cosa es la más sutil
Y penetra por doquier,
Y se pone junto a tí
Aunque esté léjos de tí?
    (El pensamiento)

933
Tres pájaros en una 'zotea,
Matando dos, ¿Cuántos quean?
    (Los dos muertos: el otro se va)

934
Dime, si eres entendido,
Esto cómo puede ser:
Ni tres son menos que cuatro,
Ni dos son menos que tres.
    (El número de letras de tres y dos)

935

Dos son tres si bien se advierte
Tres son cuatro si se mira;
Cuatro seis y de esta suerte
Seis son cuatro sin mentira.

    (El número de letras de dos,
      tres, cuatro y seis)

936

Un gavilán iba cazado,
Muchas palomas volando.
—¿Cuántas vais?—Las que vamos,
Otras tantas de las que vamos,
La mitad de las que vamos,
La cuarta parte de las que vamos,
Y usté, señor gavilán,
Componen ciento cabal.

    (36 + 36 + 18 + 9 + 1 = 100)

A. 1910—Ignacio del Alcázar

Alcázar, Ignacio del. *Colección de cantos populares.* Madrid: Antonio Aleu, 1910. 381 p.

Poco se sabe de la vida del autor de esta colección de adivinanzas. En el prólogo a su colección Alcázar reconoce la gran labor de Rodríguez Marín y de los que le precedieron en la recopilación de adivinanzas y otras muestras del folklore. Alcázar sigue "la misma ordenada marcha que Rodríguez Marín en el suyo; las variantes son pocas. Una de éstas es . . . de los 'cantos de cuna,' las rimas religiosas." (p. 7)

La *Colección de cantos populares* contiene 699 adivinanzas con amplias notas y comentarios sobre las mismas al final de la colección. Principalmente se refiere a manera de comparación a las colecciones españolas de Pérez Herrera, Demófilo y Rodríguez Marín. De otros países cita las colecciones en lengua francesa de Roque–Ferrier y Rolland y las italianas de Pitré y Giandrea.

428
¿Qué cosa es
el castillo de Chuchurumbé
que cuanto más se mira
menos se ve?
  (El sol)

438
Por las barandas del cielo
se pasea una doncella
vestida de azul y blanco
y reluce como estrella.
  (La luna)

440
Una dama que anda siempre
por tejados y azoteas,
doce galanes la rondan,
a uno toma y a otro deja.
  (La luna y los meses)

442
¿Cuál es el árbol que tiene doce ramas
y cada rama tiene su nombre?
Como no me lo aciertes, no eres hombre.
  (El año y los meses)

464
En altas torres
tocan tambores;
en salas bajas
bailan madamas.
  (La tempestad, los truenos, las
  gotas de lluvia saltando en los charcos)

467
Soy muy chica y muy ligera;
y a pesar de esto, es muy cierto
que no puede ningún vivo
tenerme un ratito en peso.
  (El ascua)

473
Chingüi, chinguao (?).
Antes que la madre salga
ya 'stá 'l hijo 'n er tejao.
  (La llama y el humo)

481
En dos estrados redondos
dos señoras vi yo estar,
rodeadas de mil guardias
y moviéndose al compás.
  (Los globos de los ojos, las niñas, las pestañas)

493
Entre gazapa y gazapa
hay una cosa chata;
que llueva, que no llueva,
siempre está mojada.
    (La boca y la lengua)

496
Una señorita
muy enseñorada
que siempre va en coche
y siempre va mojada.
    (La lengua)

507
Hay en una plaza nueva
un monte y en él dos cuevas;
más abajo, su hondo pozo,
que tiene su brocal rojo;
altas ventanas iguales;
en ellas dos niñas cucas,
que por entre sus cristales
todo lo ven y todo lo cucan.
    (La cara, la nariz y sus ventanillas, la boca
    y los labios, los ojos y las pupilas)

511
He bebido agua,
que ni del cielo llovida,
ni de la tierra nacida.
    (El sudor)

518
Dos ciris ciris,
dos miras miras,
dos vayas vayas,
cuatro andaderas
y una zurriaga.
    (El buey [cuernos, ojos, orejas, patas y
    cola])

527
¿Cuál será aquel animal
que rebuzna y no es borrico,
que en la cara y el hocico
y en el cuerpo es todo igual;
que trabaja irracional
y lo que come merece,

tiene de burro la cara,
no es borrico y lo parece?
    (La burra)

532
Reondo, reondo,
canasta e colá;
se jase con leche,
se come con pan.
    (El queso)

539
En el campo me crié
triste muchacho mancebo,
y padezco los martirios
de Bartolomé y Lorenzo;
no soy ángel ni demonio,
ni puedo entrar en el cielo.
    (El conejo)

556
Una iglesia blanca,
sin puerta ni tranca;
no entra en ella luz ninguna,
ni de vela, ni de sol, ni de luna.
    (El huevo)

557
Un papé de niquinaca
metido en otro papé;
er galan que l' asertare,
bigotes ha de tené.
    (El huevo)

561
Camisón sin costura, bobilisca,
aciértamelo, tontilisca.
    (El huevo)

565
Largo, largo,
maldito lo que valgo.
    (La cigüeña)

568
Hablo y no pienso,
lloro y no siento,
río sin razón
y miento sin intención.
    (El loro)

571

Una cosa redondita,
toda llena de ramajos
y en el medio unas leñitas.
¡A que no me lo aciertas en un año!
(El nido)

572

Una dama en un verde prado,
que tiene un vestido
de seda bordado.
(La culebra)

579

Ni tengo ni tuve madre;
yo mismo maté a mi padre,
y soy de condición tal,
que tiene pena de la vida
el que llego yo a mirar.
(El basilisco)

593

¿Cuál es el bicho curioso
que no tiene párpados en los ojos?
(El cigarrón)

594

Grandes patazas,
chicas manitas,
lindos colores
en mis alitas;
salto y no sé
donde caeré.
(El cigarrón)

597

Soy negra, aunque no de Europa,
aunque en Europa me crio;
no soy buena para el frío;
para el calor soy la propia.
Soy aguda y diligente
en cosas de mi provecho;
el que me quiere comprar,
con esta facha me vendo. (?)
(La mosca)

598

¿Quién es ese cabayero,
er de las patas pelás,
que toca er chiribiti
y le dan de gofetas?
(El mosquito)

600

Un pájaro bolantín;
que canta en latín;
ni lo entiende 'r sapatero,
ni er sastre, ni er rey Rodrigo,
y toito 'r mundo lo tiene
por su mayor enemigo
(El mosquito)

607

El pajarito chuchurumbete
tiene cuatro patas y no es banquete;
husma y no es podenco;
hace tinajas y no es tinajero.
Aciértalo, compañero.
(El escarabajo)

609

Tiene cuatro pies y no es carnero;
tiene golilla y no es escribano;
toca el clarín y no es clarinero;
hace albondiguillas y no es cocinero.
(El escarabajo)

612

Tiene cabeza de vaca,
tiene la cara de oso,
tiene dientes en las patas
y nace en un calabozo.
(El grillo)

615

El bichito cucurumete
abre la puerta y se mete;
tiene corona y no es dorado;
tiene cerguillo y no es licenciado;
hace tinajas y no es alfarero;
está tiznadillo y no es carbonero,
y de noche toca el harpa,
y pasa el río sin barca.
(El grillo)

616

Soy chiquita, soy medrosa,
y tengo miedo del bú;
Así apenas anochece,
cuando me enciendo mi luz.
   (La luciérnaga)

635

Simili serba
cantaba la perra.
Un arbolito
d' esta manera:
con muchas frutitas
por dentro amariyitas
y amariyitas por fuera.
   (El ciruelo y las ciruelas)

643

Tronco de bronce,
hojas de esmeralda,
fruto de oro,
flores de plata.
   (El naranjo, las naranjas y el azahár)

658

De día, mata;
de noche espanta.
   (Tomillo, romero, támara, etc.)

659

Tamaño com' un bacalao
y tiene 'pinas a los laos.
   (La pita de tuna)

666

Alta, más alta,
De bóvedas más de un ciento;
aquel que me lo acertare
tiene un gran entendimiento.
   (La caña)

667

Alta, delgada,
moza sin ventura;
muchos aposentos
y puerta ninguna.
   (La caña)

670

Mil y mil hijos,
y todos con pie de albillo.
   (Los juncos)

678

Nacido en el campo fue
y planta soy de la tierra;
si no me cogen a tiempo,
de macho me vuelvo hembra.
   (El espárrago)

679

Ya vienen las madres monjas
con las hopalandas puestas
y los picos colorados,
para beberse el aceite
que tenemos preparado.
   (Las espinacas)

683

¿De qué te sirve ser verde,
si son negros tus colores?
Si fueras rosa encarnada,
o blanca como otras flores,
yo to pondría en mi pecho,
pues sirves en ocasiones (?) .
   (La hierba buena)

710

En el campo me crié
y con el calor me agacho;
si se tardan en cogerme
de hembra me vuelvo macho.
   (La alcaparra)

713

En el campo me crié
sin ser hombre ni mancebo,
me hacen pasar los martirios
de Bartolomé y Lorenzo.
   (El pimiento)

725

Redondo soy como el mundo,
pero mucho más pequeño;
soy de Ronda natural;
que sepas mi nombre espero.
   (El pero)

735
¿Cuál es una fortaleza
toda llena de soldados
vestidos de colorado
con huesos y sin cabeza,
de insignia real adornados?
(La granada)

737
En alto me veo,
corona tengo;
moros veo venir
y no puedo huir.
(La granada, o la bellota)

739
Un gëbecito prieto,
con su güebero,
y que tiene muy arto
su poneero.
(La bellota)

749
Más de cien vecinos
cada uno en su sala,
que nunca se juntan
y nunca se hablan.
(Las nueces en el árbol)

758
Millares de hermanos
rubios como yo,
le damos la vida
al que nos tiró.
(El trigo)

761
Más de veinte mil hermanos
entran por un agujero,
toman el nombre de hembra,
pues el de varón perdieron.
(Los granos del trigo, al hacerse harina)

766
Puerto de Santa María,
nave de buena esperanza;
yo fui quien traje a mi Dios

tanto tiempo en mis entrañas.
No soy la Virgen María
ni soy ninguna santa,
y tengo casi por cierto
que he de morir quemada.
(La paja)

768
Diendo yo por un camino,
me la jayé;
eché mano a buscarla,
no me la jayé;
como no me la jayaba,
me la jebé.
(La espina)

777
Encerrada siempre estoy
en invierno y en verano
y sólo me dejo ver
del médico o cirujano.
(La cañería)

779
En una arboleda
muy entretegida
yo vide ordenanazas
de cuerpos muy vanos,
sin pies y sin manos,
sin alma y sin vida;
iban de corrida,
iban de estampida
y suben y bajan,
y luego vomitan
aquella bebida.
(Los cangilones de la noria)

781
Largo larguillo,
como un budillo;
redondo, redondo,
como un ovillo.
(El pozo)

785
Tamaña com'una hogaza de pan
y pega boces en er corrá.
(El carrillo del pozo)

791
Corre que te corre
y nunca traspone.
(La piedra del molino)

797
Yo he visto un cuerpo sin alma,
dando voces sin cesar,
puesto al viento y al sereno
en ademán de bailar.
(La campana)

800
En una cumbre me ponen
para que el aire me dé;
sirvo de guia a los hombres
y me sostengo en un pie.
(La veleta)

806
Tan larga como una soga
y toda la casa adorna.
(La cinta del encalado)

808
Yo nací de verde pino,
soy venerada en la corte
y rondada de señores
y a muchos saco de tino.
(La celosía)

809
Mi tío va, mi tío viene,
y en el camino se detiene.
(El cerrojo)

812
Tamaño como una cazuela,
tiene alas y no vuela.
(El sombrero)

813
Arto y más arto,
reondo com'un plato,
negro como la pez.
¿A que no m'aciertas lo que es?
(El sombrero)

816
Peluz por de fuera,
peluz por de dentro,
alza la pata
y métela dentro.
(El pantalón)

823
En un cuartito oscuro
meten y sacan a Juan desnudo.
(El zapato y el pie)

826
Antes de comer carne, comí palo;
por fin llegué a caer malo,
me llevaron al hospital
y el cirujano fue tal,
que, para que más viviera,
dispuso que otro muriera
que tenía el mismo mal.
(Los zapatos)

830
Tamaño com'un ochabo
y gasta carzones de paño.
(El botón forrado)

831
Un matrimonio
muy igualito,
de día juntos,
de noche repartidos.
(El corchete y la corcheta)

847
Una dama está en faldetas
y un galán está bailando
y al son de las castañetas
las tripas le van sacando.
(La rueca y el huso)

848
Dos amantes van volando
una vieja los cogió
y, por vestir al desnudo,
al vestido desnudó.
(Los husos)

855
Cuatro suben
cuatro bajan;
siempre corren
y nunca se alcanzan.
    (El telar)

859
Un mocito muy rubito
y tiene muchos ricitos.
    (El estropajo)

868
Mi comadre la negriya
ba caminito e Sebiya
en un borrico e tres pies.
Aciertáme lo que es.
    (La sartén sobre las trévedes)

874
Tamaño como un plato
y tiene cuernos cuatro.
    (El velón de cuatro mecheros)

876
Encima 'un pie me mantengo
y mantengo cuatro bocas;
y pá darme de comé
Media barriga me cortan.
    (El velón)

885
De to's los cuatro elementos
soy formado como Adan;
en donde quiera que hay gente
tengo puesta mi posá.
    (El cantero)

889
De barro soy como Adan;
en mí no cupo pecado;
no hay obispo ni prelado
que no ponga el ojo en mí
y mire con cuidado.
    (El vaso para proveerse)

892
En el campo fue criada,

en verdes matas nacida,
y, sin saber escribir,
todos le dicen que escriba.
    (La criba)

893
Perico va,
Perico viene
y mucho ojo
en él se tiene.
    (El peso)

926
Cien amigos tengo,
to's en una tabla;
si yo no los toco,
eyos no me hablan.
    (Las teclas del piano u órgano)

929
Ebajo e la terra estoy
enseñando la comía;
er que la benga a probá
ha de costarle la bía.
    (La costilla para cazar pájaros)

944
De forma igual que un cochino
y le llora un ojo vino.
    (La bota de vino)

945
Una moza
fue a Zaragoza;
fue preñada
y volvió moza.
    (La bota de vino)

950
Limpio, claro, acrisolado,
es mi ser, y aunque estoy muerto,
en toditas mis acciones
alma parece que tengo;
si se rien, yo me río;
si lloran, hago lo mesmo;
sólo me falta el hablar:
en lo demás estoy diestro.
    (El espejo)

951

Pobre yo soy
y a todas horas
los cuartos doy.
(El reloj)

962

No tengo ni un solo pelo;
soy pálido, seco, enjuto;
valgo poco y, sin embargo,
mucho valgo y mucho gusto.
(El dinero)

964

Yo soy de fuerte calibre,
aunque de hembra es mi nombre,
y doy valer a los hombres,
aunque sean los más ruines;
yo guardo del rey los fueros
y guardo todas las leyes
y traigo dieciseis reyes
en mi cuerpo prisioneros.
(La onza de oro)

966

Tiene hojas y no es nogal;
tiene pellejo y no es animal.
(El libro)

968

Vestida nací,
por más gentileza;
cortáronme gentes
mi pobre cabeza;
ando por el mundo
gimiendo y llorando
y con lágrimas negras voy hablando.
(La pluma)

969

En un prado blanco
divino y de ver
un alma sin cuerpo
la vi padecer;
el pico lo lleva,
lo lleva arrastrando,
y lo que ha bebido
lo va vomitando.
(La pluma)

971

Fui a la feria de Zafra,
compré una taza de sopas,
con su agete, su canagete,
su ajón y su canajón.
(El tintero)

980

Una palomita
blanca y negra;
vuela sin alas
y habla sin lengua.
(La carta)

984

Soy alto y hermoso
y ando a la ventura;
por do paso corto,
coso sin costura.

985

Uso abuja sin coser,
corto sin tijeras
y ando sin pies.
(El barco)

989

Tamaño como un pilar,
come carne y no come pan.

1008

Una dama muy delgada
y de palidez mortal,
que se alegra y se reanima
cuando la van a quemar.
(La vela)

1018

Como hermanas siempre andamos
al misterio de la fe
y en llegando medio día
nos encierras a porfía
y no nos vuelven a ver
hasta el alba de otro día.
(Las vinajeras)

1020
Cinco maromas
son las que atraviesan
el cielo y la tierra
y llegan a Dios
con sus veinte compañeras.
    (El abecedario [vocales y consonantes])

1036
En el cielo Dios me tiene,
por más que en su nombre no;
en la iglesia estoy perene
y en San Blas y en San León.
    (La letra L)

1041
Yo vide a un hombre llevar
un burro sobre sus hombros
y sobre el burro una dama
que su cuerpo era redondo,
con una alberca en el fondo
donde la dama se baña,
y al compás de una guadaña
enflaquece al que está gordo.
    (El amolador y su máquina)

1051
Añade a la letra B
el romper de una limeta
y sabrás como se llama
la que a mí me desatienta.
    (Beatriz)

1066
Un difunto está en la tierra
que su madre no nació;
y en el vientre de su abuela
dicen que se sepultó,
siendo su abuela doncella
cuando el difunto murió.
    (Abel)

1085
Yo soy hombre y soy mujer,
yo soy mico y yo soy mica,
soy árbol y soy ciprés;
yo soy todo, porque todo,
todito lo sé yo hacer.
    (La sombra)

1086
Siempre voy en tu compaña,
en tu compaña voy siempre,
unas veces como paje,
como galán otras veces;
y si en las noches oscuras
a pasearte salieres,
no te podré acompañar,
porque el sereno me ofende.
    (La sombra)

1092
Larga y extendida soy;
a mí Dios no me crió;
el discreto más discreto
que adivine quién soy yo.
    (La mentira)

1097
Una perla bien encasquillada;
el casquillo no vale nada,
el platero que la hizo da por disculpa
que si la perla se pierde
el casquillo tiene la culpa.
    (El alma y el cuerpo)

1100
¿Qué cosa será
y es de entender,
que cuánto más le quitan,
más grande es?
    (Un hoyo)

1103
Si lo haces,
tienes que hacerlo;
y, si no lo haces,
te lo hallas hecho.
    (Si te desnudas, tienes que vestirte,
    y, si no te desnudas, te hallas vestido)

1122
De tres madres fui nacido,
de un sólo padre engendrado,
antes de nacer comido
y en una fuente lavado.
    (Un huevo de gallina fue tragado por una
    culebra; muerta ésta por un aperador—
    autor de la adivinanza—extrajo el huevo,

lo lavó y lo puso entre otros a una gallina
clueca. Figura hablar el pollo que salió de
tal huevo.)

1126
Salí, que no saliera;
Dejé, que no quisiera;
tiré lo que vi,
maté lo que no vi,

comí carne asada
con palabras consagradas,
mejor sea el tronco que la raíz.
Dáme la respuesta, bella emperatriz.
   (Un fraile al salir del convento dejó engan-
chado en una astilla de la puerta un trozo
de su hábito; tiró una piedra a una liebre y
mató a otra, a la cual no había visto; la asó
haciendo lumbre con el brevario)

B. 1923—Aurelio Espinosa

Espinosa, Aurelio M. *Cuentos populares españoles.* 3 tomos. Palo Alto: Stanford University, 1923–1926.

Aurelio M. Espinosa nació en los Estados Unidos de padres neomexicanos. Se dedica a la investigación literaria y ya para principios del siglo publica ediciones críticas sobre la obra de Echegaray. No obstante, su gran aportación al mundo hispano es su producción en el campo del folklore de Nuevo México de los Estados Unidos. Este aspecto se comenta en mayor detalle en el apartado que trata las adivinanzas de los Estados Unidos.

Debido a su interés profesional, Espinosa pasó unas temporadas en España coleccionando cuentos y romances españoles. De estas colecciones, y en particular de su obra *Cuentos populares españoles,* se entresacan cuentos con rasgos de adivinanza.

El cuento-adivinanza, o lo que Lehmann–Nitsche ha llamado adivinanzas del grupo narrativo, es menos frecuente en el folklore hispano que el de construcción poética. Este tipo de adivinanza se narra en forma de cuento. En la mayoría de los casos el cuento adivinanza tiene que ver con una persona de humilde condición que logra proponerle una adivinanza a otra persona, por lo general de mejor condición social, y que éste no logra contestar. Como premio por haber hecho una adivinanza de difícil solución el autor de ésta se salva de un severo castigo y a la vez logra obtener un premio. Este tipo de cuento–adivinanza se llama *neck–riddle* en inglés o como lo ha llamado Wossidlo: *Halslösungsrätsel* (adivinanza salvavidas).

En algunos casos los cuento–adivinanzas se encuentran reducidos a formas escuetas, es decir, existen versiones abreviadas en forma de versos.

Uno de los coleccionistas que ha reunido una extensa colección de cuento–adivinanzas es Rafael Ramírez de Arellano de la República Dominicana.

◆ La Adivinanza del Pastor

5
El acertijo
   Pue seño, que éste era un rey que tenía una hija y echó un bando que er que le echara a la princesa un acertijo que ella no pudiea acertá se casaba con ella, y que a too lo que ella les acertara los acertijos los matarían. Y como la princesa era mu guapa de toa parte venían

muncho príncipe y conde a decile acertijo a la princesa pa vé si se casaban con ella. Pero a too les acertaba ella los acertijo y a too les daban la muerte.

   Güeno pue a eso había un pastó que vivía con su mare cerca der palacio y va y le dice a su mare:—Mare, apáñeme uté la merienda que vi a decile a la princesa un acertijo que no puea acertá pa vé si me caso con ella. Y la mare le dijo:—Mía hijo, que no diga tontería. ¿Cómo va tú a decile un acertijo que ella no puea acertá cuando les ha acertao los acertijo a toos eso grande señore que han ido ya? Y é le dijo:—Mare, no me importa. Apáñeme uté la merienda y yo iré buscá la burra pa marcharme ar palacio.

Güeno, pue jué la mare y le apañó la merienda y le envenenó tre pane pa que muriera en er camino mejó que lo horcara er rey. Y jué y cogió su escopeta y montó en la burra que se llamaba Panda y se marchó. Y salió de pira por un monte a cazá y se levantó una liebre y le tiró y no la mató. Pero mató otra liebre a la cual no le había tirao. Y va y dice:—Pue ya llevo yo parte der cuento. Tiré ar que ví y maté ar que no ví. Y entonce jué y esolló la liebre y le sacó lo gasapos y los asó. Y depué que staban y bien asao se lo comió. Y dice entonce:—Pue ya llevo la otra parte der cuento. Comí de lo agendrao, ni nació ni crió.

Pero mientra é staba comiéndose lo gasapo la burra Panda jué y se comió lo tre pane que staban envenenao y se envenenó y se murió. Y llegaron tre grajo y comieron de la burra muerta y también se murieron. Y cuando vido que se había muerto la burra porque se había comido lo panes envenao dijo:—Güeno, pue ya tengo pa acabá er cuento que le vi a decí a la princesa. Mi mare mató a Panda, Panda mató a tre.

Conque entonce coge y se va de pira par palacio. Y llega y pide permiso pa entrá a hablá con la princesa. Y le dicen que suba. Y sube ar cuarto e la princesa y le dice este a-certijo:

> —Tiré ar que ví,
> maté ar que no ví.
> Comí de lo agendrao,
> ni nació ni crió.
> Mi mare mató a Panda,
> Panda mató a tre.
> Aciérteme uté lo que é.

Y la princesa venga que venga a discurrí pero no pudo acertá er cuento. Y cuando er rey vido que su hija no podía acertá er cuento

dijo:—Güeno, pue que le den a este seño una cama pa dormí que la princesa tiene tre dia pa acetá. Y le dieron una cama pa que durmiera.

Y la primera noche la princesa envió a su doncella ande staba durmiendo er pastó a vé si conseguía que le dijera er cuento. Y jué la doncella y llegó a la cama der pastó y le dijo:—Señó, vengo a que me diga uté er cuento. Y durmió er pastó con la doncella esa noche pero no le dijo er cuento. Y a otro día se alevantó la doncella y se jué ar cuarto e la princesa y la princesa le dijo:—Güeno, ¿te ha dicho er cuento? Y aquella le contestó:—No, señorita, que he dormío toa la noche con é, pero no me ha querido decí er cuento.— Güeno, pue esta noche va otra doncella,— dijo la princesa.

Y jué la segunda noche otra doncella y llegó a la cama der pastó y le dijo:-Vengo a que me diga uté er cuento. Y er pastó le dijo que se acosatara con é, que ya vería si se lo decía o no. Y durmió con ella toa la noche pero al otro día cuando ella se alevantó no le quiso decí na. Güeno, pue entonce la segunda doncella se fué mu aflegida ande staba la princesa y le dijo:—Señorita, a qué no hay quien le saque er cuento. Toa la noche he dormío con é pero no me ha dicho na. Y entonce como ya sólo fartaba una noche má pa acertá o casase con er pastó jué la princesa misma a la cama der pastó a vé si le decía er cuento.

Conque llega y le dice:—Güeno, pue aquí vengo yo misma a que uté me diga er cuento. Y é le dice:—Si duerme uté conmigo esta noche mañana se lo digo. Güeno pue dijo ella que staba güeno y se acostó a dormí con é. Y cuando staba en la cama le dijo é:—Güeno, pero pa dormei conmigo tiene uté que quitase la camisa. Y se quitó ella la camisa y se la puso er pastó. Y entonce le dijo:—Y también tiene uté que darme un anillo con su nombre. Y le dió ella el anillo. Y durmió con er pastó toa la noche. Y otro día cuando ella se alevantó le dijo:—Güeno, pue ya se ha cumprido too lo que uté quería; ahora dígame uté er cuento. Y er pastó se lo dijo.

Entonce, ¿qué hace ella? Pue va y le dice a

su pare:-Pare, ya sé er cuento y se lo pueo acertá ar pastó. Y llamó er pare ar pastó y le dijo:—Dice la princesa que ya sabe er cuento y que va a acerta. Y se sentó er pastó y la princesa se lo acertó como é se lo había dicho. Güeno, pue entonce er pare dijo:-Pue ya no hay má remedio que quitale a uté la vida. Y er pastó no decía na. Pero una hora ante de que lo llevaran a matalo le dijo ar rey:—Su real Majestá, ¿me permite uté decí do palabra? Y er rey dijo que sí, que dijera la do palabra., Y dice é:—Pue, misté, señó rey, que la primera noche que dormí en palacio jue a verme una blanca paloma. Y yo le pregunto a uté? Si hubiera ido a vele a su cama una blanca paloma ¿qué hubiera hecho uté? Y er rey contesta:—Pue dormí con ella. Y entonce dice er pastó:—Pue, su real Majestá, eso he hecho yo. Y entonce dice:—Y si hermosa era la blanca paloma que jué a verme la primera noche más hermosa era la que jué la segunda noche. Y yo le pregunto a uté. Si esa segunda blanca paloma hubiera ido a vele a uté, ¿qué hubiera hecho uté? Y contesta er rey:-Pue dormí con ella. Y er pastó dice entonce:—Pue su real Majestá, eso he hecho yo. Y entonce dijo:—Pero la tercera noche jué a veme su hija, que e muncho más hermosa que las otra do y con ella dormí también. Y er rey le dice entonce:—¿Tú dice que ha dormido con mi hija? ¿Qué preba tiene? Y er pastó se esabrochó la pechera y sacó la camisa e la princesa y aluego sacó el anillo con su nombre de ella. Y er rey ar vé eso le preguntó a la princesa si era verdá que había dormido con er pastó. Y como no lo pudo negá tuvo que decí que sí. Y er rey entonce mandó arreglá la boda y se casó er pastó con la princesa.

C. César Morán Bardón

Morán Bardón, César. "Acertijos. Colección recogida directamente del pueblo." *Revista de Dialectología y Tradiciones Populares* XIII (1957) 299-364.

No se ha podido conseguir datos biográficos del coleccionista. La colección de Morán Bardón costa de 489 adivinanzas.

2

Soy un gigante
de gran valor;
tengo doce hijos
de mi corazón;
de esos doce hijos
tengo treinta nietos;
la mitad son blancos,
la mitad son negros.
    (El año con meses, días y noches)

4

Chiquito, chiquito
como un ratón;
cuanto más le quitan,
más grandón.
    (El argadillo)

6

Le dirás a tu notario
que encontré el pescado
que tanto buscaba.
¿Cuál es el pescado?
    (El atún)

7

¿Qué dirás que es,
que te da en la cara,
y no lo ves?
    (El aire)

9

En medio del mar me ponen,
a orilla del ascua me arriman,
y lloro mi desconsuelo,
porque nunca podré entrar
en el reino de los cielos.
    (La letra "A")

11
Aguar pasó por mi puerta,
diente de mi corazón;
el que conmigo no acierte,
es un gran borricón.
   (Aguardiente)

14
¿Cuál es el ave que vuela más alto?
   (El ave María)

19
Un cántaro lleno de algo,
¿Qué es con lo que menos pesa?
   (Con agujeros)

24
Muchas señoritas
en una sala
asoman la cabeza
por la ventana.
   (Las abejas)

25
Un hombre murió sin causa,
y su madre no nació,
y su abuela estuvo virgen
hasta que el nieto murió.
   (Abel)

29
Tiene dientes y no come,
tiene barbas y no es hombre.
   (El ajo)

30
Alí y su perro Can
fueron a tomar un té
a la ciudad que le dije a usté.
   (Alicante)

38
Dábale arroz
a la zorra Juanilla;
Empiezo por a y acabo con z,
y no soy cartilla.
   (Arroz)

43
En la ventana soy dama,
en el balcón soy señora;

en la mesa, cortesana,
y en el campo, labradora.
   (El agua)

45
¿Cuál será la muy mentada
que se halla al fin de la vida,
no halla en el mundo cabida
ni en el cielo tiene entrada,
que no se encuentra en los meses
y en la semana dos veces?
   (La A)

48
El mundo me es buen testigo
de que, dividido en partes,
aunque junto nada digo,
enseño al mundo las artes,
si trata mucho conmigo
   (El alfabeto)

53
¿Qué es, qué es,
que pasa por tu puerta
y no lo ves?
   (El aire)

54
En las manos de las damas
casi siempre estoy metido,
unas veces estirado,
otras veces encogido.
   (El abanico)

58
No tengo nada de linda
ni tengo nada de coja,
y entre el telar y la casa
me paso la vida toda.
   (La araña)

59
¿Cuál es el vegetal
que, leído al revés,
resulta un animal?
   (Arroz, que resulta zorra)

61
¿Quién es el hombre que más se enfada?
   (El afilador, que echa chispas)

63

¿Qué le dijo una manta a otra?
(Somos de abrigo)

64

Verde fue mi nacimiento,
y de luto me vestí;
las ruedas me atormentaron,
y oro fino me volví.
(La aceituna)

66

¿Cuál es el ave que tiene más letras?
(El abecedario)

69

Chiquito como una uña,
y refunfuña.
(El ajo en la sartén)

72

¿Qué cosa cosita es,
que cuanto más le quitan mayor es?
(El agujero)

79

Blanco fue mi nacimiento;
me pintaron de colores;
he causado muchas muertes
y empobrecido a señores.
(La baraja)

83

El caballo blanco de Napoleón,
¿de qué color era?
(Blanco)

84

En un cuarto muy fregado
hay dos filas de soldados.
(La boca y los dientes)

88

Mándanme echar en remojo,
aunque no para comerme;
el deshacerme es hacerme,
y suele causar enojo
a muchos el no tenerme.
(La barba)

96

Pozo hondo, soga larga,
si no se dobla, no alcanza.
(La boca y el brazo)

105

Hembra soy que, por la posta,
ando diversos caminos;
los hombres, bastos y finos,
se divierten a mi costa;
en una prisión angosta
me meten sin compasión,
y todos estos tormentos
me los dan por diversión.
(La bola de billar)

108

Al nombrar una beata
y al romper una luneta,
se hace el nombre de una dama,
pero que no me lo aciertas.
(Beatriz)

113

Una dama de linda lindeza
con doce galanes
se sienta a la mesa;
uno la toma,
otro la deja;
con todos se casa,
y queda doncella.
(La botella)

114

¿Cuál es el animal más glotón?
(La ballena, que a pesar de estar llena,
sigue comiendo)

121

Veo dos hombres que van
cantando. ¿Cómo están?
(Beodos)

140

En Granada hay un convento
con muchas monjitas dentro;
más arriba, dos espejos;
más arriba está la sala
donde pasean los viejos.
(La cabeza humana)

144

De cien pollos,
metí dos en un cajón,
¿Cuántas patas y picos son?
 (Cuatro patas y dos picos)

147

Cien patos van a Pamplona
con una pata sola.
 (Con una hembra sola)

152

Doy descanso, doy tormento
al bueno y al desleal,
y el hombre más principal
quiere en mí dejar su aliento
y su vida natural.
 (La cama)

153

Tengo la cabeza gorda,
me sustento con un pie,
y es tanta mi fortaleza,
que a Dios-Hombre sujeté.
 (El clavo)

154

No tiene pies, y corre;
no tiene dedos, y lleva anillos.
 (La cortina)

163

Fui a la plaza,
compré en ella,
vine a mi casa
y lloré con ella.
 (La cebolla)

190

Encontré una pastora
pelada, muda y pancicuda,
que tenía unos hijos
pelados, mudos y pancicudos.
 (La culebra)

208

No tengo vientre,
tan sólo un pie;
ando por tierras y mares,
y, para mayor fama mía,

a mi Señor agarré.
 (El clavo)

209

Un hombre muy pequeñito,
colgadito a una pared,
con el moquito asomando,
dando luz a una mujer.
 (El candil)

212

Todo aquel que me levanta
quiere hacer a otro caer;
no es justo mi proceder,
ni vivo como una santa,
y hago a muchos padecer.
 (La calumnia)

224

¿En qué se parece Madrid a un cuchillo?
 (En que tiene corte)

233

¿Cuál es la cabeza que no tiene sesos?
 (La del clavo)

240

Tan grande como un tonel,
y nadie puede sentarse en él.
 (El pozo)

242

Más de cien damas hermosas
vi en un instante nacer,
encendidas como rosas,
y en seguida fenecer.
 (Las chispas)

245

Pan, pan y pan,
pan y pan y medio,
cuatro medios panes,
dos panes y medio.
 (Diez panes)

246

Tres medias moscas
y una mosca entera,
¿Cuántas moscas son?
 (Dos y media)

251

¿Qué hacen los doce apóstoles en el cielo?
   (Una docena)

252

Muelo sin ser molinero,
soy cual un piñón mondado;
ajo alguno me ha llamado,
mas este nombre no quiero.
   (Diente)

257

Dos murciélagos y un gorrión,
¿cuántas patas y picos son?
   (Dos patas y un pico. Para el vulgo,
   el murcielago no tiene patas)

259

Es una casita
con más de mil mellas;
la tienen las damas,
también las doncellas.
   (El dedal)

260

Si te mandasen poner en fila
todos los habitantes del mar,
¿cuál pondrías el último?
   (El delfin, el del fin)

264

El es claro y ella oscura,
él alegre y ella triste;
él de colores se adorna,
ella de luto se viste;
él lleva la luz consigo,
ella siempre la resiste.
   (El día y la noche)

265

Cuando va por el camino, va callada;
cuando llega al monte, da voces.
   (La escopeta)

276

En medio del cielo estoy,
sin ser lucero ni estrella,
ni tampoco cosa bella;
a ver si aciertas quién soy.
   (La letra E)

279

Nace cantando,
muere al momento,
no tiene carne,
sangre ni hueso.
   (El estornudo)

281

De todos tamaños soy,
en todas partes me encuentro,
desde la pobre buhardilla
hasta el más rico aposento;
aunque no tengo importancia,
todos me la quieren dar;
si alguien me pide consejo,
siempre digo la verdad.
   (El espejo)

282

Sale de la sepultura
con la santa cruz a cuestas;
unas veces salva al hombre,
otras veces la vida le cuesta.
   (La espada)

299

¿En qué se parece un huevo al cielo?
   (Ambos se estrellan)

307

Soy humilde cual ninguno,
feroz y dañino a un tiempo;
todos huyen de mi cuerpo,
y en todas partes me quieren.
   (Fuego)

308

Una señorita
muy enseñorada,
llena de remiendos
y ninguna puntada.
   (La gallina)

309

¿Cuál es el animal que lo es dos veces?
   (El gato, que es gato y araña)

310

Cien vacas en un corral;
todos mean a la par.
   (Las goteras)

318
Se levanta el gran pudiente,
despertando a los demás,
con las corvas adelante
y las rodillas atrás.
(El gallo)

326
Casco de grana,
gran caballero,
capa dorada,
espuela de acero.
(El gallo)

329
Iglesia de hierro,
cura de palo,
y los feligreses
dentro bailando.
(Los garbanzos en la olla)

345
Soy águila, sin ser ave;
sin ser rey, tengo corona,
y capa, sin ser persona;
me cuidan porque no acabe
mi vida frágil y poca;
por dondequiera que voy,
diciendo siempre quién soy,
sin decirlo con la boca.
(El grillo)

352
Entre dos paredes blancas
hay una flor amarilla
que se puede presentar
al mismo rey de Castilla.
(El huevo)

355
Hilo, hilo es,
y no lo aciertas en un mes.
(El hilo)

357
Vengo de padres cantores,
aunque yo no soy cantor,
tengo los hábitos blancos
y amarillo el corazón.
(El huevo)

360
Verde como el perejil,
pajizo como azafrán,
tiene corona de espinas,
y no es cosa de la mar.
(El higo chumbo)

363
Estando dórmili, dórmili,
debajo de pínguili, pínguili,
venía cúrili, cúrili,
a picar a dórmili, dórmili;
cae pínguili, pínguili;
despierta a dórmili, dórmili,
que mata a cúrrili, cúrrili.
(El hombre, la pera y la culebra)

368
Muchas damas por un camino,
ni hacen polvo ni remolino.
(Las hormigas)

380
¿A quién se debe matar,
y es obra de caridad?
(El hambre)

381
Alba corola,
como un tesoro,
guarda en su seno
alma de oro;
en cuanto nace,
su madre canta;
en cuanto muere,
su alma no aguanta;
o bien entera,
o bien diluída,
siempre es tesoro
para la vida.
(El huevo)

383
Nadie lo ha visto en el mundo
ni lo ha llegado a tocar,
y ha derribado más casas
que arenas tiene la mar.
(El huracán)

387
Soy un palito
muy pequeñito.
   (La letra I)

389
De lejas tierras me traen
a servir a un gran Señor,
y sus ministros me queman
sin la menor compasión.
   (El incienso)

394
Es una casita
con cuatro rincones;
en medio un pajarito
cantando canciones.
   (Una jaula)

410
Hablo y no pienso,
lloro y no siento,
río sin razón,
y a veces miento,
miento sin intención.
   (El loro)

428
¿Qué hay en medio del melocotón?
   (Un loco)

433
Estudiantes, que estudiais
libros de filosofía,
decidme: ¿cuál es el ave
que tiene pechos y cría?
   (El murciélago)

440
A pesar de tener patas,
yo no me puedo mover;
llevo la comida a cuestas,
y no la puedo comer.
   (La mesa)

441
¿Cuál es la señora
tan entrometida,
que entra en las casas,
y nadie la invita;

pisa los palacios
y pobres guaridas,
y todos la temen,
y nadie la evita?
   (La muerte)

445
¿Por qué lloras, Manolín?
—porque me has pinchado
—¿En qué parte, rico?
—En la que tú has dicho.
   (En la mano)

448
Dos hermanas,
mentira no es,
la una es mi tía,
la otra no lo es.
   (Es madre)

459
Una cosita como un piñón,
que sube y baja por el balcón.
   (El moco)

464
¿En dónde puso Dios las manos a Adán?
   (En las muñecas)

474
Soy un caballero
muy señoreado;
tengo treinta hijos,
todos muy lozanos;
la mitad son negros,
la mitad son blancos.
   (El mes)

478
Una vaca morena
anda de peña en peña,
y no se despeña.
   (La niebla)

480
¿Cuáles son
las sábanas de doña Leonor,
que cubren los montes,
y los ríos no?
   (La nieve)

483
Entre pared y pared
hay dos tarritos de miel.
(La nariz)

487
De bronce el tallo,
las hojas de esmeralda,
de oro la fruta,
las flores de plata.

(El naranjo)

489
Vuelan sin que tengan alas;
dan sombra sin tener cuerpo,
son ligeras o pesadas,
temidas o deseadas;
matan sin hierro ni espada,
y resucitan a un muerto.
(Las nubes)

D. 1984—Francisco Tarajano Pérez

Tarajano Pérez, Francisco. *Adivinanzas populares canarias.* Santa Cruz de Tenerife: Centro de la Cultura Popular Canaria, 1984. 40 pp.

Francisco Tarajano Pérez procede de una humilde familia de labradores del Sur de Gran Canaria.

Hace sus primeros estudios en el Colegio Salesiano de Las Palmas. Alterna la docencia en el Colegio "San Ignacio" con los estudios de Filosofía y Letras en La Laguna. Terminada la licenciatura queda allí como profesor auxiliar de Lengua y Literatura.

En 1956 marcha a Venezuela donde permanece dieciseis años. En la Patria de Bolivar deja publicados cinco libros docentes; deja también trozos de su alma y surcos de amistad, gratitud y abnegación. Regresa a Canarias en 1972.

En la actualidad figura como profesor de Lengua y Literatura en el I. B. "Pérez Galdós", tras haber ejercido en el "Isabel de España" y en "María Auxiliadora".

Amante de la literatura popular oral, ha colaborado en el romancero "La flor de la marañuela". Sin olvidar el campo del romancero, se dedica ahora a recoger *"adivinas"* por los pagos y pueblos de su isla. De este trabajo de recopilación es el libro *Adivinanazas Populares Canarias.*

Otras obras de Francisco Tarajano son: *Ajijidos y aguijadas en Canarias* (Las Palmas, 1979); *Con un abrazo de hermanos* (Las Palmas, 1980); *Años malditos* (Las Palmas, 1980); *Fyffes, Gando La Isleta,* versión poética de la serigrafía de los pintores José Luis Vega y Antonio Gámiz (Círculo de Estudios Sociales de Canarias, 1980); *Ocho Islas y* . . . (Las Palmas, 1981); *Orillas del Guayadeque/Silbos de mi tierra* (Centro de la Cultura Popular Canaria, 1983). Tiene inédito un libro de poemas: *Repasando caminos.* [1]

En un comunicado del 26 de enero, 1985 Tarajano Pérez indica que está reuniendo sucesivas entregas de adivinas para el Centro de la Cultura Popular Canaria. Indica, así mismo, que para estas fechas tiene unas 1.700 adivinas, algunas con versiones distintas de una misma solución. Está en prensa una colección de 220 piezas que se espera no tarde en salir a la luz.

1
Peluda montó a pelado,
hizo juramento y pudo
que hasta no verlo peludo
no bajaba del pelado.
(La gallina clueca y el huevo)

4
Mi madre fue tartamuda,
mi padre fue buen cantor,
tengo el vestido muy blanco
y amarillo el corazón.
(El huevo)

---

1. Datos tomados de la contraportada del libro citado.

15

Una negra de Guinea
siempre bebe, nunca mea,
siempre come carne cruda
y a todo el mundo importuna.
(La pulga)

18

En el monte se ha nacido
lo que nunca se ha sembrado;
tiene orejas como un burro
y marcha como un soldado.
(El conejo)

27

Si me tiran por el suelo
ya no hay quien me recoja;
y el que quiera sostenerme
es seguro que se moja.
(El agua)

36

Tengo cabeza de acero
y mi cuerpo es de madera
y al que yo le piso un dedo
menudo grito que paga!
(El martillo)

44

Mil veces tengo alegría,
otras mil tengo dolor
y, como soy para todos,
muchos me tienen amor.
(La iglesia)

46

Lo usan las casadas,
también las solteras,
lisito por dentro,
rollizo por fuera.
(El dedal)

56

Nació blanco y oloroso
con el nombre de varón,
de varón pasó a mujer
con lindo color de tez.
(La naranja)

60

¿Por qué me enseñas los dientes
cuando me acerco a tocar?
¿No ves que tú llevas dentro
lo que a golpe he de sacar?
(El piano)

66

Nadie soy ni tengo ser
y muchos metros al día
suelo menguar y crecer,
más no me puedo mover
si no tengo compañía.
(La sombra)

70

¡Qué matrimonio más lindo!
El padre está en el mar,
la madre en el tamarindo
y el hijo en la iglesia está.
(El pulpo, la pulpa y el pulpito)

71

Vence al tigre y al león,
vence al toro embravecido,
vence a señores y reyes
que a sus pies caen rendidos.
(El sueño)

73

Bailo siempre muy derecho
y cuando me empiezo a cansar,
tiemblo y caigo quieto al suelo
y un niño me ha de levantar.
(El trompo)

79

En el fin de todo estoy
y también en el principio,
con los policias voy,
aunque nunca estuve en robos.
(La letra i)

81

Aún el padre no está hecho
y el hijo ya está en el techo.
(El humo)

85
¿Qué fruta no se atraganta,
aunque quede en la garganta?
(La nuez)

87
San Francisco, San Francisco,
¡si la miro, quedo bisco!
(La nariz)

90
¿Qué cosa será
que mientras más seca
más mojada está?
(La toalla)

92
Santa con nombre de flor,
y, a pesar de este retrato
la confunden con zapato.
(Sandalia)

94
En este poema,
si te fijas bien,
de entre las vocales
no todas diré.
Esa no está escrita,
no la escribiré.
Debes encontrarla,
y contaré hasta tres
y, si no la sabes,
yo te la diré.
(La u)

95
Pedro, Pablo, Ana y María
son cuatro nombres de santos.
Usted que adivina tanto
adivine esta adivina:
¿Cuál es el árbol que empina

sin raíces, sin troncones,
y en medio de sus doblones
echa frutos a empujones?
(La campana)

96
Soy de pita y soy de tela,
soy propia para poner;
después que puesta me tienes
ya no te duelen los pies.
(Las alpargatas)

100
Tres hermanos de una casa
son de veras diferentes
y, aunque parezca mentira,
todos los tres se parecen.
No está el tercero, vendrá;
el primero ya se fue;
el segundo si que está
que es el menor de los tres.
El fue igualito al tercero,
como el primero será.
Si reflexionas sereno
verás que esta trinidad
forman un único reino
en un dilatado hogar.
¿Quienes son esos hermanos
que integran tal unidad?
¿Cuál es esa casa grande
en que reinan sin cesar?
(El tiempo, el presente, el pasado,
el futuro; el mundo)

112
Más de cinco mil hermanos
entran por un "bujerito",
y, al sacar el nombre de hembra,
el de varón lo han perdido.
(El trigo—la harina)

E. 1984—José Luis Gárfer y Concha Fernández _____

Gárfer, José Luis y Concha Fernández. *Adivinacero popular español*. 2 tomos. Madrid: Taurus Ediciones, S. A., l983.

De reciente aparición es la recopilación en dos tomos del *Adivinacero popular español* por la pareja José Luis Gárfer y Concha Fernández. Los recopiladores de la obra son profesores agregados de Lengua y Literatura Española en institutos de bachillerato en Madrid. Las ilustraciones que contiene la obra se deben a sus hijos. Esta obra reúne más de l.800 piezas, incluyendo variantes.

En correspondencia mantenida con Gárfer, hemos obtenido el método empleado en reunir esta cantidad de adivinanzas: "El trabajo de campo, ha sido principalmente utilizando en toda la geografía española, a través de entrevistas con sacerdotes párrocos, maestros, programas de radio que hemos mantenido con éxito y todas las adivinanzas han sido recogidas a salto de aldea, magnetófono en mano y cuaderno de notas." (7 de febrero de l985).

La introducción que precede el primer tomo de la obra de Gárfer y Fernández es uno de los estudios más serios de la adivinanza en España. Este muestra el ahondamiento sobre el tema y toca varios aspectos que no se han tratado en otros estudios y que llegan a ser novedosos. Uno de ellos es el apartado titulado "leyes de Gárfer-Concha Fernández sobre el Adivinacero", conteniendo éste cinco leyes formuladas por los recopiladores. Como apoyo a la introducción han incorporado los estudios del argentino Roberto Lehmann–Nitsche y el de Gisela Beutler sobre las adivinanzas de México.

Gárfer y Fernández utilizan por primera vez en el título de su obra el vocablo "adivinacero," siguiendo la idea propagada en l961 por Samuel Feijóo y apoyada en l969 por Paulo de Carvalho–Neto en su *Historia del folklore iberoamericano.*

A pesar de señalar un sistema de clasificación siguiendo los modelos de Petch y Lehmann-Nitsche, Gárfer y Fernández optan por clasificar sus adivinanzas según la temática de la solución.

Muestra del gran entusiasmo que los recopiladores Gárfer y Fernández sienten por reavivar y propagar las adivinanzas, son las promesas de sacar a luz otras colecciones y estudios sobre el tema. Prueba de que ellos van cumpliendo sus promesas es la aún más reciente publicación del *Adivinacero popular gallego.*

Las adivinanzas contenidas en la colección son de obvio destino a maestros de escuela y a los niños, ya que se nota la ausencia de adivinanzas de tipo erótico y escatológico.

◆ Animales terrestres

1
Llevo mi casa al hombro,
camino sin una pata,
y voy marcando mi huella
con un hilito de plata.
(El caracol)

3
Unico portero
y solo inquilino;

tu casa redonda
la llevas contigo.
(El caracol)

16
Corona está en mi cabeza,
calzo espuela pavoneada,
tengo barba colorada,
mi sueño muy presto empieza
y madrugo a la alborada.
(El gallo)

18
Tiene la hoz en el rabo
y la sierra en la cabeza,
aciértalo sin pereza.
    (El gallo)

22
Por aquí pasó un galán
todo vestido de seda
ni cosido con aguja,
ni cortado con tijera.
    (El gallo)

24
Yo soy el amo que mando aquí,
tengo una gorra color rubí,
y al nene guapo despierto así:
kikirikí y kikirikí.
    (El gallo)

33
Sus hijitos amarillos,
todos con camisa rasa;
cada vez que tiene uno,
ella alborota la casa.
    (La gallina)

43
Va caminando por un caminito,
no tiene alas y va despacito.
    (La vaca)

56
Tiene las orejas largas,
tiene la cola pequeña,
en los corrales se cría
y en el monte tiene cuevas.
    (El conejo)

59
Orejas largas,
rabo cortito:
corro y salto
muy ligerito.
    (El conejo)

67
Yo subo por las paredes,
vivo construyendo redes;
tengo parientes muy grandes

que viven allá en los Andes.
    (La araña)

72
Aunque en el circo me exhiben,
en la selva me persiguen.
    (El león)

73
Es animal vertebrado,
del hombre el mejor amigo,
a veces es cazador
y otras un buen lazarillo.
    (El perro)

77
Tiene famosa memoria,
fino olfato y dura piel
y las mayores narices
que en el mundo puede haber.
    (El elefante)

95
Dí la muerte al concebir
al que me vino a buscar,
cuya muerte he de pagar
al tiempo de yo parir.
    (La víbora)

99
Aunque no soy pajarillo
canto sin ninguna pena,
y cuando en plural me usan,
represento la condena.
    (El grillo)

116
Duro por arriba,
duro por abajo,
cabeza de vívora,
y patas de palo.
    (La tortuga)

117
Soy animal despacioso
y una virtud grande tengo:
que a los enfermos convengo
y al callado religioso
por carne a tiempos mantengo.
    (La tortuga)

118

¿Qué clase de animal es
un mamífero con pelo
en la planta de los pies?
    (El oso polar)

119

¿Quién hace en los troncos
su oscura casita
y allí esconde avara,
cuanto necesita?
    (La ardilla)

121

Me traigo por corto nombre,
cerrila por condición;
aquel que pronto adivine
se me come el corazón.
    (La becerrilla)

127

Adivina, adivinanza,
que no tiene pico
por tener panza.
    (La chinche)

131

Vive en el desierto,
mata a las personas
y bajo las piedras,
muy bien se acomoda.
    (El alacrán)

146

Tendrás mi nombre feroz
con un tercio de Mijares,
un tercio de Badajoz
y otro tercio de Linares.
    (El jabalí)

148

El oso tiene su abrigo de pieles,
bello es el tigre de lomo rayado,
¿y de quién es el rabito rizado?
    (Del cerdo)

156

En altas paredes,
cantan Migueles.
    (Los gallos)

◆ **Animales acuáticos**

158

Mi reinado está en el mar,
soy de peso regordeta;
un día, siglos atrás,
me tragué entero a un profeta
aunque luego lo expulsé
al pensar que estaba a dieta.
    (La ballena)

159

No lo parezco y soy pez
y mi forma lo refleja
una pieza de ajedrez.
    (El caballito de mar)

161

Soy el Dartañán del mar,
de finísima estocada,
que me dedico a pescar
con mí nariz hecha espada.
    (El pez espada)

164

¿Qué es algo y nada a la vez?
¿Qué cosa dirás que es?
    (El pez)

173

Crece y mengua y no es el mar,
tiene accidentes de luna;
su cama es de piedra dura,
su corona es de cristal.
    (El erizo de mar)

178

Viste de chaleco blanco
y también de negro frac.
Es un ave que no vuela.
Es anfibio. ¿Qué será?
    (El pingüino)

179

Mi cama tengo en el agua,
capitán de antiguo soy;
Aron me llamo en el mundo,
adivíname quién soy.
    (El camarón)

184
Sobre la vaca, la "o"
a que no lo aciertas, no.
(El bacalao)

187
El padre en el mar
y el hijo a rezar.
(El pulpo y el "púlpito")

189
Soy pequeño y alargado
y en dos conchas colocado;
como no puedo nadar,
me pego a rocas del mar.
(El mejillón)

190
Enfrente está del altar,
sale del fondo del mar.
(El coral)

◆ **Animales aéreos**

198
Mi picadura es dañina,
mi cuerpo insignificante,
pero el néctar que yo doy
os lo coméis al instante.
(La abeja)

205
Por la calle abajo vengo
con mis patitas peladas;
cuando canto seguidillas
todos me dan bofetadas.
(El mosquito)

208
Avión minúsculo
picando en barrena
sobre nuestro músculo.
(El mosquito)

211
Una señora muy aseñorada,
se sube en el tren y no paga nada.
(La mosca)

216
Por primera tengo pica,
por segunda tengo flor;
mi todo es un pajarito
de lindísimo color.
(El picaflor)

230
Mis patas largas,
mi pico largo,
y hago mi casa
en el campanario.
(La cigüeña)

236
¿Quién vive en casita
de alambres colgada
y empieza a cantar
en la madrugada?
(El canario)

239
Sobre una col fabricaba
mi compadre Juan de Mena;
y dicho está el acertijo,
entiéndalo quien lo entienda.
(La colmena)

◆ **Plantas**

254
Tan alta como un castillo
y pesa como un anillo.
(La caña)

259
En aquel monte escabroso
me dijeron que abra el ojo.
(El abrojo)

269
Soy una loca amarrada
que sólo sirvo
para la ensalada.
(La lechuga)

279
Esta planta parece un espino.
Esta planta está en el camino.
Esta planta es un zarza.
Esta planta mueve sus moras.
Esta planta se llama . . .
   (La zarzamora)

287
Entre col y col, lechuga,
entre lechuga una flor,
entre la flor Conchiña
y entre Conchiña el sol.
   (El girasol)

302
Es mi nombre derivado
del de la fruta prohibida;
yo soy flor medicinal
y soy muy bien conocida.
   (La manzanilla)

◆ **Árboles**

319
Es un gran señorón
tiene verde sombrero,
y pantalón marrón.
   (El árbol)

325
Adivina, adivinador,
¿Cuál es el árbol
que pare sin flor?
   (La higuera)

331
Símil y serva
cantaba la perra,
un árbol de esta manera,
con muchas frutitas
amarillas por dentro,
amarillas por fuera.
   (El ciruelo)

335
Alto como un pino,
verde como un lino,

con las hojas anchas
y el fruto oro fino.
   (La platanera)

337
En verano barbudo
y en invierno desnudo.
   (El bosque)

◆ **Frutos**

370
Pipí canta el pajarito,
miento y digo la verdad;
por muy listo que tú seas,
creo no me acertarás.
   (El pimiento)

386
A veces blanquita,
a veces negrita,
y siempre bolita.
   (La uva)

387
Soy redonda como el mundo,
al morir me despedazan,
tengo un montón de arrugas,
que de mí no se separan.
   (La uva)

398
Chiquita como una pulga
sacará orejas de burra.
   (La semilla)

413
Soy la redondez del mundo,
de esperanza estoy vestida,
y no hay noche para mí,
porque conmigo está el día.
   (La sandía)

418
Es un hombre chiquitito,
cristiano nunca lo ha sido;
Alvarez tiene por nombre
y Coque por apellido.
   (El albaricoque)

443
De verdes capas ceñida,
blanca columna se oculta,
mostrando de finas hebras
rubio penacho en la punta.
(La panoja)

445
De más de noventa y nueve
soy por mi nombre llamado,
mi morada es en labrado,
y el que de mí renta debe,
me entrega siendo terciado.
(El centeno)

446
No adivinas, por fortuna,
cuál es el ave sin ala ninguna?
(La avena)

468
Por fuera es colorado,
por dentro tiene granitos
que se llaman "josefinas:
y se come crudo o frito.
(El tomate)

469
Quieres té, pues toma té.
Díme que hortaliza es.
(El tomate)

472
Agrio es su sabor,
bastante dura su piel
y si lo quieres tomar
tienes que estrujarlo bien.
(El limón)

478
Figura redonda,
cuerpo colorado,
tripas de hueso
y zancos de palo.
(La guinda)

487
Muchas niñitas
estaban en un barco;

pegaron un brinco,
se vistieron de blanco.
(Las palomitas de maíz)

488
Somos muchas compañeras
que unidas y de un color
gustamos de tres maneras,
aunque alguna tal cual vez
trastornamos la mollera.
(Las uvas)

490
A la Inquisición llevaron
a una porción de sujetos,
y muertos que fueron estos,
sus restos depositaron,
y al año de ellos sacaron
al origen de sus pleitos.
(Las uvas y el vino)

495
Sois de color chocolate,
os ablandáis al calor
y si en el horno os meten,
explotáis con gran furor.
(Las castañas)

496
Podéis comernos fritas.
¡qué ricas!
En puré
que también estamos bien.
En tortilla,
¡qué maravilla!
Cocidas o asadas,
solas o acompañadas
hasta en ensaladas.
(Las patatas)

◆ Inventos antigüos

497
Yo te protejo del frío
y de los rayos del sol;
no soy guante ni sombrero
ni techo ni parasol.
(El vestido)

500
Suelo tener cuatro patas,
y me adora el dormilón;
mucho más si tengo encima
un buen mullido colchón.
(La cama)

507
Frotando nace,
soplando crece,
tapado muere.
(El fuego)

513
Largo, largo,
maldito lo que valgo.
(El humo)

514
Es sinónimo de cueva,
fue guarida, fue hogar,
fue la primera vivienda
que el hombre pudo encontrar.
(La caverna)

515
La palabra saco
escríbela al revés
y no es.
A la palabra que vés,
suprime la o
y en su lugar
escribe otra vocal;
si no lo has hecho mal
ya la puedes habitar.
(La casa)

524
¿Cuál es la importante pieza
del mundo de la mecánica
que allí donde empieza acaba,
que allí donde acaba, empieza?
(La rueda)

530
Vive pensando en el viento,
tiene hélice y no vuela;
da mucha vida al paisaje

aunque ya el trigo no muela.
(El molino de viento)

546
Es redondo como un queso
y se le mueven los huesos.
(El reloj)

548
¡Adivina, adivinador!
Vino a casa un gran señor.
Cuando llama toca el timbre
y es patiso y barrigón.
Tiene dos cuchillos negros
y patitas de gorrión.
En la espalda tiene llaves
y ganzúas de ladrón.
Se ha venido con paraguas
y no llueve ni hace sol.
¡Adivina, adivinador!
¿Quién es ese gran señor?
(El reloj despertador)

555
Pie muy gordo,
pie delgado;
da la vuelta,
va liado.
(El huso)

◆ **Inventos modernos**

584
Todo el mundo recorremos
muy juntitos, como hermanos;
pero nunca nos juntamos,
y no vamos sobre ruedas
sino bajo ruedas vamos.
(Los carriles del tren)

585
Siempre tuve muchos humos
y un fuelle dentro además;
llevo un loco por delante
y una motora detrás.
(La locomotora)

588

Un bulto veo venir,
sus pasos no hay quien los cuente,
y cuando se acerca a mí,
meto mi cuerpo en su vientre.
(El coche)

590

En él va la familia
y el equipaje,
y se pasa las noches
en el garaje.
(El coche)

591

Como un roscón
y a él obedece
todo el camión.
(El volante)

595

Ave de hierro y acero
canta con fuerte zumbido;
alas inmensas sin plumas,
el cobertizo es su nido.
(El avión)

598

Sin ser pez, voy por el mar
y si marino te digo,
con esto te he dicho, amigo,
de mi nombre la mitad.
(El submarino)

599

Es un líquido aceitoso
al que llaman "oro negro",
y aunque encontrarlo es costoso.
se gasta en el mundo entero.
(El petróleo)

601

Tengo ruedas y pedales,
cadena y un manillar;
te ahorro la gasolina
aunque te haga sudar.
(La bicicleta)

603

Vamos bastante al teatro
y a la playa, y a los toros;
nos gustan las cosas claras,
nos gusta acercar a todos;
por eso nos quieres tú,
curiosón de los demonios.
(Los prismáticos)

605

Soy papel de tres colores:
azul, verdoso, y marrón
y mi escala de valores
depende de mi color.
El verde supera a todos
y el azul gana al marrón.
(Los billetes de banco)

607

Corre mulita
en ancha pareja;
clava la uñita
y para la oreja.
(La máquina de coser)

608

Río y no sé reir,
canto y no sé cantar,
lloro y no sé llorar,
hablo y no sé hablar.
(El fonógrafo)

609

Llevo secretos a voces
corriendo por esos mundos,
y sin que nadie los oiga,
los doy en unos segundos.
(El teléfono)

610

Su nombre lo componen
tres letras nada más.
Y su labor es noble:
ser guardián de la paz.
(La ONU)

611
Termino como Manolo,
empiezo con una A;
mi objetivo fue la luna,
creo me conocerá.
(El cohete "Apolo")

612
Mejor que el gato y el perro
es doméstico animal;
conserva mis alimentos
sin maullar y sin ladrar.
(El frigorífico)

613
Desde el blanco ventanal
te cuento mil aventuras.
Doy una pista cabal:
se me ve mejor a oscuras.
(La televisión)

614
Funciona con dos patitas
y dos enormes antenas
y su carita cuadrada
me muestra gozos y penas.
(El televisor)

◆ **Nombres masculinos**

616
Soy liso y llano en extremo,
y aunque me falta la voz,
digo en su cara a cualquiera
la más leve imperfección;
contesto al que me pregunta
sin lisonja ni aflicción;
si la misma cara pone,
la misma le pongo yo.
(El espejo)

624
Muy bonito por delante,
y muy feo por detrás;
me transformo cada instante
pues imito a los demás.
(El espejo)

639
Ni caracol, ni seta soy.
Sólo con la lluvia salgo
y si cae agua me hincho
y con el sol me deshincho.
(El paraguas)

640
Soy de lana calentita,
si me ponen del revés,
las costuras tú me ves.
(El jersey)

654
Cal, pero sin blanquear,
son, pero no de bailes.
(El calzón)

674
Esto que te estoy diciendo
es lo que yo te pregunto,
y te pasas de borrico
si no lo dices al punto.
(El estoque)

675
Mis dientes son afilados,
brillan y brillan al sol;
aunque me falta la boca,
soy bastante comilón.
(El serrucho)

692
Candil me llaman los hombres
y Lero tengo por nombre.
(El candelero)

703
Monstruo soy para las gentes,
fuego respiro y no abraso,
y de mí hacen tanto caso
que me llenan de presentes.
(El horno)

706
Si tienes entendimiento,
siendo amigo del saber,
una piedra sobre el agua,
qué cosa pudiera ser?
(Un trozo del hielo)

SEGUNDA PARTE:

HISPANOAMÉRICA

Capítulo 1
ARGENTINA

Argentina es el país hispanoamericano que más ha hecho por rescatar la adivinanza del olvido. Una breve revisión de las numerosas obras y nombres de coleccionistas es comprender el verdadero afán de estos recopiladores por conservar su folklore. Para ellos es casi una misión el preservar los diversos géneros folklóricos del país, tales como el romancero, cancionero, refranero y otros tipos de folklore. Las colecciones argentinas son las más completas que existen. El Consejo Nacional de Educación fue el órgano gubernamental más importante en promover este interés por lo folklórico.

Precursor, y aún maestro de los grandes coleccionistas, es ROBERT LEHMANN–NITSCHE (1872–1938) cuya obra monumental ha servido de patrón a subsiguientes colecciones, no sólo en la Argentina, sino también en muchos países e idiomas. Su *Adivinanzas rioplatenses* (1911) reúne en 495 páginas 1.030 adivinanzas, cifra que se duplica al contar los variantes. Este asombroso número carece del grupo de adivinanzas eróticas y escatológicas que, debido a la moralidad de la época, el autor no creyó conveniente incluir. Este grupo se publicó en Leipzig bajo el seudónimo de Víctor Brode con el título *Textos eróticos del Río de la Plata* (1923). En 1981 dicho libro se reimprimió en la Argentina, revelándose entonces el verdadero nombre del autor que en 1911 no se atrevió a revelar.

La obra de Lehmann–Nitsche ha sido y continua siendo tan importante que no hay investigador o coleccionista serio que no estudie la clasificación germánica que él elaboró. Muestra de su importancia es la reciente aparición en España del *Adivinacero popular español* (1984) de Gárfer y Fernández en la cual estos recopiladores reconocen su deuda a Lehmann–Nitsche.

Lehmann–Nitsche reunió esa enorme cantidad de adivinanzas gracias a la publicación de un artículo suyo en un diario de Buenos Aires donde invitaba al pueblo argentino a participar en la recopilación de acertijos. De todas partes del país le llegaron adivinanzas, añadiendo éstas a las que él mismo había reunido de alumnos, amigos y conocidos.

Lehmann–Nitsche no sólo logra una de las colecciones más completas, unicamente superada en 1970 por la colección de Manuel Rueda, sino que elabora uno de los sistemas de clasificación más exactos y detallados hasta la fecha. Este sistema se limita a dieciséis grupos que a primera vista parecen sencillos pero que en la práctica se prestan a mucha dificultad. La base de la clasificación no es la solución de la adivinanza, sino la construcción de la misma.

En 1921 el Instituto de Literatura Argentina, con la ayuda de maestros nacionales del país y bajo la dirección del profesor Ricardo Rojas, reúne un gran número de materiales folklóricos que da lugar a la "colección de folklore", posiblemente una de las más importantes del país. Los pedagogos de aquellos años ven que el folklore es importante para la formación intelectual y espiritual del niño. Así lo afirma Rafael Jijena Sánchez en 1942: "La nueva pedagogía comienza a utilizar el folklore como un auxiliar valioso en la formación del alma infantil. Y siendo así, las adivinanzas escrupulosamente seleccionadas, particularmente las que se encuentran en verso, llenarán una función inapreciable como ejercicio de la mente, por el ingenio y la memoria" (p. 11).

RAFAEL JIJENA SANCHEZ recoge sus adivinanzas en Tucumán y las compara con otras colecciones de España y América, escogiendo esas que a su juicio son las mejores desde "el punto de vista espiritual, estético y del juego de ingenio" (p. 9). Su colección, tal como lo indica el título, contiene *500 de las mejores adivinanzas.*

ISMAEL MOYA, otro de los grandes coleccionistas argentinos, reúne más de quinientos cincuenta acertijos recorriendo la provincia de Buenos Aires como inspector de zona de las escuelas nacionales entre los años 1937 a 1945. Sus informantes son vecinos, maestros y niños de las poblaciones que recorre.En 1946 consulta los legalejos del Instituto de Literatura Argentina para "mayor testimonio de tradicionalidad" (p 47).

En 1949 el Consejo Nacional de Educación publica sus *Adivinanzas criollas* para uso en las escuelas del país. La reedición de 1955, publicada con el título de *Adivinanzas tradicionales,* es precedida de un estudio más amplio sobre la historia y características de la adivinanza y además incluye muchas adivinanzas "que, por sobreentendidas razones pedagógicas, no forman parte del conjunto editado por el Consejo en 1949" (p. 47).

La colección de ROGELIO E. PEREZ OLIVERA reúne doscientas cuarenta y cinco adivinanzas en forma de copla. En la introducción el autor indica haberse "remontado la vida sesenta años, para transitar patios y jardines y los anchos 'ambientes' de su casona paterna y reecontrarse y 'jugar' a las adivinanzas" (p. 8–9). Lo que distingue esta colección de otras reunidas en esta **Antología** es que los acetijos son de invención propia del autor. En este sentido las adivinanzas son cultas, siguiendo la tradición de los poetas españoles del Siglo de Oro.

Por otro lado CARLOS VILLAFUERTE, al reunir sus 644 adivinanzas, recurre de nuevo a esa fuente inagotable de inspiración: el pueblo. Concretamente se centra en la provincia de Catamarca y las adivinanzas recopiladas provienen de los habitantes de esa región. Villafuerte compara su colección con las de otros autores y llega a la conclusión que muchas de ellas ya las había recogido Rodríguez Marín en su clásico *Cantos populares españoles.* No obstante, sí logra añadir algunas que son propiamente locales.

La lista de colecciones argentinas es muy extensa porque también existen muchos cancioneros que reunen adivinanzas junto con otras materias folklóricas. Entre los más difundidos concioneros hay el de Jujuy (1934); el de Salta (1933) y el de Tucumán (1933), todos de Juan Alfonso Carrizo. También contiene adivinanzas el *Romancerillo del Plata* de Ciro Bayo, la obra *Folk–lore del Litoral* de Benjamín D. Martínez (1924), y otras colecciones de folklore cuya finalidad exclusiva no es la de coleccionar adivinanzas. Jesús María Carrizo incluye diez adivinanzas en su *Salpicón folklórico de Catamarca* (1975).

La lista de coleccionistas argentinos que únicamente se dedican a recopilar adivinanzas también es extensa. Además de los ya citados, engrosan este número otros investigadores como Susana Chertudi que reúne cuento-adivinanzas en su *Cuentos folklóricos de la Argentina* (1960), y también figuran individuos como Berdiales, Heller, Di Lullo, Draghi Lucero, etc. Y más, muchos más.

Otra colección de importancia, que por falta de espacio no se incluye, es la de Julio Viggiano Esaín, *Adivinanzas cordobesas* (1971). Este coleccionista encuentra el método de clasificación de Lehmann–Nitsche "sumamente complicado y abstruso . . ." (p. 8).

El entusiasmo y la seriedad que los coleccionistas argentinos han dado a la renovación del enigma es digno de elogio y muestra de ello es el numeroso acervo que han legado a las subsiguientes generaciones.

A. Robert Lehmann–Nitsche

Lehmann–Nitsche, Robert. *Folklore argentino. I. Adivinanzas rioplatenses*. Buenos Aires: Imp. de Coni Hermanos, 1911. 496p.

1
Pobre me echó Dios al mundo
Sin plata ni que tener,
Me quitan el alimento
Y me dejan padecer.
(La abeja)

2
Te está dando y no lo ves.
(El aire, el viento)

3
Hago duro, hago blando,
Hago pobre y hago rico.
(El fuego)

4
Soy enteramente humilde
Y no sé pelear con nadie.
Pero asusto al más valiente
Aunque no pienso pegarle.
(La perdiz)

5
Oficio de ángel poseo
Y cuanto más lo ejercito,
Más a mi dueño recreo;
Dicen que soy muy escrito,
Más yo ni escribo ni leo.
(La pluma de escribir)

6
Alto vive y alto mora,
En él se cree, más no se adora
(El reloj de la torre)

7
Toda la noche esperando
Estoy con la boca abierta
Hasta que por la mañanita
Al punto me la cierran.
(La bota, el zapato)

10
¿Qué es una cosa que de día está con carne y hueso y de noche con la boca abierta?
(El botín)

14
Maravilla, maravilla,
¿Mbaé motepá?
Pijaré cué oñemboi
Yha coé jha oqué.
(La tranca)

Traducción del guaraní:
Maravilla, maravilla,
¿Qué será?
Toda la noche parado
Y de día duerme.

15a
De día clac clac
Y de noche debajo la cama.
(Los zuecos)

16
Soy quien incendios produce,
Soy quien incendios apaga,
Soy quien de los aires cae
Y a los aires se levanta.
Soy conductora del fuego,
Soy conductora del agua,
Soy quien defiende y ofende,
Soy quien extermina y salva.
(La bomba)

17
Siempre a mi amo fui fiel
Y en todo le obedecí
Y aunque nada le hice,
Siempre me castigó.
(El caballo)

18a
Me hallo en los escritorios,
En las casas de comercio,
Todos los ojos me miran
Para ver lo que contengo.
Mi vida está limitada
Mis días están contados,
Y el día que voy a morir
Ya se sabe de antemano.
(El calendario)

20a

Es mi nacer mi morir
Y aunque sin cuerpo y sin alma
A veces turbo la calma
De aquel que me llega a oir.
Mi misión es repetir
Lo que oigo a los demás
Por (lo) que sin más ni más
Causo tal miedo y pavor
Que algún tonto o soñador
Me toma por Satanás.
   (El eco)

21

¿Cuál es la sabiduría,
Pregunto al género humano,
De la cual echa mano
El hombre todos los días?
La gobiernan entre tres
Porque no puede uno solo,
Y anda de polo a polo,
Camina sin tener pies.
   (La carta)

25

No hay día que no esté contigo y sin embargo
permanezco constantemente lejos de tí; te
prodigo inmejorables beneficios y tan mal me
correspondes que no puedes mirarme a cara.
Estando yo muy encima de todas las debili-
dades humanas y siendo modelo de fijeza,
¿cómo he de tolerar pacientemente que unas
veces solicites mi compañía con tanto interés
y otras veces me evites con tanto cuidado?
   (El sol)

26

Mil veces doy alegría
Y otras mil causo dolor,
Y aunque saben que yo engaño
Todos me tienen amor.
   (El sueño)

27

Soy bella sin compostura
Y amada sin excepción
Yo causo la perfección
Y sin mí no hay hermosura.

Es gallarda mi finura
Y sin haberla mirado
Todos me la han alabado;
Es por siempre mi vivir
Que estoy libre de morir
Aunque el mundo haya acabado.
   (La verdad)

28

Maravilla , maravilla,
Mbaé motepá?
Ihaé ouséramo
Nandí ma catú.
   (El ternero y la leche)

Traducción del guaraní:
Maravilla, maravilla,
¿Qué será?
Si él quiere tomar,
Nosotros lo queremos mucho más.

32

De día se empreña y
en la noche pare.
   (El botín)

36

¿Quién nació y está contigo
Y en ti mengua con creciente
Tu procuras que se aumenta
Y si te falta este amigo,
También es tu vida ausente.
   (El calor natural)

37a

Nací de lo más humilde
Y remonté tanto el vuelo
Que estoy en lugar más alto
Que Jesucristo en el cielo.
   (La corona de espinas)

38a

El nacer es mi morir,
Nadie a mi venir previene,
Y el que me suele seguir
Nunca sin hacer ruido viene.
   (El relámpago)

42
En el campo nace,
Verde se cría
Y en el cabildo le hacen
La cortesía.
  (La vara, el bastón)

43b
En el campo fui nacida,
Vestida de verdes ramas,
Al pueblo me trajeron,
Me labraron la barriga
Y me hacen hablar iniquidades.
  (La guitarra)

44
En el campo fui nacida,
En el monte me crié,
En la casa me cautivé,
Hija de Dios vengo a ser.
  (La palma bendita)

46
Nazco y vivo en la indigencia
Y un don tal tengo conmigo,
Que todas las cosas digo
Y doy pena y doy tristeza,
Estando cerrada y presa
Llevo lejos el suspiro.
  (La carta)

47
Nazco y vivo a la inclemencia
Y en llegando a mi crecimiento
Se me trata con violencia
Por mi sustento y esencia.
  (El trigo)

48a
En España fui nacida
Entre los indios vendida,
Si me prendes, soy de vida,
Si me desprendes, soy perdida.
  (La agua)

49a
En el campo fui nacida
Vestida de verdes ramas

Y al pueblo me trajeron
Para servir a las damas.
A mí todo me regalan,
Caramelos, miel, melada,
Más yo todo lo reparto
Porque no sé comer nada.
  (La mesa)

50
Críome en Andalucía
Véndenme (a) los cristianos
Mis hijos de Berbería;
Si buscas mi nombradía,
Asida estoy a tus manos.
  (La palma)

51
En la Habana fui nacido
Y en el mundo consumido.
  (El tabaco)

52
El sol fue quien me dio vida
Y el sol que me suele acabar,
Hago a la gente asombrar
Y aunque del agua nacida
Al aire vuelvo a pasar.
  (La nube)

54a
En quince días me crío,
En otros quince me muero,
Vuelvo a nacer de nuevo
Y a todo el mundo sirvo.
  (La luna)

55
No ha mucho que tuve vida
Y aunque ahora muerta estoy,
Vivo y sirvo en tu comida
Y cual hombre resumido
Me vuelvo cuando me voy.
  (La leña)

57a
Mientras que estoy preso, existo,
Si me ponen en libertad, me muero.
  (El secreto)

59
Cuando chiquita, cerradita,
Y cuando grandecita,
abiertita y coloradita.
　　(La granada)

60a
Cuando chiquita, costillita,
Y cuando grandecita, tortillita.
　　(La luna)

61a
Cuando chiquito, grande,
Y cuando grande, chiquito.
　　(El ombligo)

62
Cuando chiquito, mocoso,
Cuando grande, lindo mozo.
　　(El zapallo)

63a
Cuando mozo, canoso,
Cuando viejo, lindo mozo.
　　(El durazno)

64
Cuando viejo, mozo,
Y cuando mozo, viejo canoso.
　　(El maíz)

65
Cuando chico, peludo,
Cuando grande, desnudo.
　　(El membrillo)

66
Cuando joven, amarga,
Cuando anciana, dulce.
　　(La naranja)

67
Con nombre de varón nací
Y cuando en edad entré,
En mujer me convertí.
　　(El pimpollo [La rosa])

68
Cuando nuevo, hombre,
Cuando viejo, mujer.
　　(El zapato y la chancleta)

69
Verde fue mi nacimiento,
Negro me quedé
Y para dar luz al mundo,
Mil tormentos padecí.
　　(La aceituna)

70i
Yo nací de padres blancos,
En mí se pintan colores,
Por mí se mueren los hombres
Y se destruyen señores.
　　(Los naipes)

71
Blanco fue mi nacimiento,
morena mi mocedad,
Se me peló la cabeza,
Adivine que será.
　　(El cuerro)

72
Cuando chiquitito, verdecito,
Y grandecito, negrito.
　　(El higo)

73
Blanco fue mi nacimiento,
Negra fue mi vestidura,
Por donde quiera que paso
Entro y no dejo huecura.
　　(El vapor)

74
Fue verde mi nacimiento
Y negra mi mocedad
Y de blanco ha de vestirme
El que de mí quiere gozar.
　　(El cigarillo)

84
¿Quién es que pierde el color
Donde se suele avivar
Y luego torna a cobrar
Otro más vivo y mejor?
Es pardo en su nacimiento,
Después de color negro
Y el cabo colorado

Que su vista da contento.
Muerto se llama varón,
Vivo, hembra se nombra,
Tiene el aspecto de sombra
Y de fuego la condición.
(El carbón)

85
Una cosa coloradita,
tiene huesos y corazón.
(La guinda)

88
Sipún sipún manchasca,
Siqui fruncido, cabeza chasca.
(El peine, la sejrana)

Traducción de quéchua:
Ataduras manchadas (ensuciadas),
El culo fruncido, la cabeza crespa.

92
Soy blanco pero por todas
partes manchado de negro,
Me esperan con impaciencia
Y todos los días llego
Y después que me ven
Todos me desprecian.
(El diario)

95
Me hago para un lado,
Me dicen chorro delgado,
Me hago para el otro lado por eso
Y me dicen chorro grueso.
(El embudo)

96
¿Quién seré yo que encerrada
Soy donde quiera que voy,
Me encuentro siempre mojada
Y al cielo pegada estoy.
(La lengua)

97
Va por un camino que no levanta polvo
ni mete ruído.
(Las hormigas)

100a
Nunca podrás alcanzarme
Por más que corras tras mí,
Y aunque quieras retirarte,
Siempre iré yo junto a tí.
(La sombra)

102a
Todos pasan por mí
Y yo no paso por nadie,
Todos preguntan de mí
Y yo no pregunto de nadie.
(La calle)

103
Soy veloz de tal manera
que mis fuerzas van creciendo
Al paso que yo corriendo
Y con ocasión ligera.
Por muchas partes me extiendo.
(La fama)

104a
Va al pasto y no come.
Va al agua y no bebe.
(El cascabel)

105a
Pasa el agua sin mojarse.
Habla sin tener boca.
(La carta)

109
¿Qué es aquello que pasa el río sin
hacer sombra?
(El ruído)

110
Una cosa que se le viene a uno y que
se cae sin tocar.
(El sueño)

113a
Salí de tierra
Sin yo quererlo
Y maté a un hombre
sin yo saberlo.
(La bala)

114a
Salgo de la sepultura
Con la Santa Cruz a cuestas,
A algunos salvo la vida
Y a los otros doy la muerte.
    (El puñal)

115
Al campo de tu frente
Salí a pasearme
Y vinieron tus ojos
A cautivarme.
    (El piojo)

117
Volando de mano en mano
Sufre fuertes empujones.
Obliga a los guapetones
porque no le den en vano.
    (La pelota)

118a
De lejanas tierras vengo
Preso y atado,
Con el destino
De morir atado.
    (El cigarro)

121
Fuí y volví,
noticias traí.
    (El correo)

122
Rin rin
mana voleacum.
    (El camino)

Traduccion del quéchua
Va va
Y no vuelve

125
Cuando va al monte,
Va mirando para la casa
Y cuando viene del monte,
Mira para el monte y va a la casa.
    (Las astas del chivo)

126e
Cargas van, cargas vienen
y en el camino se detienen.
    (La hormiga)

127
Va llorando
Y viene llorando.
    (El cencerro)

128
Va y viene
Y ahí nomás está.
    (La puerta)

130
Entra picando
y sale repicando.
    (El ají)

131a
Sale de la sala
Y entra a la cocina,
meneando la cola
como una galina.
    (La escoba)

133a
Va gritando
Y viene llorando.
    (El balde)

134
De la tierra salío
Y a la tierra volvío.
Al salir salió negro
Y al volver volvió colorado.
    (El ladrillo)

135
Día y noche me lo llevo
sin cesar sólo en correr,
No duermo ni descanso,
no tengo hambre ni sed.
    (El agua)

136
Ayer vinieron,
hoy han venido,
Vendrán mañana
Con mucho ruído.
    (Las olas)

137
Estoy de noche y de día
En continuo movimiento,
Siempre acortando la vida,
aunque yo no soy el tiempo.
   (El reloj)

138
Vivo en alta situación
Y en continuo movimiento,
siempre acortando la vida,
aunque yo no soy el tiempo.
   (El reloj)

140a
Con ser ninguno mi ser,
Muchas varas en un día
Suelo menguar y crecer
Y no me puedo mover
Si no tengo compañía.
   (La sombra)

142
No soy hombre ni mujer
Ni tampoco bebo vino
Y cuando ando mal,
Me dicen que estoy borracho.
   (El reloj)

143
Llevo a cuestas una casa,
Mirad si esforzado soy!
Va conmigo a donde voy,
Sácame de ella la brasa
Aunque más asido estoy.
   (El caracol)

144a
De humano reposo
Constante enemigo
De sangre me harto
Y en brazos del mismo
Que anhela mi muerte
Me quedo dormido.
   (La pulga)

145a
En el campo grita
Y en la casa calladita.
   (La (sic) hacha)

149c
En el campo verdeguea
Y en las casas culebrea.
   (La pichana)

150
Si me echaras la de arriba,
Te diría : Oígala guachita mía,
Mas si me echas la de abajo,
Puta chiribía!
   (La taba)

152
Yo en mi estómago contengo
Infinidad de vivientes,
Mil efectos diferentes,
A todos sufro y mantengo,
Un peso enorme sostengo,
Camino sin tener pies,
Al derecho y al revés.
Soy impavido, soy fuerte,
Defiendo vidas, doy muerte
Al que mi enemigo es.
   (El buque de guerra)

155a
En un monte estoy,
Moros veo venir,
Corona de reina tengo
Y no puedo huir.
   (La granada)

156
Un lazo en mi vientre ves,
Voces doy muy entonadas,
Mas de animales prestadas;
Tengo una puente en mis pies,
Cejas negras y tiradas.
   (La guitarra)

160
Soy un ser inhumano
Que de humano me mantengo,
Dando voces cuando vengo
A solo hacer una herida
Y peligrando mi vida
El herido queda sano.
   (El mosquito)

162
Dos buenas piernas tenemos
Y no podemos andar
Sin el hombre que sin nosotros
No se puede presentar.
    (Los pantalones)

163
Tengo ojos y no veo,
Soy ser que la tierra creía,
Algunas veces escaseo por
Falta de la sequía.
    (La papa)

164a
Como soy, así me quedo;
Si soy joven
Me quedo siempre joven;
Si soy viejo,
Me quedo siempre viejo.
Tengo ojos y no veo,
Tengo oídos y no oigo,
Una boca y no hablo.
    (El retrato)

165
Somos dos que hacemos una;
Sin ser libro ni ser árbol
De hojas estamos provistas.
Somos ramas sin embargo;
Aunque los dientes nos faltan
Morder sólo es nuestro encargo.
    (La tijera)

167
Figura redonda,
Cuerpo colorado,
Tripas de hueso
Y zancos de palo.
    (La guinda)

168
Arriba de un banco
Hay mil cincuenta,
La colita verde
Y la barba blanca
    (La cebolla)

169
De lejas tierras vengo
Cantando como jilguero
Con mi piquito de acero,
Que si me tocan, muero.
    (El mosquito)

170
Pico de hueso,
Rodillas de vuelta
Y anda muy tieso.
    (El pollo)

174a
Tras tras,
Con los ojos para atrás.
    (La tijera)

177a
Adivinanza, adivinanza,
¿Qué carece de tripa y panza?
    (La balanza)

177f
Adivinanza, volanza
que no tiene pico por tener panza.
    (La chinche)

178
Adivinanza, volanza,
¿Qué vuela sin tripas ni panza?
    (Los libes)

179
No tiene barriga y saca la tripa.
    (La aguja)

180
Tengo cabeza redonda
Sin nariz,
Ojos ni frente,
Y mi cuerpo se compone
Tan solo de blancos dientes.
    (El ajo)

181
Cabeza llena de pájaros,
Llenos de barro los pies,
El cuerpo sin nada 'e leña.
Adivine usted lo que es.
    (El ombú)

182

Maravilla, maravilla,
Que se puede
Adivinar (maravillar),
¿Qué será?
Duro por arriba,
Duro por debajo,
Cabeza de víbora,
Patas de pato.
(La tortuga)

184a

¿Quién es aquel que camina
Que no es dueño de sus pies,
Con el espinazo arrastrando
Y el cuerpo al revés?
Y los pasos que va dando
No hay quien
Los sepa contar.
Y cuando quiere descansar
Entra en el vientre sus pies?
(El bote)

186

Maravilla, maravilla,
¿Mbaé motepá?
Ycure mante oguatava.
(El arado)

Traduccion del guaraní:
Maravilla, maravilla
¿Qué será?
Un instrumento
que camina con la lengua

187a

Con el piquito pica
Y con el potito tira.
(La aguja)

191

¿Qué cosa posee el hombre
Que nadie la puede ver,
Sin alas vuela hasta el cielo
Y es la causa del saber?
(El pensamiento)

192

Siempre anda y nunca se mueve.
(El reloj)

194

Corre mucho y pies no tiene, a fuerzas pocos
le ganan; no le verán comer nada; pero en
cambio le verán tomar buenos tragos de agua.
(El tren)

199

Dos cosas, estando juntas,
Pelean hasta morir,
Pero ambas precisamos
Todos los días para vivir.
(El agua y el fuego)

201

¿Qué es el animalito que se viste,
insiste y resiste?
(La gente)

202

Animalito bermejo,
Costillas sobre el pellejo.
(El barril)

203

Un animalito que tiene barba en el pecho.
(El pavo)

204

¿Cuál es el animal que no es extraño ver con
ocho patas, seis orejas, tres bocas y un rabo?
(Un caballo con dos jinetes)

205

¿Cuál será un fuerte animal
Que es, si le arrastran, cobarde,
Hace al que le teme mal;
Quien le busque no lo aguarde,
Sigue a quien no hace caudal?
(La honra)

206a

Un animalito lico lico
Que no tiene alas ni pico.
(El huevo)

208a

Un animalito
Que camina con el lomito.
(La ojota)

210a
Un animalito silvestre,
Rebelde a la cristiandad,
En las casas se cría
Y al fin al campo se va.
Tiene ojos de maturrango,
Dispara a lo chileno,
Adivine, qué será?
  (El avestruz)

211
Un animalito,
Culo de botija,
Pico de mordaza,
Cabeza de taza.
  (El avestruz)

212
Un animalito que tiene cola y no vuela,
No adivinarás vos ni tu abuela.
  (El avestruz)

213a
Un animalito rudo,
Da vuelta y se mira el culo.
  (La lechuza)

215
¿Qué animal hay en la tierra
Que en algo al hombre parece,
Que el que imitarle se ofrece,
La virtud de sí destierra
E infame nombre merece?
  (La mona)

228
Maravilla, maravilla
Que se puede adivinar (Maravillar),
¿Qué será?
Una tropilla de melados,
Entra en el corral
Y sale de tostados.
  (El pan [chipá])

229a
Una yegüita blanca,
Salta barranca' y no manca.
  (La neblina)

231
Estaba una burra cargada,

Se le disparó la carga
Y quedó la burra parada.
  (La carabina)

232
Muchas burras en un corral,
Todas mean a la par.
  (Las goteras del alero)

235a
Una mulita cargada
Entra en una quebradita
Y sale sin nada.
  (La cuchara)

236
Yo tenía un chanchito
Atado con una soguita,
Toma y come sólo cuando llueve.
  (El zapallo)

237
Tras de aquel cerro
Tengo mis ovejas,
Unas trasquiladas
Y otras sin orejas.
  (Las nubes)

238c
Se entró al mar,
Mares ni marineros
No la pueden sacar,
Solamente Dios con su gran poder
La puede sacar.
(La noche)

241
Maravilla, maravilla,
¿Mbaé motepá?
Toro bayo
Oiqué caagüypé osé
Yshipoitá jhati reje.
  (El peine [guyguá])

Traducción del guaraní:
Maravilla, maravilla,
¿Qué será?
Uno toro bayo
Que apenas se internó al bosque,
Salió con el cuerpito lleno de juncos.

244

Viene un toro negro
Y me acuesta,
Viene un toro blanco
Y me levanta.
(La noche y el día)

245a

En un monte espeso
Brama un toro sin pescuezo.
(El trueno)

247a

Yo tenía una pavita echada,
(Chasquido con la lengua) ¡Oyela!
(Chasquido con la lengua) ¡Escuchá!
(Chasquido con la lengua) ¡Adivina!
(La lengua)

255a

En un monte espeso
Un animalito saca el pescuezo.
(La bombilla)

257

Garza blanca,
Pico en el agua,
muere de sed
Sin beber agua.
(El molino)

258a

Fui por un caminito,
Encontré un tigrecito,
Le dí un soplidito
Y se quedó dormidito.
(El champi)

261

Soy pescado y casi ciega
Y de animales soy parte
Y al piloto y a Marte
Util para el que navega
Y así mi nombre se parte.
(La aguja)

262a

Animalito bravo,
Colita de palo.
(El ají)

263a

Una yegüita hosca,
Colita rosca.
(La espuela)

271

¿Qué partes tiene la gente
Con que pueda merecer,
Que ayudan al obediente
A dar muestras de querer
Y servir al omnipotente?
(Las rodillas)

273

¿Quién es el que se expresa
en todos los idiomas?
(El eco)

274a

Estoy vestida de luto,
El cotón todo rasgado,
El ojo que tengo es ciego
Y el cogote ahorcado.
(La breva)

275

Bajo la tierra he nacido,
Sin camisa me han dejado,
Y todo aquel que me ha herido,
Por alegre que haya sido,
Cuando me ha herido ha llorado.
(La cebolla)

278a

Trancos barrancos,
Mechones blancos.
(El avestruz, el súri, la cigüeña,
la lechuza, la nieve en los cerros)

281a

Dando vueltas se empeña.
(El huso)

282

Bajo palio vengo
Visitando a los enfermos,
Adivinen los discretos
Que no son los sacramentos.
(La jeringa)

285

Hablo y no pienso,
lloro y no siento,
Río sin razón
Y miento sin intención.
(El loro)

289

La verdad siempre desnuda
Sin circunloquios te digo,
Pues soy el mejor amigo
Que puedes nunca encontrar;
Mas también con mi asistencia
Tus defectos obscureces
Y te ayudo muchas veces
A disfrazar la verdad.
(El espejo)

291a

Dime, ¿quién será un soldado,
Tan poco animoso y fuerte,
Que viene con lanza armado
Y si al contrario ha pasado
El mismo se da la muerte?
(La abeja)

301

Yo quito y doy confianza,
Suelo hermoso parecer,
Niño, viejo, feo, mujer,
Y con ser tal mi mudanza
Siempre me quedo en un ser.
(El espejo)

302

Una señorita
Muy aseñorada,
Siempre está en la mesa
Y nunca come nada.
(La lámpara)

306

Soy la mujer más mundana
Que en mí no cabe pereza,
Al mismo señor de los cielos
Le he hecho doblar la cabeza.
(La muerte)

310

¿Cuál es la criatura que es de todos los países,

amiga de todo el mundo y que sin embargo no
toleraría que otro fuese igual?
(El sol)

321

¿Cómo se llama un abogado viejo, ciego,
hablador, caprichoso y porfiado a quien escucha y quiere todo el mundo?
(El amor propio)

341

Una niña vestida de verde,
Tiene el corazón colorado.
(La sandía)

350

Pesa que pisa
Negra petiza.
(La plancha)

354

Dentro de un maderón
Está un negro fregón.
(El vino)

356a

Fui a un cuarto,
Encontré un muerto,
Hablé con él
Y me dijo un secreto.
(El libro)

357a

Yo he visto un cuerpo sin alma
Dando voces sin cesar,
Puesto al viento y a la calma
En ademán de bailar.
(La campana)

360

Fui por un caminito,
Encontré un diablito
Y me hice a un ladito.
(La víbora)

377a

Mi comadre la negrita
Está parada en tres patitas;
¿Qué será?
(El brasero)

381
Un sirviente alto y delgado
con tres dientes
Que hace servir a las gentes.
(La horquilla)

385
Un niñito blanco,
Cabecita de color,
Si se la rasca
Le causa dolor.
(El fósforo)

389a
Yendo por un caminito
Encontré un hombre sin brazos,
Por sacarle el corazón
Lo hice quinientos pedazos.
(La sandía)

392
Una vieja va caminando
Y con las orejas va rezongando.
(El carro)

395
Dos niñas en un compás,
Cuando a la una le dan más,
La otra se enoja y se va.
(La balanza)

396
Juntos dos en un borrico
Los dos andan a la par,
Uno anda doce leguas
Y el otro una no más.
(Las agujas del reloj)

401
Prieto me debe un dinero
Y yo lo debo a Prieto
Prieto me aprieta
Y yo le aprieto a Prieto.
(El zapato)

402
Maravilla, maravilla,
¿Mbaé motepá?
Avá cocuépe,
Jha carai caaguype.
(El cocotero y la palma)

Traducción del guaraní:
Maravilla, maravilla,
¿Qué será?
El indio está en el campo
Y el señor en el bosque.

404
Por una campaña rasa
Cuatro damas vi venir,
Por una puerta de fierro
Las vi entrar y salir.
(La mesa de juego)

414
Una cueva bien labrada,
Reina de todas las cuevas,
Donde habita una señora
Que por su gusto está presa,
Guarnecida de soldados,
Mas si alguno se menea,
Lo tienen por mal soldado
Y al momento lo echan fuera.
(La boca)

416
En el campo hay un negrito
Colgado con muchos soldados.
(La bola de lechiguanas–avispas)

419
Cincuenta y cinco soldados
Han venido a este lugar,
Los cincuenta piden aves
Y los cinco piden pan.
(Las cuentas del rosario)

427
Somos muchas compañeras
Que unidas y de color
Gustamos de tres maneras,
Aunque alguna tal cual vez
Trastornamos las molleras.
(Las uvas)

428a
Soy un buen mozo,
Tengo doce damas para mi regalo,
Todas van en coche y gastan cuartos,
Usan medias, pero no zapatos.
(El reloj)

441a

Sin padre y madre nací
Dentro de mi sepultura,
Y el mismo fruto que di
Fue para otros ventura
Y la muerte para mí.
  (El gusano de seda)

447a

¿Quién es el hijo de un viejo
Que tiene otros once hermanos,
Sin cabezas, pies ni manos,
Que nos causas aparejo
De estar y no estar sanos?
  (El mes)

460

Treinta y dos señoritas, sentadas en dos ban-
cas coloradas con su abuela en el medio.
  (La dentadura)

462

Cinco hermanos desiguales
Que están dentro de pellejos de animales.
  (Los dedos y el guante)

474

En un monte espeso
Corté un varejón,
Cortarlo pude,
Rajarlo no.
  (El pelo)

475

Palito liso,
Cuando te veo
Me atemorizo.
  (La víbora)

483

Doy la sangre de las venas,
Aunque no por mis amores,
Soy una rosa en colores,
Mezclada con azucenas,
Y todo se me va en flores.
  (La primavera)

484

En el medio del monte
Hay un palo borracho
Que tira pedos
Para los muchachos.
  (La escopeta)

489a

Un barrilito de Samborombón
Que no tiene tapa ni tapón.
  (El huevo)

493

Una bolsa llena de avena;
Si no adivinas más que zonzo eres.
  (La breva)

509a

Una casa larga y baja
De la santa teología,
No tiene más alhaja
Que la cama en que dormir.
  (La tumba)

514a

En un sitio muy llano
Hay dos cristalinas fuentes,
No está a gusto el hortelano
Cuando crecen en sus corrientes.
  (Los ojos)

526

Fui por un caminito,
Tendí un ponchito
De puras florecitas.
  (Los naipes)

540a

Una bolsita
De avellanas
Que de día se recogen
Y de noche se desparraman.
  (Las estrellas)

546a

Tapa sobre tapa
Corazón de vaca.
  (La empanada)

547a

Sombrero sobre sombrero,
Sombrero de rico paño,
Si no adivinas ahora,
No adivinas en todo el año.
(El repollo)

553a

Olla de carne,
Tenedor de hierro,
Hace espuma
Y no está en el fuego.
(La boca del caballo con el freno)

555a

Mi madre tiene una sábana
Que no se puede doblar,
Mi padre tiene un dinero
Que no se puede contar,
Y mi hermana tiene un espejo
Que no se puede mirar.
(El cielo, las estrellas y el sol)

559a

Pampas azules,
Semillas blancas,
Un quemado
Y una lunanca.
(El cielo, las estrellas, el sol y la luna)

567a

En una ramita está un nidito,
En el nidito está un huevito,
En el huevito (está) un pelito,
Tiro el pelito, chilla el huevito.
(La campana)

578

Una cosa redonda
Como vaso sin fondo,
Adivina qué es.
(El dedal del sastre)

591

Tamaño como una nuez,
Sube al monte y no tiene pies.
(El caracol)

598a

Soy tan grande como el mundo
Y con todo no me ves,
Tienesme por vagabundo,
Cercote en ancho, y profundo
Todo de cabeza a pies.
(El aire)

600

Abre y se cierra
Como fusil en guerra.
(El relámpago)

603a

Bravo es como toro,
Pero no es toro,
Brilla como oro,
Pero no es oro.
(La locomotora)

626a

Crece, mengua y no es la mar,
Tiene corona y no es rey,
Tiene barba y no es capuchino,
Tiene cascabeles y no es perro chino.
(El pavo real)

627a

Alto como torre,
Liso como mesa,
Agrio como hiel,
Dulce como miel.
(El parral y la uva)

640a

Cuanto más caliente,
tanto más fresco es.
(El pan)

654

Grande y redondo y no se puede
sentar en él.
(El pozo)

662

Soy de pesado metal
Y de la muerte instrumento,
Sirvo para bien y mal
Y soy más veloz que el viento.
(La bala)

676
No soy ni de cristal,
Ni de vidrio ni de metal,
Ni de género de ninguna especie
Y sin embargo me rompo.
   (El silencio)

683
Yo soy alta,
Yo soy baja,
Yo soy muerta,
Yo soy viva.
   (La vela)

684
Soy hermoso en la mujer
Y muy pequeño en el hombre.
   (El cabello)

685
Para los niños espinas,
Para el hombre flores,
Para los maestros frutas.
   (Las letras)

696d
Tome buen Rey,
Este vaso de vino
Que un ave blanca
Lo trajo a su nido;
Vengo en un caballito
Que no ha sido nacido,
Debajo de mis pies
Traigo a su madre;
Adivine buen Rey
O suelte a mi padre.

Explicación:
   "Era un rey muy amante de las adivinanzas el cual solucionaba las más difíciles.
   Un niño tenía a su padre condenado a prisión perpétua. Habiendo consultado al rey la manera como libertar a su padre, éste le contestó que le trajera una adivinanza: Si la solucionaba quedaría prisionero, mientras que si no podía solucionarla, lo soltaría.
   El niño meditaba cuando vío que una cigüeña blanca llevaba un racimo de uvas a su nido. El niño se apoderó de éstas e hizo un vaso de vino.
   Tenía una yegua a la cual máto y crió el potrillo, el cual no había nacido, y con el cuero de la madre hizo los botines que llevaba puestos.
   El rey no pudiendo adivinar, tuvo que libertar al padre del niño."

697a
Antes fui hija,
Ahora soy madre,
Criando hijo ajeno,
Al marido de mi madre.

Explicación:
   "Estaba en la cárcel un individuo a quien allí querían matar de hambre, por lo que registraban minuciosamente a todos los que entraban. Su hija que tenía leche, le visitaba y le alimentaba, dándole de mamar."

703
Un lechero que tenía un tarro de cinco litros y otro de tres; fue un comprador a comprar cuatro litros. ¿Cómo hizo el lechero para vender los cuatro litros no teniendo medida?
   (Del tarro de cinco litros, puso en el de tres, quedando dos litros en el de cinco, y repitiendo la misma operación le dio los cuatro litros al comprador.)

704
   Un capitán que conduce una división de 500 soldados, encontró en el camino un río profundo y ancho que necesariamente debía pasar. En el río estaban jugando dos chicos en un botecito que sólo podía contener encima del agua, o a los dos chicos o a un soldado grande, y sin embargo dicho capitán hizo pasar a toda su tropa en ese botecito. Indicar de que modo lo hizo.
   Pasaron primero los dos chicos a la banda contraria donde estaban los soldados; allí se quedó un chico y el otro trajo el bote para los soldados; una vez que llegó, se quedó el chico y subió un soldado grande; después que pasó éste solo, el chico que había quedado en la otra banda, trajo el bote para llevar al otro chico y hacer como al principio y así sucesivamente.

706

¿Cuántos gatos hay en un cuarto que tiene ocho rincones; en cada rincón hay un gato, a un lado de cada gato hay siete gatos y frente de cada gato hay un gato?

(Ocho gatos)

709a

De dos sacan uno y quedan tres.

(El marido, la mujer y el hijo)

711

Dos son tres, tres son cuatro,
uno y dos son seis, como seis
son cuatro sin mentira.

(Las letras)

712a

Ahí te mando cien carneros,
Comélos con cien amigos,
Mandáme cien cuartos de ellos
Y los cien carneros vivos.

(Cien carneros de vino)

716

Juro que no soy yo, ni tampoco mis padres, ni mi hermano menor, pero entre nosotros estoy.

(La hermana)

717

Allá vienen nuestros padres,
Esposos de nuestras madres,
Padres de nuestros hijos
Y de nuestros propios esposos,
¿Cómo se entiende ésto?

(Los suegros)

722

Dos padres (y) dos hijos tienen tres leguas de terreno, a cada uno le toca una legua; ¿Cómo pueden distribuir?

(Padre, hijo y nieto)

731

Yo soy aquel que nació
Para ser acuchillado,
Soy sin estudio letrado
Y de aromático olor.
El que quiere saber

(Si soy mujer u hombre),
Una parte de mi nombre
Está en San Bartolomé.

(El melón)

733

Con el tan de la campana
Agregándole tres letras
Tengo el nombre de mi hermana.

(Constancia)

735a

¿Cuál será la muy mentada
Que se halla al fín de la vida,
No halla en el mundo cabida
Ni en el cielo tiene entrada,
Que no se encuentra en los meses
Y en la semana dos veces?

(La letra A)

739

¿Qué hay en el centro de Londres?

(La letra D)

740a

¿Qué hay en el centro de París?

(La letra R)

749

Me hallo en París,
Al fin del mar me encuentro,
En Roma tengo principio
Y del norte me hallo en su centro.

(La letra R)

754c

Saltaba y es–taba
Y en Salta es–taba

(La taba)

756a

De remiendos voy vestida
Y aunque mujer de importancia,
Con hombres paso mi vida,
Con altivez y arrogancia.
He andado medio mundo,
Nunca jabón conocí
Y me llaman la-vandera
Para burlarse de mí.

(La bandera)

757
Puntas adelante,
Ojos atrás,
Tijeras son, salvaje sos
Si no lo adivinás.
(Las tijeras)

761
Tengo tres niñas que adoro
Más que a mi misma existencia
Y no sé a cuál de las tres
Voy a dar la preferencia.
(Las dos niñas de los ojos y una señorita)

762b
Veinte patos caminaban
Todos al mismo compás,
Y los veinte caminaban
Con una pata no más.
(La pata [hembra del pato])

763
¿Cuál es la planta en la que se detienen más
tiempo los botánicos?
(La planta del pie)

770
Hay un país en Lombardía,
(¿) Cómo se llama (?) - Por cortesía
Yo no lo digo, tú no me entiendes.
Como se llama; ¿No me comprendes?
(Como)

771
Un cazador en agosto
Una liebre cazó,
La guardó para Enero
Y Fresca se la comió.
(Enero y Fresca se llaman los perros del
cazador)

772a
El marido a la mujer:
Mañana mata un pollo para comer
Yo esta noche,
Al que adivine un bravo.
(Mañana se llama la mujer)

775
Si es de Plata
No es de Plata
Si es de oro,
Es de Plata.
(Plata se llama el propietario)

776b
Un cazador fue a cazar
Y cazó cuatro torcazas,
Las mató, las destripó
Y vivas se las llevó á su casa.
(Vivas se llama uno de los cazadores)

778
Mis extremos son de coco,
Mico soy por todos lados,
Y aunque a veces hago el loco,
Mis actos son celebrados.
(El cómico)

779
Sentado en este banco
Mi padre estaba
Con un gallardo joven;
¿Cómo se llama?
(Esteban)

781a
Vi sentada en un balcón
una preciosa dama,
Recorre el primer renglón
Y verás como se llama.
(Vicenta)

782a
Alba me dicen,
Que soy alba al romper el día,
Y para mayor bizarría
Vaca me dicen.
(La albaca)

787
Dicen que es tío, y no tiene
Ni jamás tuvo sobrinos,
Tras otro pícaro viene
Y algún tiempo se detiene
Con que nos deja mohinos.
(El estío)

788
¡Mal vas, corazón, volvete!
(Las malvas)

789a
No-es de lo que vos comés,
Adivina si podés.
(La nuez)

793
Yo te la digo y no me la entiendes.
(La tela)

794
¡Tomá! te lo daré por escrito.
(El tomate)

795
Y eso es,
Y eso es,
El que zonzo es.
(El yeso)

780
Por la calle va caminando el que no es gente.
(La vaca)

808
Ave que vuela,
Truz que camina,
Zonzo será
El que no lo adivina.
(El avestruz)

811
Cata que arranca una mata,
Cata que de lina es,
Andá decile a tu amante
Que ella misma es.
(Catalina)

812a
Chicha traigo por nombre
Y ron por apellido.
(El chicharrón)

813a
Fui por un caminito,
Encontré a una dama,
Le pregunté su nombre
Y me dijo: Juana.
(La damajuana)

815a
Garra, pero no de cuero,
Pata, pero no de vaca.
(La garrapata)

816
Le, pero no en libro,
Chuza, pero no de gallo.
(La lechuza)

823
Imagínate un río
Precedido de una rosa,
Es precisamente la hermosa
Que idolatra el pecho mío.
(Rosario)

824
Sobre me llamo,
Soy de la cama,
Abrigo al hombre,
Siendo de lana.
(La sobrecama)

825a
Tercio, pero no de yerba,
Pelo, pero no de vaca.
(El terciopelo)

826a
Torón que anda,
Gil que camina,
Burro será
El que no lo adivina.
(El torongil)

828
Tira, pero no de trapo,
Buzón, pero no de cartas.
(El tirabuzón)

829
Tira, pero no de trapo,
Ante, pero no de color.
(El tirante)

830
Humo, pero no de fuego,
Cuti, pero no de cabra.
(El umucuti)

832
Crece una flor en maceta
Cuyo nombre importa nada
Más si se transplanta en tina:
Decidme, ¿cómo se llama?
(Florentina)

837
En los comedores se lucen y en los sombreros
se ven.
(Las copas)

839
Y un animalito imita
En el nombre y canto,
Y al nombre le daña tanto
Que hasta la vida le quita.
(Los grillos)

841a
Mi principio está en un fin,
Mi fin en un punto está,
Y todos para nombrarme
Me nombran por la mitad.
(La media)

853d
Hay una cosa que se pone en la mesa, que se
corta y se reparte, pero no se come.
(El naipe)

861
¿Puede usted brincar más alto que una pared
de diez metros de alto?
(Si, porque la pared no brinca nada)

862
El que sólo tiene un huevo para almorzar,
¿todavía puede elegir?
(Sí, entre comerlo o dejarlo)

863
¿Puede estar una vela encendida estando
lloviendo?
(¡Cómo no! La vela está en la pieza y
afuera llueve)

864a
¿Puede decir misa un cura, comiendo un pollo?
(¡Cómo no! pues es el pollo que come cual-
quier cosa, no el cura que come al pollo)

865
¿Podría volar un pájaro de la cumbre a la (ala)
quebrada?
(No puede volar teniendo el ala quebrada)

867
¿Por qué amor empieza con A y concluye con
C?
("Concluye" empieza con C!)

868
Huevos se escribe con H y generalmente con
G.
("Generalmente" se escribe con G)

869a
Todo el día hemos hablado de usted!
(Porque no nos hemos tuteado)

869b
Un amigo encuentra a otro y le dice: "Esta
mañana me han hablado de usted."
("¿Quién?" "Uno que no tiene franqueza
para tutearme.")

877
¿Por qué el caballo cuando pasa por una
puerta, se agacha?
(Porque cree que va a tocar con la cabeza
arriba)

880
¿Por qué cuando se toma agua, se mira dentro
de la copa?
(Porque si estuviésemos dentro, miraríamos
fuera)

881
¿Por qué va usted a la cama a dormir?
(Porque la cama no va donde está usted)

882
¿Por qué mira la corzuela al perro que la corre,
dando vuelta a la cabeza?
(Porque no tiene ojos atrás)

883
Adivinanza, adivinanza, ¿Qué me pica la
panza?
(El hambre)

886

¿Qué necesita la mujer para entrar a la iglesia?

(Estar afuera)

888

¿Qué se necesita para salir de la penitenciaría aunque toda la guarnición esté de centinela?

(Haber entrado)

889

¿Qué es lo que hacen con el tiempo todos los hombres, mujeres, ricos, pobres, grandes y chicos?

(Envejecer)

890

¿Qué es lo que no puede hacer una lavandera?

(Lavar la manchas de la conciencia)

892c

¿Adónde va un niño cuando ha cumplido seis años?

(A los siete años)

894

¿Qué hace la cigueña cuando está parada en una pierna?

(Levantar la otra)

895

¿Qué hace una criatura de dos meses en el momento mismo en que cae al agua?

(Mojarse)

897

¿Qué será, lo que los muertos comen, que si los vivos comiesen, se morirían?

(Nada)

901

¿En qué lugar son todas las personas igualmente hermosas?

(En la obscuridad)

902

¿En qué copas no se puede servir cerveza?

(En las llenas)

904

¿Qué color tiene un negro cuando cae en el mar rojo?

(Negro)

906

¿En qué se parece, un huevo a una castaña?

(En que tiene cáscara)

907

¿En qué se parece, el mosquito a la locomotora?

(En que zumba)

909

¿En qué se parece, los días a las noches?

(En que tienen horas)

911

¿En qué se parece, los curas a los gatos?

(En que casan [cazan])

912

¿En qué se parece, el cielo al huevo?

(En que se estrellan)

913a

¿En qué se parece, las monedas a los ríos?

(En que corren)

915a

¿En qué se parece, un peso a un par de alpargatas?

(En que se gasta)

916

¿En qué se parece, el sol a un huevo?

(En que se pone)

919

¿En qué se parece, un joyero a Saturno?

(En que tiene anillos)

922

¿En qué se parece, un banquete a una baraja?

(En que tiene copas)

923

¿En qué se parece, el cuervo a un clérigo?

(En que tiene corona)

925

¿En qué se parece, un suelo embaldosado a un museo de pintura?

(En que tiene cuadros)

926a
¿En qué se parece, una mujer a una montaña?
(En que tiene falda)

927
¿En qué se parece, un soldado a una vela?
(En que llega a cabo)

930
¿En qué se parece, el papa a un látigo?
(En que hace cardenales)

931
¿En qué se parece, el panadero a la escopeta?
(En que el panadero hace pan y la escopeta
hace pun!)

932b
¿En qué se parece, una iglesia vacía a un tísico?
(En que no tiene cura)

933a
¿En qué se parece, la manzana al tren?
(En que no es–pera)

935
¿Qué diferencia hay entre, una pulga y un caballo?
(En que la pulga no lleva herraduras)

936
¿Qué diferencia hay entre, la pera y el tren?
(En que la pera es pera y el tren no es-pera)

937
¿Quién es el que daría mil pesos si los tuviera por ver el sol?
(Un ciego)

939
¿Quién fué el primero que murió en la guerra ruso-japonesa?
(Un vivo)

941
¿Cuál es aquel que come con dientes ajenos?
(El dentista)

943
¿Cuál es el hombre de bien que mira a una mujer con malos ojos?
(El que tiene ojos enfermos)

944
¿Cuál es el santo más tranquilo?
(San Pacífico)

945
¿A qué no adivina cuál es y será y ha sido el hombre más aplaudido?
(Cualquier mozo de café)

946
¿Cuál es el mamífero en su desarrollo completo que tenga dientes?
(Tu abuela!)

947
¿Cuál es la trampa viva de cazar ratones?
(El gato)

951.
¿Cuál es el colmo de la precocidad?
(Nacer muerto)

952
¿Cuál es el colmo de la hilandera?
(Devanarse los sesos)

953
¿Cuál es el colmo del equilibrio?
(Sostener lo dicho)

954
¿Cuál es el colmo de la tiranía?
(Detener a un riachuelo porque murmura)

955
¿Cuál es el colmo de la veterinaria?
(Sangrar a un caballo de bastos)

956
¿Cuál es el colmo de un sastre?
(Hacer mangas para un brazo de mar)

957
¿Cuál es el colmo de la buena puntería?
(Matar liebres con un tiro de mulas)

958
¿Cuál es el colmo de la cerrajería?
(Abrir un paréntesis)

959
¿Cuál es el colmo de la cirugía dental?
(Hacerle una dentadura a la boca del estómago)

960

¿Cuál es el colmo de un dentista?

(Poner dentadura postiza a una boca de incendio)

961

¿Cuál es el colmo de un dentista?

(Sacar una muela a la boca del riachuelo)

963

¿Cuántos kilómetros hay desde Córdoba a Buenos Aires?

(Los mismos que hay desde Buenos Aires a Córdoba)

964

¿En dónde se pone una mano y no se la puede tocar con la otra?

(En el codo)

965

¿A quién se parece el burro?

(A otro burro)

966

¿Qué es lo que más se parece a la media luna?

(La otra mitad)

976

¿Cuál es el huevo más grande?

(El avestruz)

985

¿Cuál es aquel árbol que da fruta en la hoja?

(La tuna)

989

¡Cuánta gente! ¡Cuántas personas! ¡Cuántos animales! Todos van por el mismo camino, todos marchan del mismo modo, ninguno se adelanta ni se detiene ni retrocede, todos van juntos a la vez de igual manera. ¿Qué camino es éste?

(El camino de la vida)

1006

Es la primera una letra
Y dos la segunda a fe
Y el todo con letras cuatro
Que me dan gusto el beber.

(Café)

1007

Mi primera es mi segunda
Y mi segunda es mi primera,
Y mi todo es una fruta
Que viene (de) lenguas tierras.

(Coco)

1008

Mi primera negación,
Mi segunda consonante,
Es artículo la tres
Y el todo muy interesante.

(Novela)

1009

La primera nagación,
La segunda consonante,
La tercera como la primera
Y la toda interesante.

(Noveno)

1013a

De Isabel quitando el bel
Y de Lucas lo postrero,
Adivine, caballero,
Como se llama mi bien.

(Luisa)

1020

El todo es muy poca cosa,
Pero leído al revés
Es un hombre muy antíguo,
Adivina pues lo que es.

(Nada–Adán)

1021

Mi total es sentimiento,
Purísimo e ideal,
Si lo lees a la inversa,
Es una antigua ciudad.

(Amor–Roma)

1023

A ver si adivina usted:
¿Qué animal hay y no vuele,
que principie por L
Y acaba en T?

(Elefante)

1026
Una C de media luna,
Una A con fortuna,
Una N consonante
Y una A más adelante.
    (Cana)

1030
Estoy enfermo de A
A consecuencia de la M
Y el doctor O
Me recetó la R.
    (Amor)

1019
¿Qué nombre se puede hacer con dos A y dos
I, combinadas con dos S?
    (Isaías)

1022
¿Cuál es la ciudad de Europa notable por sus
monumentos históricos cuyo nombre leído al
revés expresa un sentimiento del alma?
    (Amor–Roma)

B. Rafael Jijena Sánchez

Jijena Sánchez, Rafael. *Adivina adivinador; 500 de las mejores adivinanzas de la lengua
española*. Buenos Aires: Editorial Albatros, 1948. 200 p.

1
En el cielo no la hubo,
En el mundo no se halló;
Dios con ser Dios no la tuvo
Y a un pastor Dios se la dió.
    (Letra A)

4
En aquel monte escabroso
Me dijeron que abra el ojo.
    (El abrojo)

8
No tuvo padre ni madre
Y nació siendo ya hombre,
Y tiene muchos parientes
Y es bien sabido su nombre.
    (Adán)

11
En los montes y en los valles
Tengo yo mi nacimiento;
Soy de muy claro linaje,
Y sin mí no pasa nadie
Después de tomar sustento.
    (El agua)

14
Con la punta hinca,
Con la cola aprieta,
Y con lo que le cuelga
Tapa la grieta.
    (La aguja)

17
¿Qué será, qué será,
Una cosa que aquí está,
Que no es dura, que no es blanda
Y que crece pero no anda;
No se come ni se bebe,
Está abierta y no se mueve;
No se compra ni se da,
Se la encuentra de repente,
No es fría ni caliente,
No es opaca ni con brillo,
Y el que la halla en su bolsillo
Cuánto ponga perderá?
    (El agujero)

18
Doy vida y puedo matar,
No hay quien me gane a correr;
Siempre te estoy molestando
Y nunca me puedes ver.
    (El aire)

22
Tengo cabeza redonda
Sin nariz, ojos, ni frente,
Y mi cuerpo se compone
Tan sólo de blancos dientes.
(El ajo)

31
Chiquito, redondo:
Barrilito sin fondo.
(El anillo)

35
Dos animales lo llevan andando,
Por una punta lo van arrastrando
Por donde pasan lo van destrozando
Y todo el mundo se está alegrando.
(El arado)

41
Muchas niñitas
Estaban en un barco;
Pegaron un brinco,
Se vistieron de blanco.
(El aunca [maíz tostado y en flor])

44
Soy verde,
Blanca soy,
Alimento
Al hambre doy.
(La avena)

46
Juan delgao,
Espinazo quebrao.
(La avispa)

50
Bailando, bailando, bajando;
Llorando, llorando, subiendo.
(El balde)

61
Treinta y dos sillitas blancas
En un rojo comedor.
Una vieja parlachina
Se movía sin temor.
(La boca)

64
ADIVINANZA, volanza,
¿Qué vuela sin tripa ni panza?
(Las boleadoras)

66
En verano barbudo
Y en invierno desnudo.
(El bosque)

72
Una señora tiene
Grande la cabeza;
Vestido, trenza y todo,
Una sola pieza.
(La burra)

79
Una cajita llena de soldaditos
Con gorritos coloraditos.
(La caja de fósforos)

82
¿Quién será la desvelada,
Lo puedes tú discurrir;
De día y de noche acostada
Sin poder nunca dormir?
(La cama)

85
Yo he visto un cuerpo sin alma
Dando voces sin cesar,
Puesto al viento y a la calma
En ademán de bailar.
(La campana)

96
Un animalito bravo
Piquito doblao,
Sombrerito bayo
Ponchito listao.
(El carancho)

105
Olas, y no de la mar,
Cerdas, y no de caballo,
Caña, y no de cañaveral.
(La cebada)

108
Altas paredes
Rica hermosura,
Mucha cecina,
Vaca ninguna.
     (El cementerio)

112
Después de muy rojo
Me visto de blanco;
Por eso mi nombre
Lo conocen tanto.
     (La ceniza)

124
Sin ninguna ceremonia,
Con el sombrero calado,
Se sienta delante del rey,
Del Papa y del magistrado.
     (El cochero)

127
Tengo cola, y no soy animal,
Y aunque subo muy alto, muy alto
De las alas del ave estoy falto
Y no puedo a mi antojo volar.
     (La cometa)

128
En las sierras soy nacido,
Y allí dejé mi figura;
Los vientos me dan combate
Y me dejan sin ventura.
     (El cóndor)

132
Envuelto en su cobertor,
Haga frío o haga calor.
     (El cordero)

145
Alta y delgadita,
Echa humo por la coronita.
     (La chimenea)

159
Soy huésped aborrecible
Y nadie quiere tenerme;
Y no se acuerdan de mí
Sino cuando ya me tienen.
     (La deuda)

162
Ninguno lo ha visto
Ni lo ha tocado,
Y todos se quejan
De haberlo pasado.
     (El dolor)

164
—¿Fuiste a Avila?
—A Avila fui y la vi.
—¿Qué hacía?
—Que del corto estiraba
    Y del largo encogía.
—¿Y qué te dijo?
—Que si venía, no venía;
    Y si no venía acá vendría.
—¿Y qué más te dijo?
— Que si el enamorado
    Era entendido
    Ahí va el nombre
    De la dama y del vestido.
     (Elena y morado)

187
No soy ave ni soy pez,
Ni soy de la especie alada;
Y sin ser ave ni nada,
Soy ave y nada, al revés.
     (Eva y Adán)

202
Un viejito arrugadito,
Que si lo echan al agua
Se pone gordito.
     (El garbanzo)

209
Brazos con brazos,
Panza con panza;
Rascando en medio
Se hace la danza.
     (La guitarra)

211
Palo borracho,
Junta muchachos.
     (La guitarra)

219
Una planta que da fruto
Y no da flor,
¿Cuál será?
    (La higuera)

233
Es su madre tartamuda
Y su padre un buen cantor;
Tiene su vestido blanco
Y amarillo el corazón.
    (El huevo)

245
Aguita salada
Que hasta la reina
Tiene en los ojos
Si tiene penas.
    (Las lágrimas)

253
Tras, tras,
La cabeza para atrás.
    (La lechuza)

266
Una dama galana y hermosa
Con doce galanes se sienta a la mesa;
El uno la toma y el otro la deja,
Se casa con todos y no es deshonesta.
    (La luna y los meses)

267
Una yegüita blanca,
Salta cerros y barrancas
Y no se manca.
    (La luna)

282
En un monte espeso,
Largo pescuezo;
A todos los que pasan,
Les tiro un beso.
    (El mate)

299
Volar, volar,
Pájaro sin costillar.
    (La mosca)

301
Por la calle abajo vengo
Con mis patitas peladas;
Cuando canto seguidillas
Todos me dan bofetadas.
    (El mosquito)

301
Soy la mundana,
En mí no existe pereza;
Al mismo señor de los cielos,
Le he de doblar la cabeza.
    (La muerte)

304
¿Qué será, qué será,
Que tantas vueltas da?
    (El mundo)

310
En el aire me crié
Sin generación de padre,
Y soy de tal condición
Que muero, y nace mi madre.
    (La nieve)

315
Una señora,
Que se deshace
Llora que llora,
¿Quién es?
    (La nube)

328
Toritos barrosos
Que arrastran los trozos.
    (Las olas del río)

331
Mi comadre la negrita,
Está montada en una borriquita.
    (La olla)

337
Léeme bien,
Y soy mineral;
Léeme al revés
Y lo soy igual.
    (El oro)

338
En el campo me crié
Dando voces como loca;
Me ataron de pies y manos
Para quitarme la ropa.
    (La oveja)

343
Después de darme puñetes,
Me ponen a gran calor,
Y luego me despedazan
Como si fuera un traidor.
    (El pan)

344
Pampa blanca,
Semilla negra,
Cinco toros
Y una ternera.
    (El papel, tinta, los cinco dedos, pluma)

348
Siete patos vide andar
Con una pata nomás.
    (Los patitos tras la madre)

358
Pérez anda,
Gil camina.
Tonto el que no adivina.
    (El perejil)

360
Un negro con dientes blancos.
Diez se le sientan encima,
Y el negro sale cantando.
    (El piano)

365
Andate yendo
Que allá voy yo;
Jugando el juego
Vamos los dos.
    (Los pies)

366
Iglesia chiquitita,
Gente menudita,
Sacristán de palo.
¿A qué no me lo aciertas en un año?
    (El pimiento)

370
Oro no es, plata no es,
Asómate a la ventana
Y verás lo que es.
    (El plátano)

371
Nadie lo quiere tener,
Y el que lo tiene
No lo desea perder.
    (El pleito)

375
En la calle me toman,
En la calle me dejan;
En todas partes entro,
De todas partes me echan.
    (El polvo)

378
Juana va, Juana viene,
Y en el camino se entretiene.
    (La puerta)

381
Un bichito muy ligero,
Que anda por tierra preciosa,
Y en cada asiento que hace
Deja sembrada una rosa.
    (La pulga)

381
Chiquito, chiquito,
Pone fin a lo escrito.
    (El punto)

389
Mi padre en Cuba y yo aquí;
Me hizo una guiñada y yo la vi.
    (El relámpago)

396
En un jardín verdín
Hay un potro potraquín;
Crespa la cola,
Crespa la crin.
    (El repollo)

397
Anda y vení;
Si no venís,
¿Qué será de mí?
(La respiración)

400
Cantando olvido mis penas
Mientras voy hacia la mar;
Las penas van y vuelven,
Mas yo no vuelvo jamás.
(El río)

411
En el monte fui nacido,
En el monte fui criado;
El nombre del Señor me han puesto
Porque no fui bautizado.
(El ruiseñor)

413
Estaba un hombre parado,
Vestido de perlería,
Comiendo a su padre vivo,
Y la sangre le bebía.
(El sacerdote en la comunión)

417
Una paloma en su palomar,
Todos la ven salir,
y ninguno la ve entrar.
(La saliva)

418
Saco verde,
Chaleco colorado,
Botones negros.
(La sandía)

422
Saltaba, saltaba,
Pero no era la taba.
(El sapo)

429
Pez y tiene tetas,
Dama y tiene aletas;
No es pescado ni mujer,
Entonces. ¿Qué cosa es?
(La sirena)

433
Cuando me siento, me estiro;
Cuando me paro, me encojo;
Entro al fuego y no me quemo,
Entro al agua y no me mojo.
(La sombra)

438
Boca arriba, vacío,
Boca abajo, lleno.
(El sombrero)

439
Vence al tigre, vence al león,
Vence al toro embravecido,
Vence a señores y a reyes,
Que a sus pies caen rendidos.
(El sueño)

442
Soy una caja redonda,
No uso llave ni candado;
Sirvo en paz y sirvo en guerra
Y me hacen hablar a palos.
(El tambor)

445
Hay una cosa muy clara
Que al decir "te la digo",
Es nombrarla.
Y sin embargo te la digo
Y no la entiendes.
(La tela)

446
Blanco como la nieve,
Negro como la pez,
Corre como caballo
Habla como inglés.
(El telegrama)

454
Una viejita
Titiritaña
Que todos los días se baña.
(La tinaja)

455
¿Qué se dice con el to,
Con el sí y con el no?
(El tocino)

465

Olas hace, río no es;
Barbas tiene, chivo no es.
(El trigal)

469

Tiene hocico
Y no es borrico;
Tiene alas y no vuela.
(La trucha)

472

En la punta de una barranca,
Hay cinco niñas con gorras blancas.
(Las uñas)

481

La mitad del nombre mío
La traición de Judas es;
Y la otra mitad se forma
Del nombre de una mujer.
(La ventana)

488

Dime si lo sabes,
¿Qué cosa es aquella
Que te da en la cara
Y no puedes verla;
Que empuja sin manos
Y hace andar sin ruedas;
Que muje sin boca
Y marcha sin piernas?
(El viento)

C. Ismael Moya

Moya, Ismael. *Adivinanzas criollas, recogidas de la tradición bonarense.* Buenos Aires: Consejo Nacional de Educación, 1939.

1

En el mundo nací;
al cielo nunca llegué;
al infierno no alcancé
y al purgatorio no fuí.
Dios, nunca supo de mí,
ni los ángeles me han visto,
yo anduve en todo registro,
yo no tengo alma ni cuerpo,
no estoy vivo ni estoy muerto,
ni en ninguna parte habito.
Cuando la ciencia nació,
el sol, la luna, los vientos
nacieron los elementos,
pues, ya era nacida yo.
Cuando el mundo se formó
yo era nacida mil veces,
yo he visto nacer los meses,
la luz y la oscuridad,
yo era nacida cuanto ha
hasta que naides naciera.
(La nada)

2

No tengo forma ni peso,
no tengo cuerpo ni empuje,
pero todo al mundo truje,
adivinen como jué eso . . .
(La nada)

3

Pasa como el viento,
y viento no es;
pasa como el agua,
y agua no es;
pero nos quita algo
cada vez.
(El tiempo)

9

Siete hermanitos,
igualitos,
de un lado blanquitos,
de otro lado oscuritos . . .
(Los días con sus noches)

18
Mi madre tiene un espejo
que no se puede mirar,
mi padre tiene una plata
que no la puede contar.
(El sol y la luna)

28
Pampatumpi
saraihasa tian,
(Trad. del quichua:
En el campo
se desparrama el maíz.)
(Las estrellas)

29
¿Quién será esa dama rubia
que va con el pelo suelto,
por un campo muy florido
sin guía ni compañero?
(El cometa)

34
Hago duro, hago blando,
hago pobre, hago rico,
(El fuego)

39
Chis-chis, pa mí,
chis, chis, pa vos,
chis, chis pa todos
los que matean en el jogón.
(Las chispas) [con golpecitos
de palmas]

44
Debajo de palio vengo
para visitar enfermos,
si se ven necesitados,
récense los sacramentos.
(La lluvia)

47
Vuela sin alas,
silba sin boca;
azota mis manos,
tú ni lo ves ni lo tocas.
(El viento)

49
Confites, confites blancos,
caen en un cartucho negro,
si no los recoges pronto,
pasarán como vinieron.
(El granizo)

50
Tengo un espejo y no me veo.
Y, como no me es útil, lo quiebro.
(La escarcha)

51
Ni Evo,
Ni Eva.
El que no lo adivine,
no come la breva.
(La nieve)

57
Sabría usté, doña Guma
¿Cuál es el ave sin pluma?
(El avemaría)

63
ñata sin pelo ni lengua,
no tiene sangre ni fuerza;
al que llegue a echar el ojo,
sea valiente, sea flojo,
que le enciendan las candelas.
(La muerte)

67
¿Cuál será el lugar
del que vuelvan menos de los que van?
(El cementerio)

68
¿Cuál es el santo con ruido?
(Sansón)

69
¿Cuál es el santo más pequeño?
(San Tito)

70
¿Cuál es la santa con más espinas?
(Santa Rosa)

72

¿Cuál es el santo más bravo?
   (San León)

73

¿Cuál es la santa más musical?
   (Santa Tecla)

74

¿Cuál es el santo más feliz?
   (San Ventura)

75

¿Cuál es el santo más explosivo?
   (Sam-bomba)

76

¿Cuál es el santo más navegante?
   (San Marino)

87

Cimiento sobre cimiento,
y sobre cimiento un poste,
y sobre el poste un molino,
y sobre el molino un monte.
   (El cuerpo humano)

91

Por adentro peludito,
por afuera peladito.
   (La nariz)

96

Así tal vez nos desdeña
la insensata vanidad,
aunque a nuestros dueños damos
más peso y autoridad.
   (Las canas)

98

¿Será un reloj,
que hace toc, toc?
Yo no lo veo
pero lo siento. . .
   (El corazón)

100

Entre piedras cristalinas,
y de fuente muy secreta,
brota el agua gota a gota,
y ninguno la desea.
   (Las lágrimas)

108

Nace de lo más profundo
y a sus ventanas llegó,
anunciando que ha nacido
el que sin alas voló.
Nace de los más humildes
sin huesos ni coyunturas
y es tanta su desventura,
que cuando aspira, expira.
   (El suspiro)

117

Juntitas de un lado,
juntitas del otro,
y por el medio
galopa el potro.
   (Las costillas y el corazón)

121

Cuando pequeño, peludo;
y cuando grande desnudo.
   (El membrillo)

124

De oro no es,
de plata no es,
si abres el estuche,
hallarás lo que es.
   (La nuez)

126

No es lo que vos comés,
adivina si podés.
   (La nuez)

132

Pere anda
Gil camina,
hasta un tonto
lo adivina. . .
   (El perejil)

137

Nací fresca y sin pecado,
y después de chamuscarme,
hicieron polvo mis hojas,
los que decían cuidarme.
Y después con agua hirviendo,
más dolor fueron a darme,
para gozar de mi sangre.
   (La yerba mate)

140
Saltando, saltando,
se viste de blanco.
(El maíz tostado)

156
Yendo por un caminito
encontré un viejo barbón,
tenía miles de hijuelos
y amarillo el corazón.
(El melón)

162
Damas comen de mi carne;
damas comen de mi ser;
si no adivinas mi nombre,
poco ingenio has de tener.
(El damasco)

170
Del cabo que soldado fuí
llevo el nombre eternamente,
entre verdes mantos vivo,
tú das profundos suspiros
y yo muero lentamente.
(El jazmín del Cabo)

176
Arriba de una loma
Estaba Juan Bola,
con un sombrero grandote
y una pata sola.
(El hongo)

185
Tinajita verde,
agua puca (roja).
(La sandía)

190
Tonta babosa
cara e'caballo,
tronco de higuera
flor de zapallo.
(La tuna)

200
Verde ha sido mi morada
hasta que a la luz salí;

la boca más delicada,
quiere ser copia de mí.
(El clavel rojo)

203
Llevo en mi nombre a las damas
y de coraje el comienzo,
me sacan la piel, me comen
y lejos tiran mis huesos.
(El damasco)

205
En una casita larga
Viven muy encerraitas
seis hermanas
mellecitas.
(La arveja)

208
Iba por un caminito
y encontré un viejito panzón,
tenía la panza roja
reventando de hinchazón.
(El tomate)

215
Llora, llora y no es mujer
aunque dicen que lo fue.
(El kucuy—leyenda)

216
Tengo el pecho sangriento,
y en lugar de llorar,
tan dichoso me siento
que me pongo a cantar.
(El churrinche o pecho colorado)

220
Zancos barrancos,
calzones blancos.
(El avestruz)

230
Iba por un caminito,
y encontré un pan de jabón;
pensando que era mi tío
le pedí la bendición.
(El sapo)

231
Salto, salto, saltito,
chato, chato, chatito.
   (El sapo)

239
En el campo de Juan Gil
topé con un potranquil,
crespa la cola, crespa la crin,
porque era de buen rocín.
   (El guanaco)

242
Espuma y no del puchero,
espuma y no de la mar.
No te le acerques, muchacho,
porque te puede saltar.
   (El puma o león americano)

251
Iba con un traje blanco
al baile de las Romero;
y al rodar por un barranco,
el barro me dejó overo.
   (El caballo yaquané pintado)

252
Aunque soy grande me visten
con traje corto,
muchas cintas, mucho fierro,
plata y oro....
   (El caballo ensillado con ricas prendas)

256
De la nariz a la oreja,
de la oreja a la nariz,
por más que le digo: —¡Vete!—
ella no se quiere ir.
   (La mosca)

264
¿Cuál es el animal que tiene mango?
   (El chimango)

270
Hoj, hoj, hoj, con el hocico
pegado al suelo camina,
ancho el lomo, patas cortas,
y arrastrando la barriga.
   (El cerdo)

276
Iba por un caminito y un animal encontré,
y al decirle: ¡Buenos días!
paró la cola y se fue.
   (El zorrino)

277
En el campo grito,
mas no soy campero;
doy el martillazo
sin ser zapatero.
   (La chuña)

284
Cala me dicen,
cala no soy;
Sólo soy piernas
en el cimbol.
   (La calandria)

296
Poncho duro por arriba,
poncho duro por abajo,
patitas, cortas,
cortito paso.
   (La tortuga)

298
Pica y no es avispa,
flor y no es de planta,
el que no adivina
meollo le falta.
   (El picaflor)

315
Ronco, ronco
chipino al tronco . . .
   (El moscardón)

316
Día pero no del año,
amante, jamás engaño.
Soy de cuna baja, oscura,
pero con afán tamaño
todo el mundo me procura.
   (El diamante)

321
Subo de la tierra al cielo,
bajo del cielo a la tierra.
   (El agua. Sube en la evaporación
   y baja en la lluvia)

323
Yo le pido: ¡Sí!
y ella me da: ¡No!
¿Quién no lo adivina
si presta atención?
   (El médano)

327
¿Cuál de todos los ríos es el más rico?
   (El río de la Plata)

332
Un camino a veces duro,
que todos deben andar,
el que pierde ese camino
tiene mucho que llorar.
   (La moral)

333
Tú lo invocas,
yo lo invoco;
si tú de ellos tienes mucho,
entonces yo tendré poco.
   (El derecho a una cosa)

334
Pesa y no es almancenero,
reparte lo que no es suyo;
no es tu padre y te castiga,
no es perro y cuida lo tuyo.
   (El juez)

337
Una vívora hecha un rollo
vio pasar un novillito,
se alargó abriendo la boca
y se tragó al pobrecito.
   (El lazo)

343
Burro era y no era
y el que no adivina
más que burro era.
   (La era, sitio donde se trillan
      los granos en el campo)

356
Una casita redonda,
se está quemando por dentro,
y la gente, muy oronda.
   (El horno campesino)

358
Peino una cabeza enorme,
de muy distintos cabellos,
y aunque no sé de peinados
todos me tienen por bueno.
   (El rastrillo)

363
Nariz larga,
con dos redondas ornallas;
cuando estornuda
mata.
   (La escopeta)

374
Qué cosa, qué animal,
racional o irracional,
aunque sea negro tiene,
algo de la leche alba,
y algo del cielo añil.
   (El albañil)

387
En ella terminan las cosas
lindas o feas,
desabridas o graciosas.
   (La S)

389
Son hermanas muy distintas,
Juana larga y Juana corta,
pero hay gentes en el pueblo
que toman una por otra.
   (Las V y B)

390
Soy tan devota
que vivo cruzadita de brazos.
   (La letra X)

392
El Creador al primer hombre,
le dijo: —Eres mortal,
y porque eres de tal suerte,
hombre, tú parecerás.
   (Pérez)

401
Tenía palacios y era pobre.
¿Cómo pudo ser?
Eran suyos y nos los podía
ni alquilar, ni dar, ni vender.
(Palacios—apellido)

404
De trás de ella va él,
y si ella vira, él vira . . .
(Elvira)

418
Yegüita mora:
lleva riendas en la cola.
(La aguja)

422
Yendo por un caminito
me encontré con un cuís grande,
y sus cuicitos decían:
–Cui–cui–cui–cui– sin pararse.
(El reloj)

425
Bra me han llamado por nombre,
y sero por condición,
adivina con tu idea
y no con el corazón.
(El brasero)

443
Dama le da,
dama le deja,
dama se queja
del mal que deja.
(La madeja)

446
Nunca fue soldado,
pero llegó a cabo.
(La vela)

465
Sobre el fuego,
frío, frío.
(La sartén)

467
De una cuevita
redonda y calentita,

sale y se estira
una viborita.
(El mate)

476
La mujer de mi cuñado
a la tía de mi primo,
dice, que le dará un nieto,
y a mí un precioso sobrino.
(La hermana)

487
Arriba estoy del cerro,
y desde arriba veo
un gusano de muchos ojos
corriendo como un loco.
(El ferrocarril)

498
Tengo de chicha,
tengo de ron,
si no adivinas,
un coscorrón.
(El chicharrón)

514
El mozo tiene sentada
a su amante en las rodillas,
y ella ríe a carcajadas
porque él le hace mil cosquillas.
(El acordeón)

515
Una vivorita tiesa,
que silba alegre
cuando besan.
(La flauta)

543
Un bello niño sin brazos,
me aprisionó en un abrazo.
¿Quién adivinará
lo que será?
(El chaleco)

554
Velita de mecha negra,
se va gastando sin que la enciendan.
(El lápiz)

559
Me voy gastando
para enmendar
fallas ajenas,
sin protestar.
    (La goma de borrar)

565
Uno lo feo a lo hermoso,
los pobres a los pudientes,
hago a los flacos, valientes,
y al descreído piadoso.
Hogar en que yo me poso
tiene bases resistentes.
    (El amor)

D. Rogelio E. Pérez Olivera

Pérez Olivera, Rogelio E. *Adivinanzas en coplas.* Buenos Aires: Nuevas Ediciones Argentinas, 1975. 114 p.

◆ Parte primera: Las cosas

1
Soy de una pata y un ojo,
con una encía afilada,
tumbo gigantes que escojo,
para el fuego y la jangada.
    (El hacha)

3
Fabuloso colibrí,
como danzando en el cielo,
es arabesco su vuelo
y español su "pedigree"
    (Helicóptero)

9
Tiene su brazo emplumado
por obra de artesanía;
desempolva lo empolvado,
sin requerir maestría.
    (El plumero)

10
De ese difundido vicio,
que troca en humo al dinero,
recolecto el desperdicio;
condenado a basurero.
    (El cenicero)

26
Sólo sale cuando llueve,
es como un hongo ambulante
perdidizo como un guante,
y suele pinchar aleve.
    (El paraguas)

27
Siendo medias son enteras.
Siendo enteras por qué medias?
Cuestión de reglas parleras;
pues las medias, son las medias
    (Los calcetines)

30
Sin boca, soy una encía,
con un centenar de dientes,
parejitos, relucientes
y hay miles como la mía.
    (El peine)

33
Fue indumento de altivez,
pero ha retrogradado
a ser sostén de lisiado
y utensilio de vejez.
    (El bastón)

35
Ella conoce el secreto
de ese celo inviolable,
introduciéndose afable,
le franquean el coleto.
    (La llave)

45
Es en metáfora, equino,
tan sólo para montarla,
pero habrás de equilibrarla,
manteniéndola en camino.
    (La bicicleta)

46
Son sus ojos bicolores,
mandatarios de la ley,
que los respeta hasta el rey,
cuando guiñan conductores.
(El semáforo)

50
Te halles despierto o dormido,
siempre te llama estridente,
pero en tono confidente,
sólo ha de hablarte al oído.
(El teléfono)

55
Su mensaje es cicatero,
presumido de veloz,
es tartamudo y su voz;
corre por el mundo entero.
(El telégrafo)

69
Consejera y confesora,
nos acoge muellemente
y nos brinda confidente,
las lecciones que atesora.
(La almohada)

74
Artificios sumergidos
que sostiene la paciencia;
es deporte de aburridos
y para el pez sin clemencia.
(Los anzuelos)

80
Es un gusano estridente,
de fervores italianos,
lo ejercita cierta gente
con "oido" y "bravas" manos.
(El acordeón)

81
Aguja que pincha el cielo,
en la custodia acechante,
si hay peligro amenazate,
al peligro hunde en el suelo.
(El pararrayos)

88
Porque su pista es helada,
no necesita de rueda,
se desliza como seda
en siguiendo a la perrada.
(El trineo)

92
Es una ampolla encerrada,
hermética y al vacío,
rompe sombras con el brío
de una fuerte llamarada.
(La luz eléctrica)

97
Criollo atuendo de rigor,
es un hijo del telar,
muy sencillo abrigador
y tan digno de llevar.
(El poncho)

◆ **Parte segunda: De los seres**

6
Su nombre es "cara" y "legumbre",
pero de legumbre es nada,
lleva una vida arrastrada
por condena y por costumbre.
(El caracol)

7
Por una letra no es cola,
pero es dos veces "pollo",
es grandote y verde bollo,
común en la cacerola.
(La col o repollo)

17
Es pájaro pescador
y por su nombre "canoso",
por su pico es un coloso
que no haya competidor.
(El pelícano)

33
Señor de cumbres nevadas,
por su potencia, un avión,
cobra diezmo a las majadas
para su buche epulón.
(El cóndor)

38
Soy maestra nadadora,
en tierra suelo plañir
y por euforia aplaudir,
mi magia equilibradora.
    (La foca)

44
Su alfabeto está en la cola
y en su olfato la memoria;
animal de noble historia,
su lealtad es una sola.
    (El perro)

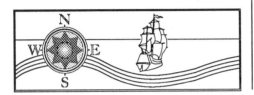

45
Hilo que parece de oro,
despide su fuerte olor,
destinado a dar color
a las viandas de Teodoro.
    (El azafrán)

62
Con su bocaza dentada,
cual pieza de artillería,
su llanto es hipocresía
tras su víctima esperada.
    (El cocodrilo)

65
"Tira al monte", convencida,
es frugal, vive en majada,
tiene "chiva" inveterada,
es su cría apetecida.
    (La cabra)

E. Carlos Villafuerte

Villafuerte, Carlos. *Adivinanzas recogidas en la Provincia de Catamarca*. Buenos Aires:
    Academica Argentina de Letras, 1975. 224 p.

3
Overito lo verís
y nunca lo tocarís.
    (El cielo)

7
En el campo de Juan Vela
arden todas las velas,
no la apagarís
ni tu abuela.
    (El cielo y las estrellas)

22
Una casita de mar y tierra
sin que la toquen se cierra.
    (La noche)

25
Alta en altura,
dijo la ventura,
corta sin tijeras
y cose sin agujas.
    (Las nubes)

28
Se abre y se cierra
como fusil de guerra.
    (El relámpago)

32
Un señor muy encumbrado
anda mejor que un reloj,
se levanta muy temprano
y se acuesta a la oración.
    (El sol)

41
Soy como el judío errante,
que no tengo paradero.
Todo el mundo me conoce
y un sólo camino tengo.
    (El sol)

51
Muchas viejas, en un cadejo
todas mean parejo.
    (La lluvia)

64
Yo no tengo ojos
pero ando caminando,
y a los que tienen pie
les voy enseñando;
yo no tengo corazón,
pero me está palpitando.
   (El reloj)

80
Más alta quisiera ser,
porque vienen los moros
y me quieren comer.
   (La alfalfa)

91
Pega un salto pa' arriba
y cae vestida de blanco.
   (El ancua [palomitas de maíz])

95
Negra morena,
tripas de arena.
   (La breva)

97
Alto en altura,
corto en cintura,
muchos aposentos
sin puerta alguna.
   (La caña)

122
Piquito amarillo
pechito partido.
   (La granada)

125
Negro como azabache,
colorado muy encendido,
unido en un solo cuerpo
de la tierra producido.
(El guayruro)

*[El **guayruro** es planta de flores rojas, que da
como fruto vainas largas y negras, las cuales
encierran una especie de porotos colorados,
de boquita negra. Con ellos las collas hacen
collares.]*

133
Mamá pelosa,
hija ojosa,
y nieta donosa.
   (El manzano)

138
Cuando mozo, canoso,
cuando viejo, relumbroso.
   (El membrillo)

142
Mosca por nombre
y Tel por apellido.
   (La moscatel)

145
Varias niñas en un castillo
todas vestidas de amarillo.
   (La naranja)

152
Cascarita baya
cosita blanca.
   (La nuez)

155
Abajo crece
y arriba florece.
   (La papa)

160
Viejito arrugao
tronquito parao.
   (La pasa)

167
Sale de la sala,
entra en la cocina,
meneando la cola
como una gallina
   (La pichana [la escoba])

170
Todo un regimiento
cologado de un tiento.
   (El racimo de uva)

172
Verde como loro,
bravo como toro.
(El rupachico [ortiga])

180
Te digo y te repito,
si no adivinas
no sabés un pito.
(El té)

193
Bolsa espinosa
comida granosa.
(La tuna)

209
Con tanta felpa la capa,
con tanta cadena de oro.
Siendo tan brava la vaca
no tiene las aspas del toro.
(La abeja)

211
En lo alto vive,
en lo alto mora,
en lo alto teje
la tejedora.
(La araña)

213
Tisa que tisa
la Paula petisa.
(La araña)

231
Estrella reluciente
pueblito de mala gente.
(La colmena)

233
Corre mulita
en pampa pareja,
clava la uñita
y para la oreja.
(El conejo)

250
Torito gacho
que corre a los muchachos.
(El guanquero [avispa])

271
Blanca, blanca como la nieve.
Y el gatito se la bebe.
(La leche)

276
Un bichito roldanero
que se da vuelta
y se ve el agujero.
(La lechuza)

286
La papa nace en la tierra,
el gallo canta que canta,
el ave que aquí se encierra
tiene colores que encantan.
(El papagayo)

303
Salta y salta
y la colita le falta.
(El sapo)

310
Allá están cuatro
tinajas llenitas
la boca para abajo
y no se vuelcan.
(Las tetas de la vaca)

322
Una niñita bella,
no hay quien
duerma con ella.
(La víbora)

328
Lana negra,
tusa hedionda.
(El zorrino [el zorrillo])

329
Usted la tiene
y no la conoce.
(El alma)

336
Súbete arriba,
bájate abajo,
hacete a un lado
no des trabajo.
(La señal de la cruz)

349
¿Qué será una quisicosa
de ovalada construcción,
que los hombres tienen
y las mujeres no?
(La letra O)

355
Un buen amigo,
un mal amigo.
Tú lo ves
tú lo encoges.
(El libro)

357
Adivinanza, adivinanza,
tiene tripas y no tiene panza.
(El arpa)

369
Una mujer loca
con tripas en la boca.
(La guitarra)

382
Cinco hermanitos
con sus sombreritos.
(Los dedos)

390
¿Qué será?
En todo está.
(El nombre)

391
Dos empanadillas
con pelos en las orillas.
(Los ojos)

397
Yo primero,
yo primero,
yo primero.
(Los pies)

402
¿Qué es lo que hacen a la vez
todos los hombres del mundo?
(Respirar)

403
Con ella voy,
con ella vuelvo.
(La sombra)

425
Señor que vais caminando,
sin ser dueño de tus pies,
lleváis la cola arrastrando
y el espinazo al revés.
(Las espuelas)

431
Chaca que chaca,
camina antarca.
(La ojota [sandalia])

451
Una yegüita blanca
con riendita en el anca.
(La aguja)

545
Se lame, se tuerce y se mete.
(La aguja)

459
Va y viene
y paradito lo tiene.
(El arado)

461
Base tengo por nombre,
nilla por condición,
si no adivinan mi nombre
se me parte el corazón.
(La bacinilla)

462
Soy más ligero que el viento,
soy un pesado metal,
instrumento de la muerte
que sirve para bien y mal.
(La bala)

473
El que lo minga
lo minga llorando,
el que lo hace
lo hace cantando.
(El cajón de muerto)
[Mingar: pedir un favor.]

479
Voz de gigante
cuerpo de enana.
(La campana)

483
Una vieja ancha y gruesa
que camina de cabeza.
(La carretilla)

485
De noche se empreña
de día pare.
(La casa)

493
Sube rica,
baja pobre.
(La cuchara)

495
Un bichito
que cuando come
más flaco se pone.
(El cuchillo)

498
Chiquitís, chiquitís,
como granito de anís,
siempre lo ves
y no lo pillarís.
(La chispa)

503
Un mocito picoteado
que muchas veces
te ha salvado.
(El dedal)

517
Lo que se quiere
y se teme.
(El fuego)

519
Adivina qué será:
en el medio amor
y en la orilla flor.
(El fuego)

524
Una boca siempre abierta
que no hace más que tragar,
tortas, bollos y muchos panes
y los vuelve a vomitar.
(El horno)

535
Delante de Dios estoy
entre cadenas metida;
ya estoy alta, ya estoy baja,
ya estoy muerta, ya estoy viva.
(La luz de la lámpara)

537
En pampa pareja,
clava la uñita
para la oreja.
(La máquina de coser)

539
Se ceba y no engorda,
se chupa y no está mamao,
es fácil adivinar
poniendo un poco d' cuidao.
(El mate)

541
Gato negro
cola blanca.
(El mate y la bombilla)

544
Da vuelta,
da vuelta
y mea blanco.
(El molino)

560
Entra mojao
y sale enojao.
(El pan)

576
Blanca fui y blanca soy,
los rayos del sol me pusieron así,
no hay casa ni posada
que no hagan fiesta de mí.
(La sal)

585
Negro y bocón
petiso y panzón.
    (El tiesto [olla de hierro])

592
Cuanto encuentre corta
tiene la cola de argolla.
    (La tijera)

593
Masca y masca,
nunca se llena.
    (La tijera)

597
Bajo las lanas
suena una campana.
    (La tijera de esquilar)

610
Hermanos son,
uno va a misa
y el otro no.
    (El vino y el vinagre)

610
Largo y pelado
toda la vida martirizado.
    (El camino)

612
Largo como lazo
hecho a talonazos.
    (El camino)

618
Vieja rezongona
camina con las orejas.
    (La carreta)

624
Soy muy chiquita,
a lejos me llevan;
aunque soy muy útil
todos me pegan.
    (La estampilla)

625
¿Quién se deja quemar por
guardar un secreto?
    (El lacre)

628
Yo me voy,
él se queda.
    (El rastro)

630
¿Cuál es el bicho feroz
que anda sin tener pies,
con las alas arrastrando
y el espinazo al revés.
    (El vapor)

633
Tengo cola y no soy animal
y aunque subo muy alto, muy alto,
de las alas del ave estoy falto
y no puedo a mi antojo volar.
    (La pandorga)
    [Pandorga: barrilete.]

642
Chupando y soplando
se va terminando.
    (El cigarro)

644
Un viejito amortajao
piquito colorao.
    (El cigarro)

Capítulo 2
COLOMBIA

Para esta *Antología* se han conseguido cuatro colecciones de adivinanzas procedentes de Colombia. La primera de ellas es la breve colección de treinta y una adivinanzas de ANTONIO PANESSO ROBLEDO que se publicó en la *Revista de Foklore,* una de las revistas más prestigiosas de ese país. El autor centra su labor de recolección en Antioquia, uno de los quince departamentos de Colombia. Como introducción la obra presenta una breve reseña geográfica de la zona y a continuación introduce adivinanzas, canciones populares, medicina popular, recetario popular, supersticiones, maleficios, y otros aspectos folklóricos reunidos en Antioquia.

La segunda colección de adivinanzas, publicada en el siguiente número de la ya mencionada revista, provienen del departamento de Santander y fueron reunidas por LUIS ALBERTO ACUNA. Este recopilador señala que las adivinanzas, casi siempre, están versificadas y que se dividen en dos partes: "la *fundamental,* dispuesta para desviar la atención, para embrollar y despistar y la *complementaria,* cuya finalidad es orientar y dirijir" (p. 122). Esta recopilación contiene setenta y nueve muestras, pero para nuestro estudio sólo se han escogido esas que son autóctonas a Colombia, ya que gran número tienen su origen en España.

La mejor colección colombiana de adivinanzas, "Adivinanzas de tradición oral en Nariño," es de GISELA BEUTLER, la cual se ha interesado mucho en el tema y a quien se debe, después del alemán–argentino Roberto Lehmann–Nitsche, uno de los mejores estudios sobre la estructura y desarrollo de la adivinanza. Esta investigadora, pues no se le puede llamar sólo "recopiladora," ha aportado dos valiosas colecciones hispanoamericanas: la de Colombia (que se publicó en 1961) y la mexicana (del año 1979).

Beutler consiguió 241 adivinanzas colombianas cuando hacía un estudio para la Comisión del Atlas Linguístico–Etnográfico del Instituto Caro y Cuervo. Su colección está precedida por un amplio estudio histórico–estructural de la adivinanza en general, llegando a definir el papel que hacen las muestras colombianas dentro de este contexto.

Beutler cita como fuente de comparación la colección colombiana de Silvio Yepes Agredo titulada "Adivinanzas con plantas en la hoya del Cauca," *Revista de Folklore,* número 6 (enero, 1951), pp. 101–129 (313 adivinanzas). La colección de Yepes Agredo es también importante aunque no se haya incluido en nuestra *Antología.* El gran valor de esta colección es la incorporación de la flora americana a la adivinanza, siendo ésta netamente regional y muestra un evidente aspecto telúrico de los acertijos.

Otras colecciones de adivinanzas colombianas son las siguientes:

Dios Arias, Juan de. "Folklore santandereano," tomo II, *(Biblioteca Santander,* vol. XXIV), Bucaramanga, 1954, pp. 95–103 (contiene 65 adivinanzas).

Velásquez M., Rogerio. "Adivinanzas del Alto y Bajo Chocó", *Revista Colombiana de folclor,* Segunda Epoca, vol. II, Año 1960, pp. 101–129, (contiene 313 adivinanzas).

Una de las últimas colecciones publicadas, aunque sólo consta de once adivinanzas, es la de OCTAVIO MARULAUDA en su libro titulado *Folklore y cultura general.* (Cali: Ed. Instituto Popular de Cultura, 1973). A esta colección le sigue, al poco tiempo, otra que reúne doce

---

adivinanzas, también de la zona de Nariño, de GERMAN DE GRANDA, de la Universidad Autónoma de Madrid, el cual ofrece estas adivinanzas para completar la colección de Beutler.

Beutler, en su estudio preliminar a la colección, concluye que "las adivinanzas recolectadas de tradición oral, se mantienen, a primera vista, dentro del margen de la tradición general hispánico–americana" (p. 405). Muchas de las adivinanzas de Colombia "muestran la percepción acertada del campesino frente a la naturaleza, y la fuerza de su imaginación creadora" (p. 405).

A. Antonio Panesso Robledo

Panesso Robledo, Antonio. "Del folklore antioqueño; adivinanzas." *Revista de Folklore.* Bogotá, 4 (1949). 13–45

1
Chiquita, chiquita como un arador,
se sube a la mesa y al aparador.
  (La sal)

2
Cien damas en un castillo
todas visten de amarillo.
  (Las naranjas)

3
Cien damas en un balcón
todas corren por un cañón.
  (Las tejas)

4
María va, María viene
y en un punto se mantiene.
  (La puerta)

5
María larga tendida
y su hija bailando encima.
  (La piedra de moler)

6
Habla y no tiene boca
camina y no tiene pies.
  (La carta)

7
En un monte muy espeso
canta un gallo sin pescuezo.
  (El hacha)

8
Una señorita, muy aseñorada

con muchos remiendos, sin una puntada.
  (La gallina)

9
Cinco varitas en un varital
ni secas ni verdes se pueden cortar.
  (Los dedos)

10
Chiquito como un gorgojo
come más que cien mulas en un restrojo.
  (El fósforo)

11
Cuando chiquita, vestida
y cuando grande, desnuda.
  (La guadua)

12
Cajita, cajita de buen parecer
ningún carpintero la ha podido hacer.
  (El huevo)

13
Arriba coposo, abajo aguanoso,
trique que trique y escandaloso.
  (El trapiche)

14
El penitente parado
el confesor de rodillas
tira que tira y hace cosquillas.
  (La vaca y el ordeñador)

15
Sábana blanca, sábana negra
cinco toritos y una ternera.
  (El papel, la tinta, los dedos y la pluma)

16
Bailando vivo de aquí para allá
y todos acorta la distancia a la eternidad.
 (El reloj)

17
Un caballito muy enfrenado
sube a la torre y arrea el ganado.
 (El peine)

18
Una señorita, después de bailar en un salón
va a sentarse en un rincón.
 (La escoba)

19
El que lo hace no lo goza,
el que lo ve no lo desea.
 (El ataúd)

20
En el monte verdea
y en la casa blanquea.
 (La cabuya)

21
Masca y no masca nada
de ojos muy grandes y no ve nada.
 (Las tijeras)

22
De Santa Marina vengo
rodando como un pilón
traigo los hábitos blancos
y amarillo el corazón.
 (El huevo)

23
En un alto hay un cachaco parado
de botines amarillos y sombrero colorado.
 (El azafrán)

24
Blanco fue mi nacimiento,
colorado mi vivir
y de luto me vistieron
cuando me iba a morir.
 (La mora)

25
Verde me crié, rubio me cortaron,
rojo me molieron, blanco me amasaron.
 (El trigo)

26
En un monte muy espeso
hay un fraile franciscano,
tiene dientes y no come
tiene barba y no es cristiano.
 (El chóclo)

27
Una salita tapizada y empapelada
de rojo y con sillitas blancas.
 (La boca y los dientes)

28
Uña de gato, punta de tijera
blanca por dentro, verde por fuera.
 (La penca)

29
Soy de cabeza redonda,
ando con un solo pie
y tengo poder tan grande
que a Dios mismo sujeté.
 (El clavo)

30
¿Cuál es el hijo cruel
que a su madre despedaza
y a su madre con gran traza
se lo va comiendo a él?
 (El arado)

31
¿Cuál es la planta bendita
de tan hermoso primor
que en la hoja echa la fruta
y en la fruta la flor?
 (La higuera)

B. Luis Alberto Acuña

Acuña, Luis Alberto. "Folklore del Departamento de Santander". *Revista de folklore*. Bogotá, no. 5 (abril, 1949). 97–143.

1

La mamá camina,
y el hijo no;
el hijo se come
y la mamá no.
(La granadilla)

3

¿Cuál es la viejita
que patas arriba
siempre espera que otra
sobe su barriga?
(La piedra de moler)

4

Arriba coposo y abajo aguanoso.
Chiqui qui chiqui y escandaloso.
(El molino)

5

¿Quién es un viejito como un cagajón
que cuida la casa como un buen patrón?
(El candado)

8

Soy jugo de rojo,
soy blanca y de anteojo.
(La leche)

15

Una viejita titiritaña
gritos y gritos en la montaña.
(El hacha)

17

Seis santos hay en el mundo,
ellos al cielo no van,
todo el mundo los venera
pues ellos santos serán.
(Los seis días de la semana santa)

18

Mi comadre en cuatro patas,
mi compadre en cuclillas,
con los diez mandamientos
haciéndole cosquillas.
(El ordeño)

19

Vivo me enterré,
carne fue mi comida.
Me sacaron del sepulcro
para quitarme la vida.
(El roche)

24

Ese es el amor, mi vida,
esa es la felicidad,
que el rico la mete toda
y el pobre hasta la mitad.
(Zapatos y alpargatas)

29

Con el filo de mi espada
y dos sílabas de mena
le escribo perfectamente
el nombre de mi morena.
(Filomena)

30

Con el filo de una mica
y dos sílabas de ela
le podría yo escribir
el nombre de mi morena.
(Micaela)

35

La mamá verde,
los hijos blancos
y los nietos negros.
(La guama)

37

Dios en todo su poder
hace grandes maravillas:
que se puede hacer astillas,
por dentro tiene los pelos
y por fuera las costillas.
(El fique)

38

De grande como una cuesca,
como una cuesca no es,
como más en una hora
que cien mulas en un mes.
(La candela)

40

Pico sin tener enojos,
sin ser noble, soy de corte,
pero muchos con arrojo
los dedos, viendo mi porte
me los meten por los ojos.
(Las tijeras)

42

Un viejo largo, empeloto,
que le aprietan el pescuezo,
grita que se vuelve loco.
(El tiple)

43

Arriba coposo y abajo leñoso
triqui qui traque y escandaloso.
(El trapiche)

45

Se pone la mesa,
se sirve, se corta,
pero ninguno come.
(El naipe)

46

Una palabra con nota musicales.
(Relamido)

47

Amarrándolo camina
y soltándolo se está quieto.
(El calzado)

49

Un árbol verde y coposo
en la mitad corronchoso
y en la raíz sabroso.
(La mata de yuca)

50

Soy blanco como la nieve,
mi vivir es en la altura
y en mi pecho llevo siempre
una fuente de agua pura.
(El coco)

54

Blanco fue mi nacimiento,
carne y sangre mi comida,
me sacaron del sepulcro
para quitarme la vida.
(La nigua)

56

En el monte nace,
en el monte crece,
a la calle sale
y todos le obedecen.
(El bolillo del policía)

58

Cuando chiquito lanudo
y cuando grande peludo.
(El calabazo)

60

Olla de carne,
mecedor de hierro;
echa espumaraja
sin echarle fuego.
(El freno del caballo)

65

Tengo lomo y no soy caballo,
tengo hojas y no soy árbol,
hablo a todos y no tengo lengua,
no soy cocuyo y llevo la luz.
(El libro)

67

Una viejita quiquirinqueña
gritos y gritos en el fogón,
tiene saquito, tiene camisa,
tiene las barbas de un chapetón.
(La mazorca)

69

¿En qué se parecen los gatos a los curas?
(En que casan)

71

Es cosa de ver y creer,
que cuando la mama nace,
el hijo aprieta a correr.
(La candela y el humo)

73

No tengo sino un ojo,
si me lo quitan dejo de ser.
(La aguja)

76

Un animalito inglés
camina y no tiene piés,
con su maleta a la espalda,
adivíneme lo que es.
(El caracol)

77
¿Qué es lo que uno no quisiera tener
pero si lo llega a tener, no lo quisiera perder?
    (El pleito)

79
¿Cuál es el nombre de mujer que tiene
las cinco vocales?
    (Eudocia)

C. Gisela Beutler

Beutler, Gisela. "Adivinanzas de tradición oral en Nariño (Colombia)". *Thesaurus*, Boletín
del Instituto Caro y Cuervo, XVI, No. 2 (mayo–agosto, 1961). 367–451.

1
Un árbol con doce ramas,
cada rama con doce nidos,
cada nido con siete pájaros,
cada pájaro con su apellido.
    (El árbol es el año, las ramas son los meses,
    los nidos son las semanas, los pájaros son
    los días, y el apellido es el nombre de cada
    día. El año, los meses, las semanas, los días)

3
Mi madre tiene una sábana,
que no la puede doblar;
mi padre tiene un dinero,
que no lo puede contar.
    (El cielo y las estrellas)

4
Tengo una manta
que no la puedo cortar;
tengo una plata
que no la puedo contar;
tengo un queso
que no lo puedo partir.
    (El cielo, las estrellas y la luna)

8
Soy rubio,
sin tener cabello;
me dicen rey,
sin tener reinado;
arreglo relojes,
sin ser relojero.
    (El sol)

10
Tres señoritas en un balcón;
la una dice: ¡vamos!;
la otra: ¡quedémonos!
y la otra: ¡bailemos!
    (El agua, las piedras y la espuma)

12
Hago contentar al sapo,
hago contentar las plantas,
mojo las paraguas,
hago correr a los niños.
    (La lluvia)

13
Pasa por peña,
no se despeña;
pasa por agua,
no se deshace.
    (La nube)

15
Nunca podrás alcanzarme,
por más que corras tras de mí,
y aunque quieras retirarte,
siempre iré detrás de tí.
    (La sombra)

16
Por el puente pasa,
cae al agua,
y no se moja.
    (El viento)

17
Treinta y dos asienticos blancos
en un rojo comedor,
y una vieja parlanchina
se movía sin temor.
    (La boca)

18
Me voy por un caminito,
me encuentro con un colegio;
la superiora es roja,
y las demás son blancas.
Voy por otro caminito,
me encuentro con dos ventanas;
camino otro padacito,

me encuentro con dos espejos;
otro pedacito,
me encuentro con una plaza,
donde corren los conejos.
    (La cabeza: la boca, la lengua, los dientes,
     la nariz, los ojos, el pelo, los piojos)

20

Cinco varitos en un varital,
ni gordos ni flacos,
no se los puede cortar.
    (Los dedos de la mano)

22

Entre pelito y pelito,
un empelotadito en medio.
    (Los ojos)

24

Ora yo, ora vos,
ora ni yo, ni vos.
    (Los pies nuestros)

28

Agua pasa por mi casa;
cate de mi corazón.
    (El aguacate)

33

La mamita chilposita
y los hijos picaritos .
    (El ají)

41

Con el sol me reviento;
bellas manos me cogieron,
y a pellizcos me sacaron.
    (El algodón)

42

Alta, pero no torre;
misa, pero no se oye.
    (La altamisa)

44

En el monte verdea,
y en la casa blanquea.
    (La cabuya)

45

Alto como una torre,
redondo como una mesa,
amargo como la hiel,
y dulce como la miel.
    (El capulí)

46

Un hombre tira pepitas;
no acaba de tirar.
    (El chagualquero)

52

Misiá Clarita,
haciendo tripitas,
haciendo maromas,
para que otro coma.
    (La chirimoya)

53

Chiquito y arador,
que compone la mesa el templador.
    (El comino)

55

Doña Glorita
en su maroma,
haciendo tripitas,
para que otro coma.
    (La granadilla)

56

Hoja verde,
flor morada,
en medio la pendejada.
    (La granadilla)

61

Alto de gremio,
nació sin ventura,
con tanto posento,
sin puerta ninguna.
    (La guadua)

63

Seco salí de mi casa,
en el monte me reverdecí,
vuelvo a entrar a la casa
tan seco como salí.
    (El maní)

65

Frique que frique,
sol brillante,
flor de la cumba.
    (El matambre)

68

Arriba la flor morada,
y abajo la pendejada.
    (La papa)

70

En una playa playadín
hay un potro potranquín,
crespa la cola, y crespa la clin
de mi potranquín.
    (La piña)

75

En una peña
está una señorita parada,
haciendo señas
con un pañuelo blanco.
    (El sicse [junco])

81

Zapatito blanco,
calzoncito verde,
sombrerito negro.
    (La tótora [planta])

86

Soy un animalito inglés;
camino, no tengo pies;
ando con mi casa al hombro.
¡Adivínalo quíen es!
    (El caracol)

88

Chiquitito, sin calzones,
tiene damas a montones,
y cuando se agarra a pelear,
se defiende con los talones.
    (El gallo)

93

El hijo de Pipisique
no tiene patas ni pico,
y el nieto de Pipisique
sí tiene patas y pico.
    (El huevo y el pollo)

98

Cajita de pez pez,
que en un año
ni en un mes
la puedo hacer.
    (El huevo)

100

Llorín lloraba,
tras de la torre andaba.
    (La marrana y los hijitos)

102

En el campo me crié,
dando gritos como loca;
me ataron manos y pies
para quitarme la ropa.
    (La oveja)

103

Güeso, pero no es güeso,
y echa caldo por el pescuezo.
    (La seda [el gusano])

105

Cuatro puros
llenos de agua,
boca arriba
y boca abajo,
y no se riegan.
    (Las teticas de las vaca)

117

¿Qué será? ¿Qué será?
Que el que no adivina,
tonto será.
    (La cera)

121

En el monte verdea,
y en la casa zapatea.
    (La escoba)

124

Mi comadre larga larga
pegó un grito en la puchada.
    (La escopeta)

126

Tres paradete,
y un sentadete,
y otro hurgándole
por el ojete.
    (El fogón, la olla y las tulpas)

128

Chiquito, chiquito,
más que un gorgojo;
come como cien mulas
en un rastrojo.
    (El fósforo)

131

Tres señoras en un balcón
estaban orinando por un cañón.
(La gotera)

134

Más grande de un pino
y pesa menos de un camino.
(El humo)

138

Lana sube, lana baja.
(La navaja)

147

Piedrita pamba,
jardín de flores
de mil colores.
(El tapete)

148

Guacho guachado,
nunca sembrado.
(La teja)

161

Chicha, pero no fermentada;
ron, pero no de botella.
(El chicharrón)

162

Tapa, tapa,
corazón de vaca.
(La empanada)

163

¿Cuál fue el santo que no pudo entrar al cielo?
(El sancocho)

164

Principio de Adán,
fin de Eva,
centro del mar,
y fin de la tierra.
(La letra A)

166

En el cielo hay,
en la tierra no;
las solteras tienen,
ias casadas no.
(La letra O)

170

En el monte fue criada,
arrastrada por el suelo,
y ocupa el mejor asiento
que Jesucristo en el cielo.
(La corona de espinas)

174

Una pesetica blanca
va por el aire.
(El espíritu Santo)

186

Cuando yo nací,
mi padre aún no nacía;
cuando mi padre nació,
de padrino le serví.
(San Juan Bautista)

187

Chamba que chamba,
jardín de flores.
(La alfombra)

188

Redondo, redondo,
tonel sin fondo.
(El anillo)

195

Estudiante que estudiaste
en el libro de Salomón,
dime, ¿cuál es el ave
que no tiene corazón?
(El avión)

199

Debajo de una olla
tengo un pollo;
jalo la guasca,
chilla el pollo.
(La campana)

205

Pasa río,
pasa mar;
no tiene boca,
y sabe hablar.
(La carta)

206
Sombrero de paja,
pantalones de barro.
    (Las casitas de paja)

208
Chiquito como un ratón,
y grita más que un ladrón.
    (El cohete)

213
Una vieja tontiloca,
con las tripas en la boca.
    (La guitarra)

215
Me suben a la mesa,
me parten y no me comen.
    (El naipe)

227
Sol pasó por aquí,
dado que ya no lo vi.
    (El soldado)

228
Una vieja motilona,
con un pupo en la corona.
    (La sombrilla)

APENDICE

◆ Preguntas Humorísticas

1
¿Qué le dijo el fósforo al cigarrillo?
    (Por ti me estoy consumiendo)

2
¿Qué le dijo el café al azúcar?
    (Sin tí mi vida es amarga)

3
¿Qué le dijo la cucharilla al azúcar?
    (En el café nos vemos)

4
¿Qué le dijo la leche al café?
    (Por ti perdí mi color)

5
¿Qué le dijo la taza al café?
    (Qué negrito tan caliente)

7
¿Qué le dijo la una chanela a la otra?
    (Qué vida tan arrastrada)

9
¿Qué le dijo Dios a nuestros padres?
    (Adán y Eva)

10
¿Dónde puso Dios las patas?
    (En el agua)

D. Octavio Marulanda

Marulanda, Octavio. *Folklore y cultura general*. Cali: Ed. Instituto Popular de Cultura, 1973. 294 p.

◆ Adivinanzas de tradición oral en el norte de Santander, Colombia

1
Un árbol tiene doce gajos,
cada gajo tiene su nombre;
hasta que no me adivines
hasta aquí que estés un año.
    (El año, los meses)

2
Una vaca barrosa
que sale del mar;
ni montes ni peñas,
ni ningún ni nadie,
la puede atajar.
    (La niebla)

3
Una matica alta y coposa;
en la mitad corroñosa,
y en la patica sabrosa.
    (La yuca)

4
Un padre viene de Roma,
con su vestido amarillo
y capa blanca.
    (El huevo)

5
Una soga larga, larga,

un pozo hondo, hondo;
y si no la doblan,
no alcanza.
    (El brazo y la boca)

6
Lana arriba,
lana abajo.
    (La navaja)

7
Pasé por un caminito,
entré a una tienda;
que vendían chicha,
y en otra ron.
    (El chicharón)

8
Una señora,
muy aseñorada,

sale a la puerta,
toda mojada.
    (La lengua)

9
Quien es ese caballero,
que me causa maravilla?
Que cuando se alza la hostia,
está sentado en la silla?
    (El organista)

10
Cuál es la mitad de uno?
    (El ombligo)

11
¿Qué es lo
que los muertos comen;
que si los vivos comiesen,
se morirían?
    (Nada)

E. German De Granda

Granda, German De. "Adivinanzas de tradicíon oral en Iscuandé (Nariño, Colombia)". *Revista de dialectología y tradiciones populares.* XXX (1974). 223–226.

1
Yo soy un joven perdido
que no sé escribir ni leer,
con la letra me mantengo
y ella me dá de comer.
    (La polilla)

2
De mar ajuera vengo,
preso y amarrao.
La sentencia que traigo
de morir quemao.
    (El tabaco)

3
De mar ajuera vengo,
de ver al Padre Murillo,
traigo el hábito negro
y el corazón amarillo.
    (La paila)

4
Ataúd verde,
mortaja blanca
y alma condenada.
    (La guaba)

5
Es chiquitico
como un arador,
sube a la casa
del Emperador.
    (La sal)

6
Chiquitico como un cangrejito,
guarda la casa como un hombre viejo.
    (El candado)

7
La mamá camina
el hijo no,
el hijo se come
y la mamá no.
    (El zapallo)

8
Cuando la madre nace
los hijos van lejos.
    (La candela)

9

Me fui por un caminito que no era.
Me encontré con un hombre que no venía,
le quité la ruana que no traía
ni era de noche ni era de día.
(El pensamiento)

11

Cielo arriba
cielo abajo
agua por el medio.
(El coco)

12

Al decir una beata,
al quebrar una limeta,
es el nombre de mi dama
sin que le falte una letra.
(Beatriz)

106

¿Qué le dijo el gato a la gata?
(Por ti lucho, gatica)

107

¿Cuál es el pueblo de Cuba que ve mejor?
(Buenavista)

115

¿Cuál es el colmo de un millonario?
(No tener un "medio" para evitare la muerte)

121

¿Qué le pueden tomar a un hombre antes de que lo tenga?
(El retrato)

122

Hay un pueblo en Cuba que no tiene cintura.
¿Cuál es?
(Jicotea)

123

¿Cuál es el colmo de un músico?
(Tocar una flauta de pan)

124

¿Cuál es el colmo de un gallo cobarde?
(Que le pongan la carne de gallina)

125

¿Cuál es el colmo de un desmochador?
(Tener que trepar por la palma de la mano)

126

¿Cuál es el pueblo al que se entra caminado y no se puede salir caminando?
(Cabezas. [Porque se sale de "Cabezas"])

128

¿Cuál es el colmo de un médico?
(Curar el mal "ejemplo")

131

¿Cuál es el colmo de un electricista?
(Cortarle la corriente a un río)

132

¿Cuál es el colmo de un mecánico?
(Sacarle el aceite a la aceituna)

135

¿Cuál es el colmo de un nadador?
(Nadar en un mar de lágrimas)

137

¿Cuál es el puebo que carece de su nombre?
("La Luz". [Entre "Vega Alta" y "Quintana". Este pueblo no tiene luz eléctrica])

138

¿Cuál es el colmo de un zapatero?
(Hacerle un zapato al pie de la letra)

140

¿Cuál es el colmo de un poeta?
(Que lo acusen de ser un malversador)

141

¿Qué le dijo el gato a la escopeta?
(Cuídame el gatillo)

147

¿Cuál es el río que más letras "A" tiene?
(El Ochoa, en Santa Clara, que tiene 8 A)

152

¿Cuál es el colmo de un cocinero?
(Coser boniatos con una aguja)

153

¿Cuál es el colmo de un cura?
(Cazar ratones)

Capítulo 3
CUBA

Una de las primeras colecciones de adivinanzas publicadas en Cuba es la de Vicente C. Acha, *Soluciones de charadas y adivinanzas* (La Habana, 1840). Otra obra, publicada también en el siglo pasado, es la de José María de la Torre, *El pasatiempo de las damas,* que continúa la moda española de los "juegos de salón". De este último título, se ha podido encontrar unas adivinanzas que nos llegan hoy día gracias a SALVADOR MASSIP en su recopilación publicada en 1925. En esta colección, titulada "Adivinanzas corrientes en Cuba" *(Archivos del Folklore Cubano),* Massip reúne 200 adivinanzas, 32 de las cuales provienen del libro de José María de la Torre. Massip calcula que estas adivinanzas representan aproximadamente la tercera parte de las existentes en el folklore cubano.

Otra colección, publicada al año de salir la de Massip, es la de GIMENEZ CABRERA pero también incluye otras hasta entonces que contienen un doble sentido o son de tipo escatológico. De estas últimas hay unas diez que se incluyen en la sección apropiada al final de esta *Antología.*

El mismo año y número en que se publica la colección de Giménez Cabrera en la revista *Archivos del Folklore Cubano,* aparece una colección de diez y siete adivinanzas de E. Headwaiter, que no duplica ninguna de las adivinanzas de Giménez Cabrera.

Así mismo se publica en este número de la revista otra pequeña colección de cuarenta y cinco piezas. Massip había solicitado de los lectores de *Archivos del Folklore Cubano* que éstos buscaran adivinanzas para añadirlas a las 200 que ya tenía. Así lo hace EUGENIO SANCHEZ DE FUENTES, hallando nuevas adivinanzas en diversas zonas del país, aunque algunas de ellas son variantes de las de Massip.

De más reciente publicación es la colección recopilada por el director de Investigaciones Folklóricas, SAMUEL FEIJOO, en 1962. Esta colección contiene 156 adivinanzas, muchas de ellas de sentido erótico y escatológico y la mayoría en forma de pregunta tales como "En que se parece . . ." o preguntas bobaliconas.

Por otro lado, y de reciente publicación, es la obra de ALFREDO BALMASEDA con las bellas ilustraciones de Darío Mora. Más que colección de adivinanzas tomadas del pueblo, éstas son creaciones del autor dirigidas al lector juvenil. En este librito se reúnen veinticinco adivinanzas, tratando objetos escolares como *la regla* y *el lápiz* o inventos como *el teléfono* y *el radio* y otros aspectos del mundo infantil, como lo son los juguetes. De todas las adivinanzas hay una que es marcadamente política, la número 18:

> Es una flor de esperanza,
> fruto, semillas, cosecha.
> El quiere mucho a su patria
> y es ejemplar en la escuela.
> en el hogar bueno es,
> y a sus compañeros presta
> ayuda y lo que es de él;
> quiere ser un hombre nuevo,
> él quiere ser como el Che.
> (El niño pionero)

Este es uno de los pocos casos, tal vez el único, en el cual la adivinanza o enigma culta se torna a reflejar un aspecto político y nacionalista concreto del país.

A. Salvador Massip

Massip, Salvador. "Adivinanzas corrientes en Cuba." *Archivos del folklore ecuatoriano* (Oct. 1965–Nov. 1966), 149–169.

1

Soy sabia y no tuve escuela
tampoco tuve doctrina,
tengo casa sin cocina
y cocina sin candela.
    (Abeja)

5

Un convento my cerrado,
sin campanas y sin torre
y muchas monjitas dentro
haciendo dulce de flores.
    (Colmena de abejas)

10

¿Cuál es la varia cuadrilla
blanca y negra y de pecheros,
de unos caballos sin silla,
reyes, damas, caballeros,
sin reino, ciudad ni villa?
    (Ajedrez)

11

Seco salí de mi casa,
en el campo reverdecí;
con la mudanza del tiempo
a mi casa seco volví.
    (Ajo)

14

Jesucristo, rey del cielo,
por formar su maravilla,
puso un árbol en el suelo,
que por dentro tiene el pelo
y por fuera las costillas.
    (Algodón)

17

¿Cuál es la cosa que nace
sin tener pies ni cabeza,
crece sin comparación,
y no se le ve cuando nace
figura ni perfección?
    (Amor)

29

¿En qué se parece un huevo a un soldado?
    (En que se bate)

33

Yo soy la fiel compañera
del hombre y mujer a un tiempo,
y con un lazo me amarran,
en pago de tanto celo;
sin mí muy raro en el mundo
es el que vive contento,
y aquel que de mí carece
todos miran con desprecio.
    (Bolsa)

39

Presume como bella,
presume como dama,
como el ave de su pluma
como el paje de su escama.
    (Cama)

41

Fui al monte,
encontré un palo,
en el palo un nido,
en el nido un huevo,
el huevo tenía un pelo,
halé el pelo
y gritó el nido.
    (Campana)

61

Con un ciento y un cincuenta
el uno y un cero,
el nombre de una musa
hallarás puesto,
Lector curioso,
si acertar no puedes
invoca a Apolo.
    (Clío)

63

No soy nieve y en blancura
casi le excedo a la nieve;
no soy fuente y no se bebe
agua de tanta dulzura.
(Coco)

68

¿En qué se parece un reloj a una casa?
(En que tiene cuartos)

84

Canastica de avellanas,
por el día se recogen,
por la noche se esparraman.
(Estrellas)

87

¿Quién da tormento o solaces,
siendo mudable señora
y no derriba o mejora,
y es muy amiga de audaces
y a veces su protectora?
(Protectora)

91

Mi vida es frágil y poca,
por donde quiera que voy
a voces digo quien soy
sin decirlo con la boca. ·
(Grillo)

104

¿Qué es aquello que no nace,
ni crece, ni come, ni bebe,
y si se pone como se debe
nace, bebe, come y crece?
(Huevo)

105

Guillermita y Clarita
tienen una casa blanquita
sin puerta y sin ventanita.
(Huevo)

110

Jico no es de tea,
que es de palma.
(Jicotea)

111

Río, man yagua ta rimá
soreja ninguna,
cabeza tá pelá.
(Jicotea)

118

En el medio de los montes,
hay un barrilito;
llueva o no llueva,
siempre está llenito.
(Limón)

122

Fui al formarme maltratada,
mi dueño me tiene amor;
y aunque soy mujer honrada,
me suele tener atada
y con cuerdas mi señor.
(Llave)

125

Iba por un caminito,
me encontré un barrilito,
le metí el dedito
y salió coloradito.
(Mamey)

150

"Yo iba para Méjico,
camino de Santa Fe",
y en camino me encontré
un papel que así decía.
(Papel que tenía lo puesto entre comillas)

151

Soy fuerte, soy sorda y muda,
calor y frialdad defiendo;
sin ojos suelo estar viendo,
y sin oidos, no hay duda
que a veces oigo y entiendo.
(Pared)

159

En montañas fui nacido,
criado entre verdes ramas,
y ahora por mi desgracia
me encuentro en poder de damas.
(Peine)

173
¿En qué se parece un alfiler a un policía?
(En que prende)

185
Sólo a Dios tengo por padre
que el hombre no me crió,
antes el ser le dí yo;
todos me tienen por madre
y otra madre les parió.
(Tierra)

191
Una mujer en tres meses,
tres barrigas le dió Dios
todas tres de nueve meses
y los tres hijos crió.
(Pueblo llamado Tresmeses)

195
Fuí por un caminito,
me encontré una perra parida
y por quitarle un perrito,
me dió cincuenta mordidas.
(Tuna)

B. Leopoldo Giménez Cabrera

Giménez Cabrera, Leopoldo. "Adivinanzas oídas en La Habana". *Archivos de Folklore Cubano* II (1926), 329–336.

1
Torón que anda, gil que camina, bobo será el que no lo adivina.
(Toronjil)

5
Canastica de avellanas, que de noche se recoge y de día se esparrama.
(Las moscas)

6
Canastica de avellanas, que de día se recoge y de noche se esparrama.
(Las estrellas)

11
Fui a la plaza, compré unos negritos, llegué para mi casa y se volvieron coloraditos.
(El carbón)

12
Oro no es, plata no es, abre la cortina y verás lo que es.
(El plátano)

15
En medio del cielo estoy sin ser astro ni luz bella, bien pudiendo ser estrella, pero tampoco lo soy.
(La letra E)

18
Soy un galán fresco y lozano tengo doce damas para mi regalo, todas tienen media, ninguna zapato, todas siguen teniendo su cuarto.
(El reloj)

19
Nuca comí, lleno quedé: adivíname lo que es.
(Nuca)

20
Soy un hombre con cabeza, solamente con un pie, ando por mar y por tierra y al mismo Dios sujeté.
(El clavo)

22
Delante de Dios estoy y me provoca la risa, tiene por fuera la carne y por dentro la camisa.
(La vela)

23
Un pastor vió en su ganado lo que el rey no vió en su silla, el Papa en su santidad y Dios en toda la vida.
(El pastor vío a otro pastor)

25
En qué se parece un chino a un tomate?
(En que toma té)

27

Pelú por fuera, pelú por dentro, saca la pata y
métela dentro.

    (La media)

28

Mi ser por un poco empieza, por un poco ha de
acabar, para saber mi nombre me parten por la
mitad.

    (La media)

29

Blanco fue mi nacimiento, verde mi niñez,
colorada mi mocedad y negra mi vejez.

    (El palmiche)

30

Decidme quienes son las mudas que enseñan
y nos doctrinan, hijas de corte peluda, nietas
de las que no orinan.

    (Las letras que se escribían con plumas de
    ave)

31

Estudiador de estudiantes, ¿qué estudiasteis?
El libro de Textología. ¿Cuál es el ave que
tiene teta y cría?

    (El murciélago)

32

Arca cerrada de buen parecer, ningún carpintero la podría hacer, sino sólo Dios con su
poder.

    (La nuez)

33

No lo hizo carpintero, ni hombre de carpintería, sino Dios con su poder para la Virgen
María.

    (El cielo)

34

De Santo Domingo venio, de predicar un
sermón. Traigo los habitos blancos y amarillo
el corazón.

    (El huevo)

37

Campo blanco, semilla negra, cinco la labran
y uno la siembra.

    (Las letras y el papel, la pluma y la mano)

38

Una vieja con un diente alborota a toda la
gente.

    (La campana)

39

Vi sentada en un balcón a una preciosa dama,
si lees el primer renglón, sabrás como se
llama.

    (Vicenta)

43

El que la hace la hace cantando, el que la
busca la busca llorando, el que la usa no la ve.

    (La caja de muerto)

46

Cuatro corremontes, cuatro correfuentes, dos
tus tus y un dale dale.

    (La vaca)

48

Ana me puso mi madre y de apellido fe.

    (Anafe)

49

¿Cuál es el animal que hace a sus hijos con la
pata?

    (El pato)

50

Sin ser cruz me llevan al hombro, sin ser
relicario me llevan al cuello, sin ser espíritu
santo me hacen luz y fuego.

    (La escopeta)

51

Blanca como la leche, negra como el carbón,
habla sin tener lengua y camina sin tener pie.

    (La carta)

52

Santa soy sin ser nacida, santa sin ser bautizada, santa me dice la Iglesia, santa soy santificada.

    (La Semana Santa)

54

Verde y con punta, qué es?

    (El ají)

55
Entre pared y pared está el negrito José. ¿Quién será?
(El clavo)

56
Sobre tablita tablón, sobre el tablón un balcón, sobre el balcón una dama, sobre la dama una flor.
(La mesa de noche, el candelero y la vela encendida)

59
Cuántas estrellas hay en el cielo?
(Pues cincuenta; es decir, sin cuenta)

62
¿Qué es una cosa que a las mujeres se le alarga con el matrimonio?
(El apellido)

63
Gordo lo tengo, más lo quisiera, que entre las piernas no me cupiera.
(El caballo)

64
Mi madre tiene un cordero y dice que lo matará, con su piel hará un pandero y lo que fuere sonará.
(El tambor)

65
¿De qué se puede llenar un cántro para que pese menos que cuando está vacío?
(De agujeros)

70
¿En qué se parece una manzana a un ferrocarril y a una familia?
(La manzana en que no es pera, el ferrocarril en que no espera, y la familia . . . bien, gracias)

71
Yendo yo para las Mercedes me encontré con 7 mujeres, cada mujer con 7 sacos, en cada saco 7 gatos. Entre gatos, sacos y mujeres, cuántos íbamos para las Mercedes?
(Sólo iba yo para las Mercedes)

73
Picos por delante, argollas por detrás bobo, son tijeras, no adivinarás.
(Las tijeras)

◆ **Adivinanzas Oídas en la Habana**

74
No soy nieve y en blancura casi le excedo a la nieve. No soy fuente y no hay quien lleve agua de tanta frescura. No soy monje y en clausura casi vivo eternamente, publicando reverente desde la altura en que estoy una obra admirable de la Nada Omnipotente.
(El coco)

75
¿Cuál es el animal que hay que entretener para que no cambie de sexo.
(El burro para que no *sea burra* o *se aburra*)

76
¿Por qué se pone tan flaco el hombre que se arruina en Inglaterra?
(Porque pierde muchas libras)

77
¿Cuál es el animal que camina con los pies en la cabeza?
(El piojo)

78
¿Cuál es el animal que por la mañana camina en cuatro pies, por la tarde en dos y por la noche en tres?
(La vida del hombre. La infancia a gatas, la plenitud vigorosa camina fuerte, en la vejez se ayuda de un báculo)

82
Muchos carros llenos de monos que se vendían mono y medio a real y medio. ¿A cómo sale cada mono?
(A real el mono)

83
¿En qué se parece Cuba a un cuchillo?
(En que tiene punta y cabo)

C. E. Headwaiter

Headwaiter, E. "Mas adivinanzas cubanas". *Archivos de Folklore Cubano II* (1926), 236–239.

1

Para el hombre o la mujer,
lectorcita a mí me hicieron,
y muy alto me pusieron
según he podido ver.
  Muy caro llegó a costar
si con lujo se me hiciera;
mientras más, muy fácil fuera
que pudiera molestar . . .
  (El sombrero)

2

Tengo nombre de animal
y soy hechura del hombre,
aparato original
aunque tal cosa te asombre.
  De haber descarrilamiento
se acuerdan pronto de mí,
y soy útil al momento;
lo que soy, lectora, di.
  (La herramienta llamada "gato")

6

Yo soy prenda de vestir
solo propia de mujer,
pero te quiero advertir
que nadie me puede ver . . .
  Fácil quien soy se adivina
pues el nombre que me dan
es elemento en que están
el besugo y la guabina.
  ¿Quién yo soy no acertarás?
  (La enagua)

8

Yo no sé bella lectora
cómo me he de presentar
porque yo me temo ahora
no me llegues a acertar.
  Que no me vean es lo cierto,
sin embargo, soy sentida;
a lo muerto yo doy vida,
y al vivo lo dejo muerto!
  ([Sin respuesta])

9

Soy de mil remiendos hecho
estoy sin remiendo sano,
de mí fian dicho y hecho
tengo sin brazo una mano
en la mitad de mi pecho.
  (El papel)

10

Han hablado mal de mí
pues quiero a cualquier varón
de mi raza; si es así,
no he de dar explicación.
  Demostrar yo me propongo
mi dueño no me critica:
lo cual muy fácil se explica,
porque así mucho más pongo.
  (La gallina)

11

Mi principio fue de hierbas,
pintáronme de colores,
y suelo dar sinsabores,
muertes he causado acerbas
y aun pobreza a los señores.
  (Los naipes)

12

Soy redonda cual la O,
y a muchos muy necesaria,
sin ser cosa extraordinaria
siempre rodando voy yo.
  Mi presencia yo señalo
con el ruido que produzco,
de todo lo cual deduzco
que acertaras como palo!
  (La rueda)

13

Delante de mi señor
ocupo un honrado asiento,
doy razón al alimento,
rubio o blanco es mi color
y mi ser de un elemento.
  (La sal)

14
¿Quién es la hembra golosa
que come a quien la formó?
Fuego y agua la engendró,
fue su voz siempre enfadosa
a cualquiera que la oyó.
  (La lima)

15
Dos hermanas diligentes
caminaban a compás,
con el pico por delante

y los ojos por detrás.
  (Las tijeras)

17
Necesario a la mujer
yo sé que por mí suspira,
conformarla es mi deber,
y tanto ella en mí se mira!
He de decirte en secreto
que aunque nunca se me ve
como me aprietan yo aprieto
dime, qué cosa seré?
  (El corset)

D. E. Sánchez de Fuentes

Sánchez de Fuentes, E. "Más adivinanzas cubanas". *Archivos del Folklore Cubano II* (1926), 124–130.

1
De mi casa vengo
con el zarandeo
escóndeme a las gallinas,
que a los perros
no les tengo miedo.
  (El gusano)

2
Chiquito como un arador
sube a la mesa del Emperador.
  (El salero)

3
En medio de cielo estoy
sin ser astro, luz ni estrella,
no tampoco luna bella,
adivina lo que soy.
  (La letra E)

4
Es mio, y tú lo usas más que yo
¿Qué es?
  (El nombre)

5
Nunca comí, y llena quedé.
Adivina lo que es.
  (La luna)

6
Alba, alba, redonda como un plato.
  (La luna)

7
Estudiante, que estudiaste
los libros de teologia,
dime por favor, el ave
que tiene tetas y cría.
  (El murciélago)

8
¿Cuál es el animal, que por la
mañana camina en cuarto pies , por el
mediodía en dos, y por la noche en tres?
  (El hombre)

9
¿Qué cosa es siempre ancho y nunca largo?
  (El mar)

10
Ando en aguas del bautismo,
sin ser nunca bautizado,
y siete clavos yo tengo,
y no soy sacramentado.
  (El pez)

11

Decidme, ¿quién son las mudas,
que enseñan, y no doctrinan,
hijas de torpe peluda
nietas de las que no orinan?
   (Las letras)

13

En el elemento vivo,
y no hago falta en la tierra
sé corregir al que yerra,
y despertar al dormido.
   (La pluma)

16

Arca cerrada,
de buen parecer,
que ningún carpintero
la puede hacer.
Sólo Dios con su poder.
   (El coco)

17

En Francia fui nacido,
en Aragón bautizado,
todo el mundo me quiere,
y siempre estoy perdido.
   (El alfiler)

18

¿En qué se parece el limón al Papa?
   (En que tiene ZUMO: el pueblo no pronuncia la Z, y resulta el acertijo)

19

¿En qué se parece una naranja a un caballo?
   (En que tiene cascos)

20

¿Quién tiene vista sin ojos?
   (Los pleitos)

21

¿Qué cosa no tuvo Eva,
que las demás mujeres tienen?
   (Madre)

22

¿Qué cosa se saca y se queda en su sitio?
   (La lengua)

24

¿Por qué el cochino anda con la cabeza baja?
   (Porque se avergüenza de ser hijo de una
   puerca)

25

Detrás de una puerta,
oí sacar y meter
dar de barriga
y los puños arriba.
(El panadero)

26

Un hombre iba a caballo,
y sin embargo iba a pie.
   (El perro se llamaba *sin embargo*)

29

Verde me crié, rubio me cortaron,
y blanco me amasaron.
   (El trigo)

30

Por un callejón oscuro
sacan y meten a Juan desnudo.
   (El sable)

32

Blanco soy, como la nieve
hijo de un gran cantador
mi padre no tiene dientes
y no soy de color.
   (El huevo)

33

Un hombre murió sin culpa,
su madre, nunca nació
y la abuela estuvo virgen,
hasta que el nieto murió.
   (Abel, la abuela es la tierra que abrieron
   para enterrarlo)

34

Un pato nadando,
un gato sentado sobre su cola,
el pato se zambullía
y el gato no se mojaba.
   (El gato estaba en la orilla y el pato en el
   agua)

35
Nadie mi nacer prevee,
mi nacer es un morir,
y el que me suele seguir,
nunca sin bullicio viene.
    (El relámpago)

36
Principio del mundo he sido y soy
en el medio del *mar* constante estoy,
y al fin de la *tierra* se oye mi sonido.
    (La letra A)

39
¿Cuál es el objeto que cuando se pone viejo
cambia de sexo?
    (La escoba, que se convierte en mocho)

40
¿Dónde le puso Dios la mano a Adan?
    (En la muñeca)

41
¿Qué es lo que no se puede usar sin romperlo?
    (El silencio)

42
¿Cuál es la ola más peligrosa?
    (La tercer ola)

44
¿Qué es lo que en la botica huele más?
    (La nariz del boticario)

45
¿Cuál es el animal que tiene tres patas?
    (La pata)

E. Samuel Feijóo

Feijóo, Samuel. *Refranes, adivinanzas, dicharachos, trabalenguas, cuartetos y décimas antiguas.* La Habana: Universidad Central de las Villas, 1962.

2
¿En qué se parece una manzana a un tren?
    (En que ninguno de los dos espera)

3
¿Cuál es el colmo del imposible?
    (Rascar a un mosquito con un poste de teléfono)

5
¿Cuál es el mejor nombre y apellido para un general?
    (Armando Guerra)

6
¿Cuál es el mejor nombre y apellido para un arquitecto?
    (Armando Casas)

7
¿Cuál es el mejor nombre y apellido para ingeniero?
    (Armando Puentes)

11
¿En qué se parece el imperialismo a un vestido estrecho?
    (En que los dos oprimen las masas)

20
¿Cuál es el colmo de un avaro?
    (Trabajar de jar–dinero)

22
¿Cuál es el colmo de un hambriento?
    (Lanzarse de un sexto piso para hacerse una tortilla)

26
Guaya que nada
¿con qué camina?
Bobo será
el que no lo adivina.
    (Guayacón)

27
¿Cuál es el colmo de la modista?
    (Coser las faldas a una loma con las agujas del reloj)

30

¿Qué cosa es lo que hace 99 veces tin y un tan?

(Un ciempiés con una pata de palo)

32

¿Cuál el el pan que está más cerca del suelo?

(El Pan–talón)

34

¿Cuál es el santo más hueco?

(San Canuto)

37

¿Cuál es el nombre más corto de una persona?

(Ni–casi–o)

42

¿Cuál es el animal que se acuesta sobre su nombre?

(La pata)

44

¿Cuál es el pueblo de Cuba donde se crían más caimanes?

(Caimanera)

45

¿Cuál es el apellido más rico de Cuba?

(Oropesa)

46

¿En qué pueblo de Cuba llevan los muertos bocabajo?

(En Trinidad, porque los sacan por la calle de La Boca)

47

Un tren sale de Amarillas a las 3 p.m. y debe llegar a la Habana a las 10 p.m. pero se rompe en Hoyo Colorado, donde permanece hasta que lo arreglan; y llega a la Habana a las 12 m. ¿De qué color llega a la Habana?

(De–morado)

51

¿Cuál es el animal que se entretiene para que no cambie de sexo?

(El burro. Para que no se aburra)

60

¿Qué es lo que hace el caballo bien hecho?

(El abono)

64

¿Qué es lo que se sube y se baja y no se mueve?

(La escalera)

69

¿Cuál es el río cubano que tiene cinco letras "A" en su nombre?

(El saramaguacán)

72

¿Qué cosa puede tocar la mano derecha y la izquierda no?

(El codo del brazo izquierdo)

74

¿Quién es el que no se da el golpe?

(El que empuja)

75

¿Cuál es el colmo de un hombre celoso?

(No dejar que su mujer escoja el arroz para que no toque los machos)

78

¿Qué hace un agujero en la calle?

(Vender agujas)

86

¿Cuál es la ciudad del mundo donde las niñas chiquitas no usan ropa?

(Vatica–no. [Batica, no])

89

¿Cuál es el pueblo que siempre está ardiendo?

(Cien–fuegos)

91

Por aquel camino va
caminando quien no es gente,
adivina la presente,
el nombre dicho está ya.

(La vaca)

93

¿Cuál es el pueblo de Cuba donde el sol sale de noche?

(Taguayabón. [Porque las guaguas que van a "La Julia" se llaman "El Sol" y salen de noche])

98
¿Cuál es el río más trabajador de Cuba?
  (El Cuya–agua–teje)

101
¿Cuál es el pan más duro?
  (El panteón)

104
¿Cuál es el pueblo de Cuba al que Dios más ayuda?
  (Madruga. [Porque al que madruga Dios lo ayuda])

106
¿Qué le dijo el gato a la gata?
  (Por ti lucho, gatica)

107
¿Cuál es el pueblo de Cuba que ve mejor?
  (Buenavista)

115
¿Cuál es el colmo de un millonario?
  (No tener un "medio" para evitar la muerte)

121
¿Qué le pueden tomar a un hombre antes de que lo tenga?
  (El retrato)

122
Hay un pueblo en Cuba que no tiene cintura. ¿Cuál es?
  (Jicotea)

123
¿Cuál es el colmo de un músico?
  (Tocar una flauta de pan)

124
¿Cuál es el colmo de un gallo cobarde?
  (Que le pongan la carne de gallina)

125
¿Cuál es el colmo de un desmochador?
  (Tener que trepar por la palma de la mano)

126
¿Cuál es el pueblo al que se entra caminado y no se puede salir caminando?
  (Cabezas. [Porque se sale de "Cabezas"])

128
¿Cuál es el colmo de un médico?
  (Curar el mal "ejemplo")

131
¿Cuál es el colmo de un electricista?
  (Cortarle la corriente a un río)

132
¿Cuál es el colmo de un mecánico?
  (Sacarle el aceite a la aceituna)

135
¿Cuál es el colmo de un nadador?
  (Nadar en un mar de lágrimas)

137
¿Cuál es el puebo que carece de su nombre?
  ("La Luz". [Entre "Vega Alta" y "Quintana". Este pueblo no tiene luz eléctrica])

138
¿Cuál es el colmo de un zapatero?
  (Hacerle un zapato al pie de la letra)

140
¿Cuál es el colmo de un poeta?
  (Que lo acusen de ser un malversador)

141
¿Qué le dijo el gato a la escopeta?
  (Cuídame el gatillo)

147
¿Cuál es el río que más letras "A" tiene?
  (El Ochoa, en Santa Clara, que tiene 8 A)

152
¿Cuál es el colmo de un cocinero?
  (Coser boniatos con una aguja)

153
¿Cuál es el colmo de un cura?
  (Cazar ratones)

Capítulo 4
CHILE

La primera colección de adivinanzas chilenas se publica en 1911 por Eliodoro Flores, de quien se saben pocos datos biográficos. En esta colección hay una breve nota al final del tomo escrita por R. Lenz, quien tenía a su cargo la corrección de las pruebas. Lenz indica que revisó y aumentó las referencias a la colección de Demófilo y a la de Fernán Caballero. Lenz señala también que la colección de Demófilo en esos años era muy rara en Chile, lo contrario de la obra de Fernán Caballero, colección ésta que por lo visto fue popular entre las clases cultas. Indica, así mismo, la existencia de la colección de Rodríguez Marín, aunque por falta de tiempo en esos días no pudo hacer referencias a ella.

A los cinco años de salir a la luz la colección de Flores, se publica el libro de Ramón A. Laval, socio fundador de la Sociedad de Folklore Chileno. Su libro, titulado *Folklore de Carahue*, recopila diversos géneros folklóricos, entre estos se encuentran las adivinanzas. Es un libro que Laval inició en el año 1911 al pasar sus vacaciones en Carahue, un "hermoso y pintoresco pueblo, antiguo asiento de la que fue próspera ciudad de Imperial, destruída a principios del siglo XVII por los fieros e indomables araucanos" (p.7).

La fuente primordial de lo recopilado en su libro proviene de un niño, llamado Juan de la Cruz Pérez, . . ."excelente narrador, de muy buena memoria y de inteligencia viva y despejada" (p.8). También obtuvo información de dos ancianos del pueblo.

Ambas colecciones chilenas, además de compararse con las citadas colecciones de Rodríguez Marín, Demófilo y otros coleccionistas, aportan un glosario de chilenismos y de la flora y fauna propia de ese país.

A. Eliodoro Flores

Flores, Eliodoro. "Adivinanzas corrientes en Chile." *Revista del folklore chileno.* II (1911) 137–334.

9
Fui al cerro,
maté una ternera,
le saqué una tira
y siempre quedó entera.
 (Agua corriente)

11
Voy por un caminito,
piso un cordelito,
le saco un pedacito
y siempre queda enterito.
 (Agua corriente)

14
Cuatro hermanos ellos son:
uno corre y no se cansa,
otro come y no se harta,
otro bebe y no se llena
y otro gime como una alma en pena.
 (Agua, fuego, tierra y aire)

15
De padres negros nací,
yo soy blanco por mi suerte,
y he llegado a ser tan fuerte,
que hasta los hombres vencí.
 (Aguardiente)

16
Para hacer uso de mí,
tápame mis ojitos,
porque con ojos abiertos
inútil soy para todos.
(Aguja)

17
Con el pico, pico y paso:
con el poto tiro el lazo.
(Aguja)
[Poto=trasero]

22
Mientras más lo tocan,
más grande es.
(Agujero)

23
Un animalito lacre
que pica y no saca sangre.
(Ají)

163
Pichi colgando
y negro mirando.
(Carne y gato)

168
Solita o acompañada,
provista o no de dinero,
por todos considerada
viajo por el mundo entero.
A veces voy como el rayo
en tren, en vapor, en globo;
ya me acompaña un lacayo,
un sabio, un mendigo, un bobo.
De luto suelo vestirme
y hasta suelo usar blasones,
y todos por recibirme
dejan sus ocupaciones.
(Carta)

169
En el monte me crié
y allá dejé mi factura,
y ahora paso aquí
a cambiar temperatura
y a chuchiflar por todas partes.
(Carretera)

170
Truntrulinque truntrulaba
y sin piernas caminaba;
sin asiento, ella cedía
y no se sabe cómo lo hacía.
(Carretilla)

176
Tin, tin, cataplun, chin, chin,
para y baja, pin, pin, pin.
(Carro [tranvía] eléctrico)

185
Cuando chica, hombre;
cuando grande, mujer.
(Cebolla)

187
Crin de caballo,
cuero de oveja;
si no la divinas
te corto una oreja.
(Cedazo o criba)

202
Adentro de un árbol seco
había una inglifiglafa
con siete inglafitos.
(Colmena, abejas y miel)

206
Una c de media luna,
una o de luna llena,
una t de consonante
y una on de cabecera.
(Cotón)

211
Huata con huata
le meto una cuarta.
(Cuarta)
[Huata=barriga;parte convexa del tinajón]

214
Soy más dura que una roca,
y todas las niñas me besan la boca.
(Cuchara)

223
Tiene cerdas como chancho
y labor como huatona.
(Cuncuna)
[*Cuncuna*=oruga]

230
En un prado pradín
hay un potro potrín.
(Choclo)

234
Crin de caballo
lana de oveja;
el que no la adivina
le corto una oreja.
(Choclo)

235
Tiene dientes por centenares.
tiene cabellos que no peina
y una ropa muy estrecha.
(Choclo)

237
Necesario soy a todos,
y aunque nunca estuve enfermo,
las huellas de la viruela
en todo mi cuerpo tengo.
(Dedal.)

247
No soy buzón y contengo
una variedad de cartas,
y dos notas y un adverbio
en mi nombre se destacan.
(Dominó)

258
Una caja bien labrada
toda llena de embarazos;
de ellas se asusta todo el mundo
y el hombre la lleva en brazos.
(Escopeta)

270
Por espantar la pereza
o en valiendo ligereza
cansancio sabe tocar.

Con ruido especial me humillo
hasta morder el tobillo
del que avanza sin andar.
(Espuela)

274
Doce hermanos ellos son
y el segundo es el menor.
(Febrero o los meses)

279
En una casa vivimos
y todo el mundo nos lleva;
quien nos rasca, nos subleva,
y en el instante morimos.
(Fósforos)

284
Una niña muy coloradita
con muchas pequitas.
(Frutilla)

302
Bonita como la luna,
refalosa como un pescao,
en el invierno en Mendoza
y en el verano en este lao.
(Gorrita de lana)
[Refalosa=resbalosa]

316
En mis tiempos de chiquilla
siempre usé verde mantilla;
más tan luego que crecí,
por ser al ojo más grata
uso bata color rubí.
(Guinda)

317
Pájaro de alegre canto
con dos buches y un guargüero;
cinco le revolotean
en la puerta del aujero.
(Guitarra)

323
Bito, bito fue al monte
y allá está, grita que grita.
(Hacha)

334

No soy Dios,
y lo soy.
(Hilo)

352

Un barrilito
con dos clases de vinito.
(Huevo)

368

Antes de nacer mi padre
nací yo, y es bien probado
que lijero me escapé
por encima del tejado.
(Humo)

373

En el monte fui criado
debajo de verdes ramas,
y ahora estoy padeciendo
en los brazos de esta dama.
(Huso)

376

Una mujer con tres lenguas
y con las tres lenguas habla;
tiene los cimientos de piedra
y el cuerpo como una jaula.
(Iglesia)

404

Soy ciudad muy populosa
y soy fruta de comer,
soy agradable y muy dulce
y soy muy agria también,
y soy de tan duros dientes
que al fierro alcanzo a roer.
(Lima)

413

De tres días vine al mundo;
de quince, flor de mi edad;
de treinta muero de vieja
y no por enfermedad.
(Luna)

415

Sin ser vaca tengo cuernos,
cuartos sin ser casa;

el moro me quiere a medias
y muy dulce el que se casa.
(Luna)

417

Fui para el patio;
había una ternera;
le saqué un pedazo
y siempre quedó entera.
(Llave de agua potable)

420

De dos hermanas que tengo
una es tía mía
y la otra no es.
(Madre)

424

Una planta larga y delgá
que da fruto en la mitá.
(Maíz)

429

Es un gran chino
y al mismo tiempo una fruta.
(Mandarín)

447

Vengo de Villa-Vilillo;
traigo los ojos negritos
y el corazón amarillo.
(Membrillo)

448

Yo soy alta y desvalida,
a mí Dios no me crió;
yo ando por todo el mundo;
adivinen quién soy yo.
(Mentira)

456

Adentro de un tenderete
había un capón churrete,
churre que churre, siempre churrete.
(Molino)

457

Olivito soy;
si no me riegan
no doy.
(Molino)

461
Adivina, buen adivinador
qué pájaro tiene don.
(Moscardón)

462
Adivina, buen adivinador,
qué pájaro tiene quito.
(Mosquito)

472
Una niña alta y delgada,
chaqueta verde y vestido colorado.
(Nalca)
[*Nalca*: los peciolos comestibles de
la planta chilena "*pangue*"]

499
Por anchos campos corremos
en completa libertad,
y aunque no sentimos pena
nuestro destino es llorar.
(Nubes)

504
Nu es de lo que tú comís.
Adivínamela si podís.
(Nuez)

518
Dos toritos quieren peliar;
por arriba de un monte
no pueden pasar.
(Ojo)

528
Sin ser instrumento, emito
notas diversas y claras
y mi nombre encierra el nombre
de un objeto de labranza.
(Palabra)

533
Una planta larga y gruesa
que da fruto en la cabeza.
(Palma)

535
No tengo ni un sólo pelo;
soy chato, pálido, enjuto;

valgo poco, y sin embargo
a todo el mundo le gusto.
(Pan)

541
Pampa verde
pampa morá,
arriba tiene los cocos
y abajo está la bolá.
(Papa)

550
Yo soy coloradito;
todas las manos me aplastan
para secar lo negrito.
(Papel secante)

551
Cuando llueve al punto sale
sin que sea caracol,
y con el agua se estira
y se arruga con el sol.
(Paraguas)

556
Alto como torre,
bajo como mesa,
agrio como hiel
y dulce como miel.
(Parrón)

566
Yo sobre una columnita
vi nacer una florecita;
su hermosura recreaba
pero ella no asemillaba
y al fin moría marchita.
(Pavesa de vela)

584
En el campo fui nacido;
soy de lindo parecer;
tengo dientes y no como
y quito a otros el comer.
(Peine)

591
Un pájaro pinta pirrilinca patisanca
con todos sus pajaritos pirulinguitos,
patisanquitos.
(Perdiz)

597
Coloradito colgando,
cachuito mirando;
coloradito cayendo,
cachuito comiendo.
    (Peumo)
[*Peumo*=Boldo, pequeño árbol
    perene de Chile]

599
Tiene alas y no vuela
y corre más que tu abuela.
    (Pez)

600
Un animal serrano
que habita en su serranía,
saliendo de su serranía
solo se quita la vida.
    (Pez o pescado)

604
El tambor está de espaldas,
y la tamborera de rodillas.
    (Piedra de moler)

608
Vos despaldita,
yo de rodilla,

con el tonguito
le hago cosquilla.
    (Piedra de moler)
[*Tonguito*: sombrero duro de paño
    o fieltro, en España hongo]

616
¿Cuál es la planta que sirve más al hombre?
    (Planta de pie)

622
Por abajo se llena,
por arriba se vacía.
    (Pozo)

641
¿Qué será una cosa
que no tiene manos y da,
que no tiene pies y anda.
    (Reloj)

648
Verbo de una sílaba es y un animal al revés.
    (Res)

649
Un pajarito chiguatero
con seis buches y un guarguero.
    (Revólver)

B. Ramón A. Laval

Laval, Ramón A. *Contribución al folklore de Carahue.* Madrid: Librería General de
    Victoriano Suárez, 1916. 93–102.

1
Estoy muy cerca de ti,
estoy muy lejos también;
sin ojos te estoy mirando:
te miro, y tú no me ves.
    (Dios)

5
Doce peras en un plato,
doce frailes a cogerlas,
Cadacual tomó la suya
y quedaron once peras.
    (Uno de los frailes, el que tomó una pera,
    era conocido con el nombre CADACUAL)

6
Mañana, tráeme un choroy para comermelo
hoy.
    (El peón a quien se le encargaba el choroy
    se llamaba *magaña*, pero le decían *mañana*)
[*Choroy*, es el nombre corriente de un loro pequeño,
de color verde. *Psittascus leptorhynchus*.]

9
Tengo un cerro muy cercado
con las ramas muy en orden,
y se me ha entrado un ladrón
y no he sabido por dónde.
    (El sueño)

11

Una fuente misteriosa:
el que la hace no la goza,
quien la ve no la desea,
y el que no la ve la goza.
    (La sepultura)

12

Dos redonditos,
dos redondones,
un macaquito;
dos tiradores.
    (El coche)

13

En Europa fui nacida,
en la India fui vendida,
si me caigo, soy perdida.
    (La copa)

14

Tengo la cabeza negra,
me paro en un solo pie,
y tan grande es mi fiereza,
que al mismo Dios sujeté.
    (El clavo)

15

Sube cargada,
baja sin nada.
    (La cuchara)

17

En una cajita negra,
adentro traigo la luz,
en los pies traigo la muerte
y en la cabeza la cruz.
    (La espada)

18

Esto que te estoy diciendo
es lo que yo te pregunto,
y te pasas de borrico
si no lo aciertas al punto.
    (El estoque)

19

Todos me llaman mitad,
y en verdad no sé por qué

un nombre tan singular
me dan, aunque entera esté.
    (Las medias)

20

La pastora está de espaldas,
el pastor 'ta de rodillas
y la pastorcita chica
está haciéndole cosquillas.
    (La piedra de moler)

21

Soy bonito,
tengo bonete,
cuando me aprietan
largo el chijete.
    (El sifón)
[*Chijete*=chisguete]

22

La mitad del nombre mío
la traición de Judas es,
y la otra mitad se forma
del nombre de una mujer.
    (La ventana)

23

La mula de ño Miranda
no hay rincón por donde no anda.
    (La escoba)
[ño, ñor, iñor, hiñor, heñor, con h suave-
mente aspirada= Señor, tío]

24

No es árbol ni es ave
y tiene del árbol y tiene del ave.
    (El sombrero [la copa y el ala])

25

Pancho Raja,
¿quién me ataja?
Si me atajas
te hago paja.
    (El tren)

26

Brilla como oro y no es oro,
brama como toro y no es toro.
    (El tren)

27

Hombre largo,
poncho cari,
todos preguntan por él,
él no pregunta por nadie.
(La calle, el camino)

[Poncho, del araucano *ponthu,* manta cuadrada con una abertura en el medio para
pasar la cabeza. La usan todos los hombres
en el campo.]

[*Cari*=color castaño claro]

28

Sal me dicen todos,
como si fuera perro.
(La sal)

29

Una media,
cuatro justas,
una santa.
(La cuaresma)

30

Don Juan Pérez de Quiñones,
sus camisas eran nones
y no alcanzaba a tres.
Vamos a ver:
¿cuántas vendrían a ser?
(Una)

31

Estaba pimpín parado en un pie parado
cuando vino pimpín parado en cuatro pies
parado a comerse a pimpín parado en un pie
parado. Salió entonces pimpín parado en dos
pies parado a espantar a pimpín parado en
cuatro pies parado para que no se comiera a
pimpín parado en un pie parado. Si no es por
pimpín parado en dos pies parado, pimpín
parado en cuatro pies parado se come a pimpín
parado en un pie parado.
(El trigo, una vaca y un hombre)

33

Cuatro rosas,
cuatro melosas,
dos chichirrimicos
y un espantamoscas.
(La vaca)

34

Estaba, estaba, estaba,
una niña que saltaba
y casi se mataba.
(La taba)

35

Volar, volar,
pájaro sin costillar.
(La mosca)

36

Una negrita pimea
hace caquita y no mea.
(La pulga)
[Pimeo,a=Pigmeo,a]

37

Martín Porongo,
si no te mato,
te descompongo.
(El piojo)

39

Blanco fue mi nacimiento,
después de verde vestí,
y ahora que estoy de luto
hacen aprecio de mí.
(La aceituna)

40

Cotón colorado,
tripita amarilla,
palito en el poto,
¿quién se lo pondría?
(El ají)

41

Un convento colorado,
el portón es verdecito,
los frailes son amarillos
y el sacristán de palito.
(El ají)

42

Una vieja de luto,
que cuelga de un canuto.
(La breva)

43

Una casa bien blanqueada,
que da visos con el sol,
por adentro es bien tejada
y descansa en un horcón.
    (La callampa)
[Callampa=seta]

44

A la puerta me asomé
y le grité al ovejero:
que me traigan un cordero
de cien costillas y un pie.
    (La callampa)

46

Un chiquillo con muchas mantillas,
lleno de pelos y pelotillas.
    (El choclo)
[Choclo=la mazorca de maíz. En voz tomada
    del quechua, *chocllo.]*

49

Redonda como una bola,
me sustento por la cola,
me comen pobres y ricos
y a mí no me faltan picos.
    (La granada)

51

Esta *pata* no es del agua
y esta *agua* no es de la mar;
pero siendo de la tierra,
se encuentra en cualquier lugar.
    (La patagua)
[*Patagua*. Arbol del centro de Chile,
    tiscupidarioa dependens.]

52

Una niña colorada,
de muy grande corazón,
tiene como mil hijitos
pegados al migajón.
    (La sandía)

53

Tronco de higuera,
flor de zapallo,
tonto, baboso,
car' 'e caballo.
    (La tuna)

54

Una tablita
llen' 'e monitos,
el que l'agarra
se clava toíto.
    (La hoja de tuna)
[Toíto, toitito, tuitito, toichicho, chichicho=
    todito, diminutivo de todo.]

56

Dama de ancha crenolina,
siempre vive en casa de altos,
y si la pata le tiran,
alborota al vecindario.
    (La campana)

Capítulo 5
ECUADOR

De las cuatro colecciones de adivinanzas ecuatorianas que agrupa esta *Antología*, dos son de JUSTINO CORNEJO, el mejor recopilador de adivinanzas de este país. La primera colección apareció en 1948 en la *Revista del Instituto de Tradición* (Año 1, Julio–Diciembre, pp. 295–356) y contiene 427 adivinanzas. En la introducción Cornejo ofrece algunas especulaciones interesantes sobre la difusión de las adivinanzas y cree que algunas adivinanzas hispanoamericanas fueron a España y allí se incorporaron al acervo español. En concreto el autor se refiere a algunas muestras recopiladas por Rodríguez Marín como las del pavo (382), del tabaco (941–42), del maíz (568), etc., flora y fauna del Nuevo Mundo. Es una de las primeras conclusiones de este tipo que se encuentran.

Cornejo señala además otro aspecto curioso: muchas de las adivinanzas reunidas por él muestran un deterioro en su forma o están incompletas. El autor indica que esto se debe en gran parte a las nuevas corrientes padagógicas introducidas en el Ecuador, las cuales no estimulan la memorización y la habilidad del pueblo de retener aspectos folklóricos.

Justino Cornejo encuentra que abundan en su país esas adivinanzas cuya solución tiene que ver con la flora regional. El considera de origen ecuatoriano esas que tienen como respuesta plantas o frutas como guabas, caimitos, piñas, plátanos, guanábanas, mates, yuyas, maníes, escobas y aguacates.

Como investigador y recopilador de adivinanzas, Cornejo creyó que su deber era incluir aquellas que son sicalípticas, obscenas, o sucias. La *Revista* no quiso publicarlas y así lo hace constar en una nota a la colección. Esta colección recopila 427 adivinanzas publicadas por el orden alfabético de la primera palabra de la adivinanza y no por su solución.

La colección de DARIO GUEVARA (1951) recoge 69 adivinanzas sin especificar de qué región o regiones proceden. Guevara ordena sus adivinanzas en siete clasificaciones generales y bastante simples.

La segunda colección de Justino Cornejo aparece en 1958 y añade 200 piezas a las 427 que ya había recopilado en la colección anterior de 1948. Además incluye algunos cuentos de adivinanzas, y mantiene la misma forma de ordenar las adivinanzas según la primera letra de la proposición enigmática. Para esta colección repite, en su totalidad, la introducción que había publicado en la anterior colección.

Finalmente, la última colección ecuatoriana de esta Antología es la de VICENTE MENA, publicada en 1965 en la *Revista del folklore ecuatoriano*. En ella se reúnen 87 adivinanzas seguidas por una clasificación general bastante escueta y estudiada. Añade también los datos técnicos de las investigaciones hechas para reunir las piezas.

A. Justino Cornejo

Cornejo, Justino. "Adivinanzas ecuatorianas". *Revista del Instituto Nacional de la Tradición*. Buenos Aires (1948), 295–356.

1
Adivina, adivinador;
adivíname con presteza,

¿cuál es ese animal
con tripas en la cabeza?
(El camarón)

3

Adivina, adivinanza:
que hasta al Rey le pica la panza.
  (La pulga)

7

Alma de palo, asiento de pelo;
de lo que bota comemos.
  (El cedazo)

8

Al nacer fui maltratado,
pero me ama mi señor;
suele cargarme atado
y con funda, mi señor.
  (El revólver)

13

Ancho y redondo,
y en medio jediondo.
  (El pozo de Joa)

14

Andó con su vestidura,
dende que ar mundo nació;
despué' se desnudó
y está viviendo desnuda.
  (La Caña Guadua)

20b

Arriba frondoso
y abajo sabroso.
  (La yuca)

22c

Ataúd verde,
mortaja blanca
y muerto negro.
  (La guaba)

23

A un desnudo lo han vestido
por dentro de la barriga,'
con un tejido muy ralo;
por dentro no tiene abrigo.
  (El cedazo)

42

Brinca aquí, brinca allá;
si no la cojo aquí, la cojo allá.
  (La pulga)

45

Caballito melao,
que sube ar cerro
pa' baja' ganao.
  (El peine, la penilla)

48

Capita sobre capita,
color de paño francés:
si no me adivinas hoy,
tampoco lo harás después.
  (La cebolla colorada o paiteña)

49b

El toronjil le pregunta al romero:
¿dónde hay primero carne y después cuero?
  (La molleja)

54

Cien niñas de colorado,
al balcón se han asomado.
  (Las cerezas en el árbol)

74

Corre como conejo,
y se sienta como guatuza.
  (La mata de calabaza)

82

¿Cuál es el arca fina
dónde se guarda un tesoro,
que oye misa siendo moro,
que tiene pies y no camina?
  (El vientre grávido)

86

¿Cuál es éste sin marido,
que anda buscando posada,
y sólo se hace preñada
después que llega a su nido?
  (La nigua)

88

¿Cuál es la dulce y sabrosa,
de castidad vestida,
que cuando está recién nacida
es a muchos provechosa
y da sueño su comida?
  (La leche)

92

¿Cuál es la que, al andar, se desmaya;
que no gasta manto ni saya;
que a muchos produce afrenta,
y sólo al matarla está contenta?
   (El hambre)

109

Choco contra una roca,
y me late el corazón.
   (Chocolate)

114

De día, no me espanta;
y, de noche, casi me mata.
   (Un arbusto)

118a

De los amacayes vengo,
visitando al padre barbón,
que tiene los hábitos blancos
y amarillo el corazón.
   (El huevo)

126

De Santo Domingo vengo,
visitando al Padre Prior:
traigo el hábito verde
y colorado el corazón.
   (La sandía)

128

Desde el mar subo a los aires;
pues que, sin tener alas, vuelo;
muy lejos caigo en el suelo;
por tierra vuelvo a los mares.
   (El agua que se evapora)

129

Desde la Sierra viene
un torito bramando,
con los cachitos brillantes
y amarillo el corazón.
   (El sol)

132

De un cerro a otro,
van relinchando los potros.
   (Los truenos)

134

Dicen que es tío,
sin haber tenido sobrinos.
Si no decimos lo que es,
seremos unos pollinos.
   (Estío)

144

Dos niñas en un balcón,
dándose de topetón.
   (Los senos femeninos)

151

El penitente parado,
y el confesor de rodillas.
   (La vaca y su ordeñador)

153

Empanada de madera,
condumio de carne.
   (El ataúd)

159

En el campo me crié,
atada por verdes lazos,
y si alguien llora por mí,
es porque me hace pedazos.
   (La cebolla)

163

En el monte fue nacida
la que nunce fue sembrada:
echa la flor amarilla
y la fruta colorada.
   (La pitahaya, pitajaya o pitaya)

166

En el monte verdea,
y en la casa amarillea.
   (El plátano)

172d

Me fui por un camino,
y allí encontré un gigante:
le corté su linda cabeza,
y luego seguí adelante.
   (La mata de plátano)

177

En la niñez, verde; en la juventud,
morado, y, en la vejez, negro.
   (El pechiche)

184
En medio del cielo estoy,
sin ser lucero ni estrella.
La que nunca ha sido bella
te pregunto ahora: "¿Quién soy?"
(La E)

187
En todas las bocas habito,
desde que al mundo nací;
todos me matan a mí
y yo siempre resucito.
(El hambre)

192
Entre sábanas de holán
y bandera carmesí,
la Reina parió un infante
del color del perejil.
(La sandía)

201
¡Espera lo que te voy a decir!...
¡Sin quererlo, ya te lo dije!...
(La pera)

210
Flor blanca, mata verde;
maduro se coge y seco se vende.
(El café)

218
Humildes varitas
de lindo metal:
huyen los de adentro
en busca de libertad.
(La jaula)

221
Juan Copete, Juan Copete:
naide lo ve, y en todo se mete.
(El viento)

223
La madre brava, y los hijos mansos.
(La palma de corozo)

225
La madre mansa, y los hijos bravos.
(La mata de ají)

228
La primera y la segunda
la tienen los volcanos;
la tercera y la cuarta
la tienen los humanos.
(Lavacara [Jofaina])

229
Larga como una anguilla,
y no tiene güeso ni costilla.
(La lombriz, la longaniza)

242
Llorín-llorín lloraba:
detrás de la torre andaba.
(El puerco)

245c
Mi tía la que va y viene
y en el camino se detiene.
(La hamaca)

248a
Me encontré con un viejazo,
yendo por un caminito.
Le descargué un machetazo
y él se quedó sanito.
(El río)

255
Me fui por un camino,
y encontré a Fifirifao,
tocando su guitarrita
y brincando como venao.
(El gallinazo)

257
Me hicieron de papel,
me llenaron de gas,
y por medio del cielo
subí más y más.
(El globo)

259
Mi comadre la gordota,
que camina de espaldota.
(La canoa)

267
Mi comadre la orejona
que pare por la corona.
(La piña)

273

Mira al cielo
antes de que me cojas:
si así no lo haces,
tal vez te mojas.
    (El paraguas)

276

Negrita soy,
y si me piden la firma,
gustosa la doy.
    (La plancha)

278

No soy Dios ni pienso ser,
ni la Virgen es mi madre;
pero si me dan el ser,
el mismo Dios he de ser,
hijo del Eterno Padre.
    (El trigo)

279

No tengo boca, pero hablo
con buena pronunciación,
y resuenan mis palabras
más allá de Calderón.
    (El telégrafo)

280

No tengo cimientos,
no tengo cubierta;
aquí los hijitos
a su madre esperan
con la boquita abierta.
    (El nido)

281

No tiene pies, y corre ligero;
no tiene manos, y lleva anillos.
    (La culebra)

284

Pajarito chigulatero,
que pescuezo no tiene
ni tiene guargüero.
    (La garrapata)

289

Partida la única sílaba
de mi sacrosanto nombre,
habrás de encontrar un verbo
seguido por un pronombre.
    (Dios)

293

Pescuezo largo,
cuerpo chiquito,
tiene un sonido
lindo, lindito.
    (La bandurria)

294

Plantita verde,
flor colorada,
que ar medio tiene
toa la gajada.
    (La piñuela)

298

Por los aires va volando,
sin plumas ni corazón;
el muerto le da sustento
y el vivo persecución.
    (La mosca)

308

¿Qué cosa es
que todos tenemos,
pero no la vemos,
y sólo la sabemos
porque la cogemos?
    (El pulso)

309

¿Qué cosa madura y dura;
por blanca su valor pierde;
que cuando está más verde
entonces está más madura.
    (La sandía)

317

Ras para arriba,
ras para abajo:
¡mucho me cuesta
este trabajo!
    (Las piedras de moler)

321

Relumbro como una tez,
y sé que no me adivinas
hasta el próximo mes.
    (El coral)

326

Se asa, se cocina,
pero no se come.
    (La hoja de plátano o de maíz)

328
Se siente contento
cuando el sol se va;
afina su garganta
y se pone a cantar.
    (El grillo)

343
Sin dolor y sin trabajo
parió, y sin tener barriga,
un sólo hijo por arriba
y unos tantos por debajo.
    (La mata de plátano)

344
Sin mí no puedes amar,
y conmigo has de morir;
podrás matar a cualquiera,
pero no podrás vivir.
    (La M)

346
Sin tener alas, yo vuelo;
tengo cola, y no soy ave,
y, como bien lo sabes,
sin viento me vengo al suelo.
    (La cometa)

347
Si tengo cabecita,
no tengo ojito:
si tengo ojito,
no tengo cabecita.
    (El alfiler y la aguja)

356
Soy hombre sin pantalones
y de mí no hay que hablar;
me sostengo en mis talones
y tengo damas a montones,
porque esta es mi ley natural.
    (El gallo)

364
Tal vez no me quieran creer,
pero es una cosa bien cierta,
que yo coseché en mi huerta
lo que otro sembró en la de él.
    (Un campesino aprovechó el fruto de una
     planta rastrera que un vecino suyo había
     sembrado: melón, sandía . . .)

366
Tapita sobre tapita,
melero sobre melero:
esta sí que no la adivinas
hasta el próximo enero.
    (El beltón, la colmena, la moqueñaña)

368
Tengo cuernos, mas soy mansa
e infundo tranquilidad;
poetas y amantes me quieren
y se impiran en mi faz.
    (La luna)

369
Tengo el nombre de una niña,
crezco en el fondo del mar,
y en la arena de la playa
tú me podrás encontrar.
    (La concha)

375b
Tiesa viene, tiesa va;
y tiesa siempre está.
    (La puerta)

379c
Tres niñas en una cuna:
todas pelean por hacer fortuna.
    (Las bolas de billar)

381
Tri' tra', tri' tra',
con la' oreja' pa' tra'.
    (Las tijeras)

384
Un caja bien cerrada;
en medio, una celosía:
seis muertos la acompañaban
y un vivo la combatía.
    (La guitarra)

389
Una dama estuvo sentada,
un galán se enamoró de ella:
ella desembarazó
    y él quedó preñado de ella.
    (La botella de licor)

390

Una dama me atormenta
con una calor muy fuerte;
después del martirio este,
me pone en su mano diestra;
todos los días de fiesta
me trae a muy mal traer,
por hacer bien parecer
a las niñas descompuestas.
(La plancha)

400

Una vieja chuza, chuza,
con una paja en la nuca.
(La pasa)

409

Un paradote,
un hincadote,
un sentadote.
(El confesionario, el confesador y el confesor)

411

Veinte soldados

van a la guerra:
diez por el aire,
diez por la tierra.
(Los dedos humanos)

415

Verde fue mi nacimiento,
morado fue mi vivir,
de negro me amortajaron
al tiempo de morir.
(El pechiche)

416

Vestida nací con belleza,
pero cortáronme la cabeza:
ando por el mundo llorando
y con negras lágrimas hablando.
(La pluma)

423

Yo soy la fruta sencilla
—procuren adivinarme—;
por dentro tengo la carne
y por fuera la semilla.
(La frutilla. El marañón [anacardo])

B. Darío Guevara

Guevara, Darío. *Esquema didáctica del folklore ecuatoriano.* Quito: Ed. "Ecuador". 1951. 82 p.

1

En el mar y no me mojo;
en brasas y no me abraso;
en el aire y no me caigo,
y me tienes en tus brazos.
(La a)

3

Soy un palito
muy derechito
y encima de la frente
tengo un mosquito.
(La i)

6

El burro la lleva a cuestas,
metida está en el baúl,
yo no la tuve jamás
y siempre la tienes tú.
(La u)

7

Llanura blanca con flores negras
y cinco bueyes aran en ella.
(La escritura)

8

Cae de una torre y no se lastima,
cae en el agua y se hace harina.
(El papel)

10

Estoy en el universo;
pero no estoy en el mundo.
De Dios soy inseparable
y de los ángeles huyo.
Con la Virgen estoy siempre;
pero no estoy en su manto.
Ando siempre con el diablo;
pero nunca con los santos.
(La i)

17
Soy redonda como el mundo,
al morir me despedazan,
me reducen a pellejo
y todo el jugo me sacan.
(La uva)

19
Verde fue mi nacimiento
y de luto me vestí,
las ruedas me atormentaron
y oro fino me volví.
(La aceituna)

25
Casco de grana,
gran caballero,
capa dorada,
espuela de acero.
(El gallo)

30
Cazador tuerto
¿cuántas tórtolas has muerto?
Si mato a ésta que voy siguiendo'
faltan tres para cuatro.
(No mató ni una)

31
Siempre con un cobertor,
así haga frío o calor.
(El carnero)

32
Muchas damas en un agujero,
todas vestidas de negro.
(Las hormigas)

35
No tiene pies y corre,
no tiene dedos y lleva anillos.
(La cortina)

40
Mariquita pirura,
amarrada en la cintura.
(La escoba)

44
Soy un caballero
valiente y bizarro,
tengo doce damas

para mi regalo.
(El reloj)

45
¿Qué cosa es
una cosa que lleva
la camisa por dentro
y la carne por fuera?
(La vela)

48
¿Quién es que va caminando
y no es dueño de sus pies,
que lleva el cuerpo al revés
y el espinazo arrastrando;
que los pasos que va dando,
no hay nadie que se los cuente,
y si quiere descansar,
mete los pies en su vientre?
(La canoa y los remos)

52
En el cielo soy de agua,
en la tierra soy de polvo,
en la iglesia soy de humo
y una telita en los ojos.
(La nube)

55
Muchas lamparitas
muy bien colgaditas;
siempre encandiladas,
nadie las atiza.
Siempre quietas,
siempre quietitas;
durmiendo de día,
de noche despiertas.
(Las estrellas)

56
Soy un hombre encumbrado,
ando mejor que el reloj,
me levanto muy temprano
y me acuesto a la oración.
(El sol)

60
Una culebrita
inquieta y pelada,
que llueva o no llueva
siempre está mojada.
(La lengua)

61
Mil veces doy alegría
y otras mil causo dolor;
y aunque saben que yo engaño,
todos me tienen amor.
(El sueño)

62
Nunca podrás alcanzarme
por más que corras tras mí,
y aunque quieras retirarte,
siempre iré yo tras de ti.
(La sombra)

C. Justino Conejo

Cornejo, Justino. *¿Qué será?* Quito: Ed. Casa de la Cultura Ecuatoriana, 1958. 88 p.

1
Adán desnudo,
en un cuarto oscuro.
(El machete)

5
Adivina quién soy:
cuando voy, vengo;
cuando vengo, voy.
(El cangrejo)

7
Al amanecer blanco,
y al anochecer negro.
(El día)

10
Alma de palo, asiento de pelo;
de lo que bota comemos.
(El cedazo)

21
Antes de comer carne, comí palo;
al fin, llegué a caer malo;
me llevaron al hospital,
y el cirujano fue tal,
que para que más viviera,
dispuso que otro muriera
que tenía el mismo mal.
(El zapato remendado)

28a
Ataúd verde,
mortaja blanca
y alma condenada.
(La guaba [varias especies del género inga])

35c
Azul ni el cielo,
blanco ni el queso:
hueso por fuera

y carne por dentro.
(El cangrejo azul)

58
Cajita de madera real
que ningún carpintero
pudo fabricar.
(La cápsula del maní)

59
Cama tengo en el agua;
Capitán de antiguo soy;
Arón me llamo en el mundo:
¡Adivíname quién soy!
(Camarón)

61
Cañaveral, cañavelera:
tan chiquitita y tan novelera.
(La lengua)

65
Casi todo comerciante
tiene su negra alcahueta,
que le hace robar bastante
sin darle ni una peseta.
(La balanza)

73
Cien niñas en un prado,
todas con traje morado.
(Las flores de la badea)

74
Cien redonditos y un redondón,
un meteisaca, un quitaipón.
(Los carbones, la olla, la cuchara)

75
Cien soldados en un cuartel,
con gorrita negra y sin coronel.
(Los fósforos en su caja)

78

Cinturita de calabaza,
mano(s) y tripas de león:
¡gorgoraza!, ¡gorgoraza!,
madre de consolación
Madre de perdición
    (La guitarra)

89b

Nadie soy ni tengo ser,
y muchos metros al día
suelo menguar y crecer,
sin que me pueda mover
al faltarme compañía.
    (La sombra)

90

Con un cuartillo lleno la casa.
    (El fósforo)

94

Corre y vuela con ligereza,
tiene cuerpo 'e religiosa,
cabeza 'e vaca y hocico de osa.
    (La cuchara)

100

¿Cuál es aquel inhumano
que puede perder la vida
sólo por dar una herida
dejando al hombre sano?
    (El mosquito)

104

¿Cuál es el animal que tiene
los huesos por fuera
y la carne por dentro?...
    (El guariche)

109

¿Cuál es el hijo que le quema
la lengua a su propia madre?
    (La llama de la lámpara)

116

¿Cuál es la comunidad
que sin regla expresa vive,
y notable utilidad
de su trabajo recibe
toda la humanidad?
    (La colmena)

118

¿Cuál es la dulce y sabrosa,
de castidad vestida,
que cuando está recién nacida
es a muchos provechosa
y da sueño su comida?
    (La leche)

121

¿Cuál es la palabra que tiene
las cinco vocales?
    (Aurelio, murciélago)

132

Cuatro tetas y dos bocas.
    (La alforja)

134

Chanco, chanco,
rabito blanco,
brincando va
por el barranco.
    (El venado)

136

Chao, chao,
rabito arzao.
    (El escorpión)

175

Desde Francia soy venido,
bien preso y amarrado,
y traigo la sentencia
de que he de morir condenado.
    (El tabaco)

182

Dicen que soy inservible;
dicen también que soy fría
y más dura que una roca;
pero a pesar de todo eso,
beso a todos en la boca.
    (La cuchara)

184

Dígame cómo será
que a D. Manuel de Jesús
le gusta dormir con Luz
en plena oscuridad.
    (La mujer de este prójimo se llamaba Luz)

186

Dilidilingo colgando,
milimilingo llorando.
    (La carne fuera del alcance del gato)

190

Dos amigos que se vean
y tomen un abreboca,
al tiempo de alzar la copa,
¿qué es lo que se desean?
    (Salud)

197

Dos lanudos a los lados
y al medio un desesperado.
    (El arado y los bueyes)

205

El enamorado que viste,
¿de qué color viste?
La dama que él ama,
¿cómo se llama?
    (Elena y morado)

218

En casa barría,
en patio regao,
me subió un negrito
rabito empinao.
    (La pulga)

221a

En Dalia soy nacida;
¡ténme, ténme, compañera!
que si me caigo soy perdida.
    (La aguja)

239

En el seno de mi madre
me comí a mi propio padre.
    (La comunión en el templo)

243

En la calle me toman,
en la casa me dejan:
y en todas partes entro
y de todas partes me echan.
    (El polvo)

245

En la huerta soy nacida,
con talle no muy alto:
soy aseada en la cocina,
en la sala y en el cuarto.
    (La escoba silvestre)

257

En mí podrás encontrar,
si vas buscando con maña,
una ciudad de la España
y un arma que te hará temblar.
    (Granada)

268

En una sala de baile,
unos cantan y otros bailan.
    (La paila y los maíces que se tuestan)

274

En un cuarto oscuro
en que se pisa quedito,
el vivo toca al muerto
y el muerto lanza un grito.
    (El músico y el piano)

296

Falda sobre falda,
balcón sobre balcón;
sobre el balcón una niña,
sobre la niña una flor.
    (La alcachofa)

299

Flor morada
y al medio la pendejada.
    (La flor de la badea)

301

Fue mi hermana y ya es mi madre;
los hombres me transformaron;
a mí no más me quisieron
y a mi madre la botaron.
    (La madre de arroz, llamada "camisa" en
    algunos lugares)

307

Hago papas y monarcas,
príncipes y emperadores;
hago, sin ser Jesucristo,
peces, animales y hombres.
    (El escultor, el pintor)

308

Estudiante que estudiabas
en el libro de Jesús:
me dirás cuál es el ave
que hace la señal de la cruz.
    (El diostedé o tucán)

D. Vicente Mena

Mena, Vicente, "Algunas adivinanzas ecuatorianas". *Revista del folklore ecuatoriano.* (oct. 1965–nov. 1966), 149–169.

1
Adivina adivinador
qué fruto carga sin flor.
(El higo)

6
Corre mulita corre
en cancha pareja
clava las uñas
para la oreja.
(La plancha)

7
Char, char
guar, guar
quero, quero
¿Qué cosa será?
(El chaguarquero)

9
El lunes nació una niña
el martes se bautizó
el miércoles fue a la escuela
el jueves se recibió
el viernes se puso enferma
el sábado se murió
y como era tan bonita
el domingo resucitó.
(La semana)

19
Leo mi charada
ni das, ni quitas, ni pones
el nombre que a mí me das
lo das y lo descompones,
¿Qué será?
(Leonidas)

29
Tin, tin
que me voy pasando
tin, tin
para el otro lado
tin, tin
que no me mojo
ni las piernas ni el costado.
(La araña)

34
¿Cuál es el colmo de un electricista?
(Tener una hija corriente)

35
¿Cuál es el colmo de un militar?
(Saludar a un aguacero porque es general)

36
¿Cuál es el colmo de un zapatero?
(Tener un hijo plantilla, una mujer que le
    horme y una suegra que le friegue la pita)

38
¿Qué le dijo el estudiante al río?
    (Dichoso tú que puedes seguir tu curso en
    el lecho)

53
De seis palos
hice una casa,
¿qué cosa será?
(La mentira)

59
Chiquita me sembraron
y varios me sacaron.
(La papa)

65
¿Qué será
qué será
qué será
qué será?
(La quesera)

86
Una señora de verde
que cada que pasa
me muerde,
¿qué será?
(La hortiga)

Capítulo 6
EL SALVADOR

Procedente de El Salvador es la obra de FRANCISCO ESPINOSA, *Folk-lore salvadoreño* (1946) la cual constituye uno de los primeros intentos serios de reunir los diversos aspectos folklóricos de este país. La recopilación se inició como resultado de una conferencia dada por el eminente folklorista Ralph Steele Boggs.

Espinosa vio la necesidad de coleccionar materiales folklóricos de El Salvador y al respecto comenta: "En El Salvador esta clase de estudios no ha tenido mayor desarrollo. Si bien es cierto que la veta folklórica es pobre entre nosotros y ha recibido influencias exteriores muy marcadas, su cultivo ha sido muy escaso" (p. 5).

Además de 120 adivinanzas, esta obra contiene cantos de cuna, bombas, canciones populares, salvadoreñismos, apodos y nombres indígenas. El coleccionista explica como ha reunido el material. Sobre las adivinanzas dice: "De boca de los mismos muchachos, hemos recogido muchas adivinanzas en donde se manifiesta la agudeza infantil y aún de los mayores. En algunas de ellas se advierte a la legua una influencia extranjera. Sin embargo, la mayoría tiene un sabor eminentemente criollo" (p. 7).

Dada la escasez de adivinanzas de El Salvador, publicamos casi en su totalidad las piezas reunidas por Espinoza.

Francisco Espinoza _____

Espinoza, Francisco. *Folk–lore salvadoreño*. San Salvador: 1946. 123 p.

1
Una caja blanca
como la cal,
todos la pueden abrir
y nadie la puede cerrar.
    (El huevo)

4
Tecomatillo bombón
que no tiene boca ni tapón.
    (El huevo)

5
Enmedio de dos barranquitas blancas
está una flor amarilla
y el que me la adivine
será hijo de la Virgen María.
    (El huevo)

8
En un llano extenso
está una vaca barrosa;
no hay campisto que la lace
ni mecate que la roce.
    (La luna)

10
Una mujer alta, alta,
con la nariz colorada.
    (La vela)

11
Nazco grande y muero chiquita.
    (La candela)

12
En un monte bien oscuro
está una yegua careta
que cuando la van a lazar
estira tamaña jeta.
    (La mojarra)

16
Teque, teteque
por los rincones,
tú de puntillas
yo de talones.
  (La escoba)

19
Para acá, para allá
pelota colgada, adivina qué será.
  (Las nubes)

20
Me hincho tanto que me deshago en llanto.
  (Las nubes)

23
Agua pero no de río,
chapa pero no de puerta,
pan pero no de harina.
  (Achuachapán)

26
Palancas arriba, palancas abajo.
Agarrate, carajo, que vas para abajo.
  (El piojo)

27
Seco salí de mi casa,
en el campo reverdecí
a los seis meses llegué,
tan seco como salí.
  (El maíz)

29
Un animalete,
coloradete
con el piquete
para abajete.
  (El marañón)

30
Arriba de aquel cerrito
está un pitiquín bailando
y al son de la catalnica
la pita le van jalando.
  (El barrilete)

32
Tapita sobre tapita,
color de paño francés,

33
Estaba una niña, estaba,
que brincos y saltos daba
y a todo el que pasaba
el dinero le quitaba.
  (La taba)

36
Seco salí de mi casa
y en el campo reverdecí;
con la madureza del tiempo
seco a mi casa volví.
  (El ajo)

37
Pensando me estoy, pensando,
pensando me vuelvo loca;
con la suegra de mi cuñada
¿qué parentesco me toca?
  (Hijo)

38
Palancas arriba, palancas abajo,
y en medio me encajo.
  (El taburete)

39
Arriba de aquel cerrito
está un muchachito
que ni come ni bebe
y siempre está gordito.
  (El guineo)

41
Soy media mujer honrada,
sirvo a dos hermosas juntas
y en faltándome un punto,
no sirvo ni valgo nada.
  (Las medias)

42
Cien niñas en un castillo
que todas visten de amarillo.
  (Las naranjas)

que no me la adivinarés
ni hoy ni de aquí a un mes.
  (El carao)

43

Si la amarran, se va;
si la sueltan se queda.
   (La carreta)

44

Agua de tus lindas manos,
cate de mi corazón;
te comerás la comida
y botarás el corazón.
   (El aguacate)

45

Iglesia de barro,
sacristán de palo
y gente menuda adentro.
   (La olla, la cuchara, el maíz)

46

Un animalito redondito
que se mete por un hoyito
y sale bonito.
   (El anillo)

47

Carbón se enciende,
carbón se apaga,
qué luz tan clara
que no se entiende.
   (El relámpago)

48

Ya ves que fácil es
que no me la adivinarés
ni en un año ni en un mes.
   (Las llaves)

52

Chinchín de día, chinchín de noche,
así como en el día corre en la noche.
   (El agua)

53

Un animalito, ojo de cuero
y cuerpo de hueso.
   (El jute)

54

Guara abajo y zope arriba.
   (El comal)

56

Una poza en Zaragoza
que el que la hace no la goza.
   (La sepultura)

58

Trepé un cerrito, trepé un cerrón
y llegué a una casa con un horcón.
   (El paraguas)

60

Un león de mil colores vestido,
estando en el seno de su madre
se come a su padre vivo.
   (El sacerdote)

63

Dos muertos cargando a un vivo.
   (Los zapatos)

69

Una escalera toda macheteada.
   (El esqueleto)

72

De un cuarto oscuro
sacan a don Juan desnudo.
   (El sable)

73

Encerrado en una cárcel con mis hermanitos quietecito y tranquilo la vida paso, mas
si cualquiera la cabeza me roza eso me
quita la vida.
   (El fósforo)

74

¿Cuál es la letra que mira?
   (La v)

76

¿Cuál es la letra que se toma?
   (La t)

78

Un sol, un dado,
un pato y un ojo.
   (El soldado patojo)

81

Corre como culebra
y se sienta como conejo.
   (La sandía)

86

Nací blanco y morí negro.
(El chocolate)

88

Negros o azules dos hermanitos,
que de día y de noche siempre juntitos.
(Los ojos)

90

San Isidro sembró un día,
un palo de maravilla,
pelo adentro
y de fuera las costillas.
(El algodón)

92

En la mañana toma agua
y en la tarde toma té.
(El tomate)

93

¿Qué es aquello que en todo está pegado?
(El nombre)

95

De cerca enfado,
de lejos hago falta.
(El fuego)

96

Dos cristales transparentes,
tienen agua y no son fuentes.
(Los ojos)

97

Tomo pero no aguardiente,
mato pero no a la gente.
(El tomate)

98

Una mujer sapa
que le dan palos y no se escapa.
(La pila)

99

Tivitivirí, tavatavará,
sábana pintada ¿qué cosa será?
(La carpeta)

101

Para coserse no usa aguja,
para cortarse no usa tijeras,

para subir no usa escaleras,
y hace correr a la cocinera.
(La leche)

102

Cómprame el pan,
mire qué galán;
póngalo en la mesa,
mire qué belleza;
métele el cuchillo,
mire qué amarillo.
(El mamey)

103

Cien niñas en un internado,
todas visten de morado.
(Las aceitunas)

106

Arriba de aquel cerrito
está un pitiquín bailando,
al son de la catalnica
la pita le van jalando.
(La piscucha)

111

Un redondito y un redondón,
un mete y saca y un bailador.
(El horno, la olla, el molinillo y la paleta)

113

¿Cuál es el instrumento que toca sólo
cuando lo golpean?
(El tambor)

114

En un puente duro y blanco
pasaron siete cantando.
(Los pericos)

116

Vivo en un sitio muy alto
y no tengo ascensor,
y lo que llevo dentro de mí
nadie sabe como entró.
(El coco)

119

Una vieja virusca
que no sabe lo que busca.
(La escoba)

Capítulo 7
GUATEMALA

De Guatemala sólo se ha podido encontrar la colección de ADRIAN RECINOS, publicada en el *Journal of American Folk-Lore*, (XXXI–1918, 544–549), número que unicamente contiene 84 adivinanzas. Esta misma colección se volvió a publicar por el centro de Estudios Folkloricos de Guatemala en un tomo dedicado a materias folkloricas sobre el país; este tomo no tiene fecha de publicación ni menciona el nombre del coleccionista Recinos.

De las 84 adivinanzas, 11 son de tono erótico o escatológico y por lo tanto se han incluido en la sección correspondiente de esta *Antología*. En la colección original, bajo la sección de "Adivinanzas especiales", Recinos incluye siete que son versiones reducidas de adivinanza–cuentos o narrativas. También incluye algunas que son "preguntas bobaliconas".

1
Caballito de banda a banda
que ni come, ni bebe, ni anda.
  (Acera Sol)

4
Verde como el zacate,
negra como el carbón,
blanca como la leche.
  (Anona)

9
De una peña soy nacida,
y es tan contraria mi suerte,
que el fuego me da la vida
y el agua me da la muerte.
  (Cal)

11
Carreta será tu abuela.
  (Carretela)

13
Cebo en una olla.
  (Cebolla)

15
Colorado está colgado,
Bisbiringo lo está viendo,
si Colorado se cayera,
Bisbiringo se lo comiera.
  (Chorizo y el gato)

17
Tibí, tibirí,
Tibí, tibirá,
Sábana pintada,
¿Qué cosa será?
  (Cielo)

21
Anima del pelo liso,
retrato del monumento,
¿Por qué le sacas la lengua
al divino Sacramento?
  (La comunión)

26
Se sentó peludo sobre rapado
y juró peludo no levantarse,
hasta que rapado estuviera peludo.
  (Gallina sobre los huevos)

31
Van cien damas
en un camino,
que no levantan polvo,
ni remolino.
  (Hormigas)

32
Un negrito camandulero,
capita de hueso
y sombrero de cuero.
  (Jute)

33
En la punta de aquel cerro,
está una vaca barrosa,
no hay vaquero que la corra,
ni lacero que la alcance.
(Luna)

34
Entré a un templo sagrado
y vide el mundo al revés:
el penitente en la silla
y el confesor en los pies.
(El lavatorio, ceremonio religiosa)

38
Pino, lino, flores,
y alrededor amores.
(Mesa de comedor)

39
Adivina, adivinico,
cuántos pelos tiene un mico.
(Mil y pico)

45
Cajita de china-china,
que se abre, se cierra
y no rechina.
(Ojo)

50
El que lo tiene lo carga
y el que no, carga un petate.
(Paraguas)

55
Adivina, adivinante,
¿qué trae el ave por delante?
(Pico)

57
Le quitan, le quitan,
entre más le quitan, más hay.
(Pila)

58
Arbol que me das sombra,
a Dios le sirves de alfombra*
y de luz al miserable.
(Pino [*En las fiestas religiosas y profanas es costumbre regar hojas de pino
sobre el suelo.])

61
¿Cuál es un San Antoñito
que ni come ni bebe

y siempre está gordito?
(Plátano)

62
Capa sobre capa,
a que no me lo adivinas
ni de aquí de Totonicapa.
(Repollo)

63
Negra es ella al parecer,
cuerpo tiene, carne no,
porque la carne soy yo
de quien ella se mantiene.
(Sombra)

66
Cuarenta caballos en un corral,
todos juntos chorrean por igual.
(Tejas)

67
Tercio, pero no de leña,
pelo, pero no de gato.
(Terciopelo)

70
¿Cuál es la cosa que, cortándole
los extremos se vuelve más larga?
(Zanja)

76
De Antaño soy hija,
De Antaño soy madre,
Crié hijo ajeno,
marido de mi madre.
(Había amamantado a su padre en la prisión)

80
¿Por qué el buey busca la sombra?
(Porque la sombra no busca al buey)

81
¿En qué se parece el cielo a un huevo?
(En que se estrella)

82
¿En qué se parece un elefante a una
hormiga?
(En nada)

83
El carpintero y su hermano,
el herrero y su mujer
se comieron nueve huevos
y les tocaron a tres.
(El herrero era el hermano del carpintero)

Capítulo 8
MÉXICO

En el año 1545 en España, el Almirante don Fadrique Enriquez ya había enviado preguntas y acertijos al fraile menor, Luis de Escobar, para que éste las contestara. Mientras tanto, otro fraile, BERNARDINO DE SAHAGUN, se encontraba en la Nueva España como misionero recopilando adivinanzas de boca de los indios mexicanos. Resulta sorprendente que dos de las más importantes y tempranas colecciones de preguntas o acertijos se hayan recopilado casi simultaneamente. Otra coincidencia es que ambos coleccionistas eran de la misma orden religiosa: la de San Francisco.

Sahagún recopiló las adivinanzas en su versión original de lengua náhuatl y más tarde las tradujo al castellano. Dada la técnica de recopilación y el parecido que algunas adivinanzas aztecas tienen con las españolas, se ha creído conveniente incluirlas ya que han contribuido al desarrollo y extensión de la adivinanza hispana.

Angel María Garibay K. es uno de los estudiosos que mejor conoce la obra de Fray Bernardino de Sahagún, *Historia general de las cosas de Nueva España*. Sobre él y su obra ha escrito:

"... el fraile genial se adelantó a su época, y planeó maravillosa y sabia una indagación directa. Hizo que los indios viejos dictaran y comunicaran noticias; hizo que los indios jóvenes, ya cultivados a la manera de Occidente, redactaran en su lengua originales informaciones y recogieran de los labios de los viejos la moribunda sabiduría antigua. Y celoso de sus datos informativos, los hizo copiar y recopiar: los revisó y estudió detenida y cuidadosamente y procuró que se multiplicaran, por una parte, y se reprodujeran por otra.

Indudable testimonio de lo que dijeron y redactaron los indios, es obra de éstos más que de Sahagún. Al franciscano se debe atribuir la gloria de la indagación, de las correcciones y direcciones de sus estudiantes: a éstos, la redacción directa y neta en la lengua de sus mayores. A Sahagún se debe el libro castellano que conocemos: a los indios, la base documental en lengua náhuatl que ellos escribieron".

Las adivinanzas que nos han legado, gracias a los esfuerzos de recopilación de Sahagún, han aparecido en diversas publicaciones de índole folklórico y comentadas por los mejores estudiosos de la adivinanza. Uno de los primeros folkloristas modernos que destaca la colección de Sahagún es PAUL S. PAUER (*Journal of American Folk–Lore,* 1918) quien publica veintitrés de las adivinanzas (aunque en las primeras ediciones aparecieron veinticinco). En esta breve colección Pauer incluye dieciseis de su propia cosecha que en nada tienen que ver con las aztecas de Sahagún. En 1929 el folklorista Rubén M. Campos vuelve a publicar los acertijos de Sahagún e incluye los dos omitidos por Pauer.

En 1943 la *Revista Hispánica Moderna* imprime un excelentísimo artículo de VIRGINIA RODRIGUEZ RIVERA que estudia los acertijos recopilados por Sahagún. De estos dice: "... hay verdaderas joyas y aciertos de observación que nos hablan con toda claridad del saber del pueblo indígena desaparecido" (p. 270). A los catorce años de haberse publicado este estudio, la coleccionista, casada entonces con el famoso folklorista mexicano Vicente T. Mendoza (ella tuvo el cargo de Secretaria Perpetua de la Sociedad Folklórica de México), vuelve a publicar otro ensayo sobre "La adivinanza en México". En esta ocasión, y con la ayuda del estudioso de la cultura azteca Angel María Garibay K, incluye adivinanzas en náhuatl y su traducción castellana.

Coleccionistas de otros países hispanoamericanos reconocen la valiosa aportación de Sahagún pero no se dan cuenta que la recopilación de acertijos aztecas no se limitaba a veintitrés o a veinticinco piezas. Garibay encuentra que las ediciones anteriores a la suya de Sahagún omitían veintiuna adivinanza. Las cuarenta y seis adivinanzas se incluyen en esta *Antología*.

Otra pequeña colección que aparece en México son unos pliegos sueltos con el título de *Preguntas, o Enigmas para reír y pasar el tiempo, con sus declaraciones muy curiosas recopiladas por Diego de la Cruz, natural de Córdova*. Virginia Rodríguez Rivera (de Mendoza) tuvo ocasión de ver dichos pliegos y comenta sobre la tradición hispánica implantada en México desde los primeros años de la Conquista ". . . esto se ve de manera clara y precisa en pliegos sueltos salidos de la imprenta de Francisco Rodríguez Lupercio, en México, probablemente en las primeras décadas del siglo XVIII, y según el decir del señor Federico Gómez de Orozco, persona autorizada en estas materias y a quien debo el haber consultado obras en que aparece literatura impresa en esta época de la dominación española, proveniente del siglo anterior" (p. 269).

Algunas de las adivinanzas que Rodríguez Rivera de Mendoza hace conocer son las siguientes:

1

En un sepulcro vi estar
más de veinte cuerpos muertos,
y tan grandes voces dar,
que yo me paré a escuchar.
Si gritan van a conciertos
y viles que voceaban
con voces tan pulidas.
Que cierto me enamoraban
y eran las voces que daban
sin sentido, muy sentidas.
    (Los órganos)

2

¿Quién es aquel esforzado,
que solo puede vencer,
mas después de acompañado
aunque muy armado,
no tiene tanto poder.
Y al tiempo de su nacer
sale cubierto de vello,
después dejalo caer
más hermoso que con ello?
    (El vino)

3

Pasando por cierta venta,
vide un hombre estar sentado
comiendo con salpimienta.
Lo que no se mete en cuenta

entre carne ni pescado.
Yo le dije que si había
algo que darme a comer,
y el dijo que me daría
de aquello que no tenía,
ni esperaba de tener.
    (La turmas de tierra–criadilla de tierra)

4

¿Qué es el cuerdo sin sentido,
que concierta nuestras vidas sin vivir,
muévese sin ser movido,
y hace cosas muy sentidas sin sentir,
y éste nunca está dormido,
y siempre mide medidas, sin medir
tiene el seso tan perdido,
que él mismo le da de heridas sin herir.
    (El reloj)

5

Yo vi un hombre que en pie estaba
que comía a su Padre vivo,
y en modo superlativo,
de su sangre se hartaba:
mucha gente lo miraba
con silencio reposado,
decid ¿qué ha de ser llamado
hombre que tal cosa obraba?
    (El clérigo que dice misa)

6

En el monte soterrado, hasta los hombres sumido, de barbas bien abastado, de manto negro vestido.	Es cosa que bien se toca tiene dientes y no boca, tiene cabeza y no pies. (La cabeza de ajos)

Es difícil saber con exactitud cuales colecciones de adivinanzas llegaron a México, o a los otros países hispanoamericanos, procedentes de España por vía literaria (a diferencia de vía oral); quizás fueron las colecciones de Escobar y las múltiples ediciones de Pérez de Herrera. Es un hecho que la adivinanza número seis de Diego de la Cruz es casi idéntica a la número 353 de Escobar. ¿Sería pura casualidad que así la recopiló Diego de la Cruz, o que el informante español que se la proporcionó la sabía de memoria o la había sacado de la colección de Escobar?.

Virginia R. de Mendoza afirma que en el siglo XIX llegan a México las obras de Fernán Caballero y Francisco Rodríguez Marín. A principios del siglo XX se difunden en los folletos o cuadernillos populares de Antonio Venegas Arroyo.

Armando Jiménez, uno de los folkloristas más leídos de estos tiempos reproduce en su *Nueva picardía mexicana* un cuaderno impreso en 1887 y que circulaba en el trabajo y la cantina de esa época. Este folleto en concreto contiene adivinanzas de doble sentido.

También, hacia finales del siglo pasado y principios de éste, la revista norteamericana, *Journal of American Folklore*, publica unas pequeñas colecciones de adivinanzas mexicanas, aunque están destinadas a un público más reducido y especializado en la materia. Una de las primeras colecciones de adivinanzas mexicanas que aparecen en esta prestigiosa revista, es la de ALBERT S. GATSCHET en 1889 que contiene sólo diez adivinanzas. Gatschet recopiló esas adivinanzas en una visita que efectuó a la ciudad de Matamoros, Mexico. El concluye que las muestras y rimas que reunió allí eran, en su mayoría, de personas poco dadas a la lírica. Pensaba que podía obtener piezas de mejor calidad de gente con más educación.

RUBEN M. CAMPOS es el mayor propagador del folklore mexicano y su obra clásica, *El folklore literario de México*, reúne las mejores muestras del folklore mexicano. Incluye en esta obra veinticinco acertijos de la colección de Sahagún, además de agrupar 44 adicionales que dice son adivinanzas del siglo XVIII y XIX, sin indicar su procedencia.

Virginia R. de Mendoza publica en 1943 el artículo anteriormente citado y lo vuelve a refundir en 1957. Este artículo es el mejor estudio sobre la adivinanza en México hasta ese año. En él hace unas observaciones comparadas entre las adivinanzas españolas, las indígenas y las criollas.

En 1960 sale a luz un libro que con el tiempo llegaría a ser uno de los libros de mayor venta, no sólo en México, sino en muchos otros países de habla hispana. La obra de A. Jiménez, *Picardía mexicana* indudablemente es la obra que más ha hecho por recobrar antiguas y casi olvidadas muestras del folklore popular. Jiménez, al comentar la propagación de las adivinanzas, concluye:

> "A últimas fechas han alcanzado gran éxito, periodicamente, diversos géneros de
> rompecabezas que andan en el labio de gente de todas las clases sociales y cuya duración
> es efímera: cinco o seis meses como máximo. Son a veces de origen nacional y a veces
> importados, pero aquí les inventamos nuevas formas y miles de variantes. En el año 1930
> tuvieron auge *los colmos,* en 1935 *los parecidos* (¿En qué se parece . . . ?), en 1942 los *qué*
> *le dijo* y en 1955 *los telones"* (p. 47).

Jiménez clasifica las adivinanzas según la forma de hacer la pregunta y las agrupa en cuanto al tipo picaresco que tengan, desde los más inocentes hasta las de obvia intención escatológica y erótica. La mayoría de las piezas de la colección de Jiménez seleccionadas para esta *Antología* se encuentran en la sección correspondiente.

Otra colección que se publicó en el año de 1963, es la coleccion de *400 adivinanzas*, todas ellas obras del ingenio de A. L. Jáuregui. Estas adivinanzas siguen la corriente del enigma culto y por su obvia sencillez están dirigidas a los niños; muestran un evidente fin didáctico. Por ser de inventiva propia, no están incluidas en esta colección.

En la introducción al apartado de adivinanzas de Colombia, se mencionó que el mejor estudio y colección de ese país era el de GISELA BEUTLER. Ella también emprende una concienzuda labor respecto a la adivinanza mexicana en su colección titulada *Adivinanzas españolas de la tradición popular actual de México, principalmente de las regiones de Puebla–Tlaxcala.* (Traducción al español de Vera Zeller, 1979). Beutler emprendió su recopilación de adivinanzas en México en octubre de 1967 patrocinada por la Fundación Alemana para la Investigación Científica. Además de hacer una labor de campo, también hizo investigación en diversos centros y bibliotecas mexicanas. A ello se debe un detallado y serio estudio preliminar a sus adivinanzas, en el cual Beutler se remonta a los orígenes de la adivinanza en México, citando las tempranas adivinanzas que se divulgaban por entonces de Jacobus Pontanus, Fernán González de Eslava, Francisco Cervantes de Salazar y de la misma Sor Juana Inés de la Cruz. La colección de Beutler consta de 416 adivinanzas.

Sin embargo, destinadas a un lector totalmente distinto, existen dos pequeñas colecciones de adivinanzas de tono erótico y en algunos casos escatológico. Algunas adivinanzas son variantes de ésas que el pueblo va pasando de generación en generación; otras, sin duda, son de la propia inventiva del recopilador. El primer librito tiene como supuesto autor o recopilador a JUAN DE LA COTONA (*100 adivinanzas rancheras*, 1983). La otra colección, publicada por la misma casa editorial, Gómez Gómez Hnos. Editores, es anónima y se titula *Cien adivinanzas picarescas* (1983). Lo que se observa a primera vista es que muchas de las adivinanzas de esta colección están tomadas de la tradición y que tienen un marcado tono nacional debido al gran número de mexicanismos que abundan en ellas: sarape, guajolote, metate, mamey, etc. La sospecha es que algunas adivinanzas tomadas de la tradición hispana se han alterado, consciente o inconscientemente, para darles un tono netamente mexicano. Otras adivinanzas indudablemente son de la propia creatividad del recopilador. De estas dos ediciones se han entresacado algunas que siguen la tradición popular y se encuentran en la sección correspondiente: la de adivinanzas escatológicas y eróticas.

A. Fr. Bernardino de Sahagún

Sahagún, Fr. Bernardino de. *Historia general de las cosas de Nueva España.* Recopiladas en México por los años de 1545.

◆ Capítulo XLII

De algunos zazaniles de los muchachos que usa esta gente mexicana, que son lo "que cosa y cosa de nuestra lengua" (acertijos) [¿Qué cosa y cosa . . . ? corresponde al náhuatl Za zan tlein on . . .]

1

¿Qué cosa y cosa una jícara azúl, sembrada de maíces tostados, que se llaman momochtli?

(Este es el cielo, que está sembrado de estrellas)

2

¿Qué cosa y cosa que va por un valle, y lleva las tripas arrastrando?

(Esta es el aguja cuando cosen con ella, que lleva el hilo arrastrando)

3

¿Qué cosa y cosa un teponaztli de una piedra preciosa y ceñido con carne viva?

(Es la orejera hecha de piedra preciosa, que está metida en la oreja)

4

¿Qué cosa y cosa diez piedras que las tiene alguno a cuestas?

(Estas son las uñas, que están sobre los dedos)

5

¿Qué cosa y cosa que se toma en una montaña negra y se mata en una estera blanca?

(Es el piojo, que se toma en la cabeza y se mata en la uña)

6

¿Qué cosa y cosa una caña hueca que está cantando?

(Es el sacabuche)

7

¿Qué cosa y cosa un negrillo, que va escribiendo con vidriado?

(Son los caracolitos negros, que cuando van andando dejan el camino por donde van vidriado con unas babitas que dejan)

8

¿Qué cosa y cosa que en todo el mundo encima de nosotros se encorva?

(Son los penachos del maíz, cuando se van secando y encorvando)

9

¿Qué cosa y cosa una vieja monstruosa, debajo de tierra, que anda comiendo y royendo?

(Es el topo)

10

¿Qué cosa y cosa una cosita pequeñita, de plata, que está atada con una hebra de hilo de color castaño?

(Es la liendre, que está como atada al cabello)

11

¿Qué cosa y cosa (un) espejo que está en una casa hecha de ramos de pino?

(Es el ojo, que tiene las cejas como ramada del pino)

12

¿Qué cosa y cosa un cerro como loma, y mana por dentro?

(Son las narices)

13

¿Qué cosa y cosa que muele con pedernales, y allí tiene un cuero blanco echado, y está cercado con carne?

(Es la boca que tiene los dientes con que masca, y la lengua tendida en medio; está cerrada con carne, son los labios)

14

¿Qué cosa y cosa una vieja que tiene los cabellos de heno, y está cerca de la puerta de casa?

(Es la troje del maíz)

15

¿Qué cosa y cosa que dice salta tú, que yo saltaré?

(Es la mano del teponaztli, con que lo tañen)

16

¿Qué cosa y cosa piedra blanca, y de ella nacen plumas verdes?

(Es la cebolla)

17

¿Qué cosa y cosa que tiene los cabellos canos hasta el cabo, y cría plumas verdes.

(La cebolla)

18

¿Qué cosa y cosa que entramos por tres partes, y salimos por una?

(La camisa)

19

¿Qué cosa y cosa que le rascan las costillas y está dando gritos?

(Es el hueso que (se) usa en los areitos por sonajas)

20

¿Qué cosa y cosa que entra en la montaña y lleva la lengua sacada?

(Es el hacha)

21

¿Qué cosa y cosa está arrimado a la azotea, el bellaco cabeza de olla?

(La escalera, que se arrima para subir a la azotea)

22

¿Qué cosa y cosa van guiando las plumas coloradas, y van tras ellas los cuervos?

(Es la chamusquina de las cabañas)

23

¿Qué cosa y cosa que tiene cotaras de piedra, y está levantando a la puerta de casa?

(Son los postes colaterales de la puerta)

24

¿Que cosa y cosa una piedra almagrada, (que) va saltando?

(Es la pulga)

25

¿Qué cosa y cosa que va por un valle, y va dando palmadas con las manos, como la mujer que hace pan?

(Es la mariposa, que va volando)

◆ *Adivinanzas.* **Lib. VI, cap. 42**

[Las siguientes veintiuna adivinanzas se omiten en ediciones anteriores. Las respuestas con * son versiones de Sahagún.]

1

¿Qué es cantarillo de palo que conoce la región de los muertos?

(Es el cántaro para sacar el agua)

2

¿Qué es aquello que apunta al cielo con las manos?

(Es el maguey que alza sus espinas)

3

¿Qué es lo que tiene nagua de sola una pierna y busca piojos?

(Es el peine, que en medio tiene una pierna de manta angosta y de ambas partes, las púas que sacan los piojos de la cabeza)*

4

¿Qué es lo que tiene la cara blanda, el cogote duro encajado en la carne?

(Es el dedo de la mano que tiene de una parte la carne blanda y de la contraria, una uña encajada)*

5

¿Qué es frente de carne metida está?

(También es el dedo)

6

¿Qué es corredores por delante, van empujando a ellos?

(Las rodillas)

7

¿Qué es colorada y delgadilla y muerde apresuradamente?

(Es la hormiga)*

8

¿Qué es voy acullá, ve tú a la otra parte?

(Es el maxtle que él un cabo va a una parte y el otro a la contraria y tórnase a anudar juntamente)*

9

¿Qué es lo que tomas presto de su agujero y arrójaslo en el suelo?

(Son los mocos, que se toman de las narices y se arrojan en el suelo)*

10

¿Qué es camisa muy apretada?

(Es el tómatl, que tiene el cuero muy justo y pegado a sí)*

11

¿Qué es: Ya sale, toma tu piedra?

(Es la cámara [diarrea])

12

¿Qué es lo que en un día se empreña?

(Es huso con la mazorca. [Es decir, el huso que se llena de hilo en un momento])*

13

¿Qué es lo que está levantando la puerta y está encorvada la punta?

(Es la cola del perro)*

14

¿Qué es lo que está por dentro lleno de rodelas?

(Es el chile, que está por dentro lleno de semillas de hechura de rodelitas)*

15

[Es repetición de la número 25, de la mariposa]*

16

¿Qué es piedra negra con boca abajo?

(Aquella sabandija que se llama pinácatl, que tiene el cuerpo negro y siempre está cabeza abajo, como quien está escuchando hacia el infierno)*

17

¿Qué sobre las piedras es redondo y está cantando?

(Es la olla donde se cuece el maíz)*

18

¿Qué está en el camino y está mordiendo?

(Es la piedra en que tropezamos en el camino)*

19

¿Qué está en el camino asentada, de hechura de tintero?

(Es lo que el perro echa)

20

¿Qué en lo alto es redondo y barrigudo y está bulléndose y da voces?

(Es la sonaja que se llama ayacachtli)*

21

¿Bailan los barrigudos y pantorrilludos?

(Es el huso) Versión en texto náhuatl.

*Versión de Sahagún

B. Albert S. Gatschet

Gatschet, Albert S. "Popular Rimes from Mexico". *Journal of American Folklore, II* (1889), 51–52.

◆ Riddles and Conundrums

14

Chito, chito;
que en el monte grita,
y en su casa está calladita?
¿Qué es?

(El hacha)

15

Blanca de casa salí,
en el campo enverdecí,
y blanca a casa volví.
¿Qué es?

(El maíz)

16
Fui a la plaza,
compré de ella,
vine a mi casa,
y lloré con ella.
(La cebolla)

17
Largo, largo,
y muy amartillado;
¿Qué es?
(El camino)

18
Tres aguilillas volando
tres tiradores tirando,
cada uno mató la suya,
y tres se fueron volando.
(Las balas)

19
Más chiquita que una pulga,
y más fuerte que una mula.
(La pólvora)

20
Chiquita como un arador,
y sube a la mesa del emperador.
(La sal)

21
Redondito, redondón
sino tapo ni tapón.
(El anillo)

22
Oro no es,
Plata no es,
pues, ¿qué es?
(No–es: nuez)

C. Franz Boas

Boas, Franz. "Notes on Mexican Folklore". *Journal of American Folklore, XXV* (1912), 227–231.

1
En un cuarto muy oscuro está un muerto, el
vivo tentando al muerto, y el muerto
dando gritos.
(El piano)

2
Dicen que soy rey y no tengo reino.
Dicen que soy rubio y no tengo pelo.
Compongo reloj y no soy relojero.
(El sol)

3
Soy redondo como el mundo,
Soy señora con corona,
Cuatrocientos hijos tengo
Y con la cola los mantengo.
(La granada)

5
No soy santa ni india
Hasta la semana santa
Llegó mi día.
(La sandía)

7
En un barranco muy oscuro
Está un hombre
Remendando su capote
Con pluma de guajalote.
(El ajo)

9
Patio regado,
Patio árido,
Sale un monito
Bien empinado.
(El sapo)

11
En el campo bien nacido
Lo que nunca fue sembrado,
Con su capotito verde
Y su bonito encarnado.
(Oro)

14
Un pinpín,
Un tantán,

Un chirivín,
Un alacrán.
  (Campanas)

15
En la cala del melón
Tengo fijado mi nombre;
Y en la basa del jugador
Mi sobre nombre.
  (Calabasa)

17
Una canastita llenita de flores
De noche se extiende
Y de día se recoje.
  (Las estrellas)

20
Chico negrito arriba
Y Juan colorado abajo.
  (Comal y lumbre)

21
Sin ser mulo de molina
Voy con los ojos tapado
Y las patas al compás.
  (Las tijeras)

27
Un indio cacarizo
Que se llama Barrabás
Que empuja a las mujeres
Por delante y por detrás.
  (El metate)

28
De Pochutla vengo arriba
De Tutepec ofendido
Traigo los ojitos negros
Y el corazón amarillo.
  (El huevo)

D. E. G. Noguera

Noguera, E.G. "Adivinanzas recogidas en México". *Journal of American Folklore, XXXI* (1918), 537–540.

1
Ciento cincuenta doncellas
Nacidas de quince padres
Ellas a sus padres pan
Y sus padres a ellas aves.
  (El rosario de quince misterios)

2
Casa de barro,
Sacristán de palo,
Gente menuda
Y el que le ayuda.
  (La olla de los frijoles)

3
Una negra larga y fea,
Que sin comer se mantiene
Todo tiene, carne no
Porque a su carne soy yo
De la que su cuerpo tiene.
  (La sombra)

6
Aunque me veas chiquitita
Con mi color de esclava,
Me parto brazo partido
Con la más hermosa dama.
Te pico, te repico,
Te vuelvo a retepicar
Y después de haberte picado
Te pesa el que me vaya.
  (La pulga)

8
Soy vestida de pureza
Y mi cuerpo es de armiño.
Todo el día por caval
Me tiene de la cabeza,
Sirvo al rey, a la princesa,
Al canónigo y al perro,
Sirvo a todo el mundo entero
Hasta que mi vida cesa.
  (La vela)

9

Blanca es,
Papel no es,
Letras tiene,
Tinta no es.
 (El peso [Moneda])

14

Qu'es, qu'es
Que te coje y no lo ves.
 (El sueño)

17

En un cuarto muy oscuro,
Moradores vide entrar.
 (Vuelta)

18

Todos en gran apertura
Y cada uno en su lugar.
 (La granada china)

20

La usa la joven y anciana,
Se pone al recién nacido,
Sirve también de apellido
Y al caballo lo engalana.
 (La mantilla)

21

Mi comadre la pintita
Sube y baja el calvario,
Anda y no tiene pies,
Habla y no tiene boca.
 (La carta)

24

Méteme el cuchillo
Y verás que amarillo,
Méteme el poso,
Y verás que sabroso.
 (El melón)

26

En un canasto muy oscuro
Lleno de mil embarazos,
La muerte anda de carrera
Y un hombre la trae en brazos.
 (La pistola)

34

¿Por qué el padre necesita acercarse al altar
para decir la misa?
 (Porque el altar no se puede acercar a él)

36

¿En qué se parece un piano a un cepillo?
 (En que ninguno de los dos se puede subir
 a un árbol)

37

Un tintín,
Dos tantanes,
Un colibrí
Y dos alacranes.
 (Las antiguas balanzas)

38

Tengo calor y frío,
Y no frío sin calor,
Y a veces en mi señor,
Se hallan peces sin ser río.
 (El sartén)

48

Una persona le dice a otra: Tú eres mi hijo,
pero yo no soy tu padre.
 (Era su madre)

49

¿De qué se necesita llenar un cántaro para que
pese menos?
 (Llenarlo de agujeros)

51

¿En qué se parece un esqueleto a una comida
de Viernes Santo?
 (En que no tiene carne)

52

¿Cuál es el nombre de hombre que no tiene
ninguna de las letras de Carlos?
 (Quintín)

54

¿Quién está en el limbo además de los niños
que mueren sin bautismo?
 (Las niñas)

E. Rubén M. Campos

Campos, Rubén M. *El folklore literario de México*. México: Secretaría de Ed. Pública, 1929.

3

Oro no es,
plata no es,
quítale el ropón
y verás lo que es.
    (El plátano)

9

¿Cuál es el hijo cruel
que a su madre despedaza,
y ella con su misma traza
se lo va comiendo a él?
    (El arado)

15

Tengo de rey la cabeza,
calzo espuela pavonada,
llevo barba colorada,
mi sueño temprano empieza
y madrugo a la alborada.
    (El gallo)

20

En medio del monte
hay un cantarito,
que llueva o no llueva
siempre está llenito.
    (El limón)

27

Teque teteque
por los rincones,
tú de puntitas
yo de talones.
    (La escoba)

29

Blanco fue mi nacimiento,
pintáronme de colores
he enriquecido a villanos
y empobrecido a señores.
    (Los naipes)

30

El perro hace gua,
el toro hace mu,
y los pajaritos
chiles, chiles, chiles.
    (Guamúchiles)

31

Como en los pies tengo el pico
todos deben advertir,
que lo que quiero decir
sólo con los pies lo explico.
Sin daño del pundonor
mancho el más blanco candor,
y el enigma mayor es,
que en cortándome los pies
entonces corro mejor.
    (La pluma de escribir)

33

La edad cuento, el tiempo mido,
y hecho del hombre homicida,
le voy cortando la vida
y minorando el sentido.
No hay plazo que en mí cumplido
no halle el caduco sentir,
todo lo alcanzo al rendir,
y en mil vueltas sin torcer,
cuando a uno aviso al nacer
le anuncio al otro el morir.
    (El reloj)

34

En una caja prevengo
una ordinaria pintura,
es exquisita mi hechura
porque pies y piernas tengo.
Cada rato voy y vengo;
sin ser ave tengo pico,
todos me cogen los pies
para quemarme el hocico.
    (Las despabiladeras)

35

Soy para todos vilmente
teatro en que se representan
verdades muy provechosas
y mentirosas quimeras.
A unos sirvo de consuelo,
a otros sirvo de descanso,
y a unos y a otros me los tengo
como Adán en el paraíso.
    (La cama)

37

Hombre soy de gran limpieza
y apreciado de mis amos,
todos me traen en sus manos
porque sirvo con presteza;
y aunque no tengo cabeza

tengo más de cien mil pies,
y el enigma mayor es,
que aunque blanco o amarillo,
cedo porque soy juicioso
y para todos un pillo.
    (El cepillo)

41

Mi vestido es tornasol;
con mi cuchara en la boca,
tengo como monja, toca,
mis pies son de quitasol:
mi ataúd, una hoja de col,
mi mortaja unas tortillas,
y para salir de mí
me cantan las seguidillas.
    (El pato)

F. Gisela Beutler

Beutler, Gisela. *Advinanzas españolas de la tradición popular actual de México, principalmente de las regiones de Puebla–Tlaxcala.* Wiesbaden: Steiner, 1979. 106 p.

3

Haba comí,
sólo la acabé.
    (Abasolo)

8

Negro por fuera,
verde por dentro.
    (Aguacate)

13

Una barrita,
bien derechita,
no se seca,
ni se marchita.
    (La aguja)

21

Una perla viene encasquillada,
de casquillo no vale nada;
el platero que la hizo
da por disculpa:
—Que si la perla la pierden,
el casquillo tiene la culpa.
    (El alma)

36

Chiquillo como un gallo
y fuerzudo como un caballo.
¿Qué es?
    (El banco)

51

Talta me llamo yo,
cintura de guaje;
y el que no me la adivine
será un gran salvaje.
    (El cacahuate)

52

Pulpito morado,
costal de guangoche;
que no me lo adivinan,
ni de aquí a la noche.
    (El cacahuate)

69

En el puerto de Acapulco
mataron al indio Lines;
por ser la letra muy clara,
quiero que me lo adivines.
    (Capulines)

74

¿Qué palo no tiene panza?
(El carrizo)

86

Dos encuerados
cargan un muerto,
de hábito blanco
y de corazón prieto.
(El cigarro)

96

En medio de un cerrito
bajaron a un catrín;
su sangre quedó estampada
y su cuerpo como un violín.
(El cohete)

102

Qué cos', qué tal?
El precoz de don Pascual.
(El costal)

110

Un viejito,
muy arrugadito,
que en su cola
lleva un palito.
(El chile ancho)

115

Alto como un pino,
chaparro como un sabino,
dulce como una miel,
amargo como una hiel.
(Es dátil)

118a

Es largo como espada,
tiene dientes y no muerde,
antes lo muerden a él.
(El elote)

129

Soy negrito
y con un ojo.
(El frijol)

142

Si me amarran, me voy,
si me sueltan, me quedo.
(El guanche; el cacle)

143a

En una ventana
está una chamaquita
y pasa un perro
y le dice: gua, gua.
Ya va.
(Guayaba)

146

Haba, habanesa,
con tanta cabeza,
se quita la toca
para ir a la misa.
(La haba)

173

Fui a la plaza,
compré una dama,
llegué a mi casa,
se hizo basura.
(La lechuga)

183

Dos hermanitas negras
corren y corren
y nunca se alcanzan.
(Las llantas)

193

Mi cáscara es amarilla,
mi pulpa es blanca
y en medio tengo
barbacitas negras.
(Soy el mango)

196

En el mar hay una tina,
en la tina hay un balde,
en el balde hay una rama.
(Martina Valderrama)

204

Un enano,
panturrano
con dos patas
y una mano.
(El metate)

216
Una viejita,
muy arrugadita
con tres pelitos
en la colita.
(El nance)

226
Un viejito,
cargado de biñuela.
(El nopal)

243
Banqueta,
sobre banqueta;
si no me lo adivinas,
te rompo la jeta.
(La palanqueta)

251
Mi tío Justín,
brinca como un chapulín.
(La pelota)

266a
Fui a la plaza,
compré un niñito,
llegado a la casa
le bajé los calzoncitos.
(El plátano)

282
Largo, largo
como un camino
y más largo
que un pino.
(El remolino)

298
En una taza
estaba un ajo.
(El tasajo)

301
En un cerro
muy empinado
entran y salen
los encuerados.
(El temascal, o baño)

307b
Es un viejo panzón,
ya no cabe en su calzón.
(El tomate)

309
En una mesa blanca
estaban unas vacas blancas;
unas se echan
y otras se levantan.
(Las tortillas y el comal)

315
Patio barrido,
patio mojado,
sale un viejo
muy esponjado.
(El totole)

317
Tengo cabeza y no pienso,
me sustengo con un pie;
bailo con placer inmenso
y dormido se me ve.
(El trompo)

327
Fui al mercado,
compré una yuca;
me fui a mi casa,
toqué a la puerta:
tan, tan.
(Yucatán)

332
Entre un camarín colorado
había un negrito encerrado.
(El zopilote)

336
¿Cuál es la ciudad de las siete puertas?
(Son los ojos, las narices, la boca y las
orejas)

344
¿Que hay detrás del Sol?
(El aguila)

346
¿Con qué objeto está pintada la raya blanca
que está en medio de la carretera?
(Con la brocha)

347
¿Qué hay detrás de una estrella?
(El cherif)

350
Lope Dedista le dijo a un amigo, que si no saldría el sol, ¿qué compraría?
(El Heraldo de México [El Sol es otro periódico])

351
¿Qué cosa es mendigo y méndigo?
(Mendigo es el que pide y méndigo, el que no da)

355
¿Quién es el ave, que se paga más caro?
(Es el pato- porque, si alguién hace una cosa y le echan la culpa a otro, dicen: tú me vas a pagar el pato)

357
¿Cuál fue la primera planta que plantó Cortés en su jardín?
(La de su pie)

360
¿Qué hay atrás de la luna?
(El ropero)

362
¿Cuál es el cocodrilo que se para con un dedo?
(El taxi)

◆ Qué le dijo's (wellerisms)

Qué le dijo . . .

384
. . . un cable a otro cable
(Somos intocables)

385
. . . el guater al superman
(Eres muy poderoso, pero con mí no pujas)

◆ Colmos

389
¿Cuál es el colmo de una cazuela?
(Tener orejas y no poder oir)

390
¿Cuál es el colmo de un cuchillo?
(Tener mango y no poderlo comer)

392
¿Cuál es el colmo de un mordelón?
(Dar la vuelta a la manzana y no podérsela comer)

393
¿Cuál es el colmo de un pajarito?
(Tener alas y no poder fumar/Tener plumas y no poder escribir)

394
¿Cuál es el colmo de un panadero?
(Tener una hija Concha y vivir del cocol)

398
¿Cuál es el "existema" de un electricista?
(Tener una hija que se llama Luz)

◆ Aparecidos (¿En qué se parecen?)

399
¿En qué se parece una casa que se está encendiendo a una casa que está deshabitada?
(En que en una salen llamas y en otra llamas y no salen)

406
¿En qué se parecen las novias a los restaurantes?
(En que me citas por aquí y mesitas por allá)

407
¿En qué se parece el pan al poste?
(En que el pan detiene el hambre y el poste tiene alambre)

414
¿En qué se parece la pulga al tren?
(En que el tren camina sobre los durmientes y la pulga también)

Capítulo 9
NICARAGUA

Indudablemente la mejor colección de adivinanzas nicaragüenses es la de MARIA BERRIOS MAYORGA, *La adivinanza en Nicaragua* (1966). Esta colección reúne casi 700 adivinanzas precedida por una de las mejores introducciones acerca de la adivinanza, su estructura, historia y desarrollo. La autora comenta:

"En Nicaragua, hasta hoy no ha habido una investigación de la adivinanza en el tiempo. Indudablemente como en todo en América nuestros indios, deben haber probado el ingenio por el sistema adivinatorio. Las preguntas sabias que el cacique Nicarao hizo a Gil Gonzáles en su primera entrevista, muestran no sólo el grado de cultura de nuestros aborígenes, sino también el uso que hacían del sistema de preguntas, esto nos hace creer que la adivinanza que también fue practicada por los indios de la América del Norte y del Sur, debe haberse experimentado también en Centro América, ya que los juegos de preguntas y respuestas estaban dentro de las costumbres aborígenes en todo el continente y es posible que una de las condiciones de superioridad ha sido probar genio por el sistema adivinatorio.

La adivinanza tradicional nicaragüense es igual a la del resto del mundo hispano, de origen español en su mayor parte, y por lo tanto, es alegre, musical, con rima y acento, lleva a veces metáforas que hacen de ella una verdadera poesía" (p. 14).

Al elaborar sobre las adivinanzas–cuentos, Berrios Mayorga relata de una manera exquisita lo que dio lugar a la adivinanza que tiene como respuesta "Elena Morado". Muchas de las adivinanzas fueron recopiladas personalmente por la autora; otras las consiguió de un diario local que solía publicarlas con frecuencia. Tomando en cuenta la respuesta, la autora llega a clasificar las adivinanzas en 27 distintos grupos.

Por otro lado, ENRIQUE PENA HERNANDEZ publica en su libro *Folklore en Nicaragua* 61 adivinanzas. En la sección sobre adivinanzas utiliza las mismas definiciones que Berrios Mayorga incorporara en su colección, reconociendo así el acierto de la autora.

Peña Hernandez agrupa las adivinanzas de su colección en adivinanzas:

        a) Complejas
        b) Sencillas o Incomplejas
        c) de Comparación (¿En qué se parece . . . ?)
        d) Colmos.

En 1957 Peña Hernández ya había incluído veintidos adivinanzas en su obra *Panorama masayese*, pequeña colección que Berrios Mayorga reconoce como una de las primeras colecciones de este tipo divulgadas en Nicaragua, colección que no se incluye en esta *Antología*.

A. María Berrios Mayorga

Berrios Mayorga, María. *La adivinanza en Nicaragua*. Managua: Imp. Nacional, 1966.

19

Una señorita que nunca
se asea y todas las noches

se zandunguea.
    (La estrella)

20

Tule que tule
bolitas azules.
(Las estrellas)

38

Dice un rey: la obscuridad
no existe para mí
donde yo veredo
la oscuridad se disipa.
(El sol)

41

Te acompaña donde vas
está siempre donde estás
y aunque tú no lo ves
vivir sin él no podés.
(El aire)

43

Se alegran los del campo
si me ven llorar y se
ponen triste los de la ciudad.
(La lluvia)

50

Carbón se apaga
carbón se enciende
que luz tan clara
que no se enciende.
(El relámpago)

63

Barca cargada
navega en tierra
cuatro pilotos
y un marinero.
(La caja y el muerto)

74

No es carne
no es huevo
y llevo sebo
en el pescuezo.
(El candelero)

79

Una barca, un marinero
cinco pilotos, cien pasajeros.
(El entierro)

88

En el camino de Tipitapa
hay una mina de oro y plata
manda a decir el rey que no se toque
porque son los bienes del papa.
(Las vinajeras del templo)

103

Tengo una tortuguita
de cinco cabezas
sale de su conchita
sólo cuando bosteza.
(Los dedos del pie)

147

Con dos lunitas
lunas de menguante
la niña chiquita
cuida al gigante.
(La uña)

157

Arriba de aquel cerrito
está un San Antonio
que no come ni bebe
y siempre está gordito.
(El banano)

159

Con dos consonantes iguales
y una vocal final
se escribe el nombre
de un vegetal.
(El cacao)

170

En altas torres fui nacido
criado de buenos padres
para poder beber el caldo
duras carnes me arrancaron.
(El coco)

176

Rebolludo
rajado y
peludo.
(El chayote)

178

Flores de Bluefields
frutas de Managua
envueltas en paño blanco.
(Los elotes)

190

Alto como un pino
dulce como la miel
de sabor como hiel.
   (El mamey)

193

En los jardines
lucimos tan bellas
como en el cielo
las estrellas.
   (Las margaritas)

194

Yo soy el hombre
que estuve acostado
con mil puñaladas
y ni una estocada.
   (La mazorca)

195

Arriba de aquel cerrito
está una yegua careta
que a todo el que pasa
le guiña la jeta.
   (El mazote)

196

En una lomita
hay un viejito
con tres pelitos
en el culito.
   (El nancite)

202

Verde celeque
sazón colorado
maduro blanco.
   (El papaturro)

212

Su vestido verde
botones negros
y enagua roja.
   (La sandía)

221

Mi nombre es de mujer
pero al desintegrarme
me convierto en
nombre de hombre.
   (La yuca–vigorón, comida nacional)

227

Concha de lagarto
patas de camarón
si no me la adivinas
te quedas panzón.
   (El alacrán)

229

Arriba de aquel cerrito
estaba una vaquita burusca
que enconcha la cola y te busca.
   (El alacrán)

242

¿Qué cosa va siempre detrás del ratón?
   (La cola)

247

Larga y flaca
como una estaca
la vida saca
al que atraca.
   (La culebra)

267

Una vaca pela, pelática
pelagan pelaguda
pierna morena y jocicuda.
   (La iguana)

269

Soy misterioso y nocturno
me temen por agorero
porque anuncia la fortuna
y también el mal "aguero".
   (La lechuza)

273

¿Qué animal hay en el mundo
que apenas se para
se frota las patas?
   (La mosca)

274

Con música quisiera arrullarte
mas ten mucho cuidado
que puedo picarte.
   (El mosquito)

286

Cuando te jinca
pegas el mate
y no te deja reposar
en el petate.
   (La pulga)

288
¿Qué animal hay en el mundo
que no tiene sesos, ni corazón?
  (El punche)

293
Pajarito pimpilón
de lo gordo está pelón.
  (El sapo)

317
¿Qué es lo que produce Bluefields
más que los otros departamentos
de Nicaragua?
  (Bluefileños)

319
O la encuentras en el mar
O la digo y no la entiendes
O la vas a adivinar.
  (La ola)

341
Horquetín, horquetín
a cada paso hace chilín.
  (La espuela)

352
Una nariz muy larga
pero sola no se larga
y si estornuda te larga.
  (El rifle)

358
Siempre lleva la A
y da sin dar nada.
  (Ada)

366
Somos valientes
como ninguno
no le tememos
ni al fuego
ni al humo.
  (Los bomberos)

370
Una C por medio luna
una O por luna entera
y una tilde por bandera.
  (Cleotilde)

377
Vocal tiempo de verbo
nombre de mujer.
  (Eva)

382
¿Qué pájaro hay en el mundo
que canta en medio verano
que tiene nombre de hombre
y apellido de cristiano.
  (Martín Pérez)

386
Sobre una rama
baila una mona.
  (Ramona)

415
Tengo cola sin ser animal
no tengo alas y subo muy alto
pero no puedo a mi antojo volar.
  (El barrilete)

424
Una mulita mora
con riendas
en la cola.
  (Aguja)

437
Adivina, adivinico
¿cuántos pelos
tiene el mico?
  (El cepillo)

448
Mi comadre es delgadita
delgadita de la cintura
tiene gastadas las uñas
de rascarse las pezuñas.
  (La escoba)

463
Dama da, dama deja
y no se queja
de lo que deja.
  (La madeja)

466
¿Qué es lo que sube al aire cuando baja la
    lluvia?
    (El paraguas)

486
Tubo aquí, tuvo allá
y siempre tuvo.
    (El tubo)

497
Cuando hace mucho frío se sienta
si hace mucho calor vuela
y si hay buen tiempo corre.
    (El agua)

517
Larga, copuda y hedionda.
    (La cebolla)

519
Cocida no se come
y cruda no se encuentra.
    (La ceniza)

522
Cucha es mi nombre
Ron es mi apellido
si adivinas te casas conmigo
    (El cucharrón)

529
Durante el calor
todos me buscan
durante el frío
todos me aborrecen.
    (El hielo)

544
Allá en un cerrito
está un viejito negrito
volando mil gritos.
    (El jarro hirviendo)

553
Lapa abajo
zopilote en medio
y garza arriba
    (La llama del fuego, el comal y la tortilla)

566
Tengo agua y no soy laguna
echo humo y no me quemo
y no creas que soy fuego.
    (La porra)

573
El papá panzón
y el hijo cabezón.
    (El bombo y el bolillo)

579
Este señor gordiflón
que siempre dice: ton ton
llama a la iglesia
llama a la guerra
gana batallas en tierra
y en el bravo corazón.
    (El tambor)

636
¿Cuál es la planta
que tiene más raíces?
    (La planta eléctrica)

642
Nace una niña
nace un varón
¿qué es lo que nace?
    (La pareja)

648
Entran cinco mujeres
a un cuarto.
¿Qué hora es?
    (Un cuarto para las cinco)

658
¿Qué le dijo
el loro al zopilote?
    (Primer negro que no habla inglés)

662
¿En qué se parece
un reloj a una señorita?
    (En que tiene medias)

B. Enrique Peña Hernández

◆ Adivinanzas complejas

1

De muy blanco visto,
sobre el negro iré,
pero cuando escriba
leer no sabré.
(La tiza)

2

Mi casa es roja y lustrosa,
y ayuda a la cocina
con mi condición sabrosa.
(El fuego)

5

Sin ser cruz me lo echo al hombro;
sin ser imagen, al pecho;
lo que sale de la boca
es para buen provecho.
(El rifle)

7

Con mi cara encarnada,
con mi ojo negro
y mi vestido verde
el campo alegro.
(La amapola)

9

Soy enemiga del sol;
en mí brillan muchos soles;
y a pesar de tantas luces
me alumbran muchos faroles.
(La noche)

11

Dime, muchacho,
que tanto lees:
—¿Cuál es la letra
que es más alegre?
(La jota [el baile])

15

En un celda oscura
guardada por soldados de marfil,
se encuentra una serpiente roja
que es la "madre del mentir".
(La lengua)

17

Un palacio muy bonito
sin campanas y con reina
y muchas mujeres dentro
haciendo dulces de flores.
(La colmena)

20

Pasa siempre corriendo.
Corre y corre y no lo ves.
No es animal, no es persona.
¿Qué es lo que es?
(El tiempo)

◆ Adivinanzas sencillas o incompletas

25

¿Qué es aquello que cuando es macho alumbra y cuando es hembra no?
(El foco y la foca)

27

¿Qué es lo único que está más arriba de Dios?
(El puntito de la i)

28

¿Qué hacen seis pájaros en un árbol?
(Media docena)

33

¿Qué es aquello que cuando está pequeño es animal; y cuando está grande es fruta?
(El sapito y el zapote)

36

¿Qué es aquella cosa por la cual se mueren las mujeres?
(La mano)

38

Si a un mono le pasa una aplanadora, se convierte en aparato. ¿Cuál es ese aparato?
(Un monoplano)

41

¿Adivíname esa . . . ?
(Mesa)

43

¿Cuáles son los nombres de persona, animal y planta que llevan las cinco vocales?

(Aurelio, murciélago, eucalipto, respectivamente)

45

¿Cuál es el animal, cuya hembra vuela y el macho no?

(La cigarra y el cigarro)

46

¿Qué es aquello que sube y baja y no se mueve?

(El camino)

◆ **Adivinanzas de comparación**

48

¿En qué se parece un esquimal a una serpentina?

(En que el esquimal TIRITA de frío; y la serpentina, TIRITA de papel)

◆ **Colmos**

50

¿Cuál es el colmo de un condenado a la horca?

(Que lo ahorquen en un palo de agua)

51

¿Cuál es el colmo de un jinete?

(Montar un espectáculo)

52

¿Cuál es el colmo de un telegrafista?

(Transmitir una enfermedad)

53

¿Cuál es el colmo de un anestesista?

(Dormir la "mona")

◆ **Adivinanzas tontas**

54

Concha arriba, concha abajo y tortuga en medio. ¿Qué es?

(La tortuga)

55

Verde por fuera y por dentro semilla de aguacate. ¿Qué es?

(El aguacate)

57

¿Cómo se llamaba el padre de los hijos del Zebedeo?

(Zebedeo)

Capítulo 10
PANAMÁ

Durante los años 1943–1946, el folklorista norteamericano Stanley L. Robe reúne una colección de adivinanzas panameñas, la mayoría procedentes de las provincias de Los Santos, Coclé y Veraguas, obra que no se publica hasta el año 1963. La colección *Hispanic Riddles from Panamá* agrupa un total de 369 adivinanzas y hasta la fecha no se ha superado. Robe observa que algunas muestras de la colección reunidas en el pueblo de Pito son muy parecidas a la colección colombiana de Rogelio Velásquez.

Robe recuerda con agradecimiento los nombres de muchos de los informantes que contribuyeron a la colección, sobre todo a esos personajes de pueblo que mejor recordaban las adivinanzas.

Sobre el conjunto de su colección, Robe concluye que la mayoría tiene su origen en la tradición hispana. "De las 369 adivinanzas coleccionadas, 238 existen en forma idéntica o casi idéntica en España o en los países hispanoparlantes de América" (p. 5). El identifica tres adivinanzas como propias de Panamá. Estas son los números 317 (El borreguero), 319 (El canajagua) y 323 (La paloma). Otras adivinanzas tienen matices lingüísticos panameños aunque son diferencias dialectales parecidos a otros países vecinos.

De su colección, Robe hace un estudio comparado utilizando para ello treinta y una colecciones de adivinanzas en español, muchas de las cuales se incluyen en esta *Antología*. Para clasificar las adivinanzas, Robe usa principalmente el sistema establecido por Archer Taylor y también el del argentino Lehmann–Nitsche.

Stanley L. Robe

Robe, Stanley L. *Hispanic Riddles from Panama Collected from oral tradition.* Berkeley: University of California Press, l963.

1
¿Qué cosa hizo mi Dios
con tanta delicadeza?
Le hizo ojo, le hizo papa (pata?)
y no le hizo cabeza.
    (El cangrejo)

2
Rabo alante,
Rabo atrás
Y panza en el medio.
    (La hamaca)

7
Rodilla pa'alante
Y corba pa'trá.
Tiene la boca de cacho.

¿Qué es?
    (La gallina)

8
Hueso por fuera
Y carne por dentro.
    (El cangrejo)

9
Espinazo pa'alante
Y barriga pa'trás.
    (La pantorrilla)

13
Sean cien, sean doscientos,
Mueren y viven en el mismo tiempo.
    (La luz, los focos)

17
Dos se fueron a bañar.
El uno se bañó,
El otro no.
   (Una mujer encinta)

19
Come sin plata
Y con su alimento se mata.
   (La escopeta)

20
Come por la barriga
Y obra por el espinazo.
   (El cepillo de cepillar madera)

21
Traga y no masca.
   (La gallina)

22
Masca y no traga.
   (La tijera)

24
La guindan por los ojos
Y se la sientan en la barriga.
   (La hamaca)

28
¿Cuál es el animal que tiene los huesos por
fuera y la carne por dentro?
   (El longorón)

30
Un animal tiene cabeza y no cabecea,
Tiene alas y no vuela,
Tiene patas y no camina,
Tiene rabo y no rabea.
   (La silla)

32
Tiene barbas y no es chivo,
Tiene patas y no camina,
Tiene dientes y no es gente.
   (El maíz)

34
Allá viene un animal negro
Con las alas arrastrando.
Adivine el adivinador
Cuántos pasos viene dando.
   (La noche)

35
¿Qué es el ave
Que pone más de cien huevos al día?
Sin abrigo de su madre
Camina en el mismo día.
   (La mosca)

39
Pájaro pinto pasó por el mar,
Ni el agua ni el viento lo pudieron tocar.
   (El relámpago)

39d
Pájaro tinto pasó por el mar,
Ni con remo ni con palanca
Lo pudieron alcanzar.
   (El sol)

40
Viene un pájaro volando.
Ni pared ni nada lo hace parar.
   (El pensamiento)

45
En la esquina de mi casa
Tengo un gavilán francés.
Habla y no tiene boca,
Camina y no tiene pies.
   (La carta)

46
Mi comadre la zarceta
Carga los trastes en la cabeza.
   (La hormiga arriera)

49
Tiene cabeza de león,
Cintura de calabaza.
Ella corre, vuela y caza,
Hace casa en cueva oscura
Y mantiene su criatura
Como cualquiera en su casa.
   (La hormiga arriera)

50
Una vaca rabinegra
Se hundió en la mar.
No hubo barco ni vapor
Que la pudo alcanzar.
　　(La noche)

52
Entre solapa y solapa
Hay una vaca flaca.
Aunque coma y beba
siempre está flaca.
　　(La lengua)

58
Dos pies cogieron pie
Y un pie cogió cuatro pies.
Vamos a ver qué es.
　　(Un hombre que cogió una escopeta y
　　mató un venado)

64
Iba por un caminito
Comiendo maíz tostado
Y me dijeron - Huye,
que viene el espelucado.
　　(El viento)

66
Un hombre bien parado
Tiene más ojos que un pescado.
　　(El motete [cesta])

69
Me fui por un caminito,
Me encontré con un hombre sin brazos.
Le comí el corazón
Y le dejé vuelto pedazos.
　　(El tebujo [avispa])

71a
Mi comadre la fonforroña
Tiene las uñas romas.
　　(La escoba)

73
Es negra, tiene cuerpo
Pero sangre no,

Porque la sangre de ella
La tengo en el cuerpo yo.
　　(La sombra)

79
De Santo Domingo vengo
A hablar con el padre peón.
Cargo los hábitos blancos
Y amarillo el corazón.
　　(El huevo)

79b
De tierras lejos vengo,
Vestido de castillo,
Con la ropa blanca
Y el centro amarillo.
　　(El huevo)

85
Colorado es su nacimiento,
Verde es su mocedad.
Al cabo de la vejez
Negra viene a quedar.
　　(La cañafístula [árbol])

88
Amarillo fue su nacimiento,
Verde fue su vivir.
Prieto se fue poniendo
Cuando se quiso morir.
　　(El guineo [plátano])

90
Nazco y muero muchas veces,
Crezco y menguo sin cesar.
Estoy triste, estoy alegre,
Río y lloro sin penar.
Soy la vida, soy la muerte,
Traigo penas, traigo amores.
Aunque corro sin descanso
Nadie sabe a donde voy.
　　(El sol)

93
De tierras lejanas vengo,
Nunca jabón conocí.
Si el rey me topa en la calle
Hace la venia por mí.
　　(La bandera)

102
Iba por un caminito,
Me encontré un huequito.
Metí el dedito
Y salió bonito.
    (El anillo)

104
Un hombrecito chiquito
De la tierra de los enanos
Por ir a coger un pajarito
Cogió el culo en las manos.
    (La lengua)

74
Mi madre la negrita
Cuando la aprietan grita.
    (La escopeta)

117
Llorín, Llorín lloraba.
Cuando la torre caía
Llorín se callaba.
    (La puerca y los lechones)

121
Me fui por un caminito,
Me topé con un inglés.
En el modo de comer
Se me parecía de usted.
    (El mono)

129
Me hizo un hombre de arte,
Por mí el caudal más crecido
A veces se desmorona.
Yo de reyes no he nacido
Y tengo cuatro coronas.
    (La baraja)

136
El muerto mata al vivo.
    (El anzuelo)

144
Un ciego estaba escribiendo
Lo que un mudo le decía.
Un sordo estaba escuchando
Para dirlo a contar otro día.
    (El lápiz, el que escribe, el papel)

160
Mi comadre la muchas tetas
tiene hijos blancos y nietas prietas.
    (La guanábana)

168
Eres madre con hijo
Y manta con división.
En cada movimiento que haga la madre
Todos los hijos tienen su risión.
    (La gallina con su cría)

178
Toza pa'arriba
Y penca pa'abajo.
    (La cabuya)

188
Me metí en un monte bermejo
Y en la punta un pendejo.
    (La mazorca de maíz)

199
Cinco varillas en un varillar
Que ni verdes ni secas se pueden quebrar.
    (Los dedos)

201
Casa nueva con dos cuartos,
Uno viejo y uno nuevo.
    (La luna)

215
Un totomito
Lleno de flores,
Volteado de boca abajo
Y no se derraman.
    (El cielo y las estrellas)

218
Arca cerrada de buen parecer
Que ningún carpintero la pudo hacer,
Sólo Dios con su divino poder.
    (El coco)

225
Pin sobre calpín, paño,
El que me adivine esta adivinanza
Queda bendito en un año.
    (La hostia)

230
En Roma tengo mi nombre,
Artículo de la fe.
El que no lo adivina
Por pendejo lo tendré.
    (La romana)

232
Entre juites y veniste
¿Cuánto hiciste?
Entre pierna hice cuarenta,
Sobre dorado treinta,
Masca que masca, diez,
Puya que puya, tres.
    (El caballo, la silla, el freno, la espuela)

236
Chiquita como un pulga
Y orejas como una mula.
    (La semilla del tabaco)

278
Me metí en un monte espeso,
Corta pescuezo, corta pescuezo.
    (Cortando cabezas de plátano)

284
¿Qué es lo que uno tiene enredado y no lo
tumba?
    (Los hilos de la cutarra [sandalia])

292
Huye ni culebra,
Se añingota ni conejo.
    (El melón)

303
Ya ve, ya ve,
Que no la adivina
Bobo es.
    (La llave)

317
Burra pero no de leña,
Reguero pero no de maíz.
    (El borreguero)

319
Cana pero no de gente,
Jagua pero no de palo.
    (El Canajagua [montaña de Panamá])

323
Te digo "pa,"
Me dices que "Panamá."
Sube la loma y verás
Lo que será.
    (La paloma)

324
Sin mí no existe señor,
Estoy en medio del año.
Me hallo siempre entre los niños
Y a la punta de un castaño.
    (La ñ)

329
¿En qué se parece una aguja a un árbol?
    (En que se deshoja [desoja])

330
¿En qué se parece un chivo a un boticario?
    (En que todo el día va haciendo píldoras)

334
¿En qué se parece una cuchara a un buque?
    (En que todo va para la boca)

Capítulo 11
PERÚ

En 1944 se publica *Estampas huancavelicanas* que trata diversos aspectos del folklore peruano de la zona de Huancavelica y cuyo recompilador es SERGIO QUIJADA JARA. El autor incluye en su obra temas variados como fiestas, costumbres, leyendas, creencias, cantos y cuentos y casi como posdata, también incluye 46 adivinanzas en lengua quechua con su traducción al castellano. Estos últimos, sin duda, provienen originalmente del español como los ejemplos siguientes:

Quijada Jara—	*Colán Secas—*
5	**46**
Reypa corona	Sangre de Cristo
Cristupa yahuarnin	corona de rey.
(La corona del Rey y la sangre	(La granada)
de Cristo–La granada)	

En 1948 HERMOGENES COLAN SECAS en la revista argentina del Instituto Nacional de la Tradición, publica 112 adivinanzas en español recopiladas en la zona de Huaral de los cuales tres son escatológicas. El estudio y la recopilación más seria y detallada es la de EFRAIN MOROTE BEST quien publica cien adivinanzas de Cuzco en la revista *Tradición* en 1950. Estas cien piezas van acompañadas de un detallado y completo estudio de las mismas. Además de presentar las definiciones de la adivinanza de Pitré y de Plath, señala importantes estudiosos del folklore que incluyen en sus obras una sección dedicada a las adivinanzas. Lo más original del estudio es que Morote Best presenta un cuadro de clasificación de la adivinanza, siguiendo los modelos de cuadros de las ciencias biológicas.

Morote Best aplica su sistema de clasificación a esas adivinanzas y sus variantes que encuentra con más frecuencia; también hace un detallado estudio sobre la adivinanza que tiene como solución *el gallo*.

La importancia de lo indígena en el folklore peruano se vuelve a manifestar en otra breve colección de adivinianzas que se incluye en la obra *Narraciones, danzas y acertijos* de W. M. ROBLES G. (Lima, 1959). Como prólogo a los veinte acertijos que reúne, Robles explica el significado del "jamuscinacuy", o sea "pena" que se le daba a la persona que no lograba adivinar el acertijo.

Por último, otra colección también de fuente indígena es la de treinta adivinanzas recopiladas por BRIGIDO VARILLAS GALLARDO. Estos se recopilaron en el área de Yauyos, Perú.

A. Sergio Quijada Jara

Quijada Jara, Sergio. *Estampas huancavelicanas.* Lima: Salas e Hijos, 1944.

◆ Adivinanzas Quechuas

1

Hucan tajlalallaj jahuan misquilla huajaj.
Por dentro hay simple bulla y por
fuera un dulce y emotivo llanto.
   (Violín)

2

Una vieja cargada de abundantes tripas que
llora dulcemente.
   (Arpa)

3

Morterito que mira al cielo.
   (La tuna)

4

En una bolsita negra hay muchos liendres
hirviendo.
   (Los higos)

6

Dentro de un baúl verde y entre una sábana
blanca están durmiendo hombres negros.
   (Pacae)

7

Dentro de una cueva hay una bandera roja que
flamea.
   (La lengua)

8

En una sola olla hay dos clases de comida.
   (El huevo)

9

Gorrita verde, fajita amarilla y capa gris.
   (La arroba de coca)

14

Muchos cuartos pero sin puertas.
   (El carrizo)

16

Hombre pequeñito pero colérico.
   (El ají)

18

Viendo, mojando y haciendo mover se introduce.
   (Ensartar el hilo en la aguja)

19

Sobre una pampa azul hay un pedazo de pan
abandonado.
   (La luna)

20

Cuando una vieja negra se iba alocándose,
la hizo calmar un viejo negro.
   (La olla y el cucharón)

23

Sólo con tu poto pasas tu vida.
   (El peroi)

24

Hombre pequeñito pero que no se puede levantar.
   (El carbón encendido)

25

Levantando su fustán, cómetelo.
   (El capuli)

26

Mira el poto del pobre y del rico.
   (La bacenilla)

27

En aquella pampa, cinco chanchos están
hocicando.
   (Los palitos que sirven para tejer medias)

28

Por fuera está blanqueada y por dentro cubierto de amarillo.
   (El huevo)

29

La mamá se balancea y el hijo camina saltando.
   (El bátan)

30

Desde la punta de sus pies hasta su coronilla
está cubierta de botones de cura.
(La caña de azúcar)

31

El hijo es bandolero y la madre hambrienta.
(La campana y la iglesia)

32

Por fuera es una casa de calamín y por dentro
es una casa de tejas.
(*Tucllu,* variedad de hongos)

33

Por el aire parece que viniera un toro y en el
suelo se vuelve cerdo.
(El escarabajo)

35

Una ollita de madera y cucharón de carne.
(Los estribos)

36

Sin calzados, con corbata roja y con espuelas
de oro.
(El gallo)

37

Sobre una pampa azul hay maíz tostado.
(Las estrellas—Figura recogida de una variedad de maíz que al ser tostado presenta
una forma estrellada y muy blanca.)

38

La gallina que dice: taraj taraj; pollito: chilau-
chilau; gallo: totoro . . . to, totoro . . . to.

39

Con sólo mover mi poto iré hasta donde tu
quieras.
(Tijeras)

41

De su tierra se va soltera y en tierras extrañas
se enviuda.
(La olla al salir de la fábrica y luego se
ennegrece al cocinar)

42

En media ladera hay un cuerito arrugado.
(El ombligo)

44

Acércate que yo también me acercaré
y te arrojaré una vara y media de mis deseos.
(El cerrojo)

45

Pedro es de ojos pequeños y María de poto
borrado.
(El arnero)

46

Una negra viejita, bien arrugadacon un bas-
toncito en el potito.
(Las pasas)

B. Hermógenes Colón Secas

Colón Secas, Hermógenes "Adivinanzas de Perú (recogidas en Huaral)". *Revista del Instituto Nacional de la Tradición.* I (1948). Buenos Aires, 138–147.

4

Caballito con can crín
crespa la col,
crespa la crín.
(El alacrán)

5

Adivina adivinador,
dijo el sabio Salomón:
¿cuáles son los animales
que no tienen sangre
ni corazón?
(Los animales que se pintan en la pared)

12

Pum pum, p'arriba,
pum pum, p'abajo,
todos comen de mi trabajo.
(El batán)

16

¿Cuál es el animal
que rebuzna y no es borrico,
tiene de burro el hocico
y trabaja muy formal?
(La burra)

19
Un animalito,
cuando vivo, blanquito,
y cuando muerto, coloradito.
    (El camarón)

21
Una vieja tintiloca
llama gente y alborota.
    (La campana)

27
Pasa río, pasa mar,
no tiene boca
y sabe hablar;
no se ahoga
ni se quema
y donde llega,
llega hablando.
    (La carta)

29
Soy K del A, B, C,
debiendo de llamarme Rosa;
adivina lo que soy.
    (La carroza)

32
Mi tío va,
mi tío viene
y en el camino
se entretiene.
    (El cerrojo)

39
Yo tengo un amigo fiel
que cien heridas tenía;
su amo le repetía
con un puñal otras cien;
yo le pregunto el motivo,
y dice que así conviene,
que esas cien heridas que tiene
libra a su amo de otras cien.
    (El dedal)

51
Pin pin de cuatro patas
entró a comerse
a pin pin de una sola pata;
y pin pin de dos patas

entró a botar
a pin pin de cuatro patas.
    (El hombre, el buey, la alfalfa y el maíz)

54
De los Amancaes vengo,
de ver al padre prior,
con los hábitos blancos
y amarillo el corazón.
    (El huevo)

69
Miel hora,
quítale la i;
agrégale la c.
Ahora dime.
¿Cuál es la mujer que adoro?
    (Melchora)

70
Cuando chiquito, canoso,
cuando grande, lindo mozo.
    (El membrillo)

75
¿Quién es esa hembra triste,
tan secreta y reposada
que de negro traje viste
y de malos es amada?
    (La noche)

83
En una ladera
hay una paila,
que aunque la toquen
no baila.
    (La oreja)

88
Pe, llevo por nombre,
Ri, por apellido,
Co, por sobrenombre, y
Te, por añadido.
    (Pericote)

91
Soy chiquitito
y no como mondongo;
como patita
y me pongo redondo.
    (El pique)

103

Yo te la digo
y tú no la sabes;
y aunque te la diga
una y mil veces,
siempre te has de confundir.
   (La tela)

104

Tercio, pero no de leña;
pelo, pero no de gente.
   (El terciopelo)

112

Una vieja larga y seca
que le destila la manteca.
   (La vela)

C. Efraín Morote Best

Morote Best, Efraín. "Nuestras 100 primeras adivinanzas". *Tradición* (Cuzco), I, no. 2 (marzo–abril, 1950) 75–100.

1

Estoy en el mar
y estoy en el aire
Estoy en la casa
y en la calle.
Medita un momento,
No es cosa rara,
a poco que pienses
Podrás acertarla.
   (La letra A)

2

¿Quién es aquel hombre
Que vive al principio del árbol
Al medio del mar
Y al fín del día?
   (La letra A)

3

¿Cuál es el animal
Que está al centro del mar?
   (La letra A)

4

Estoy en el mar
y estoy en el aire
Estoy en la casa
y estoy en la calle.
   (La letra A)

6

¿Quién soy?:
Al principio del árbol,
Al medio del mar
Y al terminar el día.
   (La letra A)

7

En los altares me adoran
En el agua me bendicen
y todos los sabios dicen
Que soy la primera entre todas.
   (La letra A)

8

En medio del mar estoy
No soy astro ni estrella
Ni tampoco luna bella
Adivina lo que soy.
   (La letra A)

10

Soy alguacil de las damas
y ministro singular
Ando cargado de varas
Sin prender ni castigar.
   (El abanico)

11

En las manos de las damas
Casi siempre estoy metido
Unas veces estirado
Y otras veces encogido.
   (El abanico)

13

En un convento
Sin torres ni campanas
Hay muchas monjitas
Haciendo dulces de flores.
   (Las abejas)

15
En aquel monte escabroso
Me dijeron que abra el ojo.
(El abrojo)

17
Nació dentro de olivares
Salió de él en su verdor
Gruñe mucho con calor
Si se envicia de pesares
Y mansilla a su señor.
(El aceite)

18
De lejanas tierras vengo
Verde fué mi corazón,
Amarillo mi vivir
Y estoy de luto
Hagan justicia de mí.
(La aceituna)

19
Mi nacimiento fue verde,
De luto me vestí,
Los palos me atormentaron:
Oro fino me volví.
(La aceituna)

20
Adivina adivinador
Fruto muy estimado
Color verdoso o negro
Se consume en España
Y exporta al extranjero,
Sirve de aperitivo
A pesar de su hueso.
(La aceituna)

21
La mitad de mi nombre
Lo dice la tuna.
(Aceituna)

22
En el campo fuí nacida
Y en el campo me crié
Por dar luz al mundo
Duras penas padecí.
(La aceituna)

24
Largo, largo, como lazo
Redondo como cedazo.
(Acequia o represa)

25
¿Cuál es el hombre
Que ha muerto sin nacer?
(Adán)

26
Nací sin padres
Pero tengo familia.
(Adán y Eva)

28
En la ventana soy dama
En la mesa soy señora
En la casa cortesana
En el campo labradora.
(El agua)

29
Abreme un camino
E iré por donde quieras.
(El agua)

30
Una cosa que no es cochino
y va hozando por los caminos.
(El agua)

31
El frío me hace endurecer
Y el calor me hace desaparecer.
(el agua)

32
Que cosa es esa
Que se puede dividir
Pero nadie puede ver
Por donde se ha dividido.
(El agua)

34
Adivina adivinador
Qué espejo aquel puede ser
Que aunque le des mil pedazos
No lo harás pedazos
Aunque le armes muchos lazos?
(El agua)

35

En el campo soy despreciado
en la mesa soy querido.
   (El agua)

36

Corre y salta sin patitas
Si corre rápido, se estrella
Si se cae, se deshace
Y si se duerme desaparece,
¿Quién es?
   (El agua)

37

Bajo de las nubes
Desciendo a los valles
Alimento fuentes
Y formo los mares
Me quieren las flores
Me buscan los baldes
Me beben los chicos
Me beben los grandes
Te lavo la cara
Te limpio los trajes
Niño que me escuchas,
¿Sabrías nombrarme?
   (El agua)

38

Agua, no del río,
Diente, no de gente
Adivina si eres gente.
   (El aguardiente)

41

En España nací
Y en tus manos me perdí.
   (La aguja)

44

Delgada, gruesa o mediana
Y con los ojos de un tuerto.
Con las mujeres estoy
En la ciudad o en el huerto.
   (La aguja)

47

Hay un pajarito
Que con su piquito pica
Y con su colita jala.
   (La aguja)

49

¿Cuál es aquel animal
Que tiene sólo un ojo?
   (La aguja)

52

¿Qué es aquello
Que cuanto más se le quita
Es más grande?
   (El agujero)

54

Soy muy viejo,
Soy muy niño
Por más que sé volar
Nadie me ha visto
Ando ni por detrás ni de cara.
   (El aire)

55

Soy chiquitito y prudente
Nadie se rie de mí
Y el que me hinca el diente
Se ha de arrepentir.
   (El ají)

56

Pun pan, pa'rriba,
pun pun pa'bajo,
Come miel con pan.
   (Aji molido)

57

En una cajita bien cerrada
Hay un montón de pepitas bien rojitas.
   (El ají)

58

Allá en la punta de aquel cerro
Hay una viejita que llora sangre.
   (El ají)

63

Tengo cabeza redonda
Sin nariz, ojos ni frente
Y mi cuerpo se compone
Tan sólo de blancos dientes.
   (El ajo)

65
¿Cuál es la cosa
Que pica mucho,
Pero no es pimiento;
Tiene barbas
Y no es hombre?
    (El ajo)

69
¿Qué es aquello
De día está parado
Y de noche está echado.
    (La aldaba)

70
¿Qué será, que será:
Tengo cabeza y no pienso.
    (El alfiler)

74
En aquella pampa blanca
Hay unos carneritos negros durmiendo.
    (Algodón y pepas)

79
Una perla bien encasquillada
El casquillo no vale nada,
El platero dice en disculpa
Que si la perla se pierde
El casquillo tiene la culpa.
    (Alma y cuerpo)

80
Todos los años nazco gordito
Y luego muero flaquito.
    (El almanaque)

81
Alma de lana
Con sobrepelliz
Donde descansa
Doña Beatriz.
    (La almohada)

83
Yo, tú, yo, tú.
    (El andar)

89
Camino arriba
Camino abajo
Hay un caballo
Negro y flaco.
    (El aparejo)

91
Un caballito
Muy liviano
Muy ligero en el andar
Lleva la rienda en la cola
No la puede sujetar.
    (El arco)

96
Una vieja
Carga tripas
Junta gente
Y alborota.
    (Arpa)

100
Mi nacimiento fue verde,
Yo blanca me volví
Las cinco llagas de Cristo
Se representan en mí.
    (Azucena)

D. W. M. Robles G.

Robles G., W. M. *Narraciones, danzas y acertijos (del folklore huamaliano)*. Lima: 1959.

◆ **Todas las adivinanzas tienen su traducción en quechua.**

2
Liuyag pampachu,
queso jitaraycan.
En una pampa muy limpia,
botado está un queso.
    (La luna llena)

5
Cuatro que hacen "tash–tash",
dos gachas, uno que se esgrime
y uno que se mete en todo.
    (El perro)

6

Cuatro que soportan,
dos que divisan,
una que auyenta
y dos que dan miedo.
    (El buey o la vaca)

9

Soy un jorobadito coquero.
    (La hoz)

10

Si me siento, mi lomo se enarca;
si me levanto, se endereza.
    (El gato)

11

En las quebradas estoy
de traje verde y rueca blanca.
    (La cortadera)

12

Soy un viejito
que lleva puesto un gran sombrero.
    (El hongo)

13

Estoy de traje verde
y de sarcillos negros por sartas.
    (El saúco y sus racimos maduros)

14

Su cuello para palpar
y su vientre para pelliscar.
    (La vihuela)

15

La madre es la que toca
el bombo y los hijos,
los que bailan.
    (La gallina y sus pollitos)

16

Dentro de blanca nube,
unos chanchitos negros.
    (Las pepitas del algodón en su copo)

17

Una pequeña de cintura delgada
y de traje colorado,
arriba y abajo.
    (La hormiga)

20

Llego de mi tierra, colorada,
buena moza;
en tierra extraña,
me vuelvo negra.
    (La olla)

E. Brígido Varillas Gallardo

Varillas Gallardo, Brígido. *Apuntes para el folklore de Yanyos.* Lima: Huascarán, 1965.

1

Gringo colorado
cabeza mortero.
    (La tuna)

2

Viejo jorobado
chacchero, con
dientes verdes.
    (La hoz)

3

Muchachita blanca
de noche con marate,
de día sin marate.
    (El queso)

4

Tres negros y un gringo
cargan a una negra.
    (La olla)

5

Dos niñas vecinas
que quieren verse,
les impide una montaña.
    (Los ojos)

7

En una cueva
hay una rosa colorada;
llueve o no llueve,
siempre está mojada.
    (La lengua)

8
Dáme tu zarac
para mi zoroc.
 (El maíz para el tostador)

10
Niña delgada
durante el baile,
dando vueltas
se pone en cinta.
 (La puchera)

12
Negra vieja arrugada
con estaca en culo.
 (Pasas de uva)

13
En dos peñas vecinas
cuelgan dos sartenes.
 (Las orejas)

14
En una cueva grande
brama un toro colorado.
 (La lengua al hablar)

15
Bolsita negra
llena de liendres
 (El higo)

16
Mientras la madre canta
el hijo baila.
 (El batán y el moledor)

18
De día cerrado
de noche abierto.
 (El shucuy)

19
Veinte hombres
cargan lajas blancas.
 (Los dedos y uñas)

20
Cinco hombres flacos
construyen una torre.
 (Alambres y la media)

Capítulo 12

Puerto Rico

En 1913, la "New York Academy of Sciences", juntamente con el Gobierno de Puerto Rico, emprendió un estudio científico de Puerto Rico y las Islas Vírgenes, que abarcaba todos los aspectos de la historia natural y ello dio margen a una larga serie de publicaciones. La sección antropológica estaba bajo la dirección del doctor Franz Boas de la Universidad de Columbia. En ella se incluyeron subdivisiones de antropología física, dialectología y folklore. A fines de 1941 fue a Puerto Rico a reunir el material folklórico, a estudiar las peculiaridades dialectales y a realizar investigaciones hasta el verano de 1915, en que, debido a la llegada del doctor Boas, y de los doctores Herman K. Haeberlin y Robert T. Aitken, las actividades se centralizaron en otros aspectos de la investigación antropológica. (p. 9)

Así inicia J. ALDEN MASON el prólogo a la reedición en 1960 de su clásica colección de *Folklore puertorriqueño. I-Adivinanzas*. Sin duda alguna, ésta ha sido y sigue siendo la mejor recopilación de adivinanzas puertorriqueñas en existencia. La colección consta de 800 adivinanzas, más numerosas variantes que se recopilaron principalmente en Utuado y Loíza. Dada la extensión de la recopilación, se publicó originalmente en el *Journal of American Folklore* en nueve entregas entre los años 1916 y 1929. Ha tardado más de treinta años en volverse a reimprimir en su totalidad.

El recopilador clasifica las adivinanzas en las siguientes categorias:

- a) Adivinanzas de carácter general
- b) Adivinanzas que hacen uso de chistes y juegos de palabras
- c) Adivinanzas con problemas de aritmética
- d) Adivinanzas que contienen anécdotas o folklore y
- e) Adivinanzas sin contestación.

Unas cincuenta adivinanzas no se publicaron por considerarse ofensivas al buen gusto.

Esta colección fue editada por Aurelio M. Espinosa quien escribe la introducción en 1916. Espinosa afirma que las adivinanzas de Puerto Rico se mantienen más afines a las españolas de esa época, debido a la estrecha relación de la Península con Puerto Rico hasta 1898.

En 1925 RAFAEL RAMIREZ de ARELLANO observó que la influencia anglosajona en Puerto Rico aumentaba a la misma vez que declinaba la cultura y lengua española. Esto le impulsa a publicar materiales tradicionales que se veían amenazados por el olvido y que él había recopilado durante veinte años. Así, con estos antecedentes, se publica la obra titulada *Folklore puertorriqueño; cuentos y adivinanzas recogidas de la tradición oral*. (1926). Además, para esta *Antología* se han escogido algunos de los mejores adivinanza–cuentos.

A. J. A. Mason

Mason, J. A. "Porto–Rican Folk–Lore: Riddles." *Journal of American Folk–Lore*. XXIX (1916) 423–504.

3
En el medio del mar
hay una negrita,

ni come, ni bebe
y siempre está gordita.
(La letra a)

15

Debajo del cielo
lavo los campos,
hago ruido en los paraguas,
hago correr a los niños,
hago ruido en las corrientes.
¿quién soy?
  (El agua)

20

Agua la boca a cualquiera,
café se puede tomar,
y si usted lo va a llamar
tiene que decirle té.
  (Aguacate)

31a

Un hombre chiquito
cristiano nunca lo ha sido;
Alvarez tiene por nombre
y Coque por apellido.
  (Albaricoque)

36

Sábana blanca que está tendida,
el vivo la está velando
y al son de las castañetas
las tripas le van halando.
  (Algodón)

43

Es arpa y no toca
es gato y no maúlla.
  (Alpargata)

49

Aurora tenía una flor;
mucho, mucho ella sabía
olerla, y su fantasía,
raro parece contarlo;
adivina sin trabajo
si me lees de arriba abajo.
  (Amor-Acróstico)

54

Hay una mata en el mundo
que nadie la quiere sembrar,
que una libra vale un peso
y cien pesos un quintal.
  (Añil)

61

Cuando yo no tenía te daba,
ahora que tengo nada te doy.
Vete a donde otro que no
tenga te dé,
que yo cuando no tenga te daré.
  (Apetito)

63

Cien damas en un castillo,
todas visten de amarillo;
sólo el viejo picador
viste de verde color.
  (El árbol de China)

77

Fui lavandera en España,
fui lavandera en Madrid.
Y yo vine a Puerto Rico
y también aquí lo fui.
  (Bandera)

80

Anifica, qué animal tan fiero,
Anifica, qué fiero animal;
las costillas transparentes;
los pasos que va dejando
no hay persona que los cuente.
  (Barco)

81

En el monte nace
con mucha frescura;
echa el paso largo
y anda a la ventura.
  (Barco)

94

Yo soy al revés de todo,
viceversa a los demás;
coge la primera mitad
y de cleta la contraria;
adivina, es necesaria.
  (Bicicleta)

95a

En el monte fui nacido,
lo que nunca se ha sembrado,
un palo de Caimitiro
y bonete colorado.
  (Bijado)

98
Cuatro para arriba
y cinco de golpe;
con palabras de Dios
levanta un sacerdote.
(Bonete)

99
Ni es de carne, ni de hueso,
y tiene un jeme de pescuezo.
(Botella)

100
Es hereje y sin cabeza
metido entre dos solapas,
tiene ojos y tiene patas,
pero nunca va a la iglesia.
(Juey)

106
¡Adivinanza, adivinanza!
¿Cuál es el burro que no tiene panza?
(El burro de torcer soga)

122a
Largo, largo como una soga
y en el medio y en la punta
una carambola.
(Calabaza)

129a
Es cama que nadie se acuesta,
y seis que nadie lo baila.
(Camasey)

133
Yo he visto un cuerpo sin alma,
dando voces sin cesar,
puesto al sol y al sereno
y en ademán de bailar.
(Campana)

144
Es santo y no se adora;
es caldo y no se bebe.
(Cardo santo)

159
Me pasan de arriba abajo
y luego me tratan de pillo.
(Cepillo)

161
¿Qué será lo que no será?
El que no me adivina
¡Qué tonto será!
(Cera)

170
Entre pared y pared
está el negrito José.
(Clavo)

181
Andando por un camino me bajé
y cogí tres.
(El cogitre)

185
Coje trencampén
serpiente en borrasca;
carabela de muerto,
coqui que canta.
(El coqui)

186
En la ventana soy niña
en la mesa soy señora;
y cuando me voy al monte
soy la mejor cantadora.
(Cotorra)

189
De Santo Domingo vengo,
predicando en un sermón;
tengo el cuerpito verde
y rojo mi corazón.
(Cotorra)

195
Es grande y es chica,
es del grande de un limón;
tiene una rosa en el medio,
y depende del corazón.
(La flor del cupey)

199
Horma en saco,
garabato en falla,
y en llegando a la villa
charrasco.
(Chicharrones)

200a

Cinco damas en un castillo,
todas visten de amarillo.
   (Chinas)

205a

Tengo una caja de huesos,
y no la doy ni por cien pesos.
   (Los dientes)

209

¿Cuál es el número que sumando
y multiplicando
da el mismo resultado?
   (El número dos)

213a

Una niña bien vestida,
toda llena de embarazos,
tiene la muerte consigo
y un niño la lleva en brazos.
   (Escopeta)

214

Cojo mi negrito,
lo subo a un cerrito,
le halo una oreja
y se saca un grito.
   (Escopeta)

228

Las cinco letras vocales,
añadiéndoles L y G,
así se llama la dama
de quien yo me enamoré.
   (Eulogia)

247a

Por aquí pasó un galán
todo vestido de tela;
ni es cosido con aguja
ni cortado con tijera.
   (Gallo)

249

Yo pasé por un camino,
y la vieja me dijo "adios",
y la moza no.
   (El gandul)

253b

¿Cuál es el gato
que no tiene panza?
   (El gato de la escopeta)

260a

Nuestro Señor plantó
un árbol en la tierra,
con el pelo por dentro
y las costillas por fuera.
   (El guano)

265

Por la mañana, oro
al mediodía, plata,
por la noche, mata.
   (El guineo)

268

Una mujer
llena de embarazos,
a voces viene diciendo
que uno la lleva en los brazos.
   (La guitarra)

273a

¿Qué es lo que andando, desmaya?
No gasta manto ni saya.
A muchos pone en afrenta
y al matarla, está contenta.
   (Hambre)

301

Cuando me suelo enojar
de madre salen los ríos;
hago al más fuerte temblar
y eludir mis bríos;
en el fuego viene a dar.
   (El invierno)

305

Tengo una casa
con cuatro aposentos,
y sólo soy
y no quepo dentro.
   (El ajonjolí)

315

Allá arriba (de) aquel cerro
está mi comadre,
con un abaniquito

dale que dale.
(Lengua)

317
Tengo un cercadito
cargado de espeques,
guardando una niña
para que no peque.
(Lengua)

329
Tengo una china
y no la puedo partir.
(La luna)

337
Ando con mi amo
en pueblo y campo;
no veo la luz del día
hasta que no llego a casa.
(La llave)

354a
En un alto fui criado
tengo la sangre en los pies,
los huesos en la barriga;
adivíname lo que es.
Si te hallas descrupulente
la muestra te puedo dar,
tiene cuero como res
y la carne regular.
(El mamey [fruta])

363
Iban tres hombres por un camino;
uno era ciego, otro era manco
y el otro estaba desnudo;
el ciego vio un pez, el manco lo cogió
y el desnudo en el seno se lo echó.
(Mentira)

378
Chiquito, chiquito
me cayó detrás;
él a los tajos
y yo a las trompadas.
(Mosquito)

381
En el monte de Gerita
está una almita de dos,

que no la abre ni la cierra
más que el poder de Dios.
(La mujer encinta)

390
La naranja nació verde,
el tiempo la maduró;
mi corazón nació libre
y el tuyo lo cautivó.
(Naranja)

392a
En vida me sepulté,
carne y sangre es mi comida;
me sacan de la sepultura
para quitarme la vida.
(Nigua [insecto como pulga])

405
Dos cabritos en un sartén,
ni uno, ni otro se pueden ver.
(Los ojos)

421a
En el monte hay un arbolito
que está en mala condición
y todos los años pare
una hembra y un varón.
(Palma de yagua)

424
Largo tiraba y corto cogía,
pie colorado plato ponía.
(Paloma)

425
Quiero comer, dáme pan;
el vestido, señora Tállame,
me está demás, quiero quitarme,
y después sigo mi afán,
y mañana, aunque sea vieja,
te me cuelgo en las orejas;
adivíname galán.
(Pantalla)

430a
En una sierra me trepé,
a mi amo le grité,
que me trajera la capa
de siete costillas y un pie.
(Paraguas)

432b

Una viejita arrugadita
entre una trampita.
Pasa, bobo, ¿qué será?
  (Pasa)

435a

En palio vengo amarrado,
visitando los enfermos;
mi cuerpo doy por comida,
y mi alma por sustento.
  (El pastel)

460

Qué cosa, qué cosa
tan maravillosa,
que de un pino verde
nace una rosa.
Y de una rosa
nace un pincel.
Diga, señorita,
¿qué puede ser?
  (Piña)

463

En el monte fue nacido
lo que nunca fue sembrado;
echa la flor amarilla
y el bonete colorado.
  (Pitahaya [fruta])

476

Es puerto y no se embarcan;
es rico y no tiene ochavos.
  (Puerto Rico)

477

Ramona me dio un consuelo,
Basilia se disgustó;
no quiero que me consuele
disgusto no quiero yo.
  (Rábano)

478a

Cien varillitas en un varillal,
ni verdes ni maduras
se pueden cortar.
  (Rayos del sol)

386

Con las últimas letras
de cuatro flores,
se celebra el dulce nombre
de mis amores;
saca la cuenta;
Azahar, Jacinto, Malvas
y Violeta.
  (Rosa)

487

Diez monedas me entregaron
más finas que un reloj;
tienen un letrero que dice:
guárdame que soy de Dios.
  (El rosario)

502

Alto lo tiro,
bajo lo espero;
fuerte te amarra,
dientes de acero.
  (La sierra)

502

Corrí, corrí,
me doblé y no lo cogí.
  (Sombra)

515a

En la mano soy cortés;
en mi lugar desatento;
soy el juguete del viento
y superior a un Marqués.
  (Sombrero)

519a

Chiquitita como una pulga
y cría orejas como mulas.
  (Tabaco)

537

Con T, me llamo Teresa,
con U, me llamo Urbana,
con P, me llamo Pepita,
con A, me llamo Americana;
ajusta esas cuatro letras
y verás como me llamo.
  (Tupa)

542a
Caballito sin tripas
y sin panza
anda la villa,
y no se cansa.
(Vapor)

545a
En el monte nace,
y en el monte crece;
viene al pueblo
y todo se lo merece.
(Vara del alcalde)

557a
Chiquitín, chiquitín,
como un granito de anís;
comerás, comerás
y nunca adivinarás.
(Viento)

561
Ya Uclides está preparando,
tía lavando el negrito;
si yo no me precipito
la mesa me está aguardando.
(Yautía)

564a
De los altos montes vengo,
de pegar una sangría;
dejando al enfermo sano
al punto de perder la vida.
(Zancudo)

◆ **Adivinanzas que hacen uso de chistes y juegos de palabras.**

580
¿En qué se parece Cataño a un baile de Jíbaros?
(En que se empieza con punta y se acaba con grandes palos)

581
¿En qué se parece una pluma de escribir a un paraguas?
(En que se moja)

586
¿En qué se parece San Pedro a una mazorca de maíz?
(En las barbas)

587
¿En qué se parece Cristo al mori–viví?
(En que muere y resucita)

589
¿En qué se parece la escuela a la cárcel?
(En que castigan)

594
¿En qué se parece el río a un muchacho?
(En que crece)

598
¿En qué se parece el seborruco a la mujer?
(En que tiene falda)

599
¿En qué se parece el Olmo a un fonógrafo?
(En que tiene records)

600
¿En qué se parece un profesor a una señora encinta?
(En los 9 meses que ejerce)

601
¿En qué se parece la ceniza al pájaro?
(En que vuela)

606
¿En qué se parece el zancudo al ají?
(En que te pica)

615
¿En qué se parece el Coamo al Pepita?
(En que tiene caldera)

629
¿Cuál es el palo que tiene nombre y apellido?
(El laurel sabino)

633
¿Cuál es el animal que se llama, por donde se amarra?
(La pata)

650
¿Qué es lo que cuesta una peseta y se le puede estar sacando todo un año?
(Almanaque)

664
¿Qué es lo que de día, chan, chan, y de noche nada?
(Las chinelas)

682

¿Cuál es el colmo de un carpintero?
(Que las hijas salgan traviesas y los hijos listones)

683

¿Cuál es el colmo de un dentista?
(Poner una caja de dientes a la boca del Morro)

704

¿Por qué es que el perro roe el hueso?
(Porque no se lo puede tragar entero)

707

¿Con qué pica más el pescado?
(Con ají)

718

¿En dónde es donde el lechón no tiene manteca?
(En el chillido)

719

¿Dónde le puso Dios la mano al hombre?
(En la muñeca)

720

¿Cómo se coge un lechón para matarlo?
(Vivo)

◆ **Adivinanzas con problemas de aritmética**

733

Se dice que a bordo del barco en que vino Colón a América, dos de los marineros estaban discutiendo cuánto dinero tenían. "Si tú me dieras un centavo —dijo uno—, yo tendría el doble que tú." "Esa no sería una división justa —dijo Pepe—, es mejor que tú me des un centavo y entonces quedaremos iguales." ¿Cuánto dinero tenía uno de estos ricos en aquel momento?
(Pepe tenía cinco centavos y el otro siete)

739

Un hombre tenía 17 vacas. Al morir dijo en el testamento que al hijo mayor le dieran la mitad, al menor la tercera parte y al del medio la sexta parte. ¿Cómo repartieron las vacas sin partir ninguna de ellas?
(Cogiendo una prestada que hacen 18 vacas. Al mayor la mitad, o sea nueve vacas; al menor la tercera parte, o sea seis vacas, y al del medio la sexta parte, o sea tres vacas)

◆ **Adivinanzas que contienen anécdotas o folkore.**

749

Domingo de Ramos
y la Cruz
cayeron juntos
en Viernes Santo
en San Juan.
(Era un hombre que se llamaba Domingo Ramos y tenía una hija que se llamaba Cruz y estaba en San Juan el Viernes Santo, y se cayeron en una calle)

B. **Rafael Ramírez de Arellano**

Ramírez de Arellano, Rafael. *Folkore puertorriqueño; cuentos y adivinanzas recogidas de la tradición oral.* Madrid: Senén Martín, 1926.

30—Palito de hinojo—Pandero de piojo

Pues había un rey muy poderoso que tenía un gran palacio en el cual vivía con su hija. Un día él estaba peinándose y se encontró un piojo. Como era un hombre muy bromista quiso criar el piojo y verlo crecer, así fue que le mandó a hacer una cajita y lo puso en ella. Lo alimentaba todos los días y el piojo llegó a crecer tanto que ya no cabía en la cajita.

Entonces el rey mató el piojo, secó la piel y con ella hizo un pandero. El arito lo mandó a hacer de un palito de hinojo, y cuando todo estaba completo puso un eíto [publicó en edicto] diciendo que el que adivinara los materiales de que estaba hecho el tamborcito se podía casar con la princesita.

Vino mucha gente a ver el tamborcito pero nadie podía dar con la solución. Por fin se presentó un pastor que tenía un ratoncito muy bien criado al cual había librado de un gato. El se fue con el ratoncito al palacio. El animalito se metió en el cuarto donde guardaban el tamborcito y olió y olió hasta que se dio cuenta de los materiales de que estaba hecho.

Entonces volvió donde el pastor y le dijo:

—Palito de hinojo.

Pandero de piojo.

Cuando el pastor pidió el tamborcito para verlo, lo tomó en sus manos, lo miró, lo tocó, y por fin lo olió. Entonces dijo:

—Señores:

Palito de hinojo.

Pandero de piojo.

La princesita tuvo que casarse con el pastor, y fueron muy felices con el ratoncito que se quedó a vivir con ellos y les hacía muchos favores.

Capítulo 13

República Dominicana

En *Al amor del Bohío* (1927) RAFAEL E. JIMENEZ presenta de una forma muy original, una pequeña colección de 15 adivinanzas. El coleccionista, a manera de relato íntimo, recuerda un velatorio al cual asistió y narra la forma espontánea de los concurrentes en contar adivinanzas. "Entre rezos y adivinanzas" se crea un ambiente que contribuye a que se pase la larga velada y sea más llevadero el dolor el cual es "explotado por el placer, más no el placer a veces con su rojo colorcito, sino el placer sano . . ." (p. 40). Jimenez, manteniendo intacto las formas fonéticas de los contribuyentes al expresar sus adivinanzas, les da un sabor mucho más genuino.

También MANUEL J. ANDRADE recopilador de *Folklore de la República Dominicana* (1930) fue testigo en un velatorio, de como se inicia el intercambio de acertijos entre un grupo de personas. En otra ocasión volvió a presenciar como, en una reunión de amigos y familiares, surge la adivinanza y él concluye que el intercambio de adivinanzas se origina cuando las personas reunidas ya han agotado los temas de conversación. Los comentarios y observaciones de Andrade, que preceden la colección de 368 adivinanzas, son unos de los más acertados en cuanto a la psicología del pueblo o del grupo que cuenta adivinanzas.

Andrade intentó coleccionar adivinanzas por medio de entrevistas con informantes pero vio que este proceso era muy lento y decidió aprenderse de memoria una serie de adivinanzas y ofrecer, en un grupo pequeño de personas, un premio a quién preguntara adivinanzas que el recopilador no sabía contestar.

En el prólogo de su obra, Andrade presenta unos estudios detallados sobre la distribución y frecuencia de las adivinanzas; las clasifica por orden alfabético y por su estructura, aunque el mismo autor no está convencido de que ésta sea la mejor forma de clasificación. Andrade señala seis características que permiten un sistema de división; sin embargo estas características tienen sus excepciones ya que algunas adivinanzas reúnen más de una. Este aspecto se trata con mayor detalle en el apartado teórico sobre "métodos de clasificación" de su obra.

En cuanto al estilo de las adivinanzas, Andrade indica nueve formas y da ejemplos de ellas en su colección. Otros temas que el recopilador trata en su estudio son: la versificación de adivinanzas, los elementos metafóricos, la influencia que el género de los sustantivos ejerce sobre las adivinanzas, variantes, y medios literarios de la propagación de la adivinanza en la República Dominicana.

Manuel J. Andrade publicó todas las adivinanzas que él recopiló, muchas de ellas eran de doble sentido o de tono escatológico o erótico. (Ver esta sección.)

La colección más numerosa de adivinanzas en Hispanoamérica es la gigantesca recopilación hecha por MANUEL RUEDA, *Adivinanzas dominicanas* (1970) que reúne 1571 piezas sin incluir en esta cifra las variantes. La colección argentina de 1910 de Lehmann–Nitsche reunió 1030.

La recopilación de Rueda es una de las primeras obras publicadas por el entonces recién creado Instituto de Investigaciones Folklóricas, siendo Rueda el director del mismo. El instrumento más usual para recopilar este material fue la grabadora magnetofónica. Igual que Andrade, Manuel Rueda recorrió muchos pueblos dominicanos, premiando a esos informantes que le "echaban" una adivinanza que él no sabía contestar.

Al comparar las adivinanzas provenientes de las colecciones de Andrade y Garrido Boggs, la colección de Rueda aporta 1238 distintas adivinanzas a las de estos dos primeros recopiladores. Lo sorprendente del caso es que la colección de Rueda, como él mismo lo afirma, se había recopilado de veinte lugares de la República Dominicana. Esta es una de las más completas colecciones de cualquier país hispano.

A. Ramón Emilio Jiménez

Jiménez, Ramón Emilio. *Al amor del Bohío. Tradiciones y costumbres dominicanas.* 2 vols. Santo Domingo: 1927.

1
Fui al monte,
vocié, vocié,
vine a mi casa
y me arrinconé.
    (¡La jacha!)

2
Adivíname eta cosa
que parece caballá,
ei cueipo se come crú
y la cabecita asá.
    (¡Ei ajuí!)

3
Blanca como la lecha,
negra como el café,
habla y no tiene boca,
anda y no tiene pie.
    (¡La caita!)

5
Fui al monte,
coité un palito,
vine a mi casa,
a bailai se ha dicho.
    (¡La ecoba¡)

6
Mientra tuve tripa
no sabía comei,
cuando me la sacaron
aprendí a bebei.
    (¡El calabazo!)

7
Mandé un muchacho a un mandado
y primero vino ei mandado
que ei muchacho.
    (El coco)

8
Un preso amarrao,
depué de seuito
e que se ve atariao.
    (El guanimo)

10
¿Qué da
lo que no tiene?
    (La piedra de amolar, da filo)

13
Una caice muy ocura
ceicada de clanca piedra,
la jizo Dio con su mano
y dejó una mujer presa.
    (La lengua)

14
En ei monte fui nacida,
cubierta de veide rama,
pero ahora soy señora
nacida de mis entraña.
    (La mesa)

15
Una dama entró aquí,
un galán entró con ella,
ni se ha dío ni etá aquí,
¿qué se jizo esa doncella?
    (La sombra)

B. Manuel José Andrade

Andrade, Manuel José. *Folklore from the Dominican Republic*. New York: G. A. Stechert, 1930. 431 p.

4a
En el monte blanco
hay unos pajarones
que sacan, vuelven y ponen
en los mismos cascarones.
(Abeja)

9
María, la mula salió a pasear;
rabito blanco lleva detrás.
(Aguja)

20a
Quilón de día,
quilón colgando.
Quilón de noche,
quilón apretando.
(Aldaba)

23
De mi tierra vengo
con el nombre de albañil.
Prendo sin hacerle daño.
Nadie se queja de mí.
(Alfiler)

28
Es blanco como la leche
y negro como el carbón.
Es dulce como la miel
y agrio como el limón.
(Amor)

36
Entre dos pelados un montado.
(Arado)

37b
Cojo un palito, me hago un hoyito, y me
quedan quindando los compañeros.
(Los aritos)

38
En el monte nace,
en el monte crece;
cuando se cae
nada se merece.
(Arbol)

41a
Yo sembré tabla.
De tabla nació soga.
De soga nació campana,
y de campana, bola.
(La auyama)

44a
En el monte hay un pajarito
que le dicen el coloradito.
Al que le da un besito
sale desgaritado.
(La avispa)

45
Sobre la vaca la o.
(Bacalao)

48
¿Cuál es el pez que siempre va lleno?
(Ballena)

49
Largo de crin,
corto de cintura,
muchos aposentos
y puerta ninguna.
(El bambú)

53
Es barba y no es de viejo.
Es coa y no es de hierro.
(Barbacoa)

54
Un caballito, sin tripa
ni panza.
Va hasta Puerto Rico
y nunca se cansa.
(El barco)

61
Catalina me prendió,
Juana me echó la cadena;
María me sancochó.
Tengo la cara morena.
(La berenjena)

62

Tengo una casita
llenita de huesos,
y al que me la adivine
le doy diez pesos.
  (La boca)

70

Fui al pueblo,
compré un perrito.
Vine a casa
y le puse rabito.
  (El cachimbo)

74

Blanco salí de mi casa.
Verde fue mi nacimiento.
Y como me ven colorado
van a ponerme en convento.
  (El café)

78

Adivíname esta cosa
que parece caballada:
el cuerpo se come crudo
y la cabecita asada.
  (El cajuil)

81

Soy un negrito
que como mucho
y no engordo.
  (El caldero)

88

Entro por uno y salgo por tres.
  (La camisa)

90

El ¡can! de la campana
y el ¡po! de la escopeta.
  (Campo)

96

Fui al monte,
maté un berraco.
Me chupé la sangre,
y boté el bagazo.
  (La caña)

120

Caballito bombón,
que no tiene tapita ni tapón.
Préstame esta medicina
para sacarme esta espina
que traigo en el corazón.
  (La comunión)

122

Caballo gordo,
cosa decente.
Si no lo halan,
no se presente.
  (El coche)

125

Primero el cuero,
y después el pelo;
y después del pelo
la carne.
  (El coco)

130

En el monte princesa
en el patio dama,
y en la sala señorita.
  (La cotorra)

134

Carne sostengo en mi boca
mientras estoy trabajando.
Es dueño de mis amores
mientras estoy perseverando.
  (El dedal)

136a

Uno que iba
y otro que venía,
le puso la capa
que no tenía.
  (El embuste)

142

No es tanque,
no es pozo,
no es aljibe.
¿Qué será?
  (Estanque)

155

Un preso amarrado,
después de suelto
es que se ve atareado.
(El guanimo)

157

Yo iba por un camino,
y me encontré con mucha gente.
Los viejos me hicieron frente,
pero los jóvenes no.
(Los guandules)

159

Estaba en el balcón de mi casa
y voceé que me trajeran
un ovejo con cien costillas y un pie.
(Un racimo de guineos [Plátanos])

161

Pecho con pecho,
barriga con barriga.
En el hoyo del medio
está la fiesta.
(La guitarra)

162

Iba por un camino,
me encontré con un viejito,
y al darle los buenos días
se me volvió un liito.
(El gusano perezoso)

168a

Una viejita titiritaña
que sube y baja
por la montaña.
(La hormiga)

172

Cuando iba, iba con ella,
y cuando volvía
me encontré con ella.
(La huella)

183

Pie gordo,
pie delgado.
Da la vuelta
y está liado.
(El huso)

184

Mi padre y mi madre
salieron a pasear,
y del quicio al patio
no se pudieron juntar.
(El ingenio)

194

Usted lo tranca y siempre se sale.
(La luz)

195

A la vera del conuco
tengo mi potro comiendo;
mientras más hierba le doy,
más flaco se va poniendo.
(El machete)

197

Una vaca seca, seca,
pinta, rayá y medio hueca,
pare los hijos secos, secos,
pintos rayaos y medio huecos.
(El maíz)

198

Mi padre se murió entre sus calzones.
(El maíz seco)

203

Yo iba por un camino,
me encontré con un berraco;
y con las orejas me dijo:
—Si no te quitas, te mato.
(El melón)

207a

En el monte de Jerez
hay un pollito francés.
Tiene cresta como un gallo
y se para sin tener pies.
(El mojón)

212

Chiquitico y flaquito,
me salió atrá;
él al machete
y yo a la trompá.
(El mosquito)

214
¿Qué es lo más seguro que hay?
    (La muerte)

217
Sin color peculiar
soy morada.
Velas tengo
y sin altar.
Sin ser pez,
mi esbeltez
siempre nada.
Mi vida es nadar.
    (La nave)

230
En el monte hay un palo
que se llama Juan Segundo,
y en el tronco se le juntan
veinticinco vagabundos.
    (La palma y los puercos)

238a
Cuando yo iba para Francia
a mi compadre llamé:
que me trajera un caballo
de siete costillas y un pie.
    (El paraguas)

244
Una casa pintada de verde y por dentro
de rosa y con muchos negritos dentro.
    (La patilla [sandía])

265
Torico joco se tiró al mar.
Ni pulla ni lanza
pudieron alcanzar.
    (El rayo)

267
E re y no é vaca.
E lo y no se ataca.
    (Reló)

273
De padre pardo nací,
y soy blanco por mi suerte,
y como yo soy tan fuerte,
hasta a mi padre vencí.
    (El ron)

276
El agua la da,
el sol la cría;
y si el agua le da
le quita la vida.
    (La sal)

280
¿Quién es que te persigue y no la oyes?
    (La sombra)

287
En casa tengo una perrita
que ladra, ladra sin tripa.
    (La tambora)

288
¿Qué es lo que cae y no se rompe?
    (La tarde)

291
Tos. ¿Sí? – No. –
¿Qué es lo que es?
    (Tocino)

293
¿Qué es lo que se hace de noche que de día no
se puede hacer?
    (Trasnochar)

304
Salí a la calle,
lo vi,
lo saludé
y le dije don.
    (Vidón)

322
¿Cuál es el palo que pesa más de noche?
    (El palo de las gallinas)

325
¿Dónde estaba el general Lilí cuando le apa-
garon la luz?
    (En la oscuridad)

327
¿Cuál es el hijo que en el vientre de su madre
se vuelve padre?
    (El que nació para cura)

332
¿De qué es lo que el hombre no muere?
(De parto)

333
¿En dónde estaba Cristobal Colón cuando prendió su cachimbo?
(Detrás del cachimbo)

342
¿Por qué el chivo come maíz?
(Porque le gusta)

343
¿Por qué la gallina pone el huevo?
(Porque si lo tira se rompe)

344
¿Por qué el león tiene tanto pelo?
(Porque el peluquero no se atreve a pelarlo)

350
¿En qué se parece la gripe al ciento once?
(En que empieza con uno, sigue con uno y acaba con uno)

367
Madrid empieza con m y termina con t.
(Quiere decir que la palabra "termina" empieza con t)

C. Manuel Rueda

Rueda, Manuel, comp. y ed. *Adivinanzas dominicanas*. Santo Domingo: Instituto de Investigaciones Folklóricas, Universidad Nacional "Pedro Henríquez Ureña", 1970.

1
¿Qué tiene Adán alante que Eva tiene atrás?
(La letra A)

4a
En el monte Pirineo
ponen los maracatones,
sacan y vuelven y ponen
en los mismos cascarones.
(La abeja)

6a
Pajarito volador
sin sangre y sin corazón,
alimento de los vivos
y de los muertos, perdón.
(La abaja)

11
Yo bebí de todas las aguas
y piqué de todas las flores
y en su pañuelo están mis amores.
(La miel de abeja)

14
Jon, Jon,
el que no adivina
es buen pendejón.
(El abejón)

16
Una cajita llena
de mil y miles retazos,
dando tristes alaridos
y el hombre la carga en brazos.
(El acordeón)

24
Corre y cae
y siempre hay.
(El agua)

26
Yo fui hecha y fui sofoca,
fui nacida en Pomorosa,
que fui tan linda y tan bella
que todos me besan la boca.
(El agua)

30
¿Cuál es el agua en que el maco no se baña?
(El agua de coco)

33
¿Qué es lo que le suena el corazón cuando está viejo?
(El aguacate)

59

Tan mansa como eres y los hijos como avispas.

(El ají)

65

Flor blanca,
flor morá,
cartuchito en cuarto,
¿qué será?

(El ajonjolí)

81

He estado
y no he llegado.

(El alistado [tela])

82

Es alma y no es de gente,
es sen y no se bebe.

(El almacén)

89a

Cuando no tenía yo te daba,
ahora que tengo no te doy,
ve donde una que no tenga que te dé,
que cuando yo no tenga te daré.

(El amor)

96a

De Santo Domingo vengo
rodando como una bola
a alcanzar a mi caballo
que se me fue con la soga.

(El andullo)

101

Un granito de anís pegado en un seto.

(Aniseto)

105

–¿Qué tú haces ahí?
–¿Qué quieres saber?
–¡A que te como!
–¡A que si me comes, te come quien me puso a mí aquí!

(Anzuelo–pez)

111

Arriba de un vivo, un muerto y arriba del muerto, un vivo.

(El aparejo)

117

Teje con maña,
caza con saña.

(La araña)

119

O nos sentamos,
o nos vamos.

(La arena)

135

En aquella loma
hay un tirigüillo
con las patas de plata
y el pico amarillo.

(La auyama)

142

Aúlla y no es perro;
llama y no tiene boca.

(Auyama)

151a

Tengo una burra haragana,
si no la cojo por el rabo no anda.

(La azada)

159

Chiquitica como un ají
y corre como un ferrocarril.

(La bala)

164

Un perro bailando sin tripas.

(El balsié [tambor])

193

¿Cómo se le saca la leche a la vaca?

(Blanca)

196

¿Cuál es la boca más grande?

(La boca–calle)

198

Tres mujeres en un convento,
toditas mirando para adentro.

(El bohío de Yaguas)

203
Soy de Francia,
soy de Popa,
soy tan bonita
que me besan en la boca.
(La botella)

253
Por fuera es uno y por dentro son dos.
(El grano de café)

260a
Vo a decí esta adivinanza
que parece caballá:
el cuerpo se come crú
y la cabeza cociná.
(El cajuil [Anacardium occidental])

276
¿Qué es lo que tiene cama y no duerme?
(El camarón)

314
Es cara y no es de gente,
es vela y no es de cera.
(Carabela)

317
¿Cuál es la cara a la que más miedo se le tiene?
(La carabina)

321
Es cardo y no se bebe,
es santo y no se adora.
(Cardosanto [argemone mexicana])

322
¿Cuál es el asesino que el pueblo apoya?
(El carnicero)

347
Es casa y no es de madera;
es ave y no vuela.
(Casabe [especie de torta indígena])

398
Un alumbrador,
por muchas partes está.
No le pongas la mano,
que lo puedes atropellar.
(El cocuyo)

415
De aquel lado de aquel cerrito tengo
mi caballito cansado de haber corrido.
(El corazón)

431
La señora Pumpurina
fue a donde la vecina
que le soltara los perros
y le amarrara las gallinas.
(La cucaracha)

445
De día cha, cha,
y de noche, na.
(La chancleta)

459
¿Cómo se escribe la palabra durmiendo?
(Despierto)

463
¿Qué es lo que Dios le da al hombre
dos veces que a la tercera tiene que com-
prarlo?
(Los dientes)

480
¿Qué es lo que hacemos todos al mismo
tiempo?
(Envejecer)

546
El nombre de mi dama tiene nueve letras y
ninguna es A.
(Gertrudis)

556
Es verde como la hierba,
blanca como el papel,
tiene espina y no hinca
y es muy buena de comer.
(La guanábana [annona muricata])

564
Soy puro pellejo
flaco y vacío,
pero no me quejo.
(El guante)

658

Una niña llegó aquí,
un galán la solicita,
al golpe de la cancañeta
le van sacando las tripas.
(El ingenio)

719d

Vengo de Rondamondongo,
pasé por Guachibolera,
amárreme las gallinas
que yo a perro no le temo.
(La lombriz)

734

¿Qué es lo que se guarda bien guardado y
para guardarlo tiene que ser a la vista?
(El luto)

754

Una mujer en la calle con un niño de la mano
y un paquete de leña en la cabeza, ¿cómo se
llamaría?
(Madrileña [madre y leña])

767

¿Para qué Dios nos dio los diez dedos?
(Para recordar sus Diez Mandamientos)

775

Es María y se come.
(Mariconga [racimo nuevo de plátanos])

859

¿Qué pieza tiene uno en su cuerpo con nombre
de animal?
(El mu(s)lo)

911

¿Cuál flor tiene en su nombre las cinco vocales?
(La orquídea)

1000

Cinco de seda,
cinco de amor,
si me adivina mi nombre
le doy una flor.
(El pensamiento)

1079

Pul, pul
metí la mano en un baúl
y saqué cera.
(La pulsera)

1083

Aunque busque el pajarito
en la jaula siempre está,
él nunca come ni bebe
pero le gusta cantar.
(El radio)

1123

Cuando va pa abajo,
una contentura
y cuando va pa arriba,
una diablura.
(El ron)

1145

¿Cuál es el santo que tiene el diablo adentro?
(Santo Domingo [Se alude al dictador
Trujillo])

1231

(Tos. Gesto de afirmación seguido de gesto
negativo.)
(Tocino)

1334

Si un pato pone un huevo en el filo de un
cuchillo y el viento sopla de Norte a Sur, ¿para
qué lado cae el huevo?
(Los patos no ponen huevos)

1359

¿Hasta dónde usted puede penetrar en un
bosque?
(Hasta la mitad, porque desde allí se empieza a salir)

1380

¿Por qué los perros le ladran a las máquinas?
(Porque llevan un gato)

1393

¿Cuál es el mejor vino que hay?
(El que a uno le dan)

1396

¿Cuál es la santa incompleta?

(Santa Clara, porque le falta la yema)

1408

¿Cuál es el ron que más le gusta a los guardias?

(El ron–pan fila)

1452

¿En qué se parece el reloj a la guitarra?

(En que tiene cuerda)

1456

¿En qué se parece un guanimo a un preso?

(En que están amarrados)

1471

¿En qué se parece un pitcher a un muerto?

(En que entran en caja los dos)

1483

¿Cuál es el colmo de un haragán?

(Soñarse que está trabajando y amanecer sudando)

1499

Si usted llega a un bar y se sienta en una mesa, ¿qué es lo primero que le dice el sirviente?

(Que las mesas no son para sentarse)

1505

¿Qué le dijo el gallo a la incubadora?

(Tú puedes ser la madre de mis hijos, pero nunca mi señora)

1507

Si una pata de su propiedad vuela a casa de un vecino y allí pone un huevo, ¿de quién es ese huevo?

(De la pata)

1528

¿Qué está más lleno, un tanque de agua o un vaso de agua?

(Los dos están igualmente llenos)

1532

¿Cuándo 3 más 2 suman 6?

(Cuando la cuenta está mal hecha)

1535

En un matrimonio de dos, contaron catorce.

(El esposo se llamaba Alfonso XIII y con su mujer eran catorce)

Capítulo 14
URUGUAY

[A continuación se reproducen las secciones más importantes de la vida y obra de Francisco Acuña de Figueroa que publicó Robert Lehmann–Nitsche en su obra monumental, *Adivinanzas rioplatenses*, pp. 13–17.]

Como poeta de enigmas y charadas aparece en la primera mitad del siglo XIX el ilustre montevideano don Francisco de Figueroa, a cuyo genio la República Oriental del Uruguay debe su himno nacional y cuyas numerosas poesías, desde que el *Mosaico poético* de 1857 quedó incompleto con los primeros pliegos del tomo segundo, fueron publicadas en Montevideo en 1890. Los tomos I y II de estas *Obras completas* contienen el *Diario histórico del sitio de Montevideo en los años 1812–13–14,* los volúmenes III y IV la *Antología epigramática,* los tomos V & XII, *Poesías diversas.* Los editores, desgraciadamente, no se han dado el trabajo en buscar un arreglo o una clasificación de estas últimas, lo que bien se hubiese podido hacer; tal cual, es difícil darse cuenta de la producción del poeta. Cuando éste, en el prefacio de su *Mosaico poético,* explica la elección de este título "porque irán entremezcladas las composiciones de varios géneros y clases, para que así sea menos monótona la lectura", tal proceder era justificado; pero no es lo mismo en una edición de *Obras completas;* así, por ejemplo, las adivinanzas se hallan diseminadas en todos los tomos de las *Poesías diversas,* etc. A pesar de todo ésto, debemos agradecer la publicación de las obras de Figueroa, cuya musa tenía influencia en las adivinanzas populares del Río de la Plata y gozaba de una enorme popularidad; "para la generalidad del público, dice "el editor" de la *Antología epigramática* en el prólogo de la edición especial que falta en el tomo III de la *Obras completas,* el festejado vate no es sino un poeta jocoso, un poeta callejero—permítasenos la frase. ¿Y todo por qué? Porque de viva voz se han ido repitiendo algunos de sus enigmas y epigramas picarescos, mientras que permanecían olvidados otros de verdadero valor literario, así como una gran parte de sus composiciones de diferentes géneros poéticos."

Manuel Bernárdez, en la "Nota" al tomo III de las *Obras completas* (=*Antología epigramática*, I) escribe en las páginas 339 a 340 el párrafo siguiente, que caracteriza al poeta y, al mismo tiempo, explica la popularidad de que éste gozaba: "Como el niño que mata una luciérnaga y luego se complace en adornar el yuyal con sus residuos fosforescentes, desmenuzados por los dedos crueles, así Figueroa tomaba un hecho, una frase, un tipo, y lo daba vueltas, lo desmenuzaba, se complacía en derramar las fosforescencias de su musa en las prosaicas tinieblas de la ciudad, donde él ponía verdores y alegrías de floresta."

"Don Francisco Acuña de Figueroa, el decano de la poesía uruguaya, el Beranger, el Quintana, el Meléndez, el Quevedo oriental, era natural de Montevideo, de noble y distinguida progenie."

"Su padre, don Jacinto, español de nación, tipo de la honradez, ocupó un rango social encumbrado desde la época de la colonización española, en que fue ministro de la Real Hacienda, siéndolo también del mismo ramo en el gobierno patrio."

"Tuvo la fortuna de poder dar a su hijo don Francisco una educación esmerada, que supo utilizar con las dotes de una inteligencia privilegiada.

"Don Francisco Acuña de Figueroa nació poeta, y poeta de alta y fecunda inspiración."

"A la edad de 15 años versificaba perfectamente. Reunió en un cuaderno voluminoso preciosas composiciones, demostrando en ellas lo que sería con el tiempo para las letras americanas; lo que daría aquel genio feliz, para engalanar la naciente literatura nacional."

"Entre sus notables traducciones, nos dejó las del *Dies irae*, del *Te Deum*, del *Miserere* y de las *Lamentaciones*; a la vez que la de la *Marseillaise* y otras composiciones por el estilo."

"La *Salve multiforme*, cuya paciente y magnifica composición dedicó al obispo de Buenos Aires, Escalada, fue una de las obras más ingeniosas de nuestro célebre vate.'

"El *Himno Nacional*,—ese canto heroico y entusiasta que no puede oirse sin emoción patriótica, que inflama y conmueve el espíritu,—es uno de los vivísimos destellos de su genio, que basta para inmortalizar la memoria del bardo entre los orientales."

"Ocupó puestos públicos con notoria honradez. Sirvió con inteligencia y dedicación el cargo de Bibliotecario de la Biblioteca Nacional. Fue Tesorero General del Estado. Tuvo asiento en la Asamblea de Notables y plaza, y fue miembro fundador del Instituto de Instrucción Pública, en cuya corporación prestó recomendables servicios a la educación, con el desinterés y abnegación patriótica que distinguió aquel honorable cuerpo. Fue censor del teatro por muchos años.

'Un ataque de apoplegía fulminante, acaecido en circunstancias de regresar de una fiesta del Asilo de Mendigos, le arrebató a la vida el 6 de octubre de 1862, a la edad de 64 años.

Como hemos visto, el grupo de adivinanzas cultivado por Figueroa era el enigma y la charada y el primero ante todo, dada su naturaleza era destinado a vulgarizarse y hasta en tal grado que el nombre del poeta quedó en olvido completo. La charada, nunca verdaderamente popular, ha encontrado sin embargo sus aficionados y sigue siendo más cultivada que la "adivinanza erudita", por los apóstoles de la poesía.

1

Preñada de los despojos
De animal o ave inocente,
Al rico y al indigente
Descanso y consuelo doy.
Sus proyectos y sus penas
Diz que consultan conmigo,
Pero yo nada les digo.
Porque sorda y muda soy.
    (La almohada)

2

Es un ente de razón
Que anda y anda sin cesar:
En cuatro partes y en doce
Se divide su total.
Un reloj de inmenso precio
Marca los pasos que da,
El gozarlo y gozar muchos
Anhela todo mortal.
¡Infeliz si no los logra!
Más si los llega a gozar,
Le fatigan y quisiera
Volvérselos a quitar.
    (El año)

3

Salteadora por instinto,
Tan astuta como fea,
Es de una industriosa casta
En la cual todas son hembras.
Oculta en pérfidas redes,
Allí a su víctima enreda,
Y saciándose en su sangre
Su cuerpo pendiente deja.
    (La araña)

4

Soy una dama rolliza
De muy frágil condición,
De cuello esbelto y pulido,
Pero algo obscuro el color.
El que me mira el pellejo,
Me registra el interior,
Y cuando me ven preñada
Me dan más estimación.
Chupando el hombre mi sangre
Cambia en placer su aflicción,
Y a veces me hace pedazos
Después que de mí gozó.
    (La botella)

5

Yo tenía en casa un toro;
No lo he muerto, ni él murió,
No lo he dado ni vendido,
Ni de casa, en fin salió.
Más el toro allí no existe;
Así, en tal contradicción,
Pues lo pierdo, y no lo pierdo,
¿Qué se hizo el toro, señor?
    (El buey [o toro hecho buey])

6

Hojas tengo sin ser árbol,
Soy como un cielo también,
Pues en mi seno se asientan
Los Santos que hay en aquél.
No tengo uso de razón,
Pero juicio a veces sí,
Y el hombre a pecar se expone
Si hay error notable en mí.
    (El calendario)

8

Del género masculino
Fuimos, y en grande porción,
Pero luego hemos cambiado
Nombre, género y color.
Así tal vez nos desdeña
La insensata vanidad,
Aunque a nuestro dueño damos
Más peso y autoridad.
    (Las canas)

12

En los convites no falta,
En los sombreros se ve,
Y para ruina de muchos
Es un palo entre otros tres.
    (La copa [también uno de los palos de la
    baraja])

15

De adorno y defensa sirven
Al que los tiene efectivos,
Y de infamia al que los lleva
En metafórico estilo.
Con los primeros la industria
Fabrica objetos pulidos.

Con los otros hace el dueño
Un negocio lucrativo.
    (Los cuernos)

16

Es un piedra pequeña,
O un imperio rico y grande,
Y aquí por analogía.
Es la mujer de un salvaje.
    (La china [China])

34

Con un brillante ropaje
Hay cierto anfibio animal,
Que en tierra se arrastra humilde
Y anda soberbio en la mar.
Es *admirante* en su forma,
Aunque bien poco marcial:
Al débil bagre se atreve,
Al fiero taurón jamás.
También *brilla en alto puesto*
Entre varios de su igual,
Donde con ricas estrellas
Indica su dignidad.
Tras el sebo y el halago
Torpemente *viene y va*;
Mas si en tierra se adormece
El cuero le han de sacar.
Tal vez a sus compañeros
Unos sobre otros verá,
Que cual sardinas en prensa
Desollados quedarán.
Bañado *en agua rosada*
E impasible en caso tal,
El salvará su pellejo,
Mientras mueren los demás.
    (El lobo marino)
    [Sátira al almirante Lepredour]

50

De retoños de una planta
Que nace en todo lugar,
Un indio pampa bien puede
Un frasco licor sacar.
Si el pampa al licor le faltare,
Nada al fin le quedará;
Pero si la nada le quitan,
Sólo el pampa se verá.
    (La pampanada [licor])

100

En este enigma se encierra
Un nombre muy general,
Que se ve en el almanaque
Muchas veces recordar.
Es persona y no es persona,
Y en este último lugar
A gran peligro se expone
Quien no lo sabe observar.
Si el *corazón* le quitares,
Queda un perro en realidad;
Quita sólo la *cabeza*
Y una bola es lo demás.
(Domingo)

106

En dos mitades el nombre
De un licor dividirás:
De la *una* formóse el mundo,
Y de la *otra* el padre Adán.
(Limonada [limo es barro o lodo])

117

La primera es luz hermosa,
La otra es un juego de azar;
Y sin mí todo en la guerra
Nadie pretenda triunfar.
(Soldados)

Capítulo 15
USA

Se incluyen a los Estados Unidos de América como país que ha aportado adivinanzas a la cultura hispana por dos razones principales: la primera se debe a que por más de trescientos años la zona del sudoeste formó parte geográfica y cultural del mundo hispano. La segunda razón obedece al fenómeno de la constante interacción, tanto entre México y USA como a la consecuencia del influjo de emigrantes y exiliados que de otros países de habla española llegan, por medio de México, a los Estados Unidos. Estas oleadas migratorias renuevan y mantienen viva la cultura hispana, aunque siempre bajo la sombra de la cultura anglosajona dominante. La influencia del inglés se nota en unas de las adivinanzas.

Uno de los primeros investigadores del folklore del Sudoeste de los Estados Unidos, que vive personalmente la influencia palpitante de la cultura hispana, es AURELIO M. ESPINOSA, de quien se ha tratado en el apartado sobre coleccionistas de España. Hijo de colonos neomexicanos, Espinosa llegó a reconocer muchas muestras folklóricas existentes en Nuevo México que en poco o en nada se diferenciaban de las que existían en España. Este interés por rescatar la influencia hispana en el Sudoeste, y en concreto en Nuevo México, hace que Espinosa dedique gran parte de su labor erudita al estudio del folklore. (Ver sección sobre España, cuento–adivinanza). Producto de esta labor es su colección de 165 adivinanzas, con copiosas notas en inglés, al pie de la página. Usando como base de comparación las colecciones de Fernán Caballero, Rodríguez Marín, Lehmann–Nitsche y Eliodoro Flores, Espinosa comprobó en 1915 que el 45% de sus adivinanzas ya se encontraban en estas colecciones.

Otra importante colección de Nuevo México, es la de A. L. CAMPA publicada en la revista *The University of New Mexico Bulletin* en 1937. Esta obra reúne 275 piezas, algunas de ellas son de obvia influencia del inglés.

También se incluye la colección inédita de JORGE A. SANTANA cuya recopilación fue hecha en la zona de Sacramento, California durante 10 años. Debido a la variedad del origen de los hispanoparlantes que radican en este área, se tomó la precaución de pedir al informante datos acerca de su país de origen. Muchos de estos hispanos llevan viviendo en los Estados Unidos más de veinte años aunque la mayoría, como lo atestigua el gran número de adivinanzas recopiladas, son de México.

La colección se divide en distintas secciones:

> a) México (558)
> b) chicanas o méxico-americanas (241)

Bajo este último grupo se han clasificado esos acertijos procedentes de informantes nacidos en USA o que se consideraban chicanos. Los antepasados del chicano por supuesto son oriundos, en su mayoría de México y han pasado las tradiciones a sus hijos.

> c) hispano–americanas (233) clasificadas por el país de origen
> d) Escatológicas y eróticas (108)

En total la colección suma 1.140 adivinanzas con sus variantes.

La labor de recopilación se debe al profesor Santana y a sus estudiantes. El proyecto fue patrocinado por una beca del Stanford–Berkeley Center for Latin American Studies en el verano de 1982 y tuvo mayor impulso durante el año sabático en el otoño de 1984.

A. Aurelio M. Espinosa

Espinosa, Aurelio M. "New Mexican Spanish Folk–Lore: IX Riddles." *Journal of American Folklore*, XXVIII (1915), 319–352.

5
De la tierra soy nacida,
después soy puesta en el fuego.
Mi hermana es una bebida,
y todo se vende luego.
  (Azúcar)

7
Soy mujer, pero en valor
ningún hombre me aventaja;
que en el campo del honor
yo soy la que voy más alta.
  (Bandera)

8b
En manos de los ancianos
me ves por necesidad;
y en manos de los gomosos
tan sólo por vanidad.
  (Bastón)

14
En el llano está Mariano;
tiene cruz y no es cristiano.
  (Burro)

18
No tengo un pelo de tonta
ni tampoco de talento.
Estoy en el camposanto
donde tengo mi aposento.
  (Calavera)

28b
¿Qué será? ¿Qué sería,
lo que una vieja tenía
en una escudilla?
  (Cerilla del oído)

30
Liso y pelau
y en la punta colorau.
  (Cigarro)

33
Soy moro, con cabeza,
sin barriga y con un pie.
Yo cruzo todos los mares,
y al mismo Dios sujeté.
  (Clavo)

36
Soy de lana, y no borrego.
Soy de pluma, y no soy ave.
Aguanto más que cualquiera,
pues cargo cuanto me cabe.
  (Colchón)

37
Hermanos semos los dos,
y padres no conocemos.
Abrazados trabajamos,
y para medir servimos.
  (Compás)

39
Yo tengo un caballo blanco
que sabe de manea,
con las patas para arriba,
y asina galopea.
  (Cuna colgante)

42
Yo nací en oscura peña,
soy quemado y no por pillo;
y en caprichosos adornos
es deslumbrador mi brillo.
  (Diamante)

43

Es tanto lo que me quiere
el hombre en su necio orgullo,
que hasta crímenes comete,
sólo por hacerme suyo.
(Dinero)

45

Señores, vamos a ver,
para ver las maravillas;
por dentro tiene los pelos,
y por fuera las costillas.
(Elote)

47

Mi comadre, la narizona,
se come todo lo que hay en la loma.
(Estufa)

49

Soy una mina en dos pies,
si tú sabes exprimirme.
Gasto muy poco en comer,
y no tienes que vestirme.
(Gallina)

51

Colgando, colgando,
cae en la calle brincando.
(Granizo)

58

En un llano está un cabrital,
con cien costillas y una patita.
(Hongos)

63

Ya sea de humilde varita
o de precioso metal,
huyen de mí con presteza
los que aman su libertad.
(Jaula)

65

¿Quién causa deshonor y mengua?
(La lengua)

67a

Sin mí no se sabe nada;
conmigo se sabe todo.

El que en tomarme es muy ducho
es en ciencias aprobado.
(Libro)

69

Me dió la vida el acero;
pero es tal mi condición
que golpeo sin compasión
a mi padre verdadero.
(Martillo)

72

Méteme el cuchillo,
verás que amarillo.
Echame en el pozo,
verás que sabroso.
(Melón)

73

Adivíname esa.
(Mesa)

79

Yo soy un ser racional,
pero que ando en cuatro pies.
Con el tiempo es natural
que en dos ande yo después.
(Niño gateando)

80

Subir y bajar,
llenar y vaciar,
y nunca acabar.
(Noria y cubos)

87

No soy toro y me colean
cuando me encuentro en el aire;
y subo a grandes alturas,
sin alas pues no soy ave.
(Papalote)

100

Un gavilán lleno de plumas
no se pudo mantener;
y un escribano, con una,
mantuvo hijos y mujer.
(Pluma)

103

Cuando es aplicado el niño
y de rudez no adolece,
y se granjea el cariño.
¿qué cosa es lo que merece?
(Premio)

105

Soy la desgracia mayor
que al hombre puede aquejar;
pues en humos convertido
suelo dejar su caudal.
(Quemazón)

109

De ti soy la semejanza;
si te mueres yo me quedo,
como un recuerdo en privanza
de tu casa y de tus deudos.
(Retrato)

110

Soy asquerosa y temida,
causo terror y disgusto,
y suelo matar, a veces,
al que por su mal me tuvo.
(Roña)

123

Yo soy como Dios me crió,
un hombre muy alto y grueso,
sin carne ni coyonturas,
sin sangre, ñervos ni huesos.
(Sueño)

130

En pies y manos me encuentro
como cosa indispensable,
y le soy muy agradable
al que toca un instrumento.
(Uña)

136

Semos dos seres iguales,
y los dos tan desgraciados,
que por el suelo nos vemos
constantemente pisados.
(Zapatos)

139

¿Por qué menea el perro la cola?
(Porque la cola no puede menear al perro)

141

¿Qué hace el buey cuando sale el sol?
(Da sombra)

142

¿Cuántas varas sube un cuete?
(La que lleva prendida)

143

¿En qué se parece el agua a las liebres?
(Las dos corren)

147

¿Qué hay de la empa–?
–Nada; toda se volvió pastel.
(Empanada)

150

En una sala están cien ventanas,
en cada ventana cien viejos;
en cada viejo cien bolsas,
en cada bolsa cien pesos.
¿Cuántos viejos eran?
(10.000)

151

Uno sus vacas vendió,
recibiendo por fortuna,
tantos reales por cada una
como de vacas vendió.
Número y cuenta perdió
y sólo a decir se atreve,
que ciento sesenta y nueve
reales de ocho recibió.
¿Cuántas vacas vendió,
y a qué precio cada una?
(Trece vacas, a trece reales
de ocho cada una)

B. A. L.Campa

Campa, A. L. "Sayings and riddles in New Mexico." *University of New Mexico Bulletin.*
vii, No. 313, Albuquerque, (1937). 26–63.

6

¿En qué se parece Madrid a un cuchillo?
(En que tiene corte)

9

Tú boca arriba y yo boca abajo
Entrale duro que es mucho trabajo.
(El metate)

12

Yo soy como Dios me crió,
Un hombre muy alto, y grueso,
Sin sangre ni coyuntura,
Ni nervios, carne ni hueso.
(El sueño)

18

¿Por qué anda el cochino con la cabeza
agachada?
(De vergüenza que su madre es marrana)

20

¿Por qué llevan la cruz al calvario?
(Porque sola no puede ir)

21

¿Qué diferencia hay entre un banquero, un
ladrón, una mujer, y un carnicero?
(El banquero–suma)
(El ladrón–quita)
(La mujer–multiplica)
(El carnicero–divide)

23

Un hombre estaba en la cárcel sin hermano.
Otro fué a verlo. El carcelero le preguntó:
¿Quién es ese hombre? El le contestó: Ese
hombre es el hijo del hijo de mi padre.
(Era hijo del hombre que estaba en la
cárcel)

24

Pan mató a Inés.
Inez mató a tres,
Tres mataron a seis.
Bebí agua ni del cielo caída.
Ni de la tierra producida.
(Un joven tenía tres burros. Dos eran
mansos de carro. Este supo de una adivinanza que deseaba el rey, prometiendo
casar a su hija al que la adivinare. Se fué
a casa del rey llevando bastimento. El pan
estaba envenenado. La burra se lo comió
y murió. Tres coyotes murieron después
de comer de la burra. Y seis cuervos
murieron después de comerse a los coyotes. Veniá un caballo corriendo y lo cogió,
bebió sudor del caballo. La hija del rey no
la adivinó y se casó con ella.)

26

Admirado he quedado,
en medio de un ensayo real,
De ver al Señor Sacramento
en manos de un Gavilán.
(El sacerdote se llamaba Gavilán y levantó
la hostia en semejanza del Señor)

31

Caballito monigote
Que todos, montan en ti,
Yo me voy y tú te quedas
tú te acordarás de mí.
(La mesa donde tienden a los difuntos)

32

Largo largete, como un pinabete.
(El humo)

33

Largo y peludo y en la punta un ñudo.
(Cabestro)

40
Caballito de banda en banda,
Que ni come, ni bebe, ni anda.
    (La puente)

43
Rita, Rita en el monte grita,
Y en su casa calladita.
    (El hacha)

48
Casco duro, centro aguado
Azulito, y cachiruleado.
    (El atole)

49
Blanco es, papel no es
Letras tiene, tinta no es.
    (Dinero de plata)

52
Isla, pero no del mar
Bon bon pero jabón.
    (Un islabón)

56
Lo meten duro, lo sacan blanco,
Coloradito y relampaguiando.
    (Un hierro metido a la lumbre)

58
Sobre una mesita negra,
Est'una hacienda de vacas blancas
Cuando unas se echan,
Las otras se levantan.
    (Las tortillas)

60
Jesucristo puso un árbol,
Para ver sus maravillas
Por adentro tiene lana
Y por fuera las costillas.
    (Tetones)

61
Redondito redondón
Sin ajuero, y con tapón.
    (La calabaza)

69
Entre unas paredes blancas,
Pasó un caballero corriendo.
Del apretón que le dieron,
Las tripas se le salieron.
    (Un piojo)

70
Adivinanza, adivinanza
¿qué vuela sin panza?
    (El aire)

74
Largo y lambido
y en el abujero metido.
    (La aguja y el hilo)

76
Mi comadre la negrita
Todo ve y nada platica.
    (El bacín)

77
En un llanito muy redondito
Saltan y brincan los americanitos.
    (El alberjón y la era)

81
Si me matan, vivo
Y si me dejan, muero.
    (La vela)

85
Toro que anda, rel que camina,
Burro será el que no la adivina.
    (El tren)

90
Redondito, redondón,
Con abujero y sin tapón.
    (La taza)

91
Soy formado de matal,
Lleno de semiagujeros,
Y mi oficio principal
Es servir de casco a un dedo.
    (El dedal)

94

Mi nombre es "guan",
Mi apellido es "goche",
El que no la adivine
Duerme conmigo esta noche.
   ("Guangoche")

95

Yo nací con calentura,
Me azotaron como a un macho
Y tengo la cabeza dura.
   (El clavo)

98

Media luna, media entera,
Media sota por bandera.
   (La media)

100

Tú de puntitas y yo de talones,
Dale que dale por los rincones.
   (La escoba y la persona que la maneja)

102

Tú allá y yo aquí.
   (Toalla)

104

Una niña muy hermosa
Con las tripas arrastrando
Y un indio cacarizo,
Que la va arrempupando.
   (La aguja, el hilo y el dedal)

106

En el llano está Mariano
Con tres patas y una mano.
   (La mano y el metate)

108

De tierras morenas viene un potranquín,
Corto de cola, corto de clin. [crin]
   (El chapulín)

115

Cien damas en un castillo,
todas visten de amarillo.
   (Flores amarillas de nopales)

118

Soy de lana y no soy borrega,
Soy de pluma y no soy ave,
Aguanta más que cualquiera,
Y cargo cuanto me cabe
   (El colchón)

123

Yo nací en el fin del mundo,
Sin cuerpo, carne ni hueso,
Hay veces que rezo,
Pero no llego a ofrecer
Y así es como vengo a ser,
Un hombre muy alto y grueso.
   (El humo)

124

Soy una pobre mujer,
Que de negro estoy vestida,
Y naide me puede ver,
No más por entremetida.
   (La mosca)

125

En una capa hay miles de arrellanas,
De día se recogen y de noche se redaman.
   (Las estrellas)

127

Tiene hojas no es nopal,
Tiene pellejo y no es animal.
   (El libro)

136

Pasa güerita mira lo que es.
   (Una pasa)

139

Su nombre tiene de coyo y su apelativo Te.
El que no me la adivine se queda pa' camote.
   (El coyote)

145

Mi compadre el narizón.
Se come lo que trai el peón.
   (El fogón)

150
Canto sin ser pajarito,
Salto sin ser maromero,
Y vivo todo el invierno
Metido en un agujero.
    (El sapo)

152
En el monte fue nacida,
Una mujer desgraciada,
Por los suelos arrastrada,
Con la garganta oprimida.
No tiene alimento ni vida,
La engordan y se enflaquece,
Sólo cuando nace crece
Mengua y aunque no tiene lengua
Hace un ruido que ensordece.
    (La escoba)

155
En una (e)nagua blanca,
Una nariz colorada,
Más corta se pone
Mientras más está parada.
    (La vela)

174
En mi ventana me asomé
a mi vaquero le hablé
Que me trajera un carnero
Con cien costillas y un pie.
    (La escoba)

175
Me tengo, me bamboleo
Le saco leche, me saboreo.
    (El elote verde)

179
En el río está un palo
En el palo está un nido
En el nido está un pelo
El que me lo adivinare
Llorará por su consuelo.
    (El violín)

189
Dále a la maroma,
como la ley nos enseña

Que aunque sea corregüeleña
Mucho más trairá de Roma.
    (El rosario)

198
Cinco mil pitas vendidas
A real y medio cada una,
¿Cuánto dinero será?
    (Siete reales y medio)

200
En una sala, hay cien ventanas,
Y en cada ventana cien viejos.
Y cada viejo trae cien bolsas
Y en cada bolsa cien pesos,
¿Cuánto dinero traen los viejos?
    ($100.000.000 pesos)

203
Un comerciante a su criado:
"Toma este peso, tráime cincuenta piececitas:
entre nicles (5¢), daimes (10¢), y penes (1¢),
¿Cuántos de cada pieza?
(8 nicles, 2 daimes, 40 penes)

204
Cajita de Dios (bendita)
que se abre
y se cierra
y no se marchita.
    (Los ojos)

217
Para andar sirvo, correr
Sin mí ninguno pudiera;
Me muestra el hombre dondequiera
Y me esconde la mujer.
En las ricas me has de ver,
Vestida de seda fina.
Tengo barriga y espinazo,
Más no brazos y cabeza.
Siendo mi fin una pieza
Con que la gente camina.
    (La pierna)

224
¿Cuántas vueltas se da un perro para echarse?
    (Cuantas le da la gana)

227

¿En qué se parecen los perros a los carpinteros?

(En que menean la cola)

228

Sé y no lo sé. ¿Qué será?

(Sé que me voy a morir, pero no sé cuándo)

229

¿Por qué pica la gallina a la sartén?

(Porque no lo puede lamber)

230

Un hombre trai un coyote, un col y una cabra; llegó a un río donde tenía que pasar de a uno a la vez. Para que el coyote no se comiera a la cabra, y la cabra al col, ¿Qué hizo?

(Primero pasó la cabra, volvió por el coyote, llevó la cabra para atrás y trajo el col, luego volvió por la cabra)

232

¿Qué se hace antes de bajar de un carro?

(Subirse)

235

¿Por qué sale más tarde el sol en el invierno?

(Porque está frío y no quiere madrugar)

240

¿Qué cosa pesa más que el oro?

(El no tenerlo)

244

¿Qué será carne por fuera y cuero por dentro?

(El estómago de una gallina)

245

Los garbanzos se ponen en aguas y ¿qué humano se pone enaguas?

(Las mujeres)

250

¿Quién será aquel que murió,
Que nunca supo pecar,
Y al tiempo de expirar,
Misericordia pidió
Y no se pudo salvar?

(Un perico que se lo llevó el gavilán)

254

¿Por qué le ponen el freno al caballo?

(Porque el caballo no se lo puede poner)

255

¿En qué se parece la urraca al conde de que sea ladrón?

(En que la urraca cuando roba esconde y el otro es conde y roba)

258

¿Cuántas estrellas son las del cielo?

(Son sin cuenta)

264

¿Qué cosa arde y no quema?

(La boca después de comer chile)

275

Jesucristo en su niñez
Puso un árbol en el suelo.
¿Quién tendrá mejor asiento
Que Jesucristo en el cielo?

(La corona de Jesucristo en la cabeza)

C. 1985—Jorge A. Santana

◆ **Adivinanzas de inmigrantes de México—La letra A**

1

Soy la primera en amor,
la última en esperanza,
no estoy en el comedor,
mas me encuentro en la cocina;

soy principio y fin de América
y termino en la retreta
y vengo a parar en la China.

(La letra "A")

2

Estoy en el mar
y en el aire
entre las plantas estoy
y aunque no estoy en el mundo
en la tierra yo estoy.
    (La letra "A")

3

En medio del mar estoy,
y sin ser faro ni roca,
y sin ser faro ni foca,
adivinen pues ¿quién soy?
    (La letra "A")

4

En las manos de las damas
casi siempre estoy metido,
unas veces estirado,
y otras veces encogido.
    (El abanico)

5

Pobre me echó Dios al mundo
sin plata ni que tener
me quitan el alimento
y me dejan padecer.
    (La abeja)

6

En la ventana soy dama,
en el estrado señora,
en la mesa cortesana
y en el campo labradora.
    (El agua)

7

Agua, pero no de arroyo
diente, pero no de gente.
    (El aguardiente)

8

Agua pasa por mi casa
cate de mi corazón,
si no me lo adivinas
es que eres un cabezón.
    (El aguacate)

9

Agua pasa por mi casa,
cállate mi corazón
el que no me lo adivina
será burro.
    (El aguacate)

10

Agua pasa por mi casa,
cate de mi corazón,
el que no me lo adivine
será burro macetón.
    (El aguacate)

11

Agua pasa por mi casa,
cate de mi corazón.
El que no lo adivine
será un burro cabezón.
    (El aguacate)

12

Agua pasó por mi casa
cate me dio la razón,
el que no me lo adivine,
será un burro macetón.
¿Qué es?
    (El aguacate)

13

Agua pasa por mi puerta
cate de mi corazón,
al que no lo acierte
le doy un coscorrón.
    (El aguacate)

14

¿Qué hay detrás del sol?
    (El águila)

15

Era una vieja larga, larga
con las tripas arrastrando
y un señor cacariso
se las iba arrempujando.
¿Qué es?
    (La aguja, el hilo y el dedal)

16
Rita, Rita va volando,
con las tripas arrastrando,
el muchacho cacaruzo,
se las lleva arrempujando.
(La aguja y el hilo)

17
¿Qué es,
qué es,
que te quita el sombrero
y no lo ves?
(El aire)

18
¿Qué es
lo que te quita el sombrero
y no lo ves?
(El aire)

19
¿Qué es lo que
respiras
y entra en
los pulmones?
(El aire)

20
¿Qué será? ¿Qué será?
aquello que no se ve,
y en todas partes está.
(El aire)

21
Tengo cabeza redonda
sin nariz, ojos, ni frente,
y mi cuerpo se compone
tan sólo de blancos dientes.
(El ajo)

22
En los llernos enterrado
la mejor parte sumido
blanco es y muy barbado
y en olor muy conocido.
Tiene dientes y no boca,
tiene cabeza y no pies.
¿Qué es?
(El ajo)

23
Tú me tumbas,
tú me matas,
y me haces andar a gatas.
(El alcohol)

24
Con A empieza mi nombre,
de las damas soy querido;
si me prestan soy seguro,
y si me sueltan perdido.
(El alfiler)

25
Verde fue mi nacimiento,
amarillo fue mi abril,
y el día de mi santo
fue blanco.
(El algodon)

26
Con mi cara encarnada
y mi ojo negro,
con mi vestido verde
el campo alegro.
(La amapola)

27
Un árbol con doce ramas,
cada rama con cuatro nidos
y cada nido
tiene siete pájaros.
(El año)

28
En un cuarto oscuro,
sale un viejo
fumando un puro.
(El aparato)

29
Me formo en el cielo
con gran alborozo;
de lindos colores,
hago un arco hermoso.
(El arco iris)

30

En alto vive,
en alto mora
y siempre teje,
la tejedora.
    (La araña)

31

Ronda que ronda,
ronda derrida,
teje que tejedonita.
    (La araña)

32

Redondo, redondo,
barrilito sin fondo.
    (El anillo)

33

Redondo, redondito
que no tiene tapa ni tapón.
    (El anillo)

34

Voy al bosque por la pradera
y doy a todos agua muy fresca,
no soy muy ancho
ni muy profundo,
mas soy el encanto
de todo el mundo.
    (El arroyito)

35

Dos cosas estando juntas
pelean hasta morir
pero ambos los preciamos
cada día para vivir.
    (El agua y el fuego)

36

El que lo hace
lo hace cantando,
el que lo mira
lo mira llorando,
y el que lo usa
no sabe que lo usa.
    (El ataúd)

◆ **La letra B**

37

Chiquito como un gallo
y fuerte como un caballo.
    (El bacín)

38

Soy de pesado metal
y de la muerte instrumento;
sirvo para bien y mal
y soy más veloz que el viento.
    (La bala)

39

Salí de la tierra
sin yo quererlo
y maté a un hombre
sin yo saberlo.
¿Quién soy?
    (La bala perdida)

40

Chiquito como un gallo,
y fuerte como un caballo.
¿Qué es?
    (El banco)

41

¿Qué es lo que se pone
en la mesa, se mezcla,
se reparte y no se come?
    (La baraja)

42

Se pone en la mesa,
se parte y se comparte,
pero no se come.
    (La baraja)

43

Adivina, adivinador,
¿qué planta se va a regar,
cuando la van a cortar?
    (La barba)

44

¿Quién es quien va caminando,
que no es dueño de sus pies,
que lleva el cuerpo al revés
y el espinazo arrastrando?
Que los pasos que va dando
no hay nadie que se los cuente.
Cuando quiere descansar,
mete sus pies en su vientre.
¿Qué es?
(El barco)

45

Jesucristo vino al mundo
a traer lo que no había,
pero su amigo le dió
lo que ni él mismo tenía.
(El bautismo)

46

El plural de libro soy,
por ti en el mundo estoy.
(La Biblia)

47

Un cántaro bolón,
bolón que no tiene
ni boca,
ni tapón.
(El blanquillo)

48

¿Qué cosa y cosa,
que muele con pedernales
y está rodeada con carne?
(La boca)

49

¿Qué es,
lana sube,
lana baja?
(Un borrego en un elevador)

50

Lana sube, lana baja,
y el señor que la trabaja.
(Un borrego en un elevador)

51

Un matamoscas,
cuatro andadores,
dos torres altas,
cuatro andadores.
(El buey)

◆ **La letra C**

52

Por el alto me dan quince,
por la colorada diez,
por el mete y saca cinco,
y por el dale diez.
(El caballo, la silla, el sable y la cuarta)

53

Fuí al bosque,
corté una jara;
cortarla pude,
rajarla no.
(El cabello)

54

Túnica de seda,
túnica morada,
pasa por la lumbre,
muy disimulada.
(El cacahuete)

55

El que la hace no la desea,
el que la compra no la usa,
y el que la usa,
no la disfruta.
¿Qué es?
(La caja de muerto)

56

El que la vende,
la vende sonriendo;
el que la compra,
la compra llorando;
y el que la usa,
la usa sin sentir.
(La caja de muerto)

57

La carretilla llena de cal,
las vacas con sed,
y la campana tin, tin, tin.
¿Qué es?
    (El calcetín)

58

Blanco por adentro,
blanco por afuera.
Alza la pata
para adentro vamos.
    (El calzón)

59

Todos pasan sobre mí
y yo no paso por nadie;
muchos preguntan por mí,
y yo no pregunto por nadie.
    (La calle)

60

Un niñito blanco,
cabecita roja
si lo rascan grita
y después se enoja.
    (El cerillo)

61

Todos preguntan por mí,
yo no pregunto por nadie.
    (El camino)

62

En un palo alto
tengo un nidito;
ese nidito tiene un huevito
ese huevito tiene un pelito
le estiro el pelito
y grita el nidito.
    (La campana)

63

Una viejita
con un solo diente
hace correr a toda la gente.
¿Qué es?
    (La campana)

64

Chiquito
como un ratón,
cuida la casa
como un león.
    (El candado)

65

Ventana sobre ventana
sobre ventana un balcón,
sobre balcón una dama,
sobre la dama una flor.
¿Qué es?
    (El candelero)

66

Este es un animal singular,
sin cabeza, ni pescuezo,
por dentro tiene la carne
y por fuera tiene el hueso.
    (El cangrejo)

67

Soy un animal muy raro,
vivo contento en el mar;
si me sacan a la tierra,
caminaré para atrás.
    (El cangrejo)

68

Cerro de Acapulco
mataron
al indio Lines.
Quiero que me adivines.
    (Los capulines)

69

Soy chiquito,
soy bonito;
mi casa llevo
sobre mi lomito.
    (El caracol)

70

Tamaño como una nuez,
sube al monte y
no tiene pies.
    (El caracol)

71
Verde fui,
negro soy,
rojo seré,
y convertido en cenizas quedaré.
   (El carbón)

72
Fui a la plaza
y compré negritos;
cuando llegué a la casa
se pusieron coloraditos.
Dime ¿Qué es?
   (El carbón)

73
Verde en el bosque,
negro en la plaza,
muy colorado,
si estoy en casa.
   (El carbón)

74
Fui a la plaza
compré prietito
llegué a la casa
y se hizo coloradito.
   (El carbón)

75
Del cañaveral vengo,
doro soy y te entretengo.
   (El caramelo)

76
Blanco como la leche,
negro como el café;
habla y no tiene boca,
corre y no tiene pies.
   (La carta)

77
Blanco como la nieve,
negro como el pez,
habla y no tiene lengua,
corre y no tiene pies.
   (La carta)

78
Una palomita blanca y negra,
vuela y no tiene alas,
habla y no tiene lengua.
   (La carta)

79
Campo blanco,
flores negras,
un arado
y cinco yeguas.
   (La carta, la pluma y los dedos)

80
Todos andan sobre mí
y yo no ando sobre nadie;
todos preguntan por mí
y yo no pregunto por nadie.
   (La carretera)

81
Sube y baja
y no se mueve.
   (La carretera)

82
Sobre tablas le tiré al que ví
le pegué al que no ví
con palabras lo asé
y crudo me lo comí.
   (El cazador y el pato)

83
Fui al mercado,
compré de aquello,
regresé a casa
y lloré con ellos.
   (La cebolla)

84
La cabeza blanca
y el rabo verde.
   (La cebolla)

85
Bajo la tierra he nacido,
sin camisa me han dejado;
y todo aquel que me ha herido,

por lo alegre que haya estado,
cuando me ha herido
ha llorado.
   (La cebolla)

86

Mientras me matan,
lloran.
   (La cebolla)

87

Entre más lejos, más cerca;
entre más cerca, más lejos.
   (La cerca)

88

Tengo un nidito
de kiri huajitos
donde renace el patri et domine,
donde nacen los kiri monitos.
   (El cementerio)

89

Una cajita de soldaditos
con cabeza coloradita.
   (Los cerillos)

90

Agua de las verdes matas,
tú me tumbas,
tú me matas,
tú me haces andar a gatas.
   (La cerveza)

91

Mi mamá tiene una sábana grande,
grande que no la puede doblar;
mi papá tiene tanta plata
que no la puede contar.
   (El cielo y las estrellas)

92

Una colcha remendada,
y no tiene ninguna puntada.
   (El cielo nublado)

93

Dos encuerados
cargan a un muerto
de túnica blanca

y corazón negro.
   (El cigarro)

94

Soy hecho al cabezar,
hijo natural del vicio.
A los hombres soy propicio
que me besan y me besan,
y tanto me van besando
que de viejo me desprecian.
   (El cigarro)

95

Botón colorado,
barriga de palo.
   (La ciruela)

96

Un convento muy cerrado
sin campanas y sin torres
tiene monjitas adentro
haciendo dulces de flores.
   (La colmena)

97

¿Quién será esa dama rubia,
que va con el pelo suelto
por un campo muy florido,
sin guía ni compañero?
   (El cometa)

98

Entre más lo llenas,
menos pesa.
   (Un costal con agujeros)

99

En un llano
muy parejito
tengo unas vacas blancas;
unas se caen y otras se levantan.
   (El comal y las tortillas)

100

Tengo la cabeza dura,
me sostengo en un pie
y soy de tal fortaleza,
que a Dios mismo sujeté.
   (El clavo)

101
La luna en medio
y flores alrededor.
   (Un clavo)

102
En un llano muy parejito,
brincan y saltan tus hermanitos.
   (El comal y el maíz de palomitas)

103
Tito, tito
con su capotito
sube al cielo
y pega un grito.
   (El cohete)

104
Tito, tito, camolito
sube al cielo
y pega un grito.
   (El cohete)

105
¿Qué es prieto
y arrugado?
   (El codo)

106
Adivina quién soy.
Cuando voy vengo,
cuando vengo voy.
   (El cangrejo)

107
Corro y corro sin salir
nunca de mi lecho.
   (El cotorro)

108
Estos eran cuatro gatos,
cada gato en su rincón,
cada gato ve tres gatos,
adivina cuántos son.
   (Cuatro)

109
Allí van
las hermanas Huevo.
   (Clara y Ema)

110
Cielo arriba, cielo abajo
y agua de coco en medio
¿Qué es?
   (Un coco)

◆ **La letra Ch**

111
Una viejita
bien viejita
con tres pelitos
en la colita.
   (La changunga)

112
Por fuera soy espinoso,
tengo adentro una pepita;
para ponerme sabroso
me cuecen en una ollita.
   (El chayote)

113
Torito bravo,
colita de palo.
   (El chile)

114
Un muchacho coloradito
con un palito
en el culito.
¿Qué es?
   (El chile)

115
Verde soy
a veces soy rojo,
a muchos gusto
y a otros asusto.
   (El chile)

116
En el cerro de chi
mataron a Iri,
vino Mo
y dijo ya.
   (La chirimoya)

◆ La letra D

117
Muchacho cacariso
pariente de Barrabás.
¿Por qúe avientas a esa niña
viendo que se cae para atrás?
(El dedal y la aguja)

118
Cinco varitas en un varital
ni secas ni verdes,
se pueden cortar.
¿Qué es?
(Los dedos)

119
Torito blanco cayó en el mar,
torito negro lo fue a sacar.
(El día y la noche)

120
Muchas damas en un barco
y todas visten de blanco.
(Los dientes)

121
No soy genio mas
hermosura doy al feo.
¿Qué es?
(El dinero)

122
En una cueva
está un vivo y un muerto,
el vivo le pide
tortillas duras al muerto
y el muerto le dice "no".
(Durazno)

123
Gordas duras,
duras, no.
(El durazno)

◆ La letra E

124
Tengo capa
y no soy rey;
tengo pelo
y no soy gente;
tengo dientes y no muerdo
y antes de morder me muerden.
(El elote)

125
Si el enamorado fuera sabio
y advertido ahí le va
el nombre y el color del vestido.
(Elena, Morado)

126
¡Epa! ¡Epa! Me llevan al trote
y en cada esquina me dan un azote.
(El epazote)

127
Sale de la sala,
entra a la cocina,
meneando la cola
como una gallina.
(La escoba)

128
Una vieja
panda panda
que no deja un rincón
que anda.
(La escoba)

129
Tiqui ti ti qui
por los rincones,
tú de puntitas,
y yo de talones.
(Una persona barriendo
con la escoba)

130
Una vieja fajada
que por dondequiera
está tirada.
(La escoba)

131
Una señorita después de bailar
en un salón
va a sentarse
en un rincón.
(La escoba)

132

Soy liso y llano en extremo
y aunque me falta la voz,
respondo al que me consulta
sin agravio ni favor.
   (El espejo)

133

Te acercas
a él
y en él
te ves.
   (El espejo)

134

Yendo por un camino
me la encontré,
me senté a buscarla
y no la hallé.
Si la hubiera hallado,
allí la hubiera dejado.
Pero como no la hallé,
me la llevé.
   (Una espina)

135

Muchas lamparitas
en lo alto dispuesta:
siempre quietas,
siempre inquietas,
durmiendo de día,
de noche despiertas.
   (Las estrellas)

136

Platillo, platillo
platillo de avellanas,
por el día se recogen,
por la noche se derraman.
   (Las estrellas)

137

En campo color turquesa,
maravillas florecen,
pero tan caprichosas
que sólo en la noche salen.
   (Las estrellas)

138

En la noche las miramos
en el cielo brillar.
Son plateadas y brillantes
y su luz a todos dan.
   (Las estrellas)

139

Muchas lamparitas,
muy bien colgaditas,
siempre encandiladitas
y nadie las atiza.
   (Las estrellas)

140

En un llanito
muy parejito,
saltan y brincan
mis hermanitos.
   (El esquite)

◆ **La letra F**

141

Soy débil, pequeña y estreno
un vestido nuevo para ser
sacrificada por el amor
de los individuos.
   (La flor)

142

En un cuarto muy oscuro
brincan y brincan
los encuerados.
¿Qué son?
   (Los frijoles cociéndose)

◆ **La letra G**

143

Una señora muy aseñorada,
llena de remiendos
y sin ninguna puntada.
   (La gallina)

144
Una señora muy aseñorada,
con muchos parches
y sin ninguna puntada.
   (La gallina)

145
Una señorita
muy aseñorada
llena de remiendos
y ninguna puntada.
   (La gallina)

146
Alto altanero,
gran caballero,
gorro de grano,
copa dorada
y espuela de cuero.
   (El gallo)

147
Tiene espuelas y no es vaquero,
tiene corona y no es rey,
tiene plumas y no es escritor.
   (El gallo)

148
Un animal que tiene
orejas de gato,
patas de gato
y no es gato.
¿Qué será?
   (Una gata)

149
Estos eran cuatro gatos,
cada gato en su rincón;
cada gato veía tres gatos.
Adivina ¿Cuántos son?
   (Cuatro gatos)

150
Tindilín está colgando
y Tondolón está mirando;
si Tindilín se callara,
Tondolón se lo comiera.
   (El gato mirando un
      pedazo de carne colgando)

151
Entré a la iglesia
y pisé una grada,
voltié para atrás
y no vi nada.
   (La grada)

152
Fui a la iglesia
pisé una grada,
volteé para atrás
y no vi nada.
   (La granada)

153
En un cuarto muy oscuro,
miradores vi andar
todos en grande apretura
y cada quien en su lugar.
   (La granada)

154
En un cuartito muy obscuro,
moradores vide entrar,
todos en grande apretura
y cada quien en su lugar.
   (La granada)

155
Su dulce canción ufana
en la noche de verano.
   (El grillo)

156
Patio barrido,
patio mojado,
sale un viejito
muy esponjado.
   (El guajolote)

157
Patio barrido,
patio mojado;
sale un viejito
muy aseñorado.
   (El guajolote)

158
Un perro ladra "gua gua"
el señor contesta
"allá va, allá va".
(La guayaba)

159
Una vieja tonta y loca
con las tripas en la boca.
(La guitarra)

160
Una vieja muy loca
que en la barriga tiene la boca.
(La guitarra)

◆ **La letra H**

161
Corta,
corta
en el monte gritas
y en la casa calladita.
(El hacha)

162
Una viejita
no muy viejita,
sube al monte
y grita y grita.
(El hacha)

163
Blanco fue mi nacimiento
colorado mi vivir,
y negro me estoy volviendo
cuando me toca morir.
(El higo)

164
¿Qué camina
en cuatro patas en la noche,
en dos al medio día
y en tres por la noche?
(El hombre)

165
Doce señoritas
en un corredor

todas tienen medias
y zapatos no.
(Las horas)

166
Cien damas en un camino,
y no hacen polvo ni remolino.
(Las hormigas)

167
¿Qué es
que entre más
le quitan
más grande es?
(El hoyo)

168
Una casita
que todos pueden abrir
pero que nadie
puede cerrar.
(El huevo)

169
Mi madre me hizo una casa
sin puertas y sin ventanas
y cuando quiero salir
antes rompo la muralla.

170
Vengo de padres cantores,
aunque no soy cantor.
Vestido de hábitos blancos
y amarillo mi corazón.
(El huevo)

171
Cajita, cajita
de buen parecer.
Ningún carpintero
la ha podido hacer.
(El huevo)

172
Cántaro bolón
bolón que no tiene
boca ni tapón.
(El huevo)

173
Mi madre es tartamuda,
mi padre, buen cantor;
tengo el vestido blanco
y amarillo el corazón.
  (El huevo)

174
Largo, Largo
como un camino
pesa menos
que un comino.
¿Qué es?
  (El humo)

175
¿Quién nace antes que su padre?
  (El humo del cigarro)

176
Te tiro en el suelo
no cabe duda,
te meto una carta
de carne cruda.
  (El huarache)

◆ **La letra I**

177
Soy un palito
muy derechito,
sobre la frente,
llevo un mosquito.
  (La letra "I")

◆ **La letra J**

178
Jito pasó por aquí,
mate le dió la razón,
al que no me lo adivine,
se le parte el corazón.
  (El jitomate)

179
Jito pasó por aquí,
mate le dió la razón.

El que no adivine esta adivinanza
queda inflado como el calzón.
  (El jitomate)

◆ **La letra L**

180
Rizan mis aguas ligeros vientos
y muy tranquilo es mi existir,
los patos viven en mí contentos
y con su charla yo soy feliz.
  (El lago)

181
Aguita salada
que hasta la reina,
si tiene penar,
lleva en los ojos.
  (Las lágrimas)

182
Sale de cuatro picachos
y les gusta a los muchachos.
  (La leche)

183
En un verde llano
está una mujer sin brazos.
Para sacarle el corazón,
le hacen el cuerpo pedazos.
  (La lechuga)

184
Una señorita
muy aseñorada;
siempre está en la casa
y siempre mojada.
  (La lengua)

185
Tengo una tablita
que en secas y aguas
está mojadita.
  (La lengua)

186
Guardada en estrecha cárcel
por soldados de marfil,

está una culebra roja
que es la madre del mentir.
   (La lengua)

187
Llueva o no llueva,
siempre está mojada.
   (La lengua)

188
Tengo una tablita
en tantara vinculadita.
El que me la desinvinculare
será un buen desinvincularador.
   (La lengua)

189
Tiene lomo y no es caballo,
tiene hojas y no es árbol.
¿Qué es?
   (El libro)

190
Tiene hojas, no es nopal,
tiene pellejo y no es animal.
   (El libro)

191
En el blanco pañal nací
y en verde me cautivé.
Tan malo fue mi destino
que amarillo me quedé.
   (El limón)

192
Verde como el campo,
campo no es;
habla como el hombre
hombre no es.
   (El loro)

193
Soy amiga de la luna,
soy enemiga del sol;
si viene la luz del día
alzo mi luz y me voy.
   (La luciérnaga)

194
Tengo mi carita blanca

redondita y luminosa,
hago los campos de plata
y las noches muy hermosas.
   (La luna)

195
Una dama muy hermosa,
con un vestido de oro,
siempre moviendo la cara
para un lado y para otro.
   (La luna)

196
¿Qué será?
¿Cuánto será?
En una pampa grande,
está tirando un pedazo de pan.
   (La luna)

197
Cuando estoy chiquita,
dicen que soy nueva;
pero ya redonda,
dicen que soy llena.
   (La luna)

198
Casa nueva
con dos cuartos,
uno viejo
y uno nuevo.
   (La luna)

199
Soy una damita blanca y gordita
que sin estar a dieta adelgazo,
y que sin conocer al sol
me vuelvo negrita.
   (La luna)

◆ La letra Ll

200
Cuatro negritos
comen y comen
y nunca se alcanzan.
   (Las llantas)

201

Cuatro enanitos
que van para Francia,
corren y corren,
pero no se cansan.
(Las llantas)

202

Ya ves cuán claro es,
adivíname lo que es.
(Las llaves)

203

Chiquita
como un ratón
y guarda la casa
como un león.
(La llave)

204

Ya ves, que claro está el día,
ya ves, que claro se ve,
ya ves, que claro lo digo.
Adivíname lo que es.
(Las llaves)

205

Se alegran los campos,
de verme llorar,
sólo se entristecen,
los de la ciudad.
(La lluvia)

206

¿Qué anuncian
los truenos,
relámpagos
y rayos?
(La lluvia)

207

Millares de soldaditos
van unidos a la guerra,
todos arrojan sus lanzas
que caen de punta en la tierra.
(La lluvia)

◆ La letra M

208

Blanco salí de mi casa
y en el campo enverdecí.
Regresé siempre a mi casa
igual como salí.
(El maíz)

209

Blanco salí de mi casa,
y en el campo enverdecí,
y a los tres meses volví
blanco como salí.
(El maíz)

210

Juntos dos en un borrico,
ambos andan a la par,
uno anda doce leguas,
y otro una nada más.
(Las manecillas del reloj)

211

En el monte soy nacido,
en la casa soy sombreado;
tengo nombre de persona,
pero no estoy bautizado.
(El marco)

212

Una red muy bien tejida
cuyos nudos no se ven.
En esta red de pescar,
unos claman por salir
y otros claman por entrar.
(El matrimonio)

213

Estaba la reina acostada
llegó el rey y se le metió
ensangrentada la sacó
y en los pelos la limpió.
(El matancero y la vaca)

214

Aunque me veas enterita,
no soy más que la mitad,
y si juntas mis dos mitades
no soy una sino soy par.
¿Qué es?
(La media)

215
Mi ser en punto empieza
y en un punto ha de acabar,
el que acertare mi nombre,
solo dirá la mitad.
(La media)

216
De mañanita estoy mozo
de doce caducando,
luego que llega la tarde
de canas estoy blanqueando.
(El membrillo)

217
¿Qué es ?
Fue a mi barrio
pisó un ladrillo,
volteó hacia atrás
y vio amarillo.
(El membrillo)

218
A pesar de tener patas
yo no me puedo mover,
llevo encima la comida
y no me la puedo comer.
(La mesa)

219
Pino sobre pino
sobre pino lino
sobre lino flores alrededor.
(La mesa)

220
De patio regado
sale un viejito
muy empinado.
(El metate)

221
Sala barrida,
patio regado;
sale un viejito
culimpinado.
(El metate)

222
Ronda que ronda,
por toda la casa,
hace desmadres

pero no la alcanzas.
(La mosca)

223
Un viejito cano, cano,
con tres patas y una mano.
¿Qué soy?
(El molcajete)

224
Es blanco pero no es papel,
tiene letras pero no es libro.
(Monedas de plata)

225
Por la calle abajo vengo,
con mis patitas peladas,
cuando canto seguidillas
todos me dan bofetadas.
(Los mosquitos)

226
Le siguen,
pero él no se entera.
¿A quién?
(Al muerto)

227
Sé y no lo sé.
¿Qué será?
(Sé que voy a morir,
    pero no sé cuándo)

228
De todos los animales
que conocemos los hombre,
¿cuál es aquel que
en su nombre
lleva las cinco vocales?
(El murciélago)

◆ **La letra N**

229
¿Qué le dijo el mar
a la persona que
se estaba ahogando?
(Nada, nada)

230
¿Qué cosa y cosa
un cerro como loma
y nada por dentro?
    (La nariz)

231
Cien damas
en un castillo,
todas visten
de amarillo.
    (La naranja)

232
Lana que sube,
lana que baja.
    (La navaja)

233
Lana suave,
lana baja
y el señor
que la trabaja.
    (La navaja)

234
Lana sube
lana baja
y el viejito
la trabaja.
    (La navaja)

235
Tengo una vaca blanca
que cruza cerros y barrancas.
    (La neblina)

236
Mi comadre la canosa
pasa el río y so se moja.
    (La neblina)

237
¿Qué será
que entre
más grande se hace,
menos se ve?
    (La noche)

238
Un torito negro
que viene del aire,
no hay gato, ni perro
que pueda alcanzarle.
    (La noche)

239
Soy enemiga del sol,
y a mí brillan muchos soles,
y a pesar de tantas luces,
me iluminan con faroles.
    (La noche)

240
Lo forman en el árbol
los lindos pajaritos,
con yerbas y paja
para los niñitos.
    (El nido)

241
Blanca soy,
blanca nací,
pobre y ricos,
me quieren a mí.
    (La nieve)

242
Al que todos van a ver
cuando tiene que comer.
    (El nopal)

243
Una vaca pinta
pasó por el mar,
pegando bramidos
sin ser animal.
¿Qué es?
    (Las nubes que van tronando)

244
Una vaca pinta
pasó por el mar,
ningún marinero
la pudo alcanzar.
    (La nube)

245
Unas regaderas,
más grandes que el sol,
conque riega el campo,
nuestro Señor Jesucristo.
(Las nubes)

246
Muy lindas y muy blancas,
estamos en el cielo,
cambiamos de figura
moviéndonos todo el tiempo.
(Las nubes)

247
Cartas van, cartas vienen,
pasan por el mar, pasan
por el mar y no se detienen.
(Las nubes)

248
Arca de buen parecer,
que ningún carpintero
ha podido hacer.
(La nuez)

249
Soy una cajita
muy bien cerradita,
todos me pueden abrir
nadie me puede cerrar.
(La nuez)

250
Oro no es,
plata no es.
(La nuez)

◆ **La letra O**

251
Soy la redondez del mundo,
sin mí no puedes decir Dios,
papas y cardenales sí,
pero pontífices no.
¿Quién soy?
(La letra "O")

252
Cajita de china,
que se abre
y se cierra
y nunca rechina.
¿Qué es?
(Los ojos)

253
Dos caballitos en una balanza,
siempre corriendo
y nunca se alcanzan.
(Los ojos)

254
Pelo con pelo
y el pelón adentro.
(El ojo)

255
En un pupilaje estrecho
dos hermanitas están
en dos conventos iguales
que rige un mismo guardián.
(Los ojos)

256
Cajita de Dios (bendita)
que se abre
y se cierra
y no se marchita.
(Los ojos)

257
Entre un camino
están dos hermanos
y nunca se pueden ver.
(Los ojos)

258
Peludito por fuera,
peludito por dentro,
se abre y se cierra,
y lo peludo por fuera.
(El ojo)

259
Ayer vinieron,
hoy han venido,
vendrán mañana
vendrán con mucho ruido.
   (Las olas)

260
Señorita meca meca,
rodilluda y panza hueca.
   (La olla)

261
Adivina, adivina
¿qué tiene el rey
en la panza?
   (El ombligo)

262
¿Qué cosa,
qué cosa es?
Cuanto más grande,
menos se ve.
   (La oscuridad)

263
Al hombre que me alimenta,
siempre mi abrigo le doy,
poco después muy contenta
con otro abrigo yo estoy.
   (La oveja)

◆ **La letra P**

264
¿Qué es tuyo,
el hermano de tu tío,
que no es tu tío?
   (Tu papá)

265
Una viejita arrugada
con dos palitos detrás.
Pasa bobo.
¿Qué será?
   (La pasa)

266
Alto, alto y tieso,
y carga el fruto
en el pescuezo.
   (Palma de coco)

267
Nazco verde,
y muero amarillo,
en las huertas
grandes y pequeñas.
   (El pasto)

268
Redonda es de colores,
rueda y rueda sin parar,
y todos contentos estamos
cuando empezamos a jugar.
   (La pelota)

269
Viene un pajarito volando,
ni pared ni nada,
lo hace parar.
   (El pensamiento)

270
Dulce, blanca y amarilla,
a todito el mundo agrado;
si quieres saber quién soy,
espera . . . ¡y ponte aguzado!
   (La pera)

271
Blanco por dentro
verde por fuera,
si quieres que te lo diga,
espera.
   (La pera)

272
Espera traidor, espera
espera no corras,
mas espera que te lo digo
por delante y por atrás.
¿Qué es?
   (La pera)

273
Fui al campo
y corté un varillón,
y cortarlo pude,
regarlo no.
    (El pelo)

274
En un llañito muy parejito
brincan y saltan
mis hermanitos.
    (Las palomitas de maíz)

275
Campo blanco,
semilla negra,
cinco aradores
y el que la siembra.
    (El papel, la tinta, los cinco dedos y el
     plumón)

276
Pas, pas
y no se oye.
¿Qué es?
    (Las pestañas)

277
En la cama de buena vida
se junta pelo con pelo.
    (Las pestañas)

278
Te lo digo y no me entiendes,
no tengo boca
y si tengo dientes.
    (El peine)

279
Un pájaro que tiene alas
y no vuela
y corre más que mi abuela.
    (El pez)

280
El vivo tienta al muerto
y el muerto pega de gritos.
    (El piano)

281
Cien amigas tengo,
todas en una tabla,

si yo no las toco,
ellas no me hablan.
    (El piano)

282
Mi primera es una pica,
mi segunda es una flor,
mi todo es una avecilla,
de lindísimo color.
    (La picaflor)

283
Patio barrido,
patio regado,
sale monito,
muy arriesgado.
    (El pinacate)

284
Fresco y oloroso
y en todo tiempo hermoso.
    (El pino)

285
Cuanto más caliente
tanto más fresco.
    (El pan)

286
Es de barro,
luce vestido de papel,
si lo rompen con un palo,
llueve frutas y dulces.
    (La piñata)

287
Siempre en las posadas
me tienen que romper.
Mi cuerpo es puro barro,
cubierto de papel.
    (La piñata)

288
Blanco es,
papel no es,
tiene letras,
libro no es.
    (El peso)

289
En un patio muy espeso
sale un viejo sin pescuezo.
   (El peso)

290
En un charco
espeso, espeso,
sale un viejo sin pescuezo.
   (El peso)

291
En un cuarto
muy espeso,
hay un hombre
sin pescuezo.
   (Un peso)

292
Oro no es,
plata no es,
adivíname,
lo que es.
   (El plátano)

293
Verde nací,
amarillo mi vivir
y negro me puse yo,
cuando me quise morir.
   (El plátano)

294
Oro no es,
plata no es.
Abre las cortinas
a ver qué es.
   (El platano)

295
Los compré para comer,
pero no me los comí.
¿Qué son?
   (Los platos)

296
En la calle me toman,
en la calle me dejan,
en todas partes entro
de todas me echan.
   (El polvo)

297
Entre más le quites,
más crece.
   (El pozo)

298
Nico, nico,
no tiene patas, ni pies, ni pico,
y Nico, nico,
tiene patas, pies y pico.
   (El pollito y el huevo)

299
Caballito de banda a banda,
que ni come,
ni bebe,
ni anda.
   (El puente)

300
Agua de las verdes matas,
tú me tumbas,
tú me matas,
tú me haces andar a gatas.
   (El pulque)

301
Chiquito,
chiquito,
pone fin
a lo escrito.
   (El punto)

◆ **La letra Q**

302
Qué será,
qué sería,
que en la mano
lo tendría.
   (La quesadilla)

◆ **La letra R**

303
Nadie me gana en ligereza,
deshago a un hombre
de pies a cabeza.
   (El rayo)

304
Una serpiente de oro,
ninguno la quiere,
aunque valga un tesoro.
(El relámpago)

305
Pájaro pinto pasó por el mar,
ni el viento ni el agua
lo pudieron alcanzar.
(El relámpago)

306
Soy redondo,
no hablo,
pero sé contar.
(El reloj)

307
Son doce damas,
cada una en un cuarto,
todas usan medias
y no zapatos.
(El reloj)

308
Sombrero sobre sombrero,
sombrero de rico paño,
si no adivinas ahora
no adivinas en un año.
(El repollo)

309
Va corriendo caudaloso
por los bosques y llanuras
y sus aguas dan a todos
buenas siembras y frescura.
(El río)

310
Cantando olvido mis penas
mientras voy hacia la mar,
las penas se van y vuelven
más yo no vuelvo jamás.
(El río)

311
Voy y vengo.
Si no viniera,
¿qué sería de mí?
(La respiración)

◆ La letra S

312
Blanca soy
blanca nací.
Pobres y ricos
me quieren a mí.
(La sal)

313
Soy nacida del agua.
Le sirvo a pobres y a ricos.
Sin mí no se hace la fiesta.
(La sal)

314
Blanca soy
y del mar nací;
ricos y pobres
se sirven de mí.
(La sal)

315
En un campo muy limpio
está una mujer dormida.
Hace pedazos su cuerpo
para dar su corazón.
(La sandía)

316
De Santo Domingo vengo,
de ver al padre "Pior".
Tengo los hábitos verdes
y encarnado el corazón.
(La sandía)

317
Santa soy, pero no bautizada
traigo conmigo el día,
tengo el corazón colorado
y la sangre fría.
(La sandía)

318
Verde por fuera,
y rojo por dentro.
¿Qué es?
(La sandía)

319
Tengo calor
y frío
y no frío
sin calor.
    (El sartén)

320
Santa sin ser nadie,
santa sin ser bautizada,
santa me dice la Iglesia,
santa muy santificada.
    (La Semana Santa)

321
Es grande y redondo
de rayos dorados,
y brilla en el cielo
si no está nublada.
    (El sol)

322
Grande, muy grande,
mayor que la tierra;
arde y nos arde,
quema y no es candela.
    (El sol)

323
Muy grande soy
mas chico me ven,
y a todo mundo sirvo
sin ver a quien.
    (El sol)

324
Dicen que soy rey,
y no tengo reino;
dicen que ando
y no me muevo.
    (El sol)

325
Un pajarito pasa por aquí
sin pico y sin nada
me vino a picar.
    (Salsa picante)

326
Mi misión en este mundo es,
el secreto guardar,
y en pago de mi constancia,
siempre la muerte me dan.
    (El sobre)

327
Tengo un ojo rojo
y otro verde.
Con el rojo te paras
y con el verde sigues caminando.
    (El semáforo)

328
Más delgada que una hoja,
pasa el río y no se moja,
no es como el sol ni la luna,
ni cosa alguna.
    (La sombra)

329
Cuando me siento, me estiro
cuando me paro, me encojo;
entro al fuego y no me quemo,
entro al agua y no me mojo.
    (La sombra)

330
Una vaquita negra
se metió en el mar;
ni capitán ni marinero
la podrán sacar.
    (La sombra)

331
En un campo de alelías
corría y corría
y no alcanzaba
lo que quería.
    (La sombra)

332
Una niña muy bonita,
se casó con un francés.
Cuanto vamos apostando
que nos salen, dieciseis.
    (Hay 16 sílabas)

333
Adivina, adivinador,
tengo cuatro patas,
y no soy animal,
tengo espalda y no soy gente.
(La silla)

334
Un pajarito voló,
pasó por los ojos
y nadie lo vio.
(El sueño)

◆ **La letra T**

335
Lo llevas
a tu boca.
Y no
lo comes.
(El tenedor o la cucharita)

336
Agua de las verdes matas,
tú me tumbas,
tú me matas,
y me haces andar a gatas.
¿Qué es?
(El tequila)

337
Cuatro hermanos crió Dios
y en nada los hizo iguales.
El primero mantiene al mundo,
el segundo bautizó a Cristo,
el tercero está en el infierno,
y al cuatro no lo hemos visto.
(Tierra, Agua, Lumbre y Aire)

338
¿Quién fue,
el que murió sin culpa
y que su abuela permaneció virgen
hasta que murió su nieto?
(La tierra y Abel)

339
Dos compañeras

van al compás
con los pies adelante
y los ojos por detrás.
(Las tijeras)

340
Tú allá
y yo acá.
(La toalla)

341
Tú tomas
y yo té.
(El tomate)

342
Dos torres altas,
dos miradores,
un quitamoscas,
cuatro andadores.
(El toro)

343
Duro por arriba,
duro por abajo,
cabeza de víbora
y patas de pato.
(La tortuga)

344
Un tren
pasa por mi casa
y dice
¡Zas!
(Trenzas)

345
Olas hace,
mar no es.
Escamas tiene
pescado no es.
Adivina ¿qué es?
(El trigal)

346
En el monte espeso,
todo es pescuezo.
(El trigo)

347
Verdecito me crié
y rubio me cortaron.
Con dos piedras me molieron,
y con dos manos me amasaron.
(El trigo)

348
Para bailar me pongo la capa,
para bailar me la vuelvo a sacar
porque no puedo bailar
con la capa y sin la capa no puedo bailar.
(El trompo)

349
Tito, tito capotito
sube al cielo
y pega un grito.
(El trueno)

350
Retumba en los cielos
con fuerza y vigor,
y doy esperanzas
al buen labrador.
(El trueno)

351
En un monte muy espeso
mataron a un espánol
le quitaron el cuerito
y alabado sea el señor.
(La tuna)

u La letra U

352
¿Qué cosa y cosa?
Veinte piedras que las
cargas a cuestas.
(Las uñas)

◆ La letra V

353
Nunca está lleno,
nunca está vacío.
(El vaso del borracho)

354
La neblina ya se hizo,
los arroyos ya crecieron;
los amigos de mí,
ya se despidieron.
(La vejez)

355
Larga y vieja,
que le escurre la manteca.
¿Qué es?
(La vela)

356
Ventana sobre ventana,
sobre ventana balcón,
sobre balcón una dama,
sobre la dama una flor.
(La vela y el candelero)

357
Una vieja larga y seca
que le escurre la manteca.
(La vela)

358
Varita derecha,
ni verde ni seca,
ni de palo mecha.
(La vela)

359
Una vieja
larga, larga,
con un hilo
en la panza.
(La vela)

360
Aunque no tenga dinero,
me compro todos los años,
un vestido sin costuras,
de colores muy variados.
(La víbora)

361
Vi sentada
a una joven
escribiendo el primer renglón.
Adivina ¿cómo se llama?
(Vicenta)

362

En la mañana andamos
con cuatro pies,
a medio día con dos
y en la noche con tres.
(El viejito)

363

¿Qué es? ¿Qué es?
que te quita el sombrero
y no lo ves.
(El viento)

364

Sin que tú me puedas ver,
puedo quitarte el sombrero;
y aunque gozo de buena salud,
estoy mejor en octubre y febrero.
(El viento)

365

Vuela sin alas,
silba sin boca,
no lo ves,
ni lo tocas.
(El viento)

366

Aguas de las verdes matas,
tú me tumbas y me matas,
y me haces andar a gatas.
¿Quién soy?
(El vino)

367

Cien damas en un prado,
todas visten de morado.
(Violetas)

368

En un cuarto muy obscuro,
el vino le pica al muerto
y el muerto pega un chillido.
(El violín)

◆ **La letra Y**

369

Yendo yo para el mercado,
me encontré con siete mujeres,
cada mujer con siete sacos.

Entre gatos, sacos y mujeres,
¿cuántos íbamos para el mercado?
(Sólo yo iba al mercado)

370

Entre cajón y cajilla
tengo una cuenta amarilla.
¿Qué es?
(La yema del huevo)

◆ **La letra Z**

371

Si en los pies están
y los amarras se van;
y si los sueltas
se quedan.
(Los zapatos)

372

Vestidos todos de negro
venían dos caballeros;
uno al otro se decían
"Yo primero, yo primero".
(Los zapatos)

373

¿Qué es? ¿Qué es?
que dos negritos
tapan a diez.
(Los zapatos)

374

Sara pasó por mi casa
y Pepe le dio la razón.
(El zarape)

◆ **¿En qué se parece . . .? de México**

375

¿En qué se parecen los perros a los carpinteros?
(En que menean la cola)

376

¿En qué se parece una escuela a un caballo y a un filete?
(En que la escuela es escuela y el caballo tiene espuelas—
¿Y el filete? Con papitas, por favor)

377

¿En qué se parece un soldado a una lata de acero?

(En que el soldado es soldado y la lata es soldada)

378

¿En qué se parece un avión a una estufa?

(En que los dos tienen piloto)

379

¿En qué se parece el avión a una recamarera?

(El avión tiende a subir, y la recamarera sube a tender)

380

¿En qué se parece un cerro a una mujer?

(En que los dos tienen faldas)

381

¿En qué se parece un avión a una taza de café?

(En que los dos tienen asientos)

382

¿En qué se parece la curva a una mujer?

(En que la mujer tiene curvas)

383

¿En qué se parece un edificio a un equipo de fútbol?

(El edificio tiene portero, pero no tiene defensa)

384

¿En qué se parece la orquesta de Lerdo Tejada a una abeja?

(En que la orquesta es típica y la abeja te pica)

385

¿En qué se parece el faro a una mujer?

(En que los dos dan luz)

386

¿En qué se parecen las novias a los restaurantes?

(En que me citas por aquí, me citas por ahí, me citas por acá)

387

¿En qué se parece un foco a un explosivo?

(En que el explosivo estalla y el foco está allá)

388

¿En qué se parece un barco a una familia?

(En que el barco lleva a la tripulación . . . ¿Y la familia . . .? Bien, gracias!)

389

¿En qué se parece un poste de luz a una torta de pan?

(El poste detiene el alambre, y el pan detiene el hambre)

390

¿En qué se parece un poste a una tortilla?

(En que el poste tiene alambre y la tortilla también)

391

¿En qué se parece el hombre a un poste?

(En que el hombre tiene hambre y el poste alambre)

392

¿En qué se parece un gato a un padre de la iglesia?

(En que el gato caza ratones)

393

¿En qué se parece un panadero a un cuete?

(En que el cuete hace pin y el panadero hace pan)

394

¿En qué se parece un cañón a un pandadero?

(En que el panadero hace pan y el cañón hace pum)

395

¿En qué se parece un policía a un arco iris?

(En que aparecen después de la tormenta)

396

¿En qué se parece un tren a una pulga?

(En que el tren pasa por los durmientes y la pulga también)

397

¿En qué se parece una torre a una pulga?

(En que la torre es alta y la pulga salta)

398

¿En qué se parece un huevo a un avión?

(En que los dos se estrellan)

399

¿En qué se parece el cielo a un huevo?

(En que se estrella)

400

¿En qué se parece una iglesia al mar?

(En que el mar tiene pulpitos y la iglesia tiene púlpitos)

401

¿En qué se parece un elefante a una hormiga?

(En nada)

402

¿En qué se parece un barco y un soldado?

(Los dos traen casco)

◆ **Preguntas bobaliconas de México**

403

¿Qué fruta tiene el color de las banderas mejicana e italiana?

(La sandía)

404

¿Cómo se hace un cuadro con tres rayas?

(Así:)

405

En un poste está un hombre dormido. Alrededor del poste había leones. El tenía que ir a su casa. ¿Cómo se escapó de los leones?

(Cuando despertó, porque estaba soñando)

406

¿Qué es una bodega?

(Es la mamá de los bodequitos)

407

¿Quién hizo el primer buey del mundo?

(El cuchillo)

408

¿Cuántas estrellas son las del cielo?

(Son sin cuenta)

409

¿Cuál es la rosa y verde carcajada de la naturaleza?

(Rebanada de sandía)

410

¿En dónde cantó el gallo la primera vez que se oyó por todo el mundo?

(En el arca)

411

¿Con qué objeto hacen la línea blanca en medio del camino?

(O bien es con una brocha o una pintadora)

412

¿Qué cosa hace un carro que sin él no puede andar?

(El ruido)

413

¿Qué hace un buey antes de beber agua?

(La figura—señal—de la cruz)

414

Si hubiera una competencia de peces ¿cuál es el que llegaría al último?

(El delfin)

415

¿Qué es lo que no ha podido hacer Dios delante de los hombres?

(Mentir)

416

¿Por qué el perro mueve la cola?

(Porque la cola no puede mover al perro)

417

¿Por qué un ranchero le da de comer a sus vacas dinero?

(Porque quiere que la vaca le dé leche rica)

418

¿Qué fue lo que hizo Colón cuando puso un pie en la tierra?

(Poner al otro)

419

¿Por qué el buey busca la sombra?

(Porque la sombra no busca al buey)

420

¿Qué se sirve para comer pero no se come?

(La cuchara. El plato)

421

¿Por qué le ponen el freno al caballo?

(Porque el caballo no se lo puede poner)

422

¿Cómo se escribe "tierra mojada" con cuatro letras?

(Lodo)

423

¿Qué hijo se come a su madre?

(La mecha de una vela)

424

¿Qué animal se parece al burro?

(La burra)

425

¿Cuál es el lápiz que mata?

(La pis...tola)

426

¿Cuántas vueltas se da un perro para echarse?

(Cuantas le da gana)

427

¿Cuál es el santo más cuadrado?

(San Marcos)

428

¿Cómo pasa un elefante por el ojo de una aguja?

(Por arriba)

429

¿Por qué los elefantes son grises y rasposos?

(Porque si fueran rosados y suavecitos serían princesas)

430

¿Cómo metes cien elefantes a un volkswagen?

(De uno en uno)

431

¿Cómo sacarías a un elefante del agua?

(Mojado)

432

¿Cómo se dice avión en chino?

(Aliva va)

433

¿Cómo se dice "Disparo de pistola" en árabe?

(Va la bala)

434

¿Cómo se llaman los bomberos en Japón?

(Por teléfono)

435

¿Cómo se dice avión en árabe?

(Alibaba)

436

¿Se puede decir "Yo haré lo que pude"?

(Sí, con el verbo arar)

437

¿Qué tiempo es "Amar sin ser amado"?

(Tiempo perdido)

438

Había 100 pollos metidos en un cajón. ¿Cuántos picos y cuantas patas hay en aquel cajón?

(Cuatro patas y dos picos)

439

¿Qué necesita un perro para entrar a una iglesia?

(Que la puerta esté abierta)

440

¿Cómo se dice suegra en ruso?

(Estorbo)

441

¿Cómo se dice muerte en africano?

(Tumba tumba)

442

¿Cuál es el animal que es dos veces animal?

(El gato, porque es gato y araña)

443

¿Cuál animal se tiene que divertir para que no cambie de sexo?

(El burro para que no se aburra)

444

¿Qué pesa más que el oro?

(El no tenerlo)

445

¿Qué cosa anda sin tener pies y habla sin tener boca?

(La carta)

446

¿Por qué baja el venado a tomar agua a la laguna?

(Porque la laguna no puede subir a donde está el venado)

447

¿Por qué los bomberos usan tirantes rojos?
(Para que no se les caigan los pantalones)

448

¿En qué se parece un "troque" a un caracol?
(En que los dos llevan un baboso adentro)

449

¿Cómo se escribe toro capón con cuatro letras?
(Buey)

450

¿Qué es blanco y negro, y blanco y negro?
(Una madre [monja] cayendo de unas escaleras)

451

Hay un pato con dos patas, ¿cuántas patas y patos hay?
(Un sólo pato con sus dos miembros, pues no está cojo)

452

¿Cuál es la diferencia del ferrocarril a una pera?
(En que el ferrocarril no espera)

453

Tengo ciento cincuenta sillas y ciento [siento a] cincuenta changos. ¿Cuántas sillas me quedan?
(Cien sillas)

454

¿Qué hace un toro en el sol?
(Sombra)

455

¿Cuál es la superficie central de la tierra?
(Cualquier lugar, porque la tierra es redonda)

456

¿Cómo engordarías a un puerco sin darle de comer?
(Dándole de almorzar y de cenar)

457

¿Qué es necesario para subir a una torre?
(Estar abajo)

458

¿Qué pesa más? ¿Un kilo de plata o uno de paja?
(Pesan iguales)

459

¿Por qué el buey babea?
(Porque no puede escupir)

460

¿Qué animal come con la nariz?
(Todos)

461

¿A las cuántas vueltas se acuesta el perro?
(A la última)

462

¿Cómo sacarías a un burro de un lodazal?
(Enlodado)

463

¿Qué animal come con la cola?
(Todos, porque no se la quitan para comer)

464

¿Qué país cabe en una caja de zapatos?
(El Canadá)

465

¿Qué país cabe en una tortilla?
(Chile)

466

¿Qué animal come con los pies en la cabeza?
(El piojo)

467

¿Qué es necesario para salir de la casa?
(Estar adentro)

468

¿De qué lado tiene la oreja una taza?
(Del lado de afuera)

469

¿Qué es una horilla?
(60 minutillos)

470

¿Cuál es el perro que cuida mejor una casa?
(El can dado)

471

¿Cuál es el animal que tiene una pata?
(El pato)

472

¿Cuál es el animal que tiene las cinco letras vocales?

(El murciélago)

473

¿Cuál es la herramienta del borracho?

(La botella)

474

¿Cuál es la cobija de los pobres?

(El sol)

475

¿Qué es lo que siempre camina con la cabeza para abajo?

(El clavo del zapato)

476

¿Qué animal anda con una pata?

(El pato)

477

¿Cuántos son doce millones y doce millones?

(Cuatro semillones)

478

¿Qué hace la vaca cuando sale el sol?

(Hace sombra)

479

¿Qué es más oscuro que la noche?

(La pobreza)

480

¿Qué es lo que se echa en agua y siempre se bolla?

(Cebolla)

481

¿En qué se parece el cerro a la mujer?

(Los dos llevan falda)

482

¿Si pone un huevo de guajolote encima de un montón de arena, a qué lado caería?

(Los guajolotes no tienen huevos)

483

¿Qué se necesita para subir a un autobús?

(Estar abajo)

484

¿Qué tiene pies y anda en la cabeza?

(El piojo)

485

Si la casa verde está a la izquierda y la casa roja a la derecha, ¿dónde está la casa blanca?

(En Washington)

◆ **¿Qué le dijo . . .? de México**

486

¿Qué le dijo una pulga a otra cuando un perro pasó?

(Nos vemos porque ahí viene mi camión)

487

¿Qué le dijo King Kong al mundo?

(Mundo de juguetes—refiriéndose a la canción)

488

¿Qué le dijo la muerte a la llorona?

(Tan grandota y tan chillona)

489

¿Qué le dijo la llorona a la muerte?

(Huesito, huesito de chabacano—refiriéndose a la canción)

490

¿Qué le dijeron los niños a la víbora?

(A la víbora, víbora de la mar, por aquí pueden pasar.)

491

¿Qué le dijo King Kong a los aviones?

(No me molestes mosquito...)

492

¿Qué le dijo un cable de alta tensión al otro cable de alta tensión?

(Somos los intocables)

493

¿Qué dijo la ambulancia a la moto?

(Tan chiquita y tan pedorra)

494

¿Qué le dijo la moto a la ambulancia?

(Tan grandota y tan llorona)

495

¿Qué le dijo el ratón al nopal?

(Tan grandote y tan baboso)

496
¿Qué le dijo el piojo al calvo?
(No te agaches porque me caigo)

497
¿Qué le dijo la moto a la bicicleta?
(Adiós flaca. La bicicleta le contestó:
flaca pero no pedorra)

498
¿Qué le dijo la mamá borrega a su hija cuando
le preguntó que si puede ir al cine?
(Vee [ve]—)

499
¿Qué le dijo un muerto a otro muerto?
(Estamos en las mismas condiciones, de-
bajo de la tierra y sin calzones)

500
¿Qué le dijo al zopilote el avión?
(Pasaste a mi lado)

501
¿Qué le dijo la pared a la otra pared?
(Te veo en la esquina)

502
¿Qué le dijo la luna al sol?
(Tan grandote y no sales de noche)

503
¿Qué le dijo el azúcar a la cuchara?
(Nos vemos en el café)

504
¿Qué le dijo Napoleón a su mamá?
(Mamá dáme cien pesitos porque a América
me voy. ¿Y qué le contestó la mama? No
tengo dinero ni nada que dar)

505
¿Qué le dijo la cuchara a la taza?
(Nos vemos en el café)

506
¿Qué le dijo una tortilla a otra?
(En una llamarada se acabaron nuestras
vidas)

507
¿Qué le dijo una piedra a otra?
(Nada, las piedras no hablan)

508
¿Qué le dijo el riel a la locomotora?
(No hagas tanto ruido que se despiertan los
durmientes)

509
¿Qué le dijo el cilindro a la estufa?
(Esa pared que no me deja verte, debe caer
por obras del amor)

510
¿Qué le dijo el café al azúcar?
(Sin ti mi vida es amarga)

511
¿Qué le dijo la palmera al suelo?
(Hay te va un coco)

512
¿Qué le dijo el comal a la olla?
(¡Ay cómo estás tiznada!)

◆ **Colmos de México**

513
¿Cuál es el colmo de un jardinero?
(Dejar a su novia plantada)

514
¿Cuál es el colmo de un futbolista?
(Traer tacos y no poder comérselos)

515
¿Cuál es el colmo de un caballo?
(Traer silla y no poderse sentar)

516
¿Cuál es el colmo de un licenciado?
(Estudiar derecho y tener un hijo joro-
bado)

517
¿Cuál es el colmo de un panadero?
(Tener una novia que se llama Concha y no
podérsela comer)

518
¿Cuál es el colmo de un calvo?
(Que le tomen el pelo)

519
¿Cuál es el colmo de un panadero?
(Tener un hijo calisa—tipo de pan)

520

¿Cuál es el colmo de un doctor?
(Que su esposa se llame Remedios)

521

¿Cuál es el colmo de un forzudo?
(Doblar una esquina)

522

¿Cuál es el colmo de un jardinero?
(Tener una hija Margarita y no poder cortarla)

523

¿Cuál es el colmo de un bombero?
(Tener un hijo sin manguera)

524

¿Cuál es el colmo de un ciego?
(Llamarse Casimiro y vivir en la calle Buenavista)

525

¿Cuál es el colmo de un doctor?
(Tener una esposa que se llama Dolores)

526

¿Cuál es el colmo de un viejito?
(Plancharse y no poderse desarrugar)

527

¿Cuál es el colmo de un futbolista?
(Vivir de la patada)

528

¿Cuál es el colmo de un oculista?
(Que todos sus clientes crean ciegamente en él)

529

¿Cuál es el colmo de un policía?
(Darle tanta vuelta a la manzana y no poderle dar una mordida)

530

¿Cuál es el colmo de un panadero?
(Que su mamá se llame Concha y que su novia le dé picones)

531

¿Cuál es el colmo de un panadero?
(Tener una hija llamada Conchita)

532

¿Cuál es el colmo de un hambriento?
(Subir a un edificio muy alto y saltar para darse un buen banquetazo)

533

¿Cuál es el colmo de un velador?
(Darle vuelta a la manzana y no comérsela)

534

¿Cuál es el colmo de un chaparro?
(Sentarse en la banqueta y colgar los pies)

535

¿Cuál es el colmo de un vago?
(Ayudar a otro vago a hacer nada)

536

¿Cuál es el colmo de un doctor?
(Tener una hija llamada Dolores)

537

¿Cuál es el colmo de un licenciado?
(Estudiar derecho y tener un hijo jorobado)

538

¿Cuál es el colmo de un sastre?
(Hacer mangas para un brazo de mar)

539

¿Cuál es el colmo de un matemático?
(Hacer operaciones y morir en una de ellas)

540

¿Cuál es el colmo de un hojalatero?
(Que se vaya su hijo de soldado)

541

¿Cuál es el colmo de un plomero?
(Tener un hijo soldado)

542

¿Cuál es el colmo de Tarzán?
(Traer a Chita y no poder cortar un árbol)

◆ **Telones de México**

543

1er acto.   Sale un hombre llamado Francisco.
2do acto.   Sale Francisco con una carie en un diente.
3er. acto.   Sale Francisco con muchas caries.
¿Cómo se llamó la obra?
   (Las caries de San Francisco)

544

1er acto.   Sale un ruca que se llama Chole.
2do acto.   Sale Chole otra vez.
3er acto.   Sale Chole cien años después.
¿Cómo se llamó la obra?
   (Cien años de Soledad)

545

1er acto.   Sale un hombre y mata una mosca.
2do acto.   Sale otro hombre y mata otra mosca.
3er acto.   Sale otro hombre y mata otra mosca.
¿Cómo se llamó la obra?
   (Los tres mosqueteros)

546

1er acto.   Un árbol con changos.
2do acto.   Un árbol con changos y un cazador.
3er acto.   Un árbol solo.
¿Cómo se llamó la obra?
   (Se lo llevó la changada)

Adivinanzas de Sacramento—Chicano

◆ **La letra A**

547

En medio del mar estoy,
y sin ser faro ni roca,
y sin ser faro ni roca,
adivinen, pues, quien soy.
   (La letra A)

548

En las manos de las damas
casi siempre estoy metido,
unas veces estirado
y otras veces encogido.
   (El abanico)

549

¿Quién fue el padre
de los hijos de Adán?
   (Adán)

550

Entrando y saliendo
y la tripa colgando.
   (La aguja y el hilo)

551

Pica, pica picando con una tripa
arrastrando y un viejo cacarizo
que la viene empujando.
   (Aguja, hilo y dedal)

552

Soy trabajadora como pocas hay
y en un cojín duermo
para descansar.
De brazos ni de piernas
ni manos dispongo.
Pero sirvo mucho con un solo ojo.
   (La aguja)

553

Agua pasa por mi casa,
cate de mi corazón.
   (Aguacate)

554

Negro por fuera,
verde por dentro
y con hueso de aguacate dentro.
   (El aguacate)

555

¿Qué es, qué es?
Que te quita el sombrero
y no lo ves?
   (El aire)

556

Seco salí de mi casa,
y en el campo enverdecí;
con la mudanza del tiempo
seco a mi casa volví.
   (El ajo)

557
Quién tiene algo por nombre
y un don por apellido?
(El algodón)

558
Siempre me dicen algo
aunque muy humilde soy,
no soy señor y me nombran
con la nobleza del don.
(El algodón)

560
Llora, que llora
y nadie la puede callar.
(La ambulancia)

561
Barrilito sin fondo.
No es gordo, ni hondo.
(El anillo)

562
Chiquito, redondo,
barrilito sin fondo.
(El anillo)

563
Redondito, redondón,
no tiene tapa ni tapón.
(El anillo)

564
En alto vive,
en alto mora,
y siempre teje,
la tejedora.
(La araña)

◆ La letra B

565
Salí de mi casa
sin saber.
Di muerte a un hombre
sin querer.
(La bala)

566
En la mesa se pone,
se parte, se reparte,
pero no se come.
(La baraja)

567
Blanco fue mi nacimiento,
pintáronme de colores;
he causado muchas muertes
y empobrecido señores.
(La baraja)

568
Una pregunta muy fácil,
sabiéndola contestar.
¿Qué planta es la que te
moja cuando la van a cortar?
(La barba)

569
¿Qué es?
lana sube,
lana baja.
El viejito la trabaja.
(Un borrego en el elevador)

570
¿Qué animal se parece al burro?
(La burra)

◆ La letra C

571
Es hermoso en la mujer
y pequeño en el hombre.
(El cabello)

572
Tres cazadores cazando,
tres palomas volando.
Caduno mató la de él
y dos se fueron volando.
(El que mató la paloma se llamaba Caduno)

573
Cal pasa por mi casa,
se "dijieron" los burros y

tin hizo la campana.
(Calcetín)

574
Todos pasan sobre mí
y yo no paso por nadie;
muchos preguntan por mí,
y yo no pregunto por nadie.
(La calle)

575
Chiquito como un ratón
y cuida la casa como un león.
(El candado)

576
¿Qué será,
panza por detrás,
y espinazo por delante?
(La canilla)

577
Todos preguntan por mí
yo no pregunto por nadie.
(El camino)

578
Largo, peludo,
sube tu culo,
baja tu culo,
¿Qué es?
(Un caballo)

579
Verde fuí,
negro soy,
rojo seré
y convertido en cenizas me veré.
(El carbón)

580
Fui al mercado,
lo compré negrito,
llegué a la casa,
y se puso rojito.
(El carbón)

581
Fui al mercado,
compré negritos,

vine a la casa
y se hizo coloradito.
(El carbón)

582
Soy blanca como la nieve
negrita como la pez
converso sin tener lengua
y corro sin tener pies.
(La carta)

583
Da saliente y poniente,
hay una niña honrada.
Todo lo habla
y anda callada.
(La carta)

584
Cuatro caballos
van para Francia,
corren y corren
y nunca se alcanzan.
(Un carro)

585
Bajo la tierra he nacido
sin camisa me han dejado
y todo aquel que me ha herido,
por alegre que haya sido,
cuando me han herido ha llorado.
(La cebolla)

586
Cebo en una olla.
(Cebolla)

587
Voy al mercado
y compro bellas.
Llego a la casa
y lloro con ellas.
(La cebolla)

588
Entre más lejos,
más cerca.
Y entre más cerca,
más lejos.
(La cerca)

589
Soy blanquito,
muy derechito y
la punta coloradita.
(El cerillo)

590
Tengo una sábana blanca,
blanca que no la puedo doblar.
¿Qué es?
(El cielo)

591
Mis papás tienen
una cobija muy grande
que no la pueden doblar
y tanto dinero
que no lo pueden contar.
(El cielo y las estrellas)

592
Tengo lienzo que
no lo puedo doblar
y un dinero que
no lo puedo contar.
(El cielo y las estrellas)

593
No tiene pies
ni tiene panza,
estírale para tu lado
porque para el mío
no alcanza.
(La cobija)

594
Nací primero que Dios,
el Padre Eterno me crió
y en las once letras está
el nombre que Dios me dió.
(La Santa Cruz)

◆ La letra Ch

595
Blanco fue mi nacimiento,
verde mi vivir
y colorado mi vestir.
(El chile)

◆ La letra D

596
¿Qué día sale más caro?
(El diamante)

597
En una cueva muy oscura
hay un muerto y un vivo,
el vivo le dijo al muerto
¿Quieres tortillas duras?
y el muerto le dijo ¡no!
(El durazno)

598
El muerto le dijo al vivo.
¿Quieres tortillas duras?
y el vivo le dijo "no".
(El durazno)

◆ La letra E

599
En medio del cielo estoy
y sin ser lucero ni estrella.
(La letra "E")

600
¡Epa, epa!
Me llevan al trote,
y en cada esquina
me dan un azote.
(El epazote)

601
Sale de la sala,
se mete a la cocina,
moviendo la cola
como una gallina.
(La escoba)

602
Una señorita muy delgadita
todas la quieren
por limpiecita.
(La escoba)

603
Fui a la plaza,
compré de ella,
regresé a la casa
y bailé con ella.
(La escoba)

604
Teque que teque,
teque que teque,
por los rincones,
tú en puntitas
y yo de tacones.
(La escoba)

605
Flojita, flojita
por los rincones
tú de puntitas
y yo de tacones.
(La escoba)

606
Una vieja
panda, panda
que no deja rincón
que anda.
(La escoba)

◆ **La letra G**

607
¿Qué será?
Carne por fuera
y cuero por dentro.
(El estómago de una gallina)

608
Una señora
muy aseñorada,
con muchos remiendos
y ninguna puntada.
(La gallina)

609
Barbas de carne
rodillas atrás.

Cara de hueso
tú lo serás.
(El gallo)

610
En un cuarto muy oscuro,
morados vi entrar,
todos con gran apretura,
pero cada quién en su lugar.
(La granada)

611
Una vieja toca y toca
con las tripas en la boca.
(La guitarra)

◆ **La letra H**

612
En el monte grita
y en su casa calla.
(El hacha)

613
¿Quién es aquel
que si no la mata
no está contento?
(El hambre)

614
Una vieja larga,
larga con las tripas arrastrando.
Un muchacho cacariso
se la iba levantando.
(El hilo, la aguja y el dedal)

615
Mientras más le quitas,
más grande se pone.
(El hueco)

616
Nico y tico,
tienen patas, tienen pico,
y los hijos, de nico y tico,
no tienen patas ni pico.
(El huevo)

617

Es su madre tartamuda
es su padre buen cantor
tiene el vestido blanco
y amarillo el corazón.
(El huevo)

618

Una casita
que todos pueden abrir
pero que nadie puede cerrar.
(El huevo)

◆ **La letra I**

619

Soy un palito
muy derechito,
sobre la frente
llevo un mosquito.
(La letra "I")

◆ **La letra J**

620

Jito pasó por aquí,
mate me dio la razón.
(Jitomate)

622

Un señor
llegó a la ciudad en Jueves
y se quedó ahí tres días
y regresó en Jueves.
¿Cómo hizo el señor esto?
(Jueves era el nombre de su caballo)

◆ **La letra L**

623

Agua salada
que hasta la reina
tiene en los ojos
si tiene pena.
(Las lágrimas)

624

Una señora
muy aseñorada
siempre en la mesa
y no come nada.
(La lámpara)

625

En el campo fui nacida
las llamas son mi alimento
donde quiera que me llevan
es para darme tormento.
(La leña)

627

Entre cielo y cielo
está una niña encantada.
Llueva o no llueva,
siempre está mojada.
(La lengua)

628

En el blanco panal nací,
y en verde me cautivé
tan malo fue mi destino,
que amarillo me quedé.
(El limón)

629

Casa nueva
con dos cuartos
uno viejo
y uno nuevo.
(La luna)

◆ **La letra Ll**

630

Ya vez
que claro es,
adivíname
lo que es.
(Las llaves)

◆ **La letra M**

631

¿Qué parentela te toca
de la hermana de tu tío

si no es tu tía?
(La madre)

632
Es una red bien tejida
cuyos nudos no se ven
y dura toda la vida
En esta red de pescar,
unos clamen por salir
y otros clamen por entrar.
(El matrimonio)

633
A pesar de tener patas
yo no me puedo mover,
llevo encima la comida
y no la puedo comer.
(La mesa)

◆ **La letra N**

634
¿Qué es
más grande que el mundo,
más grande que Dios,
más chico que el átomo
de un polvo?
(Nada)

635
Adivina, adivinanza,
¿Qué se pela por la panza?
(La naranja)

636
Cien damas en un castillo
todas visten de amarillo.
(Las naranjas)

637
Lana sube, lana baja
el señor que la trabaja.
(La navaja)

638
Soy paloma blanca
que de volar no se cansa,

por montañas y barrancas.
(La neblina)

639
Las tocas blancas
de doña Leonor
a los montes cubren
y a los ríos no.
(La nieve)

640
Vaca pinta pasó por el mar.
Ni el rey, ni roque
la pudo atajar.
(La noche)

641
Una vaquita negra
se entró en el mar,
capitán ni marinero
la podrán sacar.
(La noche)

642
¿Qué será,
entre más grande se hace,
menos se ve?
(La noche)

643
¿Qué es, que en todo está?
(El nombre)

644
Cartas van
cartas vienen,
pasan por el mar
y no se detienen.
(Las nubes)

645
Unas regaderas
más grandes que el sol
con que riega el campo
Dios Nuestro Señor.
(Las nubes)

646
Arca cerrada
de buen parecer
no hay carpintero
que la sepa hacer.
(La nuez)

647
Sí es,
no es.
(La nuez)

◆ **La letra O**

648
En medio de la gloria está
en la misa no puede estar
ni tampoco en el altar
pero está en la custodia.
(La "O")

649
Soy la redondez del mundo
sin mí no puede haber Dios,
Papas y Cardenales sí,
pero Pontífices no.
(La letra "O")

650
En un pupilaje estrecho
dos hermanitas están,
en dos conventos iguales
que rige un mismo guardián.
(Los ojos)

651
Dos arquitas de cristal
que se abren y se cierran
sin rechinar.
(Los ojos)

652
Trota que trota
Pablo Carota.
(La ojota)

653
¿Cuál es la mitad de uno?
(El ombligo)

654
Están a tu lado
y no las ves.
(Las orejas)

◆ **La letra P**

655
¿Qué será
que en alto va
y en alto viene?
(Un pájaro)

656
A pesar de ser tan útil
mi destino no se explica
pues se empeñan en mancharme
y hacerme tragar tinta.
(El papel secante)

657
Un pato con una pata,
en el corral.
¿Cuántos patos
y patas hay?
(Un pato cojo)

658
Un caballito venado
sube al monte
y recoge el ganado.
(El peine)

659
Tiene dientes
pero no come.
(El peine)

670
¿Quién soy?
once letras tengo yo.
y si piensas un poquito,
podrán saber quien soy yo.
(El pensamiento)

671
Blanco es, papel no es,
redondo es, escamas tiene
pescado no es.
(El peso)

672
En un monte muy espeso
estaba un hombre sin pescuezo.
(El peso)

673
El vivo le pica al muerto,
y el muerto le toca al vivo.
(El piano)

674
Soy de barro,
llevo encima mi vestido de papel;
si con un palo me rompen,
llueven frutas a granel.
(La piñata)

675
Oro no es
Plata no es
abre las cortinas
y verás qué es.
(El plátano)

676
En la calle me toman
en la calle me dejan;
en todas partes entro
de todas partes me echan.
(El polvo)

677
Caballito de banda y banda
que no corre, ni come,
ni nada.
(El puente)

◆ **La letra R**

678
Traca que traca
tras la petaca.
(El ratón)

679
Brama como toro,
relumbra como oro.
(El relámpago)

680
Un galán yo conocía
que daba y nada tenía.
(El reloj)

681
¿Qué anda
y anda
pero nunca llega?
(El reloj)

682
Un caballero galán y bizarro
tiene doce damas para su regalo;
todas andan juntas,
todas tienen cuartos,
todas tienen medias,
pero no zapatos.
(El reloj)

683
¿Qué cosa
no le hace falta al carro
y sin ella
no puede andar?
(El ruido)

684
¿Qué cosa
tiene el molino
precisa y muy necesaria,
que no molerá sin ella
y no le sirve de nada?
(El ruido)

◆ **La letra S**

685
Blanca soy,
blanca nací
pobres y ricos
me quieren a mí.
(La sal)

686
Verde por fuera
y rojo por dentro.
(La sandía)

687
Salta, salta
y la colita le falta.
 (El sapo)

688
Tiene piernas
pero no anda.
 (La silla)

689
¿Qué entra al agua
y no se moja?
 (El sol)

690
En un llano de alelías
corría y corría
y no alcanzaba
lo que quería.
 (La sombra)

691
Delgada como una hoja
pasa el agua y no se moja.
 (La sombra)

692
Con ser ninguno mi ser,
muchas veces en un día
suelo menguar y crecer,
y no me puedo mover
si no tengo compañía.
 (La sombra)

◆ **La letra T**

693
En La Habana fui nacido
y en el mundo consumido.
 (El tabaco)

694
Habla y no tiene boca,
oye y no tiene oído,
es chiquito y mete ruido,
muchas veces se equivoca.
 (El teléfono)

695
Cuatro hijos crió Dios,
y en nada los hizo iguales.
Son enemigos mortales,
dos de los otros dos.
Uno, crió al mundo,
otro bautizó a Dios.
El otro está en el infierno,
y el otro no lo hemos visto.
 (Tierra, agua, lumbre, aire)

696
Una águila con patente
que vuela por el oriente,
y vuela con compás.
Con el pico por delante
y los ojos por detrás.
 (Las tijeras)

697
Tu allá
y yo aquí.
 (La toalla)

698
¿Qué cosa
se va mojando y mojando
mientras se va secando?
 (La toalla)

699
Blanco salí de mi casa,
en el campo enverdecí.
Volví para mi casa
tan blanco como salí.
 (El trigo)

700
Verdecito me crié,
y rubito me cortaron.
Con dos piedras me molieron,
con dos manos me amasaron.
 (El trigo)

701
Tronco de higuera,
flor de zapallo
tonta babosa,
cara de caballo.
 (La tuna)

◆ La letra U

702

¿De qué dá
vino Dios al mundo?
   (De uva)

◆ La letra V

703

Cuatro piedreras,
cuatro mieleras,
dos quitamontes
y una mosquera.
   (La vaca)

704

Nunca está lleno,
nunca está vacío.
   (El vaso del borracho)

705

Una vieja
larga y seca
que le escurre
la manteca.
   (La vela)

706

Si me matan, vivo.
Si me dejan, muero.
   (La vela)

707

Adivíname esta adivinanza,
que no tiene patas
y anda de panza.
   (La víbora)

708

Lo puede oir
pero no puede verlo.
   (El viento)

◆ La letra Z

709

Tiene lengua
pero no habla.
   (El zapato)

710

¿Qué es? ¿Qué es?
Que dos negritos
tapan a diez?
   (Los zapatos)

◆ Preguntas bobaliconas—Chicano

711

¿Por qué cruzó la gallina la calle?
   (Para llegar al otro lado)

712

¿Por qué pica la gallina al sartén?
   (Porque no lo puede lamer)

713

¿Qué se necesita para matar un puerco?
   (Que esté vivo)

714

¿Qué le dijo la mona al mono?
   (Vámonos)

715

¿Cómo metes cinco elefantes en un volkswagon?
   (Dos adelante y tres atrás)

716

Cuando un elefante se cae sobre una "fence",[1]
¿qué hay que hacer?
   (Hacer una nueva "fence")

717

¿Comó sacarías a un elefante de un pozo?
   (Mojado)

718

¿Qué animal anda con las patas en la cabeza?
   (El piojo)

719

Si tengo cincuenta sillas
y siento cincuenta changos,
¿Cuántas sillas me quedan?
   (Ninguna)

720

¿Qué animal anda con una pata?
   (El pato)

721
¿Qué es igual a la mitad de una naranja?
(La otra mitad)

722
¿Por qué lleva la cabeza baja el puerco?
(Sabe que la madre es puerca)

723
¿En qué se parece un borrego a una cabra?
(En el monte)

724
¿Qué animal engendra con las patas?
(El pato)

725
¿Qué es una orilla?
(Sesenta minutillos)

726
¿Comó se le saca leche a la vaca?
(Blanca)

727
¿Cuál es el carro de Aquaman?
(El Atlántico)

728
¿Quién nace antes que su padre?
(El humo del cigarro)

729
¿Cuál es el gas más pesado?
(El gasto de la casa)

730
¿Cuánto es la mitad de 2 + 1?
(Son 2)

731
¿Qué color es el caballo negro de don Juan?
(Negro)

732
¿Quién es el santo más cuadrado?
(San Marcos)

733
¿Qué es Bodega?
(Es la mamá de los Bodeguitos)

734
¿Comó sacas un gato de un pozo de lazo?
(Mojado)

735
¿Cuál es el carro de Superman?
(El Volare)

736
¿Qué se hace antes de bajarse de un carro?
(Subirse)

737
¿Cuántos de cada animal llevó Moisés en el arca?
(No fue Moisés, fue Noé)

738
¿Cuántas estrellas hay en el cielo?
(Sin cuenta)

739
¿En dónde tienen los hombres y las mujeres el pelo chino?
(En Africa)

740
¿Por qué flota la bandera?
(Porque el viento sopla)

741
¿Qué pesa más que el oro?
(La jaula)

742
¿Por qué Juan tiró el reloj por la ventana?
(Para ver como el tiempo vuela)

743
¿Qué cosa pesa más que el oro?
(El no tenerlo)

744
¿Por qué vuelan al sur los pájaros?
(Están tan lejos para andar)

745
¿Por qué sale más tarde el sol en el invierno?
(Porque está frío y no quiere madrugar)

746
¿Comó se hacen cien mil tortillas en un día?
(Se hacen duras)

747
¿Qué hace una vaca al salir el sol?
(Hace sombra)

748
¿Quién nace masculino y se hace femenino?
(El zapato porque cuando se hace viejo se vuelve chancla)

749
¿Si en un corral tengo quince borregos, y uno salta, cuántos borregos me quedan en el corral?
(Los mismos, porque nada más saltó; no se salió)

750
¿Cuál es el santo de los enfermos?
(San Atorio)

751
¿Cuál es el día más espantoso?
(Es el diablo)

752
¿Qué hacen seis mujeres en una tortillería?
(Hacen media docena)

753
¿Qué cosa es un agujero?
(Agujero es un señor que vende agujas)

754
¿A las cuántas vueltas se echa un perro?
(A la última)

755
¿Qué animal come con las patas en la cabeza?
(El piojo)

756
¿Qué es una manguera?
(Es una señora que vende mangos)

757
¿Qué es una canoa?
(Es una peloa, blancoa, que sale en la cabezoa)

758
Hay 5 borrachos en una cantina; entra uno de la calle y mata a dos.
¿Cuántos quedan?
(Ninguno, porque los demas corren)

759
¿Qué hace una manguera en la calle?
(Vendiendo mangos)

760
¿Cuál es el parecido de un toro vivo a un toro muerto?
(En que el toro vivo embiste y el toro muerto en bictec es sabroso)

761
¿Qué es una caldera?
(Es una señora que vende caldos)

762
Si me acuesto a las ocho de la noche y pongo el despertador para las nueve de la mañana, ¿cuántas horas voy a poder dormir?
(Una hora porque el despertador suena a las nueve)

763
¿Por qué le ponen la silla al caballo?
(Porque no se la puede poner solo)

764
Fui a la prisión a visitar a mi amigo y él tenía un retrato en la pared. Le pregunté quién era y contestó, 'No tengo hermanos ni hermanas. El padre de ese hombre es el hijo de mi padre.'
(El retrato era de su hijo)

765
¿Por qué no hay nadie en la jungla a las tres de la tarde?
(Porque los elefantes practican paracaidismo)

766
¿Cuál es el animal que camina con una pata?
(El pato)

767
¿Comó escondes un elefante atrás de un árbol de cerezas?
(Le pintas las uñas rojas)

768
¿Cuál es el animal que come con la cola?
(Todos, porque ninguno se la quita para comer)

769
Un señor llevaba diez chivitas, pasó por un puente y una se le cayó al agua. ¿Como la sacó?
(Mojada)

770

Había cinco personas debajo de una sombrilla; ¿por qué no se mojaron?

(Porque no estaba lloviendo)

771

¿Cuál es el único nombre de hombre que acaba con "a"?

(Ventura)

♦ Colmos—Chicano

772

¿Cuál es el colmo de un caballo?

(Tener silla y no poder sentarse)

773

¿Cuál es el colmo de un carpintero?

(Tener la mujer despegada)

774

¿Cuál es el colmo de Yolanda del Río?

(Estar casada con un humilde y estar en Modesto)

775

¿Cuál es el colmo de un árbitro de fútbol?

(Vestirse de negro y no estar de luto)

776

¿Cuál es el colmo de un panadero?

(Hacer conchas y tener una hija que se llame Concepción)

777

¿Cuál es el colmo de un profesor?

(Tener demasiados burros que no pueda montar)

♦ Telones—Chicano

778

En el primer cuadro hay una negra.

En el segundo cuadro hay un negro con una negra.

Y en el tercero la negra espera familia.

¿Cómo se llama la película?

(Negro porvenir)

779

En un cuadro hay un ganso.

En otro cuadro una gansa.

Y en el tercer cuadro hay un ganso llamando a la gansa.

¿Cómo se llama la película?

(Vengansa—Venganza)

♦ ¿En qué se parece . . .?—Chicano

780

¿En qué se parece una torre a una pulga?

(En que la torre es alta y la pulga salta)

781

¿En qué se parece una casa a un hombre?

(Los dos tienen frente)

782

¿En qué se parece una suegra a un yerno y dos cieguitos?

(En que la suegra y el yerno no se pueden ver y los cieguitos tampoco se pueden ver)

783

¿En qué se parece un foco a una bomba?

(En que el foco está allá y la bomba estalla)

784

¿En qué se parece la estufa a un avión?

(En que los dos tienen piloto)

785

¿En qué se parece una cama a un elefante?

(En que la cama es para que duermas y el elefante es paquidermo)

786

¿En qué se parece un sargento a un calentón?

(Los dos son soldados)

787

¿En qué se parece una bomba a una estrella?

(En que la bomba estalla y la estrella está allá)

788

¿En que se parece un hospital a una pulquería?

(En que en el hospital hay pobres enfermos y en la pulquería hay ricos curados)

789

¿En qué se parece una casa que se está quemando a una casa vacía?

(En que en una salen llamas y en la otra llaman y no salen)

◆ ¿Qué le dijo . . .?—Chicano

790
¿Qué le dijo un bombillo al otro?
   (Tanto tiempo dando luz y nunca tenemos
   un hijo)

791
¿Qué le dijo la luna al sol?
   (Tan grandote y nunca sales de noche)

792
¿Qué le dijo una pulga a otra pulga al ver venir
a un perro?
   (Abusada, que "hay" viene mi camión)

793
¿Que le dijo la vaca al ratón?
   (Tan chiquito y con bigotes)
¿Y el ratón a la vaca?
   (Tan grandota y sin "braciel".[1])

794
¿Qué le dijo la palmera al suelo?
   (Hay te va un coco)

795
¿Qué le dijo la taza del baño a Hércules?
   (Serás muy chingo pero aquí pujas)

796
¿Qué le dijo un ratón a un elefante?
   (Son del mismo equipo)

797
¿Qué le dijo la luna al sol?
   (Tan grandote y no sales de noche)

798
¿Qué le dijo el azúcar a la crema?
   (Nos vemos en el café)

799
¿Qué le dijo una piedra a otra piedra?
   (No le dijo nada, las piedras no hablan)

800
¿Qué le dijo la máma fantasma al papá fan-
tasma cuando se subieron al carro?
   ("Abróchate el cinturón")

Adivinanzas recopiladas en Sacramento—Países de habla española

◆ Argentina

801
Hondo hondo, barril sin fondo.
   (Anillo)

802
En lo alto vive, en lo alto mora, en lo alto teje,
la tejedora.
   (La araña)

803
Una señorita va por el mercado con su cola
verde y su traje morado.
   (La berenjena)

804
Chiquito como un ratón cuida la casa como un
léon.
   (El candado)

805
Todos pasan sobre mí y yo no paso
por nadie, muchos preguntan por
mí y yo no pregunto por nadie.
   (La calle)

806
Una señora
muy aseñorada
de muchos colores
y siempre va pintada.
   (La gallina)

807
Una señora
muy aseñorada
siempre anda
en coche
y siempre va mojada.
   (La lengua)

---

[1] *"Braciel" es anglicismo para sujetador o
portabustos.*

808
Pérez corre
Gil camina,
tonto es
el que no adivina.
   (El perejil)

809
Pere anda
Jil camina
sonso será
el que no lo adivina.
   (Perejil)

810
Lana sube
Lana baja
El señor que
la trabaja.
   (La navaja)

811
Vuela sin alas,
silba sin boca,
y no se ve ni
se toca.
   (El viento)

812
Cinco las siembran,
pero sólo dos las miran.
   (La mano y los ojos)

813
Alto como un pino,
y largo como un comino.
   (El humo de la chimenea)

814
¿Cuál es el animal que come con la cola?
   (Todos, porque ninguno se la saca para
   comer)

815
¿Qué animal come con las patas?
   (El pato)

816
¿Cuántas estrellas hay en el cielo?
   (50—cincuenta—o sea sin cuenta, porque
   no se pueden contar)

817
¿Cuál es es el árbol que llora mejor?
   (El sauce llorón)

818
¿Cuál es la mujer que posa mejor?
   (El ñandú)

819
¿Por qué la gallina va al mostrador?
   (¡Quiere un gallo!)

820
¿Cuál es el ave que vuela peor?
   (El pinguino)

821
¿Qué animal camina primero con cuatro
patas, luego con dos y por último con tres?
   (El hombre. Cuando es bebé gatea, luego
   camina y cuando es viejo usa un bastón)

◆ Bolivia

822
Adivinanza volanza
no tiene panza y avanza.
   (La cometa)

823
Soy un caballito,
entro con carga
y salgo sin carga.
   (La cuchara)

824
Verde me crié
amarillo me cortaron
duro me cocinaron
y blanco amasaron.
   (La harina)

825
Soy una barquita chiquita
blanquita como la sal
todos me pueden abrir,
nadie me puede cerrar.
   (El huevo)

826
En el agua hay un pato
y en su cola hay un gato,
por más que se zembulla el pato

no se moja el gato.
    (Porque el gato está en la orilla)

◆ Chile

827
Largo, largo, largo,
seco, seco, seco,
llevo los huevos
en el pescuezo.
    (La palmera)

828
Agua pasa por aquí,
cate que no la vi.
    (Aguacate)

829
Chiquito como un ratón,
guarda la casa como léon.
    (El candado)

830
¿Cuál es el pez que usa corbata?
    (El pescuezo)

831
Oro no es, plata no es.
    (El plátano)

832
Lana sube
lana baja
el señor
que la trabaja.
    (La navaja)

833
Un vieja larga y seca,
que corre la manteca.
    (La vela)

834
¿Para qué lado tiene la oreja la taza?
    (Para el lado de afuera)

835
¿Qué es largo y sin pelo para tu abuelo?
    (El bastón)

◆ España

836
Sin ser padre de Adán
principio y fin del alma he sido;
en medio del mar me hallo metida,
y al fin de la tierra suena mi sonido.
    (La letra A)

837
Hace días
fui a pescar.
¿Qué pesqué?
    (Las acedías)

838
Con mi cara encarnada
mi ojo negro y mi vestido verde
al campo alegro.
    (La amapola)

839
Un árbol con doce ramas;
cada una tiene su nido,
cada nido, siete pájaros,
y cada cual su apellido.
    (El año, los meses y los días de la semana)

840
Va al campo y no come
va al río y no bebe
y con su son se mantiene.
    (La campana)

841
Siempre está andando
nunca se para.
Pero lo más gracioso es
que nunca aguanta.
    (El cangrejo del río)

842
Blanca como la paloma,
negra como la pez,
habla y no tiene lengua,
anda y no tiene pies.
    (La carta)

843
Por más que en el cielo estoy
y sin mí mo hubiera fe,
ando también por la tierra
y en el infierno también.
(La letra E)

844
Un hombre le da a una mujer
una cosa que él mismo
no tuvo nunca y que nunca va a tener.
(Un esposo)

845
En este banco están sentados
un padre y su hijo.
El padre se llama Juan
y el hijo ya te lo he dicho.
(Esteban)

856
Muchas campanitas muy bien colgaditas,
siempre encendeditas, y nadie las atiza.
(Las estrellas)

857
Uno larguito,
dos más bajitos,
otro chico y flaco
y otro gordazo.
(Los dedos)

858
Yo sé de una campanilla
que tan quedito toca
que no la pueden oir
no más que las mariposas.
(La flor de campanilla)

859
Vive, cría
y se alimenta en España.
Es reina de sus vuelos
pero aquí nunca anda.
(El gorrión)

860
En aquel cielo muy alto
hay un gallo sin pescuezo.
(La acha)[1]

861
Negro por afuera
y verde por adentro.
(Un padre lleno de lechuga—un sacerdote)

862
Y lo es,
y lo es
y si no lo ve
lo siento en un mes.
(Hilo es)

863
¿Qué cosa tiene
dos cabezas,
una cola,
y cuatro orejas?
(Un hombre a caballo)

864
Soy un señor encumbrado,
ando mejor que un reloj,
me levanto muy temprano
y me acuesto a la oración.
(El sol)

865
Una arquita blanca
como la cal,
que todos saben abrir
y nadie sabe cerrar.
(El hueso)

866
Blanca como la nieve
con una flor amarilla
que se puede presentar
delante el rey de Sevilla.
(El huevo)

867
Una señorita muy señora
siempre va en coche
y siempre va mojada
(La lengua)

---

[1] *El hacha.*

868
¿Qué es una cosa
qui-qui-ri-cosa
que entra en el río
y nunca se moja?
(La luna)

869
Tan grande como un ratón
y guarda la casa
(La llave)

870
o como un ratón
a la casa como un león.
lave)

ra subí al cielo;
bajé a la tierra;
os, y sin ser Dios
ismo Dios me esperan.
ia)

lito
ré
arito.
osa)

s
ue el sol
l campo
eñor.

z del mundo;
sin mí no puede haber Dios;
Papas, Cardenales sí,
pero pontífices no.
(La letra O)

875
Dime el nombre
de una fruta,

blanca por dentro,
verde por fuera.
Si quieres
que te diga el nombre
espera.
(La pera)

876
Plata no dentro,
oro no fuera.
Es una fruta
y está muy buena.
(El plátano)

877
Allí en aquella sierra
hay una casa sin puertas
y sin ventanas,
y hay un hombrecito dentro.
¿Cómo se entraría?
(Pollitos)

878
Soy blanca y hecha de granitos.
Formo parte del mar,
de la sangre,
de las lágrimas y del sudor.
(La sal)

879
Cuando hablas,
dejo de existir.
A veces me llaman "de oro"
Los sordos viven conmigo.
(El silencio)

880
En la puerta está
y no quiere entrar.
(Umbral)

881
Verde me crié
rubio me cortaron,
prieto me molieron,
blanco me amasaron.
(El trigo)

bebo).
—¿Cómo se dice ministro chino sin cartera? (Melán Mangao).
—¿Cómo se dice ministro chino de Aviación? (Chicaigo Memato).
—¿Cómo se dice ministro chino de Alimentación? (Nikomo Ni-
—¿Cómo se dice ministro chino de Marina? (Mao Gao).

882
Para bailar me pongo la capa
para bailar me la vuelvo a quitar
no puedo bailar con la capa
sin la capa no puedo bailar.
    (El trompo)

883
El burro la lleva a cuestas
y ella es la mitad del bu;
en jamás la tuve yo
y siempre la tienes tú.
    (La letra U)

884
Vuela sin alas,
silba sin boca,
azota sin manos,
y tú no lo ves ni lo tocas.
    (El viento)

885
¿Qué es el colmo de un
geógrafo?
    (Estocolmo)

886
Por el camino va caminando
un bicho.
¿Cuál es?
    (Vaca)

◆ **Colombia**

887
Agua pasó por aquí
cate que no te ví.
    (El aguacate)

888
Soy un cajita que tú necesitas.
En mi barriguita guarda moneditas.
    (La alcancía)

889
En el Choco,
un perro late.
    (El chocolate)

890
Diez palitos
ni secos
ni verdes
se pueden cortar.
    (Los dedos)

891
Es una casa grande,
llena de alegría
adonde los niños vamos
a estudiar todos los días.
    (La escuela)

892
Blanco es,
la gallina lo pone.
    (El huevo)

893
Tengo verde plumaje
y poseo hasta lenguaje.
    (El loro)

894
Ya ves que claro es,
tiene espinas,
pescado no es.
    (Llaves)

895
Se cae un elefante
a un pozo de agua
y no se puede salir.
¿Cómo lo sacan?
    (Mojado)

896
Me gusta el desaseo,
vivo en las basuras;
en mis patas
llevo miles desventuras.
    (La mosca)

897
¿Cuál es la distancia
más corta
entre la risa
y el llanto?
    (La nariz)

898
Cien niñas en un balcón
todas se visten de amarillo.
　　(Las naranjas)

899
Soy la casa de las aves.
Piensa a ver
si ya lo sabes.
　　(El nido)

900
¿Qué es
lo que es
y no es?
　　(La nuez)

901
No soy rey,
tengo corona,
No soy pez
y tengo escamas.
　　(La piña)

902
Largo larguero
Martín Caballero
sin patas ni manos
corre ligero.
　　(El río)

903
Estuvo aquí,
estuvo allá
estuvo en todas partes.
　　(El tubo)

904
¿En qué se parece un periódico
a una iglesia?
　　(En que tiene columnas)

905
¿Qué le dijo el banano al tomate?
　　("¿Por qué cuando estás desnudo te pones
　　colorado?")

906
¿Por qué mueve la cola el perro?
　　(Porque la cola no puede menear al perro)

907
¿Qué le dijo la cuchara a la gelatina?
　　("¿Por qué tiemblas cobarde?")

◆ **Cuba**

908
Una vieja larga y flaca
con las tripas arrastrando
y un muchacho cacarizo
por detrás la va empujando.
　　(La aguja, hilo y dedal)

909
Verde nací, a café mi color cambié,
después en negro me convertí,
ya para morir rojo me volví,
　　(El carbón)

910
Compré negritos en el mercado
y en mi casa se volvieron coloraditos.
　　(Carbones)

911
Una vieja, vieja,
que no le hace el agua
tiene un solo diente,
mueve la enagua
y hace correr a toda la gente.
　　(La campana)

912
Es blanca como la nieve,
se corta sin tijera
sube sin escalera
y hace correr a la cocinera
　　(La leche)

913
Alto, alto como un pino
y pesa menos que un comino
　　(El humo)

914
¿Ya ves que claro es?
Adivíname lo que es.
　　(Llaves)

915

Arca, no arca, del buen padecer
que ni un carpintero la puede hacer
solo Dios con su gran poder.
    (La nuez)

916

En un bosque muy espero
sale un viejo sin pescuezo.
    (El peso)

917

Oro parece, plata no es
si no lo adivina
bien bobo es.
    (El plátano)

918

¿En qué se parecen los postes de la luz a las tortillas?
    (En que los dos detienen al'ambre)

919

¿En qué se parece el ferrocarril a la chinche?
    (En que los dos andan sobre los durmientes)

◆ **Guatemala**

920

Negrito con el corazón coloradito.
    (El carbón)

921

Entre pared y pared
está la pava acostada,
siempre mojada.
    (La lengua)

922

¿Qué es que sobre todo está?
    (El nombre)

923

Plata no es,
oro no es.
¿Sabes qué es?
    (El plátano)

◆ **Honduras**

924

Agua pasa por mi casa
cate de mi corazón.
    (El aguacate)

925

Tiene dientes y no come,
tiene barbas y no es hombre.
    (El ajo)

926

Chiquitito como ratón
y cuida la casa como un "lión".
    (El candado)

927

Una niña alta y delgada,
con su cara colorada.
    (La candela)

928

Una vieja con un diente,
llama a toda la gente.
    (La campana)

929

Capita sobre capita,
color de paño francés,
que no adivinarás,
en todo este mes.
    (La cebolla)

930

En el monte verdea,
y en las casas colea.
    (La escoba)

931

Garra pero no de cuero,
pata pero no de vaca.
    (La garrapata)

932

Guilingón, guilingón,
cada uno en su rincón.
    (El horcón de la casa)

933
Llueve y no se moja,
y siempre está mojada.
    (La lengua)

934
Pata pero no de vaca,
tacón pero no de zapato.
    (El patacón)

935
Sobre todo está
y a todo se le pone.
    (El nombre)

936
Blanca soy,
del agua nací,
ricos y pobres
se sirven de mí.
    (La sal)

937
Se arrastra como culebra
y se sienta como conejo.
    (La sandía)

938
Cartas van,
cartas vienen,
pasan por el mar
y no se mojan.
    (Las nubes)

939
Tengo medias y cuartos,
camino y no tengo piernas.
    (El reloj)

◆ **Nicaragua**

940
Chiquito como un gallo
y aguanta como un caballo.
    (La bacinilla)

941
Es negrito
y arrugadito.
    (El codo)

942
¿Qué es lo que cura
y no es cura?
    (El médico)

943
¿Qué noche es la más larga de todo el año?
    (La Noche Buena)

944
Cartas van,
cartas vienen,
y no se detienen.
    (Las nubes)

945
¿Qué animal tiene patas en la cabeza?
    (El piojo)

946
¿En qué se parece el sol a mí?
    (Son notas musicales)

◆ **Panamá**

947
Agua pasó por aquí,
cate que no lo ví.
    (El aguacate)

948
Más chica que un gallo
y aguanta más que un caballo.
    (La bacinica)

949
Una viejita
con un solo diente
y hace correr
a toda la gente.
   (La campana)

950
Una caja llena de soldaditos,
con sus cascos coloraditos.
   (Los cerillos)

951
Tito tito capotito,
sube al cielo
y pega un grito.
¿Qué es?
   (El cohete)

952
Una señorita
va por el mercado
con su cola verde
y su traje morado.
   (La berenjena)

953
En casa de Chi
mataron a Ri,
vino Mo y dijo Ya.
   (La chirimoya)

954
Colorín, colorado,
chiquito, pero bravo.
   (El chile)

955
El enamorado triste
que de azul se viste;
la novia que ama,
¿Cómo se llama?
   (Elena, de las primeras 5 letras)

956
Siempre quietas,
siempre inquietas,
durmiendo de día,
de noche despiertas.
   (Las estrellas)

957
Azulitos van,
azulitos vienen;
mis ojos lloran,
pesar no tienen.
   (El humo)

958
Vengo de padres cantores,
aunque yo no soy cantor.
Vestido de hábitos blancos,
y amarillo mi corazón.
   (El huevo)

959
Entre cielo y cielo
está una niña encantada.
Llueva o no llueva
siempre está mojada.
   (La lengua)

960
Ventana sobre ventana,
sobre ventana balcón,
sobre el balcón una dama,
sobre la dama una flor.
   (La piña)

961
Soy nacida del agua.
Le sirvo a pobres
y a ricos.
Sin mí
no se hace la fiesta.
   (La sal)

962
Vuela sin alas,
silba sin boca,
y no se ve ni se toca.
   (El viento)

963
¿Quién nace masculino
y se hace femenina?
   (El zapato, porque cuando se hace viejo se
     vuelve chancleta)

964
¿Qué le dijo la cuchara a la taza?
   (Nos vemos en el café)

965

¿Cómo se dice suegra en ruso?
(Estrorbo)

966

¿Cómo se dice muerto en africano?
(Tumbo Tumbo)

967

¿Cómo se dice cárcel en africano?
(Tambo Tambo)

968

¿Cómo se dice avión en árabe?
(Alibava)

969

¿Cómo le dijo el sordo al mudo?
(Echame un cuento)

970

¿Cuál animal come con la cola?
(Todos)

971

¿Qué hace la manguera en la calle?
(Vendiendo mangos)

972

¿Qué es lo que da el tono
cuando sale el sol?
(Sombra)

973

¿En qué se parece un tren a una pera?
(En que el tren espera y la pera es pera)

974

¿Quién es aquél que anda
de mañana a cuatro pies,
a medio día en dos
y por la tarde con tres?
(El hombre)

975

¿Cuál es el fin de "todo"?
(La "O")

976

¿Cuál es el colmo del lodo?
(Que no se pueda bañar)

977

¿Cuál es el colmo de un policía?
(Que le roben la casa)

978

¿Cuál es el colmo de un pie?
(Que no camine)

◆ **Perú**

979

Agua pasó por aguí
y cate quien no la ví.
(El aguacate)

980

Fui a la plaza,
compré unos negritos,
llegué a mi casa
y fueron coloraditos.
(El carbón)

981

A la plaza fui,
compré una bella.
Llegué a mi casa
y lloré con ella.
(La cebolla)

982

Me visto blanco y amarillo.
¿Qué soy?
(El huevo)

983

Tiene dientes y no come.
Tiene pelo y no es cristiano.
(El maíz)

984

En la mar nací.
En la garita me crié.
¿Qué cosa es?
(Es Margarita [nombre de mujer y de una flor])

985

Verde fue mi nacimiento,
colorado mi vivir,
y de luto me vistieron

cuando ya me morí.
(La mora)

986
¿Cuál es la mitad de uno?
(Su ombligo)

987
Oro no es,
plata no es.
Adivine qué es.
(El plátano)

988
En la casa del quesero,
¿Qué sería?
(La quesería)

989
Una paloma ala quebrada.
¿Podrá volar?
(Sí, porque a la quebrada podrá volar)

◆ **Puerto Rico**

990
En lo alto teje
en lo alto mora
en lo alto teje
la tejedora.
(La araña)

991
Negro por fuera
y blanco por dentro.
(El cigarro)

992
¿Qué es Chirivical
en un bejucal?
(La cal)

993
Una vieja con un diente
y avisa toda la gente.
(La campana)

994
Largo, largucho
tiene los huevos
en el cucurucho.
(La palma de coco)

995
Delante de Dios estoy,
entre cadenas metida,
ya me suben, ya me bajan,
ya estoy muerta, ya estoy viva.
(La lámpara del Señor)

996
Es buena para otro
pero mejor para uno mismo.
(La libertad)

997
Fui a un cuarto
encontré a un muerto,
hablé con él
y le saqué el secreto.
(El libro)

998
Sale de cuatro picachos
y les gusta a los muchachos.
(La leche)

999
Entre dos paredes
está una niña sentada;
llueva o no llueva,
siempre está mojada.
(La lengua)

1000
Por aquí pasó un galán,
todo vestido de seda;
ni se ha ido, ni está aquí.
¿Quién será esa doncella?
(La luz)

1001
Fui al monte
piqué y piqué
vine a casa
y la enganché.
(El hacha)

1002
¿Cuál es el hijo que muere
para que después nazca la madre?
(El hielo)

1003
Estudiante que estudiáis
en los libros de Moisés,
¿Cuál es el árbol que hay
que eche fruta sin florecer?
(La higuera)

1004
Verde fue mi nacimiento
colorada mi juventud;
para yo poder morir
negra fue mi vejez.
(El higo)

1005
Sembré una mata de maíz
y se la comió el gorgojo;
y a mí me está pareciendo
que se te seca el hinojo.
(El hinojo)

1006
Entre dos paredes blancas
hay una flor amarilla,
que se le puede presentar
al mismo rey de Castilla.
(El huevo)

1007
Justa me llaman por doquier,
soy alabada sin tasa,
y a todo parezco bien
nadie me quiere en su casa.
(La justicia)

1008
Por aquí ha pasado un hombre
lo más legal que se cuenta
no es hombre, que es animal
adivíname esa cuenta.
(El lagartijo)

1009
Una mujer vestida de blanco
el aire viene
y el aire la alza.
(La niebla)

1010
En el monte fue nacido
lo que nunca fue sembrado
tiene una sotana verde
y el pico colorado.
(El papagayo)

1011
¿Qué es
cuando tierna verde colgando
de una rama,
se corta y es amarillo
y lo come la gente sana?
(El plátano)

1012
¿Qué es lo que cuelga
de la pared,
sin tener pata
sin tener pies?
(El reloj)

1013
Verde por fuera,
rojo por dentro,
y blanco en medio.
(La sandía)

1014
¿Cuál es el animal
que tiene las patas
en la cabeza?
(El piojo)

1015
Lo tiro para arriba blanco
y cae al suelo amarillo.
(El huevo)

1016
¿Qué es lo que se encuentra
en el medio de Ponce?
(La letra "N")

1017
Cien canarios se comieron
una onza de alquitrán
y para comerse una libra
¿Cuántos canarios venderán?
(1.600 canarios [100 x 16])

1018
Es un camino muy largo
que nunca ha llegado a su fin,
sus habitantes estrellas,
y si logras adivinar ¿qué es?
serás una estrella por fin.
(El cielo)

1019
¿Cuál es el animal que tiene
las patas en la cabeza?
(El piojo)

1020
¿En qué se parece una torre a un pulga?
(En que la torre es alta y la pulga salta)

1021
¿En qué se parece un tren
a un teatro?
(En que el teatro tiene butacas,
y el tren hace butacataca, butacataca, . . .)

◆ **El Salvador**

1022
¿Qué es?
Agua pasa por mi casa
y atraganta mi corazón.
(El aguacate)

1023
Agua pero no río;
chapa pero no de puerta;
pan pero no de harina.
¿Qué es?
(Aguachapán—un estado de
El Salvador)

1024
Arriba de aquel cerrito
está un pitiquín bailando
y al son de la catalinca
la pita le van jalando.
(El barrilete)

1025
¿Qué es
lo que se estira

y se encoge?
(El codo)

1026
Capita sobre capita,
color de paño francés.
Que no me la adivinares
ni en un año
ni en un mes.
(La cebolla)

1027
Una cajita muy chiquitita,
blanca por fuera,
amarilla por dentro.
¿Que es?
(El huevo)

1028
Plata parece
plata no es,
el que no lo adivine
tonto es.
(El plátano)

1029
Sin, sin de día
y sin, sin de noche;
corre de noche.
(El río)

1030
¿Qué color es la manga blanca
del chaleco de Cristóbal Colón?
(Todos dirán blanco, pero no,
pues el chaleco no tiene mangas)

1031
¿De qué color es el caballo blanco
de Napoléon?
(Blanco)

1032
¿En qué se parece el foco
a la mujer?
(En que los dos dan luz)

1033
¿En qué se parece la tortilla
al poste de la electricidad?
(En que ambos sostienen alambre)

1035

¿En qué se parece el elefante al pato?

(En que el pato nada . . ., y el elefante nada
que se parece al pato)

◆ **Venezuela**

1036

Chiquito,
como un ratón
guarda la casa
como un león.
(El candado)

1037

No soy rey
pero llevo corona.
No soy pez
pero tengo escamas.
(La piña)

1038

Plato parece
oro no es,
quien no adivine
bien tonto es.
(El plátano)

TERCERA PARTE:

APÉNDICE

"Escatológico: Referente a los excrementos y suciedades." *Diccionario de la lengua española.* Real Academia Española, 1984.

Una clase de adivinanza que con cierta frecuencia se encuentra en el folklore hispano es la de tipo escatológico, o sea, la que hace alusión a las diversas funciones fisiológicas del humano. Esta variedad de adivinanzas no se limita a un auditorio exclusivo ya que existen en el repertorio tanto de hombres y mujeres como en el de niños, los cuales, en muchos casos, son quienes más se divierten con este tipo de acertijo.

Este apéndice a la *Antología* reúne muchas de las adivinanzas de este tipo que los recopiladores han incluido en sus colecciones. Algunas son simple metáforas de algo que se podría considerar escatológico, como lo es la siguiente:

> Muchas damas en un corral
> todas mean a la par.
>
> (Tejas)

En muchos casos las adivinanzas van al grano y describen lo que la buena educación no permite repetir entre la gente:

> Entre dos piedras feroces
> sale un hombre dando voces
> (El pedo)

Otra clase de adivinanza, también reunida en esta colección, es la de tipo erótico o pornográfico que se repite entre adultos y en especial entre hombres. Estas adivinanzas son las que se llaman de "doble sentido", de "color subido", sicalípticas, picarescas o hasta "groseras". El tema, por lo general, se centra en la descripción de relaciones sexuales y en los órganos genitales; en muchos casos las adivinanzas sugieren algo sexual que resulta en equívoco inocente.

Cancionero llamado Flor de Enamorados es una de las primeras colecciones de adivinanzas españolas que contiene acertijos de tipo erótico y escatológico. Sin duda alguna la mejor colección de adivinanzas eróticas es la que se titula *Textos eróticos del Río de la Plata,* de Víctor Borde, seudónimo de Robert Lehmann–Nitsche, el cual había suprimido toda adivinanza de carácter picaresco en su *Adivinanzas rioplatenses* para después publicarlas en Alemania bajo su seudónimo en 1923. El autor hace una detallada clasificación de las 120 adivinanzas que reune, más sus variantes.

En España las colecciones de Demófilo y Rodríguez Marín dejaba en puntos suspensivos las respuestas de esas adivinanzas cuya contestación "podía herir las sensibilidades de las personas". Muchas colecciones hacían su propia expurgación de este tipo de adivinanzas y por lo tanto no reflejaban fielmente el verdadero carácter del pueblo.

Debe señalarse que cierta palabra que en un país de habla española puede resultar inofensiva, en otro país, en cambio, puede ser un vocablo ofensivo o malsonante. Así ocurren palabras como "culo", "coger", "polvo", etc. En muchos casos es necesario un profundo conocimiento de la cultura de cada país para poder captar el "juego de palabras" o el doble sentido de ellas.

En algunos casos ocurre que una adivinanza tal vez no tuviera doble sentido en su principio pero lo llega a desarrollar más tarde. Así es el caso del enigma de procedencia española:

> En las manos de las damas
> casi siempre estoy metido,
> Unas veces estirado,

otras veces encogido.
(El abanico)

Este ejemplo tiene un sentido inocente en España pero sin embargo tiene un sentido completamente erótico en México.

I. Argentina

A. Roberto Lehmann–Nitsche

1

No es carnero y tiene lana,
No es canchero y tiene bolas,
No es fraile y tiene corona,
No tiene patas y se para.
(El miembro)

3

En un monte espeso
Está un viejo asomando el pescuezo.
(La macana)

4

En un campo monterano
Hay un pájaro francés,
Tiene huevos y no pone,
Tiene un ojo y no ve.
(La macana)

5

Tronquito moto
De dos cotos.
(El pene)

8a

Yo fui al campo,
clavé una estaca,
dejé la estaca
y traje el agujero.
(Cagar)

10

Maravilla, maravilla,
Mbaé motepá?
Tápia—cuápe azufre.
Traducción del guaraní:
Maravilla, maravilla,
¿Qué será?
En el (los) agujeros de una pared hay azufre.
(El pedo [tepinó])

11a

Escopeta sin baqueta
Que nunca mató perdiz,
Que le apunta a los talones
Y le paga a la nariz.
(El pedo)

11b

Un cazador feliz
Que apunta a la tierra
Y pega a la nariz.
(El pedo)

12a

Triunfante salió del nido
Y a tus ventanas llegó
Para ver si lo conocías
Al que sin alas voló.
(El pedo)

13

¿Quién es aquél que nació
sin hueso ni coyuntura
y jamás tuvo figura
y cantando se murió?
(El pedo)

14a

Entre dos peñas feroces
Hay una campana que da voces,
No la ves ni verás
Pero en el son la conocerás.
(El pedo)

14c

Dentro de dos peñas feroces
Sale un hombre dando voces.
(El pedo)

712a

Ahí te mando cien carneros,
Comélos con cien amigos,
Mandáme cien cuartos de ellos
Y los cien carneros vivos.
   (Cien carneros de vino)
   (Un amigo mandó a otro cien carneros para
ser capados; el amigo debía comer, con sus
amigos, las criadillas y devolver los animales
capados)

18b

Yendo por un caminito
Encontré una muchachita,
Le alcé la pollerita
Y le toqué la cosita
   (La banana)

18d

Fui al bosque,
Encontré un chiquilín
Le bajé el pantalón
Y le comí el pichilín
   (La banana)

18g

Fui al monte,
Vi una señorita,
Le alcé la pollerita
Y le vi el porotito.
   (El choclo)

18h

Fui por un campito,
Encontré un viejita,
Le alcé la patita
Y le toqué la castañita.
   (La lechuga)

19a

Con el pico pica,
Con el culo aprieta
Y con lo que le cuelga
Se tapa la grieta.
   (La aguja)

20d

Dos peludos y un pelado
Y otro que se menea al lado.
   (El hombre con el arado)

22a

Una cuarta y poco más
Tengo para ti un regalo,
Después que le tomes el gusto
Se encoje y queda arrugado.
   (El abanico)

23a

Redondín redondete,
Que a las niñas les gusta
Cuando se lo meten.
   (El anillo de compromiso)

24

En lo alto del campanario
Hay un hombre en camisa,
Si lo miras (desde abajo),
Te muestra la longaniza.
   (La campana)

25

Un viejo achucharrado
Con el pájaro parado.
   (El paraguas)

26

Un viejito iba por un caminito
Con el bichito durito
   (La pasa de uva)

28a

Mi tío va y viene,
Siempre duro lo tiene.
   (El arado)

29a

Cuarta más, cuarta menos,
En el tronco tiene pelos.
   (Las astas de la vaca)

31

No es de palo ni de hueso,
Tiene un jeme de pescuezo,
Tiene un agujero por donde llora
¡Adivine usted señora!
   (La botella)

32a

Largo y lucido,
Entre medio de las piernas

Lo tengo metido.
(El caballo)

36a
Largo y peludo,
Bueno para tu culo.
(El cojinillo)

36b
Largo y peludo,
Lindo para tu culo.
(El cojinillo)

37
Largo, porongado
Y en la punta colorado.
(El cigarro)

38
De una cuarta más or menos
Sin huesos ni coyuntura,
Las mujeres y monjas no lo llevan,
Más sí los hombres y el cura.
(El cuello)

39
Una cuarta de largo,
Todo cubierto de venas,
La cabeza calva
Y lo demás melena.
(La escobilla)

40
Largo como una cuarta,
Grueso lo que es menester,
Tiene pelos en la punta
Se hacen muchachos con él.
(El pincel)

41b
Una cuarta, poco más
Con muchos pelos atrás,
Que se menea y se unta
Y chorrea por la punta.
(La pluma de ave para escribir)

43
¿Qué es lo que se le levanta al hombre?
(La calumnia)

44
¿Qué es aquéllo que todos tenemos por de-
lante y nadie consigue ver?
(El porvenir)

45a
Bolas negras tiene usted,
Colgadas en mala parte,
Aunque las lave con arte
O las lave con jabón,
Bolas negras siempre son,
Colgadas en mala parte.
(Los ojos)

46
Todas las señoras
Lo tienen debajo,
A unas se les rompe,
A otras se les raja.
(El ruedo del vestido)

49
Una cosa que todo el mundo
Le ve a la mujer
Y que el marido
No se la puede ver.
(El luto de viuda)

50a
¿Qué es lo que se le agranda a una mujer
cuando se casa?
(El apellido)

51
A pesar de ser delgado
Me entra apretado
Y sale sólo con jabón.
(El anillo)

52a
Por un gusto y un disgusto,
Por un gusto y un pesar,
Por un agujero justo
Entra carne sin asar.
(El dedal)

55a
Sentaté en las silla,
Te lo meteré

Si acaso te duele,
Te lo sacaré.
(Los aros)

55b
Sentáte en la cama
Te lo meteré,
Si acaso te duele,
Te lo sacaré.
(El botín)

57g
Lo duro se mete en lo blando
Y los dos quedan colgando.
(Los pendientes)

58c
Entra zumbando,
Sale goteando
Y en el culito
Queda relampagueando.
(El balde)

60
Duro lo tengo,
Lo meto en el rajado,
Lo meto seco
Y lo saco mojado.
(El freno)

62a
Lo meto duro,
Lo saco blando,
Queda goteando.
(El pan y el vino)

63
Junté panza con Juana,
Metí mi negocio adentro,
Ella se quedó llorando
Y yo lo saqué escurriendo.
(El barril de vino y la damajuana)

64d
Tú de espaldita,
Yo de rodillas,
En el pupito del medio
Te hago cosquillas.
(El mortero)

65c
Doña Blanca está tendida,
El fraile baila por arriba,
Tiqui tiqui por abajo,
Tiqui tiqui por arriba.
(El molino)

68
Si te la tiento,
Tú te meneas,
Si te aprieto,
Tú me meas.
(La canilla)

69a
¿Cuál será la quisicosa
Que el galán mete a la moza
Que no es picardía
Que por donde meaba, se la metía?
(La canilla para sacar vino de pipa)

71a
Hombre con hombre lo hace,
Hombre con mujer también,
Pero dos mujeres solas
Nunca lo pueden hacer.
(La confesión)

72a
Vamos a la cama a hacer lo que Dios manda:
juntar pelo con pelo para tapar un desnudo.
(Dormir)

73a
Sobre ti me trepo,
Tú te meneas,
Leche te saco,
Gusto me queda.
(La higuera)

74
Lo tuerzo y lo mojo
Y lo meto en el ojo.
(El hilo)

75
Soy la reina del cielo,
Me levantas las enaguas
Y me lo metes en el agujero.
(La jeringa)

TERCERA PARTE   A–7

76
Echate a la cama
Bien arremangada,
Yo voy con la cosa
Bien preparada.
> (La jeringa)

77a
Tendete con tu cuerito
Que allá voy con mi tormento,
Te lo meto y te lo saco
Y te dejo el caldito adentro.
> (La lavativa)

78a
Duro lo traigo,
Metértelo quiero,
Levantá las cobijas
Y aprontá el agujero.
> (La lavativa)

78f
Duro lo traigo,
Metértelo quiero,
Abrí las piernas
Y aprontá el agujero.
> (La jeringa)

79
Va y viene la amiga del portero
y se mete en su agujero.
> (La llave)

80
Arrimate tú a mí,
Yo me arrimaría a ti
Y te metería esta cuarta
Que traigo aquí.
> (La llave en la puerta)

81a
Tú tienes hondo,
Yo tengo largo,
Menéemonos un poco
y hagamos algo.
> (La mano del mortero y el mortero)

81c
Yo lo tengo redondo,

Vos lo tenés largo,
Meneá la cola
Y haremos algo.
> (La mano del mortero y el mortero)

82
Ponete bien boca arriba.
No me seas tan melindrosa,
Con el zumo de mi cosa
Te llenaré la barriga.
> (El mortero)

83a
Pelo por fuera,
Pelo por dentro,
Alzá la pata
Y metelo adentro.
> (La media)

86a
Sacalo marido
Que te lo quiero ver;
¡Ay qué lindo, qué hermoso!
¡Volvelo a meter!
> (El reloj de bolsillo)

87
Marido mío,
Un hombre ha venido,
Se lo ha sacado,
Me lo ha metido;
A lo hecho pecho,
¡Pídele a Dios
Que me haga provecho!
> (La sangría)

88a
Cansadito estoy
De subir y bajar
Y de meter y sacar.
> (El telar [pedal y ovillo])

90a
"Señora, ¿me da permiso para meter mi peludo en su pelado?"
"¡Métalo señor, pero hace mucho que no lo he
limpiado!"
> (El caballo y el patio)

91

Bájese señor y sáquese lo que le cuelga,
Que luego comerá manjar de culo y jugo de entre piernas.
(El jinete, las espuelas, huevos y leche)

93

Te rompo el culo
Y te zampo el nabo.
(El arado)

94

Señorita, se le ha caído un pendejo en la cajeta; ¿no quiere que lo saque con la poronga?
(Sacar con un tenedor una mosca que se ha caído en un plato)

95b

Una niña por más bonita que sea,
No deja de mojar los pelitos cuando mea.
(La niña del ojo cuando llora)

95d

Toda mujer bonita
Por bonita que sea,
Se moja los pelitos
Siempre que mea.
(La niña del ojo cuando llora)

96

Maravilla, maravilla,
Mbaé motepá?
Murucú Dyepitazó,
María cuarú perêrí.
Traducción del guaraní
Maravilla, maravilla,
¿Qué será?
Una palanca larga empuja
Y María mea un poquito.
(El trapiche)

97

Maravilla, maravilla,
Mbaé motepá
Petei cuimbaé hetimá irundiba
Ha okuarú iñespinazo rupí
Traducción del guaraní:

Maravilla, maravilla,
¿Qué será?
Un hombre con cuatro piernas,
Mea por el espinazo.
(La casa [oga] con goteras [otikí])

Ad. Riopl. 393

Una negrita guinea
Que hace caquita y no mea.
(La pulga)

Ad. Riopl. 484

En el medio del monte
Hay un palo borracho
Que tira pedos
Para los muchachos.
(La escopeta)

98

¿En qué parte están las mujeres crespas?
(En el centro de Africa)

100a

¿Cuál es el animal que concibe con la pata?
(El pato)

100b

¿Cuáles son los animales que cojen con la pata?
(El loro y el pato)

101

¿Cuál es el colmo de un arquitecto?
(Trazar una línea con la regla de su mujer)

102

¿Cuál es el colmo de la cobardía?
(Hacerse la paja, pues andan cinco contra uno)

103

¿En qué se parece el hombre al tren?
(En que se engancha)

104a

¿En qué se parece la pija a un maestro de escuela?
(En que está rodeado de pendejos)

105

¿En qué se parece el pene al tramway?
(En que cuando ve a una mujer, se para)

106a

¿En qué se parece un coche a las bolas?

(En que se para en la puerta)

106c

¿En qué se parece los huevos al automóvil?

(En que esperan a la puerta)

107

¿En qué se parece las pantorrillas de una mujer a la Biblia?

(En que hacen pensar en cosas más elevadas)

...y esas cosas más elevadas, ¿en qué se parecen al cielo?

(En que no entran sino los rectos)

108

¿En qué se parece el Banco Español del Río de la Plata a una cocota de París?

(En que tiene la casa matriz en el centro y la sucursal en La Boca [boca])

109

¿En qué se parece los viejos a muchos medicamentos?

(En que hay que agitarlos antes de servirse de ellos)

110

¿En qué se parece el café a la mujer?

(En qué no deja dormir)

112

¿Qué diferencia hay entre el hombre y la mujer?

(El hombre es masculino y la mujer masculona)

114

¿Qué diferencia hay entre el hombre y una mujer?

(El hombre es sin–tético y la mujer simbólica)

11

¿Qué diferencia hay entre un abogado y una mujer?

(El abogado es miembro del foro y la mujer [forro] del miembro)

116

¿Qué diferencia hay entre un teatro y una mujer?

(En el teatro toca la orquesta y después se levanta el telón, y la mujer se levanta el telón y después se toca la orquesta)

117

¿Qué diferencia hay entre un clavo y el miembro?

(El clavo entra de punta y el miembro de cajeta)

118

¿Qué diferencia hay entre un médico y una cocota?

(El médico hace visitas y la cocota recibe visitas)

119

¿Qué diferencia hay entre una mujer de mundo y una mujer de la vida?

(La mujer de mundo hace esperar y la mujer de la vida espera)

120

¿Qué diferencia hay entre un triángulo rectángulo y una mujer gorda?

(El triángulo tiene catetos y la mujer gorda cada teta ... [Movimiento con la mano para indicar mucho peso])

B. Rafael Jijena Sánchez

2

En las manos de las damas
Casi siempre estoy metido;
Unas veces estirado
Y otras veces encogido.

(El abanico)

C. Carlos Villafuerte

350

Qué será una quisicosa
de ovalada construcción,
que como cosa preciosa
entra en la generación.
Hembras y yeguas carecen
de tal cosa en cuestión.

El coronel, el soldado,
el obispo, el monseñor,
todos estos hombres
como el toro tienen dos.
(La letra O)

414
Redondete, redondete,
no hay dama que no se lo mete.
(El anillo)

459
Va y viene
y paradito lo tiene.
(El arado)

544
Da vuelta
da vuelta
y mea blanco.
(El molino)

581
Una vieja agachada
mea de parado.
(El surtidor)

II.   Bolivia

Paredes Candia

1
Sentate niñita,
te lo meteré.
Si te duele mucho,
te lo sacaré.
(El calzado)

2
Dáme tu ancho,
te daré mi largo.
Verás hijita
que haremos algo.
(La media y el pie)

7
¿Qué será, qué será?
Se lo meto seco
y lo saco mojado.
¿Qué es?
(El freno del caballo)

9
Entre peña y peña
albaricoques suena.
(El cuesco)

12
¿Qué será, qué será?
Un arrecho
colgado del techo.
(El livi–livi)

17
Largo, larguete,
redondo, redondete,
¿qué siente la novia
cuando el novio
se lo mete?
(El anillo de compromiso)

20
Juntemos pelo con pelo
el "Kalatito" en medio
y hagamos
lo que Dios manda.
(El sueño)

22
Tócame todito,
menos el "aujerito".
(El disco)

23
Felipito Jara,
no tiene pies ni manos,
pero se para.
¿Qué es?
(El pene)

27
¿Qué será? ¿qué será?
La una apuntando

y las dos colgando.
  (La una y treinta horas)

30
Me doy vuelta
a la derecha
y también
a la izquierda
me empreño
y no sé pa' quien es.
  (La puska–rueca)

31
Caliente, caliente,

metértela quiero,
levanta la cama
y alista tu aujero.
  (La lavativa)

33
Adivina, adivinador,
¿qué es?
Aunque no quieras
te entra
y aunque no quieras
se sale.
  (El aire)

III. Cuba

A. Salvador Massip

19
Redondo como un botón
y tiene más pliegues
que un camisón.
  (Ano)

35
La pastora y el pastor
se fueron al campo un día,
la pastora se agachaba
y el pastor se lo ponía.
  (Broche)

36
Gordo lo tengo,
más lo quisiera,
que dentro las piernas
no me cupiera.
  (Caballo)

56
Cera y cerote no.
  (Cera)

70
Mételo seco
y sácalo mojado.
  (Cubo)

107
Alza la pata Constancia
y no seas tan melindrosa

que traigo tiesa la cosa
para llenarte la panza.
  (Jeringa)

109
María, prepara tu cosa
que allá va la mía,
larga y tendida y no parará la danza
hasta que no te llene la panza.
  (Jeringa)

123
Mondongo, mondongo,
en la puerta te lo pongo.
  (Llave)

129
Fui al monte,
clavé una estaca,
traje el hoyo
y dejé la estaca.
  (Acto de exonerar el vientre)

170
Iba por un caminito
me encontré un negrito,
le quité la ropita
y me lo comí enterito.
  (Plátano)

182
Muchas damas en un corral
todas mean a la par.
  (Tejas)

B. Samuel Feijóo

1

¿En qué se parece una viuda a un sitio?
(En que los dos tienen la yuca enterrada)

9

¿En qué se parecen los espejuelos a una mujer?
(En que para usarlos hay que abrirles las patas)

10

¿Al lado de qué fruta crece más rápido la yuca?
(Al lado de la papaya)

16

Cuelga hacia abajo y por el hueco se mete.
(El arete)

17

¿Qué le dijo el plato a la taza?
(¡Pero qué caliente tiene el fondillo!)

31

Nicolás la tiene larga, el mono la tiene corta, a la mujer no le cabe.
(La N—ene)

38

Si entre dos sacan uno,
¿Cuántos quedan?
(Quedan tres—los esposos que tienen un hijo)

54

¿En qué se parece la mujer al agua caliente?
(En que los dos ablandan la yuca)

58

¿Cuál es la leche que le hace bajar los pantalones al hombre y subirle la saya a la mujer?
(La leche de magnesia)

61

¿Qué le dijo el bidet al inodoro?
(Tírate que está bajito)

81

Una cuarta más o menos
tiene en corporación,
se mete donde haya pelo
y quita la picazón.
(El peine)

95

¿Qué le dijo el mostrador a la cerveza?
(Tan clara, tan ligera y tan sabrosa, y con el culeco tan frío)

97

Lo cojo, lo mojo, lo esprimo y lo meto en el hoyo.
(El hilo y la aguja)

110

¿Qué pueden hacer cinco hombres y no lo pueden hacer tres mujeres a la vez.
(Orinar en una jícara)

113

¿Cuál es el animal que pone los huevos más grandes.
(La avispa)

114

¿Por qué el perro levanta la pata al orinar?
(Porque al primer perro le cayó una pared encima)

145

De mi cama brinco,
caigo sobre ti,
si te lo meto
¿Qué será de mí?
(El pie y el zapato)

154

¿Qué le dijo el fogón al cocinero?
(Entre más palos me echas más caliente me pongo)

156

Arriba de la mesa está Teresa
con la tapa abierta
y la cosa tiesa.
(La cafetera)

IV.   Ecuador

Vicente Mena

20
Me fui a la calle
encontré un longuito
le bajé los calzoncitos
y me comí el pajarito.
  (El plátano)

39
¿Qué le dijo el fósforo a la fosfera?
  (Machito con piedra)

45
Voy por un caminito
encuentro a un viejito
le abrí la braguetita
le encontré el pelito
  (El choclo)

72
Una viejilla bien arrugadilla
con el palillo en el culillo.
  (La pasa)

74
¿Por qué se quedan las mujeres encinta?
¿Por que se quema el pan?

¿Por que se quedan las cosas en la contaduría?
  (Por no sacar a tiempo)

75
Le meto tieso
le saco blando
y por las barbas
le va chorreando.
  (El trapiche)

77
Largo, cerdoso
para tu culo
¿Qué cosa será?
  (El cabestro)

83
Un hombre con dos huevos colgando,
¿Qué cosa será?
  (El chigualcán)

84
Me fui a la huerta
le encontré a mi mosa
le alcé la bata
le corté la cosa.
  (La col)

V.   España

A. Sebastían Horozco (1548)

10
**Pregunta y respuesta del autor, aunque
no para entre damas.**
Pues que presumís de agudo
y de tan sabio varón,
desatadme aqueste nudo
de que algunas veces dudo
por ser perpleja cuestión.
Si el galán cuando arremete
y con la dama ha encuentro
él por dicha se lo mete,
estando hasta el gollete
¿cuál de ellos lo tiene dentro?

Porque si queréis decir
ser ella la que lo tiene,
él podrá contradecir
pues lo que entra, sin mentir,
de él sólo nace y proviene.
Y si queréis sustentar
él tenerlo, pues lo mete,
ella es en receptar,
y así le hace bajar
a la entrada el capacete.

Respuesta del autor
Tomando yo por escudo
vuestra ciencia y discreción,
en cuanto mi ingenio rudo

en el caso alcanzar pudo
le daré la absolución.
Si quiere que se le espete
la dama, y sale al encuentro,
a ella sola compete
tenerle dentro en el brete,
y al galán estarse dentro.
Del modo del engerir
nuestra respuesta proviene,
do se suele el tronco abrir
para la púa recibir,
mas después dentro la tiene.
Y no es de maravillar,
si el galán cuando arremete
quiera la ventaja dar
a la dama, en el justar
descubierto y sin almete.

17
Pregunta del autor, del pedo
¿Decidme, quién es aquél
de los más aborrecidos,
que sin velle
huyen siempre todos de él,
y consiste en dos sentidos
conocelle?
Es cosa tan general
que de él ninguno se escapa,
cuando viene;
y no hay cámara real,
ni de emperador ni papa
do no suene.

Respuesta del autor
Púedese oír y oler
esa cosa singular
y cortés,
pero no palpar ni ver,
aunque le podáis gustar
si queréis.
La duda que preguntáis
con aquésta mi respuesta
se desata,
que aquese de quien dudáis
es lo que de Pedro resta,
R ablata.

21
Otra pregunta y respuesta del autor

Sepamos, ¿qué es la razón
que las hembras que no paren
muy más lujuriosas son,
como dirán sin pasión
los que bien esto notaren?
Y en las que suelen parir
cesan los inconvenientes:
porque afirmo sin mentir
que se puede bien decir
ser ésta más continentes.

*Respuesta del autor por los mismos
consonantes*
Hablando, pues, con perdón
de las que en el cuento entraren,
está clara la razón,
por faltar la purgación
que se hace cuando paren.
Que por no poder salir
hay más copia de simientes,
por do vengo a concluir,
las que no suelen parir
ser muy menos continentes.

**B. Cancionero Flor de Enamorados
(1562)**

14
La luna menguante del todo crecida
treceno elemento con sol ajuntado
encima cometa del todo tendida
hacen un nombre perfecto acabado.
(Esta se deja que la declarase el discreto
lector)

15
¿Quién es aquel tan ligero
que dos mil faltas compone
y la dama se lo pone
por el miembro más bajero?
(Es el chapín)

17
**Pregunta de un galán a una señora la
cual hallarán si la saben buscar en la
misma copla.**
Da,ma de lindo valor
me, decina del herido

de,las hermosas la flor
ho,id mi grave clamor.
der,rámese en su sentido.

*Respuesta de la dama, en la cual hallarán
lo que le responde por el mismo artificio y
consonancias que arriba.*

18
Sois, importunado señor
muy,sin tiento y desmedido
con vuestras quejas de amor
ten,ed que os doy con primor
ta,nto cuanto habeis pedido.

20
Señora quieros contar
la cosa con que os holgueis
pues teneis un ajuar
cuyo meter y sacar
por deporte le teneis:
y con su vista y encuentro
muchas veces os holgais
el es redondo y sin centro
y para metelle dentro
con la mano le tomais.
(Es el anillo)

C. Rodríguez Marín

329
He bebido agua,
Que ni del cielo llovida,
Ni de la tierra nacida.
(El sudor)

331
Triunfante salió der nio
Y a tus bentanas yegó,
Para decir qu' ha nacio
Er que sin alas boló.
(El pedo)

404
Pez y tiene tetas,
Dama y tiene aletas,
Y canta muy bien.
Aciértame lo que es.
(La sirena)

471
Una biejecita
Muy arrugadita
Y en el culo una tranquita.
(La pasa)

487
Ciento en un campo,
Con el culo blanco.
(Los juncos)

500
En er campo me crié,
chiquita y abergonzada,
Y me arzaron los jarapos,
Por ber si estaba preñada.
(La lechuga)

689
Er güey morenito
En la casa 'stá;
La chumaretada
'N er culo le da.
(El caldero)

703
Es de piezas
Y se pone entre el culo y la cabeza.
(El rodete para llevar el cántaro)

704
¿Cuál es aquella cosa
Que come y caga por la boca?
(El vaso para proveerse)

707
Cuerpo de palo,
Culo de seda;
Lo qu'echa por abajo
Para mí sea.
(El cedazo y la harina)

732
Por un caminito oscuro
Viene la muerte y te coge el culo.
(El tiro de la escopeta)

749
Bicho bichongo
Come por la barriga
Y caga por er lomo.
(El cepillo de carpintero)

D. Vicente García de Diego

54

En las manos de las damas
casi siempre estoy metido,
unas veces estirado,
otras veces encogido
  (El abanico)

159

Bicho bichorro,
come por la panza
y caga por el lomo.
  (El abanico)

310

Cien vacas en un corral;
todos mean a la par.
  (Las goteras)

459

Una cosita como un piñón,
que sube y baja por el balcón.
  (El moco)

502

Olla de barro,
Cobertura de carne;
lo que tiene dentro,
no lo quiere nadie.
  (Orinal o retrete)

521

Cazador de perdices,
apunta a las corvas
y da en las narices.
  (El pedo)

578

Ver, no lo ví,
más por el habla lo conocí.
  (El pedo)

584

Dios me libre de tu boca,
pues aunque eres pequeñita,
si empiezas a vomitar, no va a vomitar,
no va a haber quién te resista.
  (La pistola)

772

¿Cuándo está la vaca más redonda?
  (Cuando se lame el rabo)

E. Francisco Tarajano

7

Toda la noche la paso
con el agujero abierto
esperando que me metas
el cacho de carne dentro.
  (El zapato)

8

Corre que corre,
nunca traspone,
todo lo que caga
tú te lo comes.
  (El molino de gofio)

38

Fui a la plaza,
vi linda moza,
le alcé la ropa,
le vi la cosa.
  (La lechuga)

42

Este era mi pensamiento
de preguntarte algún día
se eres soltera o casada,
porque siempre estás tendida.
  (La estera)

62

Es largo como una cuarta,
gordo cuando es menester
tiene pelos en la punta,
se hacen chiquillos con él.
  (El pincel)

89

Colorín, colorado
se lo meto dentro
y lo saco mojado.
  (El jarro de la taya)

107

Una dama muy tendida
y el galán encima de ella
haciéndole singui–singui
por conveniencia de ella.
  (El cedazo y el gofio)

108
Nos acostamos en cama,
juntamos pelos con pelos,
hacemos lo que Dios manda,
y hasta mañana, luceros.
   (Las pestañas)

111
Yo ví un viejo sin patas
y en algún tiempo las tuvo,
y ahora, después de viejo,
tiene la boca por culo.
   (El zurrón de gofio)

113
Te agarro por los brazos
y te pongo en el suelo,
te quito tu tapita
y te meto el bichuelo.
   (El caldero y el cucharón)

114
Gorda la tengo,
más la quisiera

que entre las patas
no me cupiera.
   (La yegua o el caballo)

115
Me monto en ella,
se remenea,
leche le saco,
leche le queda.
   (La higuera)

117
Si como la ves rajada
metes lo que te parece,
ya las costillas le duelen
la barriga le crece.
   (La rueca)

119
La polla me quema,
los huevos me arden.
A que no la atinas
en toda la tarde.
   (La pimienta)

VI. México

A. A. Jiménez

1
¿Cuál es el colmo de un violinista?
   (Romper una prima sin tener templado el instrumento)

2
¿El de un torero?
   (Sacarle un pase a un mal aire, con el capote rosado)

3
¿El de un juez del registro civil?
   (Casar a un señor pequeño, de Chile, con una señora grande de Honduras)

7
¿El de un abarrotero gachupín?
   (Empacar un kilo de frijoles en un saco de 900 gramos)

8
¿El de un dulcero?
   (Hacer camote en barras de calabaza)

9
¿El de un sastre malinchista?
   (Desdeñar los magníficos casimires de Tlaxcala, por la tela de Java [Te la dejaba])

10
¿El de un ganadero?
   (Tener en el sótano las vacas y en el techo la leche)

11
¿El de un joyero?
   (Hacer de un anillo medallas)

13
—¿Ya te contaron el último?
—¿Cuál?
—El último pliegue.

14
¿En qué se parecen las mujeres a las jaulas?
   En que guardan estupendamente los pájaros.

15

¿En qué se parecen las mujeres a los relojes de pared?

En que se adelantan con el dedo.

16

¿En qué se parecen las mujeres al jitomate?

En que le quitan fuerza al chile.

17

¿En qué se parecen las mujeres a los árboles?

En que soportan muchos pájaros.

19

¿En qué se parecen las mujeres a la ropa?

En que la ropa se lava y después se tiende, y la mujer se tiende y después se lava.

20

¿En qué se parecen las mujeres al pescado?

En que el pescado se mueve para irse, y la mujer para venirse.

22

¿En qué se parecen las mujeres al teléfono automático?

En que al teléfono se le mete el dedo y en seguida se habla, y a las mujeres primero se les habla.

23

¿En qué se parecen las mujeres a la bicicleta?

En que ésta se infla y luego se monta, y en la mujer es precisamente al contrario.

24

¿En qué se parecen las mujeres al filósofo?

En que a éste le pasan muchas cosas por la cabeza y a la mujer le pasan muchas cabezas por la cosa.

25 (De origen español)

¿En qué se parece la locomotora a la mujer?

En que la locomotora pesca a un niño y lo hace polvo, y la mujer pesca un polvo y lo hace niño.

26 (De origen español)

¿En qué se parecen las mujeres a las chinches?

En que salen con el calor, joden en la cama y se las apaciguan a fuerza de polvos.

27

¿En qué se parecen los dioses al W.C.?

En que sólo ellos saben quienes obran bien o mal.

29

¿En qué se parecen los frijoles a los enamorados?

En que comienzan echando flores y terminan echando vaina.

3?

¿En qué se parecen los submarinos a los encendedores?

En que los submarinos llevan torpedos, los encendedores, mechas en la punta.

33

¿En qué se parece un elefante a un carbo?

¿Qué cosa es carbo?

El camote.

35

¿Qué le dijo China a Japón luego que esta aseveró: Japón es tu pale?

China es tu male.

36

¿Qué le dijo una asentadera a la otra?

Entre tú y yo se interpone un abismo.

37

¿Qué le dijo el W.C. a las posaderas?

Esa línea tan derecha parece que la peinas con Glostora.

38

¿Qué le dijo el W.C. al nalgatoria?

Ya quiero que venga el otoño porque estoy cansado de ver ano.

39

¿Qué le dijo la envoltura de papel a la torta?

Te aguardo a la salida.

42

¿Qué le dijo la ventana al sol?

Pasa, güero.

¿Qué le dijo el chocolate al molinillo?

No me agradas por largo y cabezón sino por lo bien que te mueves.

44

¿Qué le dijo la cuchara a la gelatina?
  ¿Por qué tiemblas cuando te cojo?

46

¿Qué le dijo la aguja al disco?
  Voltéate y nos echamos otro.

47

¿Qué le dijo el garrote a la piñata?
  Al primer palo te rompo.

52

Varios campesinos mexicanos cortan plantas de yerbabuena.
Un grupo de agricultores chinos se halla segando plantas de té.
Algunos gauchos argentinos recogen yerba mate. ¿Denominación?
—Cogiendo té.

53

Lo lleva el hombre por delante,
lo saca con mucho recelo,
se le para de vez en cuando,
tiene cabeza y también pelo.
  (El reloj de bolsillo)

54

Te extiendo y te abro,
no cabe duda,
y te hundo una cuarta
de carne cruda.
  (El calcetín)

56

Una cuarta de largo,
el grueso que debe ser,
muchos pelos de un lado
y usted la sabe mover.
  (La brocha)

58

Doblado como alcayata
yo sobre ti me coloco.
En tu agujero, hasta el centro,
te meto toda la reata
y pujando poco a poco
extraigo lo que hay adentro.
  (Agua del pozo)

B. Gisela Beutler

14

Una viejita y un viejito
estaban jugando al teterete;
la viejita que se descuida,
y el viejito que se lo mete.
  (La aguja con el hilo)

14a

Una señora y un señor
lo juegan al tétere, tétere;
la señora, que se atonta,
y el viejo, que se lo mete.
  (La aguja con el hilo)

30

Entra en lo blando
y queda colgando,
como la muela.
  (El arete)

32

Fuí a la barranca
y allá te dejé
tenía pelitos
y me espanté.
  (Ayate)

35

Una vieja y un viejito
jugaban al beisbolete;
la vieja que se descuida
y el viejito que se lo mete.
  (El balero)

41

Del cielo cayó un pañuelito,
claveteado de alfileres;
¿Qué uso dan los hombres
encima de las mujeres?
  (Un baulito)

49

Abajo de una rajadura
entra y sale, en un cacho
de carne cruda.
  (La bolsa)

81

Un viejito chaparrito,
que a manazos lo hacen mear.
 (El cedazo)

101

¿Qué le cuelga al hombre?
 (La corbata)

112

Soy un viejito,
muy arrugadito,
tengo un palito
en el culito.
 (El chipocle)

147

Mi tío Juan va,
mi tío Juan viene,
mi tía Mariquita
tirante lo tiene.
 (La hamaca)

169

Acuéstate en el petate
y sácate tu calzón
y sácame el instrumento
y empieza la función.
 (La lavativa)

174

Fuí a la plaza,
encontré a mi comadrita;
le bajé los calzones
y le ví la cosita.
 (La lechuga)

206

El compadre sube y baja,
la comadre está acostada.
 (El metate)

208

Los ricos lo recogen,
los pobres lo aspiran
y los niños se los comen.
¿Qué es?
 (Los mocos)

209

En dos cerritos
tengo un jarrito de miel;
el que lo adivine,
será para él.
 (Los mocos)

210

Los calzoncillos
del padre vicario
suben y bajan
en el campanario.
 (Los mocos)

215

Dos hermanas,
muy parejas,
sin clarines
y sin cejas.
 (Las nalgas)

220

En un cuarto muy oscuro
cayó un plátano maduro.
 (Las necesidades)

248a

Entre pared y pared
sale un toro bramando.
¿Qué es?
 (El pedo)

303

En una casa oscura
entra la muerte de culo.
 (El tepocate)

312

Mi comadre está tendida,
mi compadre sube y baja.
 (Las tortillas y el comal)

331

Te tiro en el suelo,
no cabe duda
y te meto una cuarta
de carne cruda.
 (Es el zapato)

333
Una vieja cananea
come carne y no se mea.
(El zopilote)

C. Juan de la Cotona

5
De perro es su primera,
De tiempo es su segunda
Y de ir es su tercera;
Y de todo el que la quiera:
Boluda, pecosa,
Pepona y olorosa . . .
Se come la cosa.
(La guayaba)

10
Prieto, cabeza colorada,
Por delante y por detrás,
Y granosa la papada;
De rodillas hacia atrás,
Escobeta y cola parada.
(El guajolote)

19
Es chata, pero . . . ¡aguanosa!
Dura, pero . . . ¡jugosa!
Chaparra, pero . . . ¡brillosa!
La pelas y ¡qué sabrosa!
(La jícama)

25
A viejitas muy viejitas,
Chaparras y redonditas,
De cerradas verijitas,
Pelonas y barboncitas,
Que ya no pueden ni orinar;
Tú les das de nalgaditas,
Y por sus rendijitas,
se ponen luego a mear.
(Las coladeras)

29
Debajo de un tejado
Se han amontonado
Tres viejitas calientitas,
Muy duras y tiznaditas:
Para tenerlo recalentado.
(Las piedras del comal)

34
Me subo en tí,
Me sarandeo,
Te meto el guaje
Y me saboreo.
(El tlachiquero)

42
No soy rata y tengo rabo,
Y a los que me prefieren,
Pico sin ser alacrán;
También los hago llorar.
Si tú eres adivino,
Y mexicano además,
De seguro, lo que soy
¡Lo podrás adivinar!
(El chile)

47
Lo tomas por el palo,
Una maroma le pegas,
Y una vez ensartado
Por el lado agujerado,
Más maromas le pegas
Y más metidas le agregas.
Si a lo acordado llegas,
El juego habrá terminado.
(El balero)

63
De Luciano, tiene el ano
De la escopeta, la mira,
Y de la cima, el final.
¿Puedes decirme, fulano,
Después de estar mira y mira,
El apellido en total?
(Altamirano)

68
Prieto, pelón y lechoso,
Suave por fuera,
Duro del centro,
Te lo metes adentro,
Como quiera,
Y verás qué sabroso.
(El aguacate)

D. Cien adivinanzas picarescas

1
Cuando calienta se te toca

Para calmar tus desvelos
Te lo introduce ufano
Donde te crecen los pelos;
Otras veces en la boca
Y muchas otras en el ano.
(El termómetro)

7

Cuando un hombre se agacha,
Luego, luego se le cuelga;
De su lugar se le sale
Y luego se le pandea,
Más si a la calle sale,
El aire se la menea.
(La corbata)

12

¡Rufa! que ¡rufa!
Muy calientita,
Aunque viejita,
Pero reempuja.
(La fragua)

118

Las manitas más suaves
De las damas distinguidas,
Le dan sendas movidas
Adoptando aires graves.
Cuando ellas tienen calor,
El las refresca al instante
Poniéndole por delante
Y moviéndole con fervor.
(El abanico)

24

Si me metes por un lado,
Me sale chorro delgado;
Si por toro, sólo por eso,
Me sale el chorro grueso.
(El embudo)

29

En lo duro o en lo blando,
Va metiéndose macizo,
—Puras vírgenes violando—,

Si la empuja el cacarizo
Que la anda correteando.
(La aguja)

38

¿Qué objeto peludo,
Guero, fino y delgado,
O prieto, grueso y erizo,
Natura al hombre le hizo
Para llevarlo colgado.
(El bigote)

47

El hombre lo trae colgando
Es pelón y tiene pelo
Y se le para de vez en cuando.
(El reloj de bolsillo)

51

A veces negritas,
A veces gueritas,
En hoyos prietos
Entran y salen
O viene y van;
Ya estén en aprietos
O en busca de pan.
(Las hormigas)

62

En guago y prieto cajete
casi siempre cacarizo
Se sangolotea un petiso
Presumiendo de jinete
Y meneándolas todas:
Culantro, chile y bolas.
(El molcajete)

69

Primero te dan contento,
Hacen que te carcajees
Hacen que te pedorries,
Otras veces que te mies;
Te quitan fuerza y aliento
Y dan placer y sentimiento.
(Las cosquillas)

VII. Nicaragua

Berrios Mayorga

96

Fui al monte

clavé una estaca
y me traje el hoyo.
(El cerote)

98
Negrito, chiquito
arrugadito
comienza con C
y termina con O.
(El codo)

107
Te acuesto en el petate
te levanto el camisón
te meto el turulito.
(El lavado o edema)

108
Tenderete el petate
levantarete el camisón
y meterete el tendereque.
(El lavado o edema)

122
Tengo un sapo
con dos culitos
en bacinilla de trapo
caga el maldito.
(La nariz)

126
Pelito abajo
pelito arriba
alargadito, humedito.
(El ajo)

132
Entre peña y peña
va un toro bujando.
(El pedo)

133
De arriba vengo
para abajo voy
abran la puerta
que soy cantor.
(El pedo)

162
Arriba de aquel cerrito
está un hombrecito
con los huevitos

ya moraditos.
(El caimito)

171
Allá está un hombre alto
con los huevos guindando.
(El cocotero)

185
Quítate el sombrero
bájate los calzones
pasa pa dentro.
(El guineo)

186
Cuando soy flor
nadie me quiere
y siendo largo y maduro
haste me comen.
(El guineo)

187
Un hombrecito
muy enrevesado
que no tiene hijos
sino es capado.
(Jicote casero)

303
Una señora con cara de rayo
que no usa sostenes
ni usa refajos.
(La vaca)

355
Come por la barriga
y vomita por el lomo.
(El cepillo de carpintería)

403
Nazario la tiene grande
las muchachitas no tienen
las señoras con una señita
y Ramón la tiene en la punta.
(La N)

470
Aprieto la colita

y levanto la nagüita.
(El paraguas)

483
De día anda cerrada
de noche la pongo abierta
para subirme a gusto
tranco la puerta.
(La tijera de lona)

488
Si llegas me gustas
si estás dentro estoy contenta
si lo saco me disgustas.
(El dinero)

559
Te la meto seca
te la saco mojada
cabeza de pollo
relampagueando.
(El molinillo)

576
Cuando estamos
panza con panza

nos fundimos
en un abrazo
y cuando la rasco
en medio
llora, ríe
y se retuerce
en mis brazos.
(La guitarra)

588
La mujer por su querer
el pellejo se hizo romper
el palito quedó adentro
y las bolitas colgando.
(Los aretes)

593
Se tumba en el suelo
y en un boquete
una cuarta de carne
se lo meto.
(El zapato)

645
En qué se parece la tabla a la mujer?
(En que no conoce el clavo que le va a entrar)

VIII. Perú

Efraín Morote Best

43
Mírame, te miraré
Mojadito te meteré.
(Aguja e hilo)

46
Tú me miras, yo te miro,
Paradito no más te meteré.
(Aguja)

68
Adivina si puedes:
De día montado
Y de noche colgando
(Aldaba)

85
Redondo, redondete
Qué gusto siente la novia
Cuando el novio se lo mete.
(Aro–sortija)

87
A una cosa blanda
Entre una cosa dura
(Aro)

95
Lo duro entra a lo blando
Y los dos quedan colgando.
(Arete)

IX. República Dominicana

Manuel Andrade

10a
Yo te lo meto,
yo te lo enjugo
por el ojo del culo.
(Aguja)

10b
Lo lambo, lo enjugo,
y te lo meto por el agujero.
(Aguja)

10c
Yo te lo lambo,
yo te lo enjugo
y te lo meto junto al culo.
(Aguja)

17
Cabecita blanca,
flor morada.
Cerca del culo
la pendejada.
(Ajo)

21
Mi tío Juan va,
me tío Juan viene.
Mientras más va
más tieso lo tiene
(Aldaba)

37
Todas las mujeres por su gusto
se meten el duro,
se rompen el cuero,
y quedan los dos compañeros guindando.
(Los aritos)

46b
Chiquitica como un gallo
y cargo la carga de un caballo.
(La bacinilla cuando se le
sienta una persona gorda)

76
Fui al monte,
pujé y pujé
hice mi pila
y me arrinconé.
(Cagar)

77
Me le monto arriba
y ella se menea,
yo con gusto se lo cojo,
y ella leche le queda.
(La mata de caimito)

111
¿Qué es lo que en el mundo come
por la barriga y caga
por el espinazo?
(El cepillo del carpintero)

114
Caí de mi cama,
caí sobre tí
Si no te lo meto
¿Qué será de mí?
(La chancleta)

15
Hondo lo tiene me tía,
y hondo se le está poniendo
a toda la familia.
(La chancleta)

166
Lo metí duro,
lo saqué blando.
Cabeza memé
relampagueando.
(El hierro en la fragua)

186a
Lo metí seco y lo saqué mojado.
(El pan en el café)

207b
En el monte Buquilá
está el bufá.
Tiene cresta como gallo
y se para sin tener pies.
(El pene)

227
Estaba la vieja
en su tarapete.
Vino el viejito
y le metió el soquete.
(La paila)

235
Sácalo, José,
déjátelo ver.
¡Dios te lo bendiga¡
¡Vuelvelo a meter¡
(El pan)

236
En un callejón oscuro
meten blanco y sacan duro.
(El pan en el horno)

248
Gordo y peludo para mi culo, y pesado.
(El pellón)

249
Entre peña y peña
Periquito suena.
(El pedo)

250
Escopeta que mata perdiz,
tira para abajo,
y da en la nariz.
(El pedo)

251
Entre dos lomas nació
sin huesos ni conyuntura,
y tuvo tan mala fortuna
que cantando se murió.
(El pedo)

252
Burbí salió de su nido,
a los aires se elevó,
a las ventanas llegó
a dar parte que nació.
(El pedo)

253
En un monte muy espeso
está el sin–hueso.

Tiene corona y no es rey;
se para y no tiene pies.
(El pene)

255a
Marido y mujer
se van a acostar,
y pelo con pelo
se quieren juntar.
(Las pestañas)

315
Fui a donde mi compadre.
Me senté en un blandiduro,
comí del manjar del culo
y tomé del entre piernas
(Se sentó en un sofá, comió huevos y bebió leche)

334
¿Dónde es que la mujer
tiene el pelo más rizado?
(En Africa)

336
¿Cuándo es que la gallina pesa más?
(Cuando tiene el gallo arriba)

348
¿En qué se parece un boticario a un chivo?
(En que hacen píldoras)

349
¿En qué se parece un burro a una cocinera?
(En que hace albóndigas)

351
¿En qu´se parece la mujer al serrucho?
(En que no saben el tamaño de la viga que se van a tirar)

352
¿En qué se parece la cosa de la mujer a Dios?
(En que levanta el caído, y humilla al soberbio)

X.   USA

A. Espinoza

6
Como Adán, de barro fuí,
nunca cometí pecado;

y no hay papa ni prelado
que no ponga el ojo en mí.
(Bacín)

12

Un pelado y dos peludos,
un zámpote el nabo
y un pícote el culo.
(Bueyes, arado, topil)

26

Ando de talones,
corro de costillas,
como por abajo
y cago por arriba.
(Cepillo de acepillar)

57

Métolo duro,
sácolo blando,
coloradito
y relampagueando.
(Herrero y hierro caliente)

75

De lo alto cae,
a las corbas da.
El que me la adivine
se lo comerá.
(Mierda)

91

Debajo de mi camisón
tengo mi tieso parado;
lo meto en un agujero
y lo saco muy aguado.
(Pecho y niño que mama)

92

Zumbido salió del nido
a avisar que era nacido.
(Pedo)

93

No lo has visto
ni lo verás
y si lo topas
lo conocerás.
(Pedo)

94

No mata conejo
ni mata perdiz;
apunta a las corbas
y da en la nariz.
(Pedo)

146

¿Cuántos pecaus comete un pedo?
(Cómete dos)

B. A.L. Campa

9

Tu boca arriba y yo boca abajo
Entrale duro que es mucho trabajo.
(El metate)

15

Tenderete panderete,
Para alzarte el camisón
Y meterte el instrumento
Y hacerte la función.
(La jeringa)

35

Entra lo duro a lo blando,
Lo sacan y quedan colgando.
(Los zarcillos)

41

Cierta dama está tendida,
Cierto galán se lo mete
Gotas de sangre redama (sic)
Y el corazón le promete.
(El cuchillo y la sandía)

50

Tú boca arriba y yo boca abajo
Tu haces las bolas
Y yo las trabajo.
(El metate y la mano)

66

Tu lo tienes hondo,
Yo lo tengo largo,
Arrímate para acá
A ver si hacemos algo.
(La olla y el meneador)

76

Mi comadre la negrita
Todo ve y nada platica.
(El bacín)

130

El chalán y la chalana,
Juegan al saque mete,
El chalán por más chalán,

Se lo saca y se lo mete.
(La mano y el anillo)

131
Entre dos sierras grandes,
viene un toro bramando.
(El pedo)

133
Entre dos peludos, viene un
tieso temblando.
(La lanza y los caballos en el carro)

154
Lamber (sic) y Lamber, y
En el agujerito meter.
(La aguja y el hilo)

211
En la cama de buena vida,
Se junta pelo con pelo.
(Las pestañas)

218
Dos hermanitas muy parecidas
Con su clarín y sin cejas.
(Las nalgas)

262
¿Quién fue aquel que nació,
Sin hueso y sin coyuntura,
Y que fue tanta su desventura,
Que cantando murió?
(El pedo)

C. Jorge A. Santana
    Adivinanzas escatológicas y eróticas re-
copiladas en Sacramento, California, USA

—de origen chicano

58
En medio de dos cerritos
sale un torito bramando.
(El pedo)

59
¿Qué le dijo el inodoro a las nalgas?
(¿Por qué tienes esa gran sonrisa en tu
cara?)

60
¿Qué dijo el elefante al hombre desnudo?
(¿Cómo respiras por ahí?)

61
Juan Gabriel no tiene
El Papa lo tiene pero no lo usa
Nelson Ed lo tiene pero chiquito.
(El apellido)

62
¿Por qué el perro alza la pata para orinar?
(Para detener el poste por si se le cae)

63
¿Qué le crece a la mujer cuando se casa?
(El apellido)

64
¿Cuál es la planta que huele más?
(La planta de los pies)

65
Adivina, adivinanza.
¿Qué tiene el rey en la panza?
(El ombligo)

66
¿Cuál es el colmo del juez del registro civil?
(Casar a una mujer de Honduras con un
hombre chaparro de Chile)

67
Te tiro al suelo,
no cabe duda,
te meto una cuarta,
de carne dura.
¿Qué es?
(El zapato)

68
¿Qué le cuelga al hombre?
(La corbata)

69
De dos pencas
salió un toro bramando.
(El pedo)

70

Bajo de su cintura
tiene una abertura,
donde le cabe un trozo
de carne dura.
¿Qué es?

(La bolsa del pantalón)

71

En qué se parecen las nalgas a las
puertas de las cantinas?

(En que en los dos salen pedos)

72

¿Es contra la ley que un hombre se casa
con las hermana de su viuda?

(Si su mujer es viuda, és está muerto)

73

Adivina, adivinador, ¿qué le cuelga al gober-
nador?

(La corbata)

77

¿Cuál es la diferencia entre el filósofo y una
mujer?

(Al filósofo le entran muchas cosas en la
cabeza y a la mujer le entran muchas cabezas
por la cosa.)

78

Entra duro y seco y sale mojado y baboso.
¿Qué es?

(El chicle)

79

Juan Gabiel no lo tiene.
El Papa no lo usa.
El President de México lo tiene largo
y el presidente de aquí
lo tiene corto.

(El apellido)

80

¿Qué es lo primero que le crece a la mujer
cuando se casa?

(El apellido)

—de origen argentino

81

¿Qué le dijo la luna a Armstrong?

(Despacito que sos el primer hombre)

—de origen boliviano

82

Lo duro entra a lo blando
y los dos quedan colgando.

(Los aretes)

—de origen chileno

83

¿En qué se parece una curva a una mujer?

(En que las dos se cogen abiertas)

84

¿En qué se parece la mujer a la plancha?

(En que la plancha se le enchufa para
calentarla y a la mujer, se le caliente para
enchufarla)

—de origen colombiano

85

¿Qué le dijo la aguja al disco?

(Dése la vuelta para que nos echemos otra)

91

Yo que me le subo,
ella que se menea,
yo que se la agarro,
y ella que me chorrea.

(La papaya)

92

¿Qué le dijo la cuchara al café?

(¡Qué negro tan caliente!)

93

Hombre con hombre se puede,
mujer con hombre se puede,
mujer con mujer no se puede.

(La confesión)

—de origen español

8

Voy a la plaza.
Compro un chiquillo.
Le bajo los pantalones
y me lo como.

(Un plátano)

87

¿Dónde se celebran las mejoras corridas de toros?

(Encima de la vaca)

88

Cuando tengo frío, me pongo duro
y ocupo más espacio.
Cuando tengo mucho calor,
empiezo a volar.
y me hago invisible.

(El agua)

89

¿Qué es el colmo de un farmacéutico?

(Tener un hija sosa y otra putasa)

90

¿Dónde tienen las mujeres el pelo más rizado?

(En el Africa Central)

—de origen mexicano

1

¿Qué le dijo el escusado al campeón de box?

(Serás campeón pero aquí te sientas)

2

¿Qué le dijo un huevo a otro?

(Siempre que venimos de visita nos dejan afuera)

3

¿Qué le dijo el gato a la gata?

(Ya cojimos una rata, ahora vamos a cojer un ratón)

4

¿Qué le dijo la aguja al disco?

(Voltéate y nos echamos otro)

5

Qué le dijo la leche al café?

(Negro, ¿por qué estás tan caliente?)

6

¿Qué le dijo la mujer al corazón?

(Tú palpitas y yo palpito)

7

¿Qué le dijo el papel a la comida?

(A la salida nos vemos)

8

¿Qué le dijo una cama a la otra?

(No oiste la balacera anoche)

9

¿Qué le dijo la ambulancia a la moto?

(Tan chiquita y tan pedorra)

10

¿Y qué le contestó la moto?

(Tan grandota y tan chillona)

11

¿Qué le dijo la cuchara a la gelatina?

(Siempre te agarro temblando)

12

¿Cuál es el colmo de un coleccionista?

(Quitarse uno de sus huevos porque los tiene repetidos)

13

¿Cuál es el colmo de un sacerdote?

(Tiznar a su madre en miércoles de ceniza)

14

¿Cuál es el colmo de un matemático?

(Que le demuestren que es idiota)

15

¿Cuál es el colmo de un albañil?

(Hacer un techo de palos)

16

¿En qué se parece el tomate a la mujer?

(En que el tomate le quita lo bravo al chile, y la mujer le quita lo bravo al chile)

17

¿Qué hacen tu papá y mamá cuando apagan la luz?

(Se quedan en la oscuridad)

18

¿Qué le crece a la mujer cuando se casa?

(El apellido)

19

¿Qué le mete el hombre a la mujer cuando se casan?

(El anillo de bodas)

20

¿Qué es que entra duro y sale blando?

(El chicle)

21

¿Qué es para las mujeres bien parado y para los hombres como caiga?
(El camión)

22

¿En qué se parece la mujer al jitomate?
(En que los dos le quitan fuerza al chile)

23

¿En qué se parece una mujer a una plancha?
(En que la plancha se enchufa, se calienta y se toca. La mujer se toca, se calienta y se enchufa)

24

¿En qué se parecen las nalgas a la cantina?
(De las dos salen pedotes)

25

¿En qué se parecen la paloma y la mujer?
(En que la paloma es el pájaro de la paz, y la mujer es la paz del pájaro)

26

Salto de la cama.
Caigo sobre ti.
Dios que me perdone
pero ya lo metí.
(La chancla)

27

Abajo de cintura
hay una abertura
que cabe un pedazo
de carne cruda.
(La bolsa)

28

Tengo 51 toros.
A todos los capo.
¿Cuántos huevos saco?
(102 huevos. Dicho rápido suena como "siento dos huevos")

29

Me subo en ti
y te sarandeo,
te meto el fierro
y me pedorreas.
(La motocicleta)

30

Largo y peludo
y para tu culo
(El caballo)

31

Dos peludos
y un pelado,
un picote atrás
y uno enterrado.
¿Qué es?
(Dos bueyes, el gañan, el arado, y la garrocha)

32

Tú boca arriba,
yo boca abajo,
te pongo las bolas
y te trabajo.
(El metate)

33

Dos hermanitas muy parecidas
con su clarín y sin cejas.
(Las nalgas)

34

De en medio de dos peñas
sale un torito bramando.
(El pedo)

35

Un viejito en un corral
que a moquetes lo hacen mear.
(El cedazo)

36

Meto lo duro a lo blando
y los huevitos quedan colgando.
¿Qué es?
(El arete)

37

Tenderete en un petate,
bajarete el camisón
meterete el instrumento
y hacerete la función
(La lavativa)

38
Cuatro damas
en la mesa
todas mean
a la par.
   (Los canales del techo)

39
Vengo de donde vengo,
bájame los calzones
y chúpame lo que tengo.
   (El mango)

40
Me tengo,
me bamboleo,
le saco leche,
me saboreo.
   (El elote verde)

41
Abujero de palo,
tapón de carne.
¿Qué es?
(El escusado)

42
Carne,
buena y barata,
la de la gata.
   (La criada)

43
Prieto y arrugado
y siempre atrás.
   (El codo)

44
Entre melón y melambes
mataron un pajarito,
melón se comió las plumas.
¿Y melambes?
   (El pajarito)

45
Mete lo duro en lo blando
y quedan las bolas colgando.
¿Qué es?
   (Aretes)

46
Una vieja y un viejito
jugaban al saca y mete,
la viejita se descuida
y el viejo que se lo mete.
   (La aguja y el dedal)

47
Vamos niñas a la cama,
hacer lo que Dios manda,
a pegar pelo con pelo,
y adentro la carne humana.
   (Los ojos)

48
Una viejita muy viejita
que a puñete la hacen mear.
   (La coladera)

49
Estaba la reina acostada
llegó el rey y se le metió
ensangrentada la sacó
y en los pelos la limpió
   (El matancero y la vaca)

50
Pelo con pelo
y el pelón adentro.
   (El ojo)

49
¿Cuál es el colmo de un cura?
   (Tiznar a su madre el miércoles de ceniza)

50
¿Cuál es el colmo de una mujer?
   (Traer caballo y andar a pie—Caballo
refiriéndose a una toalla higiénica)

51
¿Cuál es el colmo de una loca?
   (Reventarse una chichi creyendo que es
una espinilla)

52
¿Cómo se dice pañuelo en japonés?
   (Saca moquito)

53

¿Cómo se dice secretaria en chino?

(Nagachaqui)

54

¿Cómo ven el amor diferentes profesionales?

(El político: Para mí el amor es una democracia, pues goza tanto el que está abajo como el que está arriba)

(El ingeniero: Para mí el amor es una máquina maravillosa que cuando se para, todo empieza a funcionar)

(El matemático: Para mí el amor es una equación en la cual la mujer toma al miembro, lo eleva a su máximo exponente, y luego lo reduce a su mínima expresión)

55

1er acto   Un hombre compra medicina para el catarro.

2do acto   El hombre compra de nuevo medicina.

3er acto   Compra de nuevo medicina porque tiene muchos mocos.

¿Cómo se llamó la obra?

(Mocasilina)

56

1er acto Sale un hombre

2do acto Sale el mismo hombre sacándose los mocos.

3er acto Sale el mismo hombre mirando al techo.

¿Cómo se llamó la obra?

(Mocostecho)

57

1er acto   Sale un perro.

2do acto   Sale una muchacha en bikini.

3er acto   Sale el perro bailando.

¿Cómo se llamó la obra?

(Ráscame los huevos. ¿Por qué? Porque tengo comezón)

—de origen nicaragüense

94

Vamos al dormitorio

a hacer lo que siempre hacemos,
a pegar pelo con pelo
y la niña que quede adentro.

(Las pestañas)

—de Panamá

95

Es algo que lleva el hombre siempre por delante cuando lo saca; lo saca con mucho recelo, tiene cabeza, no tiene pelo, a veces se para. ¿Qué es?

(El reloj de bolsillo)

96

Te abro,
te extiendo,
te hundo una cuarta
de carne cruda.
¿Qué es?

(El calcetín)

97

¿Qué es lo que le cuelga al hombre en el medio?

(La corbata)

98

¿Qué le dijo una banqueta a la otra?

(¿Cuántos calzones has visto?)

99

¿Qué es lo primero que le mete el hombre a la mujer cuando se casan?

(El anillo)

100

1er acto   Se abre el telón: Aparece Lein Mai y Sasha Montenegro.

Se cierra el telón.

2do acto   Se abre el telón: Aparece un carrazo clásico excelente.

Se cierra el telón.

3er acto   Se abre el telón: Aparecen una monjas.

Se cierra el telón.

¿Cómo se llamó la obra?

(Putas madres, qué carrazo)

—de Perú

101
En un cuarto muy oscuro,
sale un plátano nadando.
   (El serote)

102
¿Qué es algo arrugado en una abuela?
   (El abuelo)

103
¿Qué le dice un huracán a una palma de cocos?
   (Sostén tus cocos, que este no va a ser un regular "blow–job")

104
El colmo de un mentiroso.
   (Tirarse un pedo en un funeral y echarle la culpa al muerto)

105
¿En qué se parece un televisor a un burro?
   (Primero, los dos tienen 4 patas)
   (Segundo, los dos tienen 24 pulgadas)
   (Finalmente, los dos le hacen ver a colores)

—de Puerto Rico

106
¿Qué es lo último que
le pone el novio a la novia?
   (El anillo)

107
¿Dónde es que
la mujer tiene
el pelo más ralo?
   (En Africa)

108
¿Qué es lo que ronca
es ronca
y es un come mierda?
   (El inodora)

109
¿Qué es lo que pica y no mata,
que escupe y no es cobra,
engorda y no es alimento?
   (El pene)

110
Tiene ojos y no ve,
tiene bigote
y no es hombre,
se para y no tiene pies,
se vomita
y no es borracho,
pica y no es alacrán.
¿Qué es?
   (El pene)

111
¿En qué se parece un pájaro carpintero al hombre?
   (En que un pájaro pica los árboles y el hombre las mujeres)

—de El Salvador

112
¿En qué se parece la mujer al tomate?
   (En que los dos le dan gusto al huevo)

Acha, Vicente C. *Soluciones de charadas y adivinanzas.* La Habana, 1840. 86 p.

Acuña, Luis Alberto. "Folklore del Departamento de Santander." *Revista de folklore.* Bogotá, no. 5 (abril 1949), 97–143.

Acuña de Figueroa, Francisco. *Antología epigramática.* (Obras completas), Tomo IV. Motevideo: 1890.

Agnew, Edith. "Rural Riddles." *New Mexico,* XXI, 8 (aug., 1943), 23.

Alcazár, Ignacio del. *Colección de cantos populares.* Madrid: Antonio Aleu, 1910. 381 p.

Andrade, Manuel José. *Folklore from the Dominican Republic.* New York: G. E. Stechert, 1930, 431 p.

Baena, Juan Alfonso de. *El cancionero de J. A. Baena, ahora por vez primera dado a luz, con notas y comentarios.* Madrid: Imprenta de la Pubilicidad, 1851.

Balmaseda, Alfredo. *Cantando y adivinando.* La Habana: Unión de Escritores y Artistas de Cuba, 1975. 44 p.

Bascom, Wm. y Berta. "Adivinanzas: Una de las formas del folklore cubano." *Bogotá,* No. 6 (enero, 1951), 283–303.

Becco, Horacio Jorge. *Cancionero tradicional argentino.* Buenos Aires: Librería Hachette, 1960.

Berdiarles, Germán. *El alegre folklore de los niños.* Buenos Aires: Librería Hachette,1958.

Barrios Mayorga, María. *La adivinanza en Nicaragua.* Managua: Imp. Nacional, 1966.

Buetler, Gisela. *Adivinanzas españolas de la tradición popular actual de México, principalmente de las regiones de Puebla-Tlaxcala: Contribución al estado presente de la investigación de adivinanzas latinoamericanas.* (Traducción al español por Vera Zeller). Weisbaden: Steiner, 1979. 106 p.

_____. *Adivinanzas de tradición oral en Nariño* (Colombia) *Thesaurus,* Boletín del Instituto Caro y Cuervo, XVI, No. 2 (mayo-agosto, 1961), 367–451.

_____. "Adivinanzas de tradición oral en Antioquia (Colombia)", *Thesaurus,* Vol. XVIII (1963), 98–140, Bogotá.

Biblioteca de la risa. Tomo II. Madrid: J. Antonio Ortigoso, 1859. 319 p.

Boas, Franz. "Notes on Mexican Folklore." *Journal of American Folklore,* XXV (1912) 227–231.

Boggs, Ralph Steele. " La Adivinanza". *Folklore Américas.* University of Miami Press, Coral Gables, FL., Vol. XXIII (1963), núms. 1–12.

_____. " Las adivinanzas en el Libro de Chilam Balam de Chumayel", *Folklore Américas,* Vol. XXII (1962), núms. 1–2, pp. 1–27.

Bolton, R. "Riddling and Responsability in Highland Peru." *American Ethnologist,* 4 (3), 1977: 497-516.

Bravo-Villasante, Carmen. *Adivina adivinanza. Folklore infantil.* Madrid: Interduc/Schroedel, 1978. 80 p.

_____. *Colorín colorete.* Madrid: Ed. Didascalia, 1983. 80 p.

Caballero, Fernán. *Cuentos, oraciones, adivinanzas y refranes populares e infantiles.* Madrid: Fortanet, 1877.

Campa, A. L. "Sayings and riddles in New Mexico." *University of New Mexico Bulletin Language Series.* vii, No. 313, Alburquerque, (1937). 26–63.

Campos, Rubén M. *El folklore literario de México.* México: Sec. de Ed. Pública, 1929. 621 p.

Carrizo, Jesús Ma. *Salpicón folklórico de Catamarca.* Buenos Aires: Américalee, 1975. 111 p.

Carbajo, Antonio. *Antología de adivinanzas latinoamericanas.* Miami Spgs., FL: Language Research Press, 1974. 32p.

_____. *Picardía cubana.* Miami Spgs., FL: Language Research Press, 1969. 36 p.

Carvalho-Neto, Paulo de. *Estudios de folklore.* Tomo II. Quito: Editorial Universitaria, 1968. 333 p.

Carrizo, Juan Alfonso. *Cancionero popular de Tucumán.* 2 tomos. Buenos Aires: Universidad de Tucumán, 1937.

Centro de Estudios Folklóricos. *Tradiciones de Guatemala.* Guatemala: Universidad de Guatemala.

Cervates, Miguel de. *La Galatea.* Vol. II Madird: Espasa–Calpe, 1961.

Cien adivinanzas picarescas. México: Gómez Gómez Hnos. , 1983. 78 p.

Colán Secas, Hermógenes. "Adivinanzas de Perú y Bolivia. Adivinanzas de Huaral. " *Revista del Instituto Nacional de la Tradición.* I (1948). Buenos Aires , 137–147.

Coluccio, Félix. *Folklore de las Américas. Primera Antología.* Buenos Aires: Librería El Ateneo Editorial, 1948.

Coll y Toste, C. "Adivinanzas antillanas." Archivos de folklore cubano II (1926), 87–89.

Consejo Nacional de Educación. *Antología folklórica Argentina.* Buenos Aires: Guillermo Kraft, 1940. 245 p.

Carbacho, Juan y Segundo. *Letrillas publicadas por Juan y Segundo Carbacho.* Lima: 1884.

Cornejo, Justino. "Adivinanzas ecuatorianas." *Revista del Instituto Nacional de la Tradición.* (Buenos Aires) (1948) 295–356.

_____. *¿Qué será?* Quito: Ed. Casa de la Cultura Ecuatoriana, 1958. 88 p.

Cortés, Carlos E. ed. *Hispano culture of New Mexico.* Lucero–White, Aurora. New York: Arno Press, 1976, 105 p.

Cotona, Juan de la. *Cien adivinazas rancheras.* México: Gómez Gómez Hnos., 1983. 80 p.

Cruz, Diego de la. "Preguntas o enigmas para reir y pasar tiempos con sus declaraciones muy curiosas." México: Imprenta de Francisco Rodríguez Inpercio, 1700. (Son pliegos sueltos).

Cuadra, Pablo Antonio. *Muestrario del folklore nicaraguense.* Mangua: Banco de América, 1978. 460 p.

Chertudi, Susana. *Cuentos folkloricos de la Argentina.* Buenos Aires: Instituto Nacional de la Filología y Folklore, 1960. 255 p.

Escobar, Fr. Luis. *Respuestas a las cuatro cientas preguntas del Almirante D. Fadrique.* Zaragoza: Casa de Jorge Coci, 1545.

Espinosa, Aurelio M. "California Spanish Folklore Riddles." *California Folklore Quarterly,* III (1944), 293–298.

_____. *Cuentos populares españoles.* Palo Alto, California: 1923.

_____. "New Mexican Spanish Folk-Lore; IX: Riddles." *Journal of American Folk-Lore ,* XXVIII (1915), 319–352.

Espinosa, Francisco. *Folk-lore salvadoreño.* San Salvador: 1946. 123 p.

Facultad de Filosofía y Letras de la Universidad de Buenos Aires. "Catálogo de la colección del folklore donada por el Consejo Nacional de Educación." Instituto de Literatura Argentina I–III. Buenos Aires: 1925–1930.

Feijóo, Samuel. *Refranes, adivinanzas, dicharachos, trabalenguas, cuartetos y décimas antiguas.* La Habana: Universidad Central de las Villas, 1962.

Flores, Eliodoro. "Adivinanzas corrientes en Chile." *Revista del folklore chileno.* II (1911) 137–334.

Freknese y bético-extremeño, Folklore. Fregenal de la Sierra: Imprenta de "El Eco", 1883–84.

Gárfer, José Luis y Concha Fernández. *Adivinacero popular español.* 2 tomos. Madrid: Taurus Ed., S.A. , 1984.

Gatschet, A. S. "Popular Rimes From Mexico." *Journal of American Folklore* II (1889) 51–52.

Giménez Cabrera, L. "Adivinanzas oídas en la Habana." *Archivos de Folklore Cubano,* II (1926) 329–336.

Granda, Germán de. "Adivinanzas de tradición oral en Iscaundé (Nariño, Colombia)." *Revista de dialectología y tradiciones populares* XXX (1974) 223–226.

Guvara, Darío. *Esquema didáctico del folklore ecuatoriano.* Quito: Ed. "Ecuador", 1951. 82 p.

Headwaiter, E. "Más adivinanzas cubanas." *Archivos de folklore cubano.* II (1926) 326–239.

Horozco, Sebastián de. *Cancionero de Sebastián de Horozco, poeta toledano del siglo XVI.* Sevilla: Imprenta de D. Rafael Tarasco y Lassa, 1874.

Isabell, B. J. y Fernandéz, A. R. "The ontogenesis of metaphor: Riddle games among Quechua speakers seen as cognitive discovery procedures." *Journal of Latin American Lore* 3(1), 1977. 19–49.

Jáuregui, A. L. *Adivinanzas infantiles.* México: Ed. Avante, S. A., 1963. 113 p.

Jáuregui, J. de. *Poetas líricos de los siglos XVI y XVII.* 2 tomos. Madrid: Biblioteca de Autores Españoles, 1857.

Jijena Sánchez, Rafael. *Adivina adivinador; 500 de las mejores adivinanzas de la lengua española*. Buenos Aires: Editorial Albatros, 1948. 200 p.

Jiménez, Ramón Emilio. *El amor de Bohío, tradiciones y costumbres dominicanas*. 2 vols. Santo Domingo: 1927.

Laval, Ramón A. *Contribución al folklore de Carahue (Chile)*. Madrid: Librería General de Victoriano Suárez, 1916.

Ledesma, Elmo. "Analisis y clasificación de las adivinanzas." *Folklore americano*, XIX–XX (1971–1972): 17, 19–20.

Lahmann–Nitsche, Robert. *Folklore argentino. I. Adivinanzas rioplatenses*. Buenos Aires: Imp. De Coni Hermanos, 1911. 496 p.

_____. "Sudamerikannische Indianerratsel." *Jahbuch fur Philologie II* (1927) 138–142.

_____. *Textos eróticos del Río de la Plata*. Traducción de Juan Alfredo Tomasini. Buenos Aires: Lib. Clásica, 1981. 410 p.

Linares, J. *Cancionero llamado "Flor de enamorados", sacado de diversos autores, agora nuevamente por muy lindo orden y estilo compilado*. Barcelona: Claudi Bornat, 1562.

López de Corella, Alonso. *Trescientas preguntas de cosas naturales con sus respuestas*. Valladolid: 1546.

Llano Roza de Ampudia, Aurelio. "Cuentos asturianos." *Archivo de tradiciones populares* I. Madrid, (1925) 219–234.

_____. *Esfoyaza de cantares asturianos*. Oviedo: Imprenta "El Carbayón", 1924.

Machado y Álvarez, Antonio. *Adivinanzas francesas y españolas*. Sevilla: Imp. de El Mercantil Sevillano, 1881. 49 p.

_____. *Biblioteca de las tradiciones populares españolas*. 11 tomos.

_____. (Demófilo) *Colección de enigmas y adivinanzas en forma de diccionario*. Sevilla: Imprenta de R. Baldaraque, 1880. 497 p.

_____. *El Folklore andaluz*. Sevilla: Fco. Alvárez y Cía., 1882 a 1883.

Martínez, Benjamín D. *Folklore de litoral*. Buenos Aires: J. Lajouane, 1924. 159 p.

Marulanda, Octavio. *Folklore y cultura general*. Cali (Colombia): Ed. Instituto Popular de Cultura, 1973. 294 p.

Mason, J. A. "Porto-Rican Folk-Lore: Riddles." *Journal of American Folk-Lore*. XXIX (1916) 423–504.

Massip, Salvador. "Adivinanzas corrientes en Cuba." *Archivos de folklore cubano*. I (1925) 305–339.

Mena, Vicente. "Algunas adivinanzas ecuatorianas". *Revista del folklore ecuatoriano*. (Oct. 1965- Nov. 1966), 149–169.

Mendoza, Vicente T. y Virginia R. R. de. *Folklore de San Pedro Piedra Gorda, Zacatecas*. México: Instituto Nacional de Bella Artes, 1952.

Mendoza, Virginia R. R. de. "La adivinanza en México." *Anuario de la sociedad folklórica de México*, Vol. XI, (1957) 237–246.

Morán Bardón, César. "Acertijos. Colección recogida directamente del pueblo." *Revista de Dialectología y Tradiciones Populares* XIII (1957) 299–364.

Morote Best, Efraín. "Nuestras 100 primeras adivinanzas." *Tradición* (Cuzco), I, no. 2 (marzo–abril, 1950) 75–100.

Moya, Ismael. *Adivinanzas criollas, recogidas de la tradición bonarense*. Buenos Aires: Consejo Nacional de Educación, 1939.

_____. *Adivinanzas tradicionales*. Buenos Aires: Ed. Anaconda, 1955.

Neu Altmodische Ratzel-Fragen, aus dencen Frantzosischen, Hispanischen, Italianischen, Wie auch Hebraischen, Chaldaischen, Syrischen und in Summa aus allen Sprachen zusammen getragen. 1960.

Nueva colección de emblemas, enigmas, charadas y epigramas. Cádiz: Imp. de Feros, 1835. 96 p.+ 64 de soluciones (160)

Noguera, E. G. "Adivinanzas recogidas en México." *Journal of American Folk-Lore*. XXXI (1918) 537–540.

Onza de Oro, La. *Coleccioncita de tres cientos veinte enigmas*. Valladolid: D. José Serrano y Roldán, 1846.

Panesso Robledo, Antonio. "Del Folklore antioqueño; adivinanzas." *Revista de Folklore*. Bogotá, 4 (1949) 13–45.

Paredes Candia, Antonio. *Adininanzas de doble sentido*. La Paz: Ediciones Isla, 1976. 70 p.

_____. *Literatura folklórica. Recogida de la tradición Boliviana*. La Paz: Talleres Gráficos A. Gamarra, 1953.

Pauer, P. S. "Adivinanzas recogidas en México." *Journal of American Folk-lore*. XXXI. (1918) 541–543.

Peña Hernández, Enrique. *Folklore de Nicaragua*. Masaya, Nicaragua: Ed. Unión, 1968. 410 p.

Pérez de Herrera, Cristóbal. *Proverbios morales, . . . y enigmas filosóficos, . . .* Madrid: Francisco del Hierro, 1733.

Pérez Olivera, Rogelio E. *Adivinanzas en coplas*. Buenos Aires: Nuevas Ediciones Argentinas, 1975. 114 p.

Pons Díaz, Bernardino. *Adivinanzas populares*. Sevilla: 1982. 108 p.

Puix y Lucá, Antonio. *Mil charadas castellanas. Puestas en verso para mayor amenidad. Libro oportuno para recreo de las tertulias en las largas noches de invierno*. Barcelona: Grau, 1846. 143 p.+ 24 pp. a manuscrito con las repuestas.

Quijada Jara, Sergio. *Estampas huancavelicanas*. Lima: Salas e Hijos, 1944.

Ramírez de Arellano, Rafael. *Folklore puertorriqueño; cuentos y adivinanzas recogidas de la tradición oral*. Madrid: Senén Martín, 1926. 290 p.

Ramón y Rivera, Luis Felipe e Isabel Aretz. *Folklore tachirense*. Caracas: 1961.

Recinos, A. "Adivinanzas recogidas en Guatemala." *Journal of American Folk-lore*, XXXI (1918) 544–549.

Redfield, Margaret Park. *Folk literature of a Yucatan town*. Washington, D.C. : Carnegie Institution, 1935.

Robe, Stanley L. *Hispanic Riddles from Panama collected from oral tradition*. Berkeley: University of California Press, 1963.

Robles G., W. M. *Narraciones, danzas y acertijos (del folklore huamaliano)*. Lima: 1959.

Rodríguez Marín, Francisco. *Cantos populares españoles recogidos, ordenados, e ilustrados*. Vol. I. Sevilla: Alvárez, 1882–1883.

Rodríguez Rivera, Virginia. "Adivinanzas en México." *Revista hispánica moderna*. Nueva York, 1943, 269–276.

Rueda, Manuel, comp. y ed. *Adivinanzas dominicanas*. Santo Domingo:

Instituto de Investigaciones Folklóricas, Universidad Nacional "Pedro Henríquez Ureña", 1970.

Sahagún, Bernardino. *Historia general de las cosas de Nueva España*. Edición de Angel Ma. Garibay K. México: Ed. Porrúa, 1969.

Salinas y Castro, Juan de. *Adivinanzas*. Sevilla: Geofrín, 1869.

Sánchez de Fuentes, E. "Mas adivinanzas cubanas." *Archivos del folklore cubano*, II (1926) 124–130.

Santi, Aldo. *Bibliografía della enigmistica*. Firenze: Sansoni, 1952. 303 p.

Santos González Vera, José. "444 adivinanzas de la tradición oral chilena." *Archivo folklórico chileno*, 6-7 (1954) 107–218.

Schmidt, Francisco. *Juegos de sociedad. Colección de juegos de prendas, penitencias, juegos de salón, adivinanzas, homónimos, refranes y juegos al aire libre*. Buenos Aires: Jacobo Peuser, 1982.

Sylvano, Alexandre. (Alexandre Van den Bussche). *Quarenta aenigmas en lengua espannola*. Paris: Gilles Beys, 1582.

Tarajano, Francisco. *Adivinanzas populares canarias*. Santa Cruz de Tenerife: Centro de la Cultura Popular Canaria, 1984. 40 pp.

Taylor, Archer. *English Riddles from Oral Tradition*. Berkeley: University of California Press, 1951.

Varillas Gallardo, Brígido. *Apuntes para folklore Yanyos*. Lima: Huascarán, 1965.

Vavre, Claudio. *Discurso anagrammatico sobre los dos magestuosos nombres del rey y reyna: Ludovico de Bourbon, Ana de Austria . . .* Paris: C. Hulpeau, 1615.

Velázquez, M. R. "Adivinanzas del Alto y Bajo Chocó." *Revista colombiana de folklore*. 2(5) 1960. 101–130.

Vellard, Juan Alberto. "Adivinanzas de la región del Lago Titicaca." *Revista del Instituto Nacional de la Tradición.* I (1948) Buenos Aires 137–147.

Viggiano Esain, Julio. *Adivinanzas cordobesas.* Córdobesas. Córdoba (Argentina): Dirección Gral. de Historia, Letras y Ciencias, 1971. 166 p.

Villafuerte, Carlos. *Adivinanzas recogidas en la Provincia de Catamarca.* Buenos Aires: Academia Argentina de Letras, 1975. 224 p.

Yepes Agredo, Silvio. "Adivinanzas con plantas en la hoya del Cauca." *Revista de folklore,* no. 6 (enero, 1951) 255–267.

Adivinanzas personales

Adivinanzas personales

Adivinanzas personales

Adivinanzas personales